高校学术文库
体育研究论著丛刊

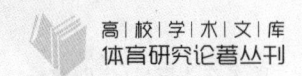

# 体育理论多元分析与运动保健研究

主　编　周　俊　李　山　王　琛
副主编　师伟超　王红民　胡肆军
　　　　尤　锟　张小妮

中国书籍出版社
China Book Press

图书在版编目(CIP)数据

体育理论多元分析与运动保健研究/周俊,李山,王琛主编.--北京:中国书籍出版社,2017.7
ISBN 978-7-5068-6386-5

Ⅰ.体… Ⅱ.①周…②李…③王… Ⅲ.①体育运动—研究②运动保健—研究 Ⅳ.①G8

中国版本图书馆CIP数据核字(2017)第200907号

## 体育理论多元分析与运动保健研究

周俊 李山 王琛 主编

| 丛书策划 | 谭 鹏 武 斌 |
| --- | --- |
| 责任编辑 | 张 文 |
| 责任印制 | 孙马飞 马 芝 |
| 封面设计 | 马静静 |
| 出版发行 | 中国书籍出版社 |
| 地 址 | 北京市丰台区三路居路97号(邮编:100073) |
| 电 话 | (010)52257143(总编室) (010)52257140(发行部) |
| 电子邮箱 | chinabp@vip.sina.com |
| 经 销 | 全国新华书店 |
| 印 刷 | 三河市铭浩彩色印装有限公司 |
| 开 本 | 787毫米×1092毫米 1/16 |
| 印 张 | 25.25 |
| 字 数 | 646千字 |
| 版 次 | 2018年10月第1版 2018年10月第1次印刷 |
| 书 号 | ISBN 978-7-5068-6386-5 |
| 定 价 | 96.00元 |

版权所有　翻印必究

# 目 录

## 第一章 体育运动概述 ... 1
第一节 体育运动的概念界定 ... 1
第二节 体育运动的产生与发展 ... 3
第三节 体育理论研究与现代体育观 ... 17

## 第二章 体育运动的价值研究 ... 35
第一节 体育运动与体质促进 ... 35
第二节 体育运动与心理健康 ... 39
第三节 体育运动的社会价值 ... 52

## 第三章 体育教学基本理论研究 ... 58
第一节 体育教学的发展历程 ... 58
第二节 体育教学构成要素研究 ... 66
第三节 体育教学的实施与改革 ... 68

## 第四章 体育训练基本理论研究 ... 86
第一节 体育运动训练的发展情况研究 ... 86
第二节 体育运动训练的原则与方法 ... 89
第三节 体育运动训练的内容与计划 ... 94

## 第五章 多元体育文化基本理论分析 ... 120
第一节 体育文化相关概念解析 ... 120
第二节 校园体育文化 ... 124
第三节 大众体育文化 ... 132
第四节 民族传统体育文化 ... 135
第五节 奥林匹克运动文化 ... 144

## 第六章 体育运动保健与康复的理论研究 ... 149
第一节 保健与康复相关概念分析 ... 149
第二节 体育保健与康复的内涵与原理 ... 153
第三节 体育保健与康复的特点与作用 ... 171

第四节　体育保健康复的适应症与禁忌症……………………………… 173

第七章　体育运动保健康复评定与训练………………………………………… 175
　　　第一节　体质测量与评价………………………………………………… 175
　　　第二节　体育保健康复的功能评定……………………………………… 191
　　　第三节　体育保健与康复的训练………………………………………… 204

第八章　体育运动保健康复的方法与运动处方………………………………… 221
　　　第一节　医疗体育………………………………………………………… 221
　　　第二节　牵　引…………………………………………………………… 227
　　　第三节　推拿按摩………………………………………………………… 228
　　　第四节　功能锻炼………………………………………………………… 231
　　　第五节　保健康复运动处方……………………………………………… 237

第九章　常见运动伤病的保健康复……………………………………………… 253
　　　第一节　运动伤病的基本知识与处理…………………………………… 253
　　　第二节　常见运动损伤的体育保健康复………………………………… 263
　　　第三节　常见运动疾病的体育保健康复………………………………… 274

第十章　不同人群的体育运动保健与康复……………………………………… 285
　　　第一节　不同年龄人群的体育运动保健与康复………………………… 285
　　　第二节　不同疾病人群的体育运动保健与康复………………………… 293
　　　第三节　残疾人群的体育运动保健与康复……………………………… 312

第十一章　传统体育运动保健与康复方法研究………………………………… 318
　　　第一节　健身走跑………………………………………………………… 318
　　　第二节　太极拳…………………………………………………………… 322
　　　第三节　养生气功………………………………………………………… 336

第十二章　其他体育运动保健与康复方法研究………………………………… 349
　　　第一节　球类运动………………………………………………………… 349
　　　第二节　游泳运动………………………………………………………… 356
　　　第三节　形体运动………………………………………………………… 375

参考文献…………………………………………………………………………… 393

# 第一章 体育运动概述

## 第一节 体育运动的概念界定

### 一、关于"体育"概念的探讨

体育是人们非常熟悉的一个词,"体育竞赛""体育课"等有关体育的词汇也是经常被提起的。在现代教育中,体育更是一个非常重要的组成部分,各级学校都开设体育课,组织课外体育活动。社会上各种形式的体育比赛几乎都有,相应的媒体也会有体育新闻报道,甚至一些电视台会有专门的体育频道来进行体育赛事的报道。在生活中,修建了各种各样的体育场馆,并且参与体育运动的人数在不断增多。在奥运会和世界杯足球赛期间,世界各国的人们在比赛现场、在电视机和网络上观看体育比赛的有数十亿人。体育确实是当今世界上最普遍、最宏大、最持久的社会现象之一,也是人们最熟知的事物之一。

但是,知道体育的一些实际现象或听说过有关体育的种种术语并不代表就能够明白体育的本质或内涵。时至今日,不仅一般群众难以说清"体育"是什么,就是体育专家、学者们对"体育"的理解也是见仁见智。有关体育概念及其术语的定义或表述,总是使人困惑。

20世纪70年代末80年代初,我国体育界曾对体育概念、属性、本质与科学体系进行了一次规模较大的讨论。1982年7月,中国体育科学学会体育理论分会在烟台召开的"体育理论学术专题讨论会"就体育概念问题做了专题讨论。在这次会议上,有的学者主张,以体育作为一个总概念,"在这个总概念下,分竞技体育、学前体育、学校体育、社会体育、军队体育"。有的则把体育仅看作属于教育组成部分的小概念,认为不应当包括竞技运动。有人还把体育作为广义体育的基本手段。此外,有人赞成用体育运动作为一个体育总概念;有人则说体育是一回事,运动是另一回事,不能把二者看作是一回事。也有人主张就用体育或体育文化作为总概念,如此等等,众说纷纭。

因为概念不统一,词语混乱,所以体育理论的研究遇到了相应的困难。人们关于"体育"概念的争论仍在持续。由于体育概念上的分歧,也影响到对体育目的、功能产生不同认识。近年来,我国学者对于体育的概念界定也有很多争论,都是由于对体育的不同理解而引起的,但都无法达成一致的见解。

### 二、体育的概念与本质

体育一词出现的时间要比体育实践活动出现得晚。根据史料的记载,最早于1760年在法国报刊上曾用"体育"一词来对儿童的身体教育问题进行论述。在我国,"体育"一词的使用是在19世纪末20世纪初。在古代,我国是用养生、导引、武术等名词。到19世纪末,德国和瑞典体操开始传入我国,据史料记载,清政府批准的《奏定学堂章程》明文规定各级各类学校要开设体操科(即体育课)。直到20世纪初,基督教青年会在我国宣传"西洋体育"时,才开始出现"体育"一词,经过一个体操与体育并用时期,到1923年才在《中小学课堂纲要草案》这一官方文件中,正式把"体操科"改成"体育课"。而后,"体操"一词逐渐被"体育"一词取代,并得到了广泛的使用。

无论以何种形式存在的体育,都具有以下几个共同的特点:

首先,从人与自然、人与社会之间的关系看,体育不过是人们为适应自然环境和社会需要而自觉改造(完善、优化与开发)自我身心的行为。

其次,从主体与客体、动机与效果的关系来看,体育的主体与客体(对象)、动机与效果都统一于人的自身。

最后,从内容和形式来看,体育的基本内容和基本形式都统一于称作身体练习的人的自身运动。

以上三点是各种体育形式的共同特征,它们构成体育区别于其他任何事物的特殊的本质。

生产劳动与体育运动有着某些相似之处:第一,它们的主体都是人;第二,它们都是人的有意识、有目的的社会行为;第三,它们都是人的实践活动;第四,它们都会使人的身心发生变化。

但是,生产劳动与体育运动之间也存在着显著的差异。比如,生产劳动的客体是大自然,是人们自身以外的物质世界,而体育运动的客体则主要是人的"自身的自然",自我的身心;生产劳动的主要目的和效果是生产物质财富(产品),体育运动则主要是改善人的身心,开发人的身心潜能;生产劳动是维系人类生存的社会基本实践活动,体育运动则是优化和强化人类自身的特殊实践活动。

体育与生产劳动之间存在很大的区别,但是生产劳动有时可能会具有体育运动的某些健身锻炼效果。马克思曾经指出:"为了在对自身生活有用的形式上占有自然物质,人就使他身上的自然力——臂和腿、头和手运动起来。当他通过这种运动作用于他身外的自然界并改变自然时,也就同时改变他自身的自然。"马克思还说:"由于劳动要求实际动手和自由活动,就像在农业中那样,这个过程同时就是身体锻炼。"因此,很长一段时间内,人们主张通过进行劳动来代替体育运动。但是,劳动和体育具有本质的区别,我们不能将其混为一谈。

很多劳动形式,尤其是一些农业劳动和手工业劳动,其能够在一定程度上对劳动者的相应身体部位进行锻炼。而随着近代化的不断发展,劳动分工逐渐细化,并且机械逐渐开始取代人的劳动,这就使得体力劳动在整个劳动过程中的比重愈来愈少,劳动中的身体锻炼因素也就越来越小。人们认为,随着机器的增多和分工的日益细化,从而使得人们逐渐成为机器的附庸。在很多文学作品中,这一情况被人们广为讨论,引起了人们重视。近代工业劳动方式的兴起,使劳动过程中"身体锻炼"的条件消失殆尽(这正是近代体育产生的重要历史背景和因素之一)。可见,"身体锻炼"或改变"自身的自然"并不是劳动的本质特征,它充其量只是劳动的副产品而已。而有目的、有计划地改变人的身心状态,使之与自然和社会相适应,又绝非劳动所能为,却是一切形式的体育运动的本质所在。

杂技、舞蹈等很多艺术动作形式与体育运动较为相似,都由相应的身体动作构成。其在身体训练和技术动作方面甚至与体育运动一模一样。然而,究其本质,即便是杂技、舞蹈之类,也要"服从"艺术活动的规律——它们都是通过形体语言(艺术形象)去展示或表演某种预定的情节或程式,从而表现一定的思想感情和人的智慧。这种"表演"和"表现"正是包括杂技、舞蹈在内的艺术活动的本质特征。这是与体育运动根本不同的。当然,某些体育运动项目如武术、艺术体操和体育舞蹈等,也有表演功能,甚至还尽力表达某种思想情感,但是这只能表示体育和艺术的结合,并不能说明体育本质发生了改变。

综上分析和比较,可以这样界定体育的总概念:体育是人类为适应自然和社会,以身体练习为基本手段而自觉地改善自我身心和开发自身潜能的社会实践活动。简而言之,体育是人类自身运动为主要手段改造自我身心的行为或过程。

体育有广义体育和狭义体育之分。

广义的体育亦称"体育运动",是人们根据社会生产和生活的需要,遵循人体生长发育和机能活动规律,以运动动作为基本手段,为增强人民体质、提高运动技术水平、丰富社会文化生活而进行的一种有目的、有意识、有组织的身体运动和社会活动。它属于社会文化教育的范畴,受一定社会政治经济的影响和制约,也为一定社会的政治经济服务。

狭义的体育习惯称"学校体育",也叫"体育教育"。它是现代体育的基础,也是现代教育的重要组成部分,是全面发展人的身体,增强体质,传授体育基本知识、技术、技能,提高运动技术水平,培养良好意志品德的一种有目的、有计划、有组织的教育过程;是与德、智、美、劳密切配合,培养体育兴趣,养成锻炼习惯,造就一代新人的一个重要的教育活动过程。

从广义体育的内涵来看,体育包括以下两个基本部分和基本属性:

第一,体育是作为体育方式、手段和方法的人体运动部分,具有继承、交流、借鉴、吸取的自然属性。

第二,体育是运用这种手段和方法,来实现社会所规定的体育的目的、法令和制度部分,具有社会属性。

体育的本质就是这两种属性相结合的产物。体育既作用于人体,使人身心俱健,又作用于社会,促进社会的物质文明和精神文明的发展,这是体育的自然属性和社会属性统一和作用的结果。

## 第二节 体育运动的产生与发展

### 一、体育运动的产生

作为一种特殊的社会现象,体育是随着人类社会的产生和发展而形成与演进的。在人类社会漫长的历史进程中,体育如同其他事物一样,经历了一个由萌生到发展再到不断完善的过程,并同整个社会密切联系。

社会需要是人类社会中任何事物产生和发展的根本依据。体育在人类社会中拥有悠久历史,要考察它的产生和发展可追溯到古代,因为那时人类已经存在着对体育的需求。原始人类在生产劳动和生存竞争中的身体活动,就是原始体育的最初形态,它是人类生存不可或缺的行为,是人类社会发展的必然产物。归根结底,体育运动是伴随着人类社会的不断发展而产生和发展起来的。几个世纪以来,世界上许多专家学者对体育起源问题的研究提供了许多宝贵资料,也形成了许多不同的认识和观点。

有关体育运动的产生,具有代表性的观点有以下几种:

### (一)劳动产生体育说

体育是随着人类社会的发展而产生和发展的,生产劳动是体育产生的基本源泉。

生产劳动是人类一切活动和赖以生存的基础,是人类最基本的实践活动。劳动在从猿到人的转变过程中起着决定作用。猿的肌体,如作为劳动器官的手、作为思维器官的大脑和交际工具的语言等,都是在劳动中发展起来的。正如恩格斯在《劳动在从猿到人转变过程中的作用》一文中所指出:"'劳动'它是整个人类生活的第一个基本条件,而且达到这样的程度,以至我们在某种意义上不得不说:劳动创造了人本身。"

原始社会,人类一直处于生产斗争中,在这一过程中,人类学会了制造工具和使用工具。在解决"吃、穿、住"的同时,体力和智力也在不断发展。在原始时期,劳动条件艰险,环境条件恶劣,工具简陋粗笨,体力负担非常繁重,为了获得生活资料和保卫自身安全,原始人类必须经常与自然灾害和野禽猛兽作斗争,这就要求人们学会走、跑、跳跃、攀登、爬越、投掷、游泳、负重等多种活动能力。人们活动能力的水平的高低成为衡量原始人类劳动能力大小的主要标志。人们在劳动中的活动,可以说是最初的体育萌芽和雏形,原始形式的体育就是这样自然而不可分割地孕育在原始的生产劳动之中,现代体育运动正是脱胎于这些活动。

### (二)需要产生体育说

目前,美国心理学家马斯洛的需要层次理论是西方最流行的需要理论。马斯洛提出,人类的需要是以层次的形式出现的,可分为五个层次(图1-1)。

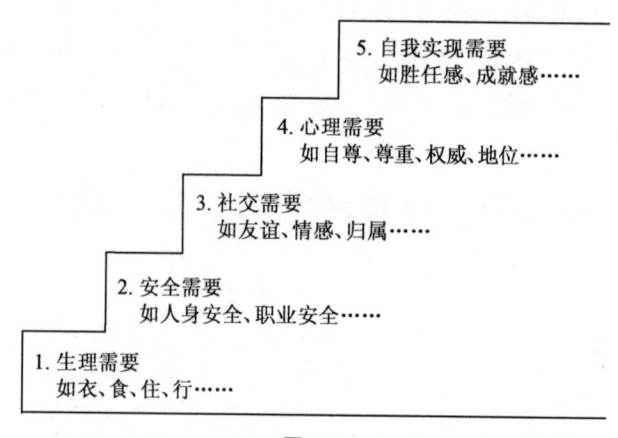

```
5. 自我实现需要
   如胜任感、成就感……
4. 心理需要
   如自尊、尊重、权威、地位……
3. 社交需要
   如友谊、情感、归属……
2. 安全需要
   如人身安全、职业安全……
1. 生理需要
   如衣、食、住、行……
```

图 1-1

马斯洛认为人类的需要如同一个组织系统,把这个系统区分为先后不同的"层次",并且对物质需要的首要性和决定作用给予了肯定。同时,他强调了对人的关心和尊重,看到了需要在调动人的积极性、激励和组织人的行为中的巨大作用,突出了满足人的需要在人的发展中的重要性。但是从马克思主义观点来看,可以明显看出马斯洛的需要等级,也存在着某些方法论性质的缺点。诸如,比较偏重于个人需要,而对社会需要关注得不够;偏重于个人消费的需要,而对一般创造性需要强调不够。这样容易把人们引向以自我为中心的单纯追求消费品的满足,而对先进人物所应具备的高层次的贡献需要却强调不够,这样不利于激励人们去进行创造性的劳动。

根据马克思关于需要的理论和我国社会主义生活准则和伦理规范的要求,参考马斯洛的需要等级,可以把人的基本需要归纳为以下五个方面:

(1)生存需要。它包含个体在整个生命过程中,为了能生存下去最基本的物质和精神需要。如吃、喝、穿、住的需要,安全需要,防卫需要等。

(2)享受需要。这是比生存需要高一层次的需要。它包含要求享受人类所创造的物质财富和精神财富两个方面。对物质方面的享受需要,如讲究营养、穿得好、住得舒服等;对精神方面的享受需要,如丰富的文化娱乐生活,充满情趣的运动经历和体验,对美和爱的追求,对合作、交往、友谊的需要等。

(3)发展需要。它包含求知需要和社会政治积极性的需要等。诸如,对科学文化技术知识的追求和对社会政治知识的需要,要求发展自己的体力和智力,提高自己的政治素质和思想品德的需要等。

(4)尊重需要。它包含在社会生活中追求稳定、有意义的地位和作用;在人际关系中,希望被他人承认和接受,受到他人的赞扬和积极的评价,受到社会的尊重。

(5)贡献需要。这是最高一级层次的需要。它包含了追求成就、创造价值、进行创造性劳动、为社会做贡献、为人民服务等需要。这种需要具有最高的社会价值,但不是每一个社会成员都能形成这一层次的需要。

需要说明的是,需要的分类不是绝对的,实际上纯粹形式的需要几乎不存在,现实生活中的每一种需要都构成一个综合体,并以一系列的条件相伴随。例如,享受需要既含有物质方面的享受,又包含精神方面的享受;既满足生理需要,也满足心理需要。

人的需要主要通过工作、学习、生活(其中包括余暇活动,如文化、娱乐、体育等)来实现。在以上所列各种需要中,有许多都与体育有关,体育是满足人们需要的一个重要手段。

科学共产主义创始人把"需要"看成是人类活动的激活剂,人正是由大量"需要"的激励而生活着和活动着。任何社会现象和生命现象,无不以社会的需要和人的需要作为其产生、存在和发展的依据。也可以说,人的活动都是由需要而引起的,需要是人的能动性的源泉和动力。马克思曾指出:"任何人如果不同时为了自己的某种需要和为了这种需要的器官而做事,他就什么也不能做。"关于整个人类发展的历史,马克思指出:"我们首先应当确定一切人类生存的第一个前提,也就是一切历史的第一个前提,这个前提是,人们为了能够创造历史,必须能够生活。但是为了生活,首先就需要衣、食、住以及其他东西。因此,第一个历史活动就是生产满足这些需要的资料,即生产物质生活本身。同时,这也是人们仅仅为了能够生活就必须每日每时都要进行的(现在也和几千年前一样)一种历史活动……"可见,人类社会的历史就是在新的需要不断产生、发展和得到满足的过程中前进的,一直达到人类最美好的理想社会——共产主义社会。共产主义社会最主要的标志之一,就是可以使人们的一切合理需要得到最大限度的满足。"按需分配"这个科学共产主义口号就是在分析社会发展动因的基础上提出来的。

从需要的理论来分析体育产生的动因,发现原始人的身体活动大致有以下几种:一种是为了谋生而进行的身体活动,如狩猎、捕鱼、农耕等;一种是为了防卫而进行的武力活动的技能,如攻、防、格斗等;一种是日常生活所必需的活动技能,如走、跑、跳、投、攀、爬等。此外,还有一些活动既不属于生产活动,又高于一般的生活技能活动,如游泳、竞技、舞蹈、娱乐等。这些需要反映了在原始人尽管水平很低的需要结构中,不仅有劳动的需要、防卫的需要,而且有思想感情、喜怒哀乐,还有交往的需要、同疾病作斗争的需要、表达和抒发内心情感的需要。这些需要归纳起来,就是需要进行精神的调节,需要进行强健自身的活动,由此构成了体育产生的动因。

体育产生于人类社会生活中的两种非常重要的需要,分别是社会生产活动的需要和人类身心活动的需要。

《史记》中记载:"长言之不足,故嗟叹之;嗟叹之不足,故不知手之舞之足之蹈之。"这说明古人已经发现,当人的感情达到某种程度时,需要有一种表达来代替语言和感叹,这就是舞蹈和游戏等身体活动。人的这种对身体运动的需要不是来自生产劳动的需要,而是来自一种心理情感的需要,从这个角度来说,心理需要也是体育产生的一个重要原因。

人除了在心理上需要体育来宣泄感情外,从人的生物本能上看,对体育也有一定程度的需要。动物除了捕食、逃避敌害等身体运动形式外,还有其他各种身体运动,如动物间戏耍、追逐等,这对促进动物机能的保持与发展具有重要的生物学意义。人尽管脱离了低等动物,然而仍然保留了部分动物的生物本能。人对运动的需求乃是一种生物本能的延续。当然,动物的这种本能的需求,不能同人的体育活动相提并论。因为动物的这种本能运动是一种无目的、无意识的活动,而人的体育活动则是一种有目的、有意识的文化活动。但也不能完全否定人对体育的需求带有生物本能性质。观察所有的儿童,几乎无一例外地都喜爱运动;在学校里年级越低,学生对体育活动的积极性越高。儿童运动不一定有什么明确的目的性,往往是他们的生物本能驱使所致。随着年龄的增大,不断增加社会交往和接受学校的教育,人的社会性日益加强,人的生物性就会受到抑制或减弱。因此,体育的产生也是人类生物本能需要的一种发展和升华,如同人类社会中的性爱和婚姻一样,是从动物繁殖后代的生物本能上升为一种高级的人类特有的文化形态。不能因为文化现在的形态超出了生物本能,而不承认生物的本能需要是现在文化形态的根源。

体育产生的动因除了与劳动需要有关外,还与适应环境的需要、对付同类袭扰的防卫需要、同疾病作斗争的生存需要、表达和抒发内心各种感情的需要等各种需要有关。据《路史·阴康氏》载:"阴康氏时,水渎不疏,江不行其原,阴凝而易闷,人既郁于内,腠理滞著而多重,得所以利其关节者,乃制之舞,教人引舞以利道之,是谓大舞。"上述史料记载了"消肿舞"产生过程,这些人类有意识地用以改善自身健康、增强体质的身体活动,都未必产生于劳动之中,也不一定是生产劳动的需要,而是体现了人们适应环境生存和生活的需要。

综上所述,作为人类有目的、有意识的一种社会活动,体育是为了适应社会的各种需要与人本身生理和心理方面的需要而逐渐产生的。

(三)体育多源产生说

体育的产生不是一源,而是多源,具体表现在以下几个方面:

1. 体育是原始社会教育活动的主要内容和手段

原始体育的起源应追溯到人们意识到对未来的生活必须有所准备,因而对劳动经验和生活技能等进行继承、传授和学习,这种传授和学习的过程就是原始教育的萌芽。体育从产生之初就是一种重要的教育手段。

原始人在长期的生产和生活实践中,不断积累自然知识和社会知识,不断改进生产工具,不断提高生产力,劳动技能日趋多样化、复杂化。这样一方面对人提出了更高的社会需要,人们必须经过学习和培训才能学会对较为有效的劳动工具进行制造与使用,从而进一步提高劳动技能;

另一方面，由于劳动产品有了一些剩余，这就使由专人对年轻一代实施教育、传授劳动技能以及进行身体培训成为可能。同时，人类的思维也有了发展，这就从主客观两个方面为教育的产生提供了可能性。原始社会的教育主要是传授生产劳动技能，而原始的生产又多是较笨重的体力劳动。

紧密结合原始生产和生活需要的走、跑、跳、投等实用技能就是原始教育的主要内容，也是人类最初的体育。因此，在原始教育中，体育是主要的内容和手段。据《中国古代教育史》记载："氏族公社成员们除了在生产实践中受教育外，又在政治、宗教和艺术的活动中受教育。他们……利用游戏、竞技、舞蹈、唱歌、记事符号等进行教育。"

世界教育史也对国外一些民族原始社会时期的教育状况进行了记载。密亚内西亚居民（太平洋岛屿的原始人）"当儿童稍长的时候，男子就教他们投枪，使用石斧、树皮制的盾、棍棒，教他们攀树、挖土，以便捕捉有袋的动物，如果有网，就学习用网""北美印第安人中……儿童从四五岁起，懂事时就开始学习。男童学习对靶射箭，女童学习家事"。

另外，从民族学的材料得知，1945年我国大兴安岭西北麓原始森林中还处于原始社会末期过着狩猎生活的鄂温克人，"他们都有一套纯熟的狩猎技术，他们心目中的优秀射手的标尺是：身体强壮、能跑善跳、能吃苦耐劳，勇敢、沉着、机智，枪法准，熟悉地形和野兽习性。为了适应这种狩猎生活，从小孩起就进行教育，体育在其中占重要地位。""孩子五六岁时就常玩狩猎游戏，经常练习射箭和打靶。……12岁以后，开始跟大人在实际狩猎中学习。由父母、哥哥或祖父领着他们到山里去打猎，教他们怎样瞄准，怎样打。这时父亲的责任就是给孩子一支旧枪，把他们培养成猎手"。同时，在儿童和少年当中，经常进行"打熊游戏"，进行角力和跳高等活动。

如上所述，原始社会的教育活动和体育活动是很难完全分开的。可以确信的是，在原始教育中，身体培训占有相当大的比重。体育既是教育的内容，又是教育的手段。

2. 原始体育与军事

原始社会末期，由血亲复仇发展到掠夺财产和奴隶的战争开始出现，战争推进了武器的演进。为了掌握这些武器，提高战斗技能，从而促进了人们军事训练和身体训练的积极性。同时，这些武器和武艺也为人们的健身活动提供了更为广泛的"运动器材"和活动技能。

3. 原始体育与娱乐、宗教祭祀活动

舞蹈是原始娱乐的主要形式之一，舞蹈与体育有很多共同特点，比如，它们都是身体的活动，都具有健身功能。用现代观点来看，某些健身性的舞蹈本身就是体育的内容，如民间舞、现代舞等。原始人为了表达狩猎成功的喜悦、对自然的崇拜、对祖先的祭祀以及抒发内心的情感，他们往往在酋长的率领下进行集体舞蹈。这种舞蹈既是对身体的训练，又是一种娱乐。不仅如此，恩格斯在《家庭·私有制和国家的起源》一文中，这样描述处于原始公社时期的北美印第安易洛魁人："在胞族间互作球戏，每一胞族选出自己的优秀球员，其余的人按胞族旁立观看，并以本胞族球员的获胜打赌。"这说明在原始社会末期，专门的球类游戏已经出现了，而且观赏优秀球员竞赛的观赏娱乐活动也出现了。

随着宗教活动的产生，人们在祭祀活动中，以各种抒发感情的动作表示对神灵的崇拜，从而发展成为舞蹈活动；并逐渐用舞蹈、竞技和角力来进行祈祷，娱乐神祇，祈求庇护。为了表示对寺院的尊敬，人们进行徒步巡礼（赶庙会）、步行化缘等，其中都包含了许多体育因素。古代奥林匹克运动会就是由这种祭祀中的竞技活动发展成定期举行的节日竞技运动会的。

4. 原始体育与医疗卫生

原始社会中,生活条件非常恶劣,大自然的侵害和同类之间的袭扰使人们的健康和生命受到了严重的威胁,人们普遍寿命很短。"从先民们在北美洲的墓地发现,有婴儿和孩童、少年人及20至30岁青壮年人,偶然发现一生中曾看到过两代或三代的人,即是幸运者","从研究40多具中国猿人的遗骨化石中,发现约有40%的人未满14岁便已死亡。"同时,由于饮食习惯上的茹毛饮血,卫生不佳,又有消化病(如胃溃疡等),因而刺激了原始医疗保健活动的产生和发展,如阴康氏的"消肿舞"、《黄帝内经》中的"导引按跷"等都是为了治疗由于环境、气候所造成的身体疾病而进行的身体活动。这些既是医疗手段,又是健身活动。从目的上来看,这比那些为了生存、防卫和教育而进行的身体活动与体育更接近。以后又逐渐发展成各种成套的保健体操,健身的目的更加明确,体育的因素也进一步加强。

上述材料和分析说明,体育是由于人类生产和生活、个体和社会、生理和心理等方面的需要的激励而产生的一种社会活动,它主要产生于生产劳动的过程中。然而由于原始社会生产力低下,还无法进行非常明确的社会分工,各种社会活动都还处于萌芽状态,互相之间大都没有明晰的界限。原始社会的体育和教育、军事、医疗卫生、娱乐及宗教祭祀等活动互相联系,互相促进,互相推动,共同进化和发展,如同一胎生的连体兄弟,在原始人类社会的母体中共同孕育萌生。

(四)体育与宗教的关系

宗教对人类生活的各个领域都有这样或那样的影响,因此,宗教对体育这种文化现象必然会发生作用,并施加影响。事实上,宗教的这种作用和影响不仅在历史上有过,而且在今天的现实生活中也仍在延续和渗透。不同宗教形式在不同历史阶段与不同民族、国家和地区的体育发展过程中所起的作用和影响不尽相同,由此形成了相互间关系的复杂性和多重性。一方面,由于体育和宗教在本质上的对立,宗教的存在在总体上对体育的发展起了扼杀和阻塞作用;另一方面,在某些特定的发展阶段和历史条件下,宗教教义中的某些派生因素,在客观上又对体育的发展起了积极的促进作用。这就使得宗教和体育之间产生了相互渗透的现象,在宗教活动中,包括了原始体育、民族传统体育的内容,而宗教的礼仪庆典以及宗教的思想观念在体育中也有保留,具体表现在以下几方面:

1. 宗教舞蹈的产生

在原始宗教时期,人们崇拜图腾(即兽形神、半人半兽),巫术和法术是人们主要从事的宗教活动。巫术和法术包含和孕育了原始体育活动的萌芽和雏形,人们幻想以特定的动作,如模仿性的舞蹈来控制、影响自然现象。这些经常性的、大运动负荷的、高激情的舞蹈和活动,客观上实践着体育的行为,实现着原始体育的功能。

2. 娱神慰神祭祀体育活动

古代人们按照自身的性格、想象和好恶设计繁多的仪式活动,以此来取悦神灵,使神灵与人类和睦相处,福佑人类。由此产生了以各种原始文娱体育活动为主要形式的宗教娱神慰神仪式,随着社会的进步和发展,这些活动本身的宗教因素和色彩逐渐淡化,文娱体育的因素的价值逐渐增强,最后脱离了宗教范围而成为人类珍贵的体育文化财富,最典型的例子就是古代奥林匹克运动会。

3. 宗教的修炼、医疗活动

宗教修炼一般是人为宗教的行为,是一种在特定宗教观念支配下,个人有意识地采用某些特定方法手段来对自己的身、心进行宗教改造的过程。总的来说,这种修炼是一种对人格和人的本质进行否定的畸形行为,是对人的身、心异化的过程。但是在一些民族宗教中,特别是东方的宗教,某些修炼形式客观上也具有一定的体育价值,其中比较典型的是古代印度的瑜伽和中国的导引气功。

总的看来,某些宗教的修炼方法与一些古代体育健身方法却是互相渗透的。此外,宗教对社会进行的慈善、救济、医疗养生活动,在客观上也维护了社会健康。

4. 宗教性的民俗活动

在历史上,在一些国家、地区和民族中,宗教具有强烈的民俗特征。因此,在这些宗教活动中出现了具有一定普及性和广泛性的文体活动。特别是在各种宗教节日,大多伴随有一定的体育活动。久而久之,这些宗教意义逐渐下降,而人文文化色彩、体育运动的因素逐渐增强。

5. 宗教的武装活动

在政权和神权合一的封建社会,封建割据的地主武装力量总是要借用宗教势力的,因此许多寺庙就成了训练武装人员的场所,许多僧侣就成了武术活动的教师爷,许多武术的套路、功法就从寺庙里演化发展起来,神秘色彩非常浓厚,中国河南嵩山少林寺的僧人就曾是历史上著名的宗教武装。

## 二、世界体育运动的发展

欧洲古希腊人对体育运动非常喜爱,比较热衷的项目有角力、赛跑、拳击、格斗、射箭、掷石饼等,这些项目后来逐渐演变为竞技体育项目,并且在全希腊规模的体育竞技赛会和宗教性的祭神集会上进行比赛和表演,每四年举行一次。从公元前776年至公元393年,共举行过293届,历时1 169年,被后人称之为"古代奥林匹克运动会",简称古代奥运会,这极大地促进了世界体育运动的发展。

古希腊灿烂的文化、发达的哲学思想和教育思想促进了体育的繁荣。那时,人们把体育作为造就健全公民、增强国力、抗御外侮的手段,因此大力发展体育,兴建规模宏伟的体育建筑,培养优秀的体育运动员,从而增强了国民的体质,促进了社会经济、文化的繁荣发展。在青少年的教育中,体育是非常重要的教育内容,如当时的唯心主义哲学家、教育家柏拉图(前427—前347年)在他的身心调和论的教育设计中提出:3—6岁的儿童在国家所委派的教导员的指导下,在游戏场进行游戏;7—12岁的儿童进国立学校,学习阅读、计算、音乐和歌唱;12—16岁的少年进体育学校——通常是教体操练习的角力学校;18—20岁的青年进青年军训团受军事体操训练。柏拉图的学生亚里士多德(前384—前322年)是古代西方的一位"最博学的人"。他第一个在理论上论证了体育、德育、智育的联系,主张国家应负责对儿童进行公共的教育,使他们的身体、德行和智慧得以和谐发展。以上是以雅典为代表的古希腊体育思想和教育方案的片断介绍。从中可看出,在希腊奴隶制民主教育及全民发展教育中的古希腊体育优良传统的某些端倪。

古希腊城邦之间的军事交战使得体育在军事领域受到了非常大的重视。最典型的是斯巴达,他们不仅注重尚武教育,同时很注意优生,新生婴儿必须交国家检查,体格强壮者才归还父母养育,患病或畸形的儿童便被丢入山谷之中,令其死去。男孩年满7岁就离家到国家所举办的和同龄人的团体中去受教育,主要是身体教育和训练。14岁以前都按年龄分为不同的群体,他们一起吃饭、睡觉、行路和运动。12—14岁的少年,其标准的体育计划包括球类运动、角力、射箭、投掷石头与标枪、拳击、拳击角力联合运动及狩猎。所有的活动都与年龄阶段配合,并且每天实施。斯巴达的男孩子20岁以后开始过军营生活,30岁才允许结婚,婚后仍然进行军事训练,直到60岁。斯巴达的女孩子,在7—18岁也要接受国家督导的体育训练。训练的目的是控制体重和调配体能,使其为做母亲做好准备。她们参加角力(有时与男子对抗),投掷铁饼与标枪,参加赛跑、跳跃、舞蹈、球类运动、爬山以及技术与体力的竞赛。在尚武的教育下,斯巴达人被培养成身体强壮、吃苦耐劳、勇敢善战的战士。当时在斯巴达流传着这样一句话:"人民的身体,青年的胸膛,便是我们的国防。"由于注意对青年的身体训练,斯巴达人才保留了他们在古代奥运会上百余年的垄断地位。同时,其士兵剽悍骁勇,称雄希腊。斯巴达突出强调青少年的体育训练,但不重视其他教育内容,教育不全面,为后来的"军国民教育"一派开了先河。

欧洲在中世纪(476—1640年)进入了黑暗的封建社会阶段。由于教会和王权的统治,经济文化落后,哲学思想和教育思想受宗教的影响很大。宣扬"宿命论""禁欲主义""身体罪恶论",认为"身体卑下,精神高尚","肉体是灵魂的监狱"等,反对舞蹈和其他身体活动,规定了斋戒、夜间祈祷、苦修忏悔等许多对身心有害的修道方法。在这种有害思想的支配下,除了在为统治阶级培养接班人的封建贵族子弟学校的骑士教育中施以体育(规定"骑士七技",即骑马、游泳、投枪、击剑、行猎、跳棋、吟诗,其中有五项属于体育范畴)外,在一般教会学校的课程中,则没有发展体能的活动计划,被称为"没有体育的教育",致使一般人身体能力退化;加之不注意卫生,忽视疾病防治,造成流行病、传染病蔓延,民族体质日衰。那个时期遗留下来的绘画作品也多是形体消瘦脸上带着虔诚与憔悴的基督徒的形象。这正是当时经济文化落后和体育事业凋敝的旁证。因而,欧洲中世纪又被称为"黑暗时代"。在体育上则从古希腊繁荣的奴隶制体育倒退了。

意大利的文艺复兴运动发源于14世纪和15世纪,在哲学思想方面,文艺复兴者提倡人文主义,反对禁欲主义;在教育方面,重视对儿童的身体教育,主张把读书和运动结合起来;在体育方面,要求继承古希腊的体育遗产,赞赏斯巴达的军事体育,推崇柏拉图关于开设体操课程的主张。这个运动的进步意义之一,在于它有力地冲击了欧洲的黑暗封建统治和教会思想的禁锢,为体育的发展开辟了道路。文艺复兴以后,第一个倡导"三育"学说的是英国哲学家、教育家洛克(1632—1704年),他明确地把教育分成三部分,即体育、德育和智育,并强调指出:"健全的精神寓于健全之身体。"主张在宫廷训练学校中开设体育课程。

17世纪中叶,体育运动伴随着英国工业文明而迅速发展,并随着资本主义经济的蓬勃兴起和对外扩张而迅速传播。于是,世界许多国家都开始流行户外运动、娱乐体育和竞技项目。此时,体育运动已开始具有一定的竞赛性和国际性,运动项目的种类与形式越来越多,规模也越来越大。

18世纪,法国出现了以反对教会权威和封建制度为目的的启蒙运动,其代表人物之一是法国的启蒙思想家、哲学家、教育家和文学家卢梭(1715—1771年)。他主张在教育上要顺应儿童的本性,让他们的身心自由发展。他提出"体育乃是个人由童年至成年整个发展过程的一部分",强调儿童应"经由游戏、运动、手工艺与直接熟习自然的方式学习"。后来风行一时的自然主义、实用主义教育学论和体育学说就是起源于卢梭。从此,中世纪对身体的鄙视和体育的否定,由于受文艺复兴和启蒙运动的影响而逐渐得以扭转,古希腊的体育运动又得以复苏。

19世纪,西欧由于资本主义发展不平衡和民族主义倾向,各国之间接连发生战争,如克里米亚战争、普法战争、德法战争等。许多国家受到战败的屈辱,德国自尊心受到很大打击,丹麦在人力与物力方面也遭受重大损失,瑞典因对俄国作战而丧失了已占领很多世纪的芬兰。这些失败刺激着各国重建军备,认清了对人员施以身体训练使之适于服兵役的重要性。正是出于这些强国强民的需要,迫使各国对体育给予重视,因而相继出现了"德国体操之父"——古茨姆斯、德国"社会体操之父"——杨氏和瑞典的林德福尔斯等体操领袖。他们的理论著作(古茨姆斯著有《青年人的体操》;杨氏著有《德国的体操》;林德福尔斯著有《体操的一般原则》)和体育实践经验不仅受到本民族欢迎,推动了本国体育运动的发展,而且在欧亚美各洲广泛流行,成了世界体育运动的共同财富。

正当欧洲各国纷纷采用和推广德国和瑞典体操的时候,英国在利用自身独特的社会和自然条件的基础上,创造了符合本民族特点的户外运动、娱乐和竞技运动。这主要是因为,英国以海军立国,最早实现的工业革命促进了生产的发展;人们的生活水平相对提高,缩短了工作时间而使余暇时间增多;气候温和,人们有条件和兴趣更多地参加户外体育活动,且体育活动手段丰富多彩,有板球、射箭、羽毛球、曲棍球、保龄球、橄榄球、足球、网球、游泳、划船、田径赛、登山、高尔夫球、溜冰和滑雪等。英国人认为,参加户外运动是一件必然的事,是整个人生的一部分。当时英国的实证论者斯宾赛(1820—1893年)就曾强调饮食与运动对青年幸福的重要性。他赞扬英国学童对竞技运动以及户外运动的热心,认为在对肌肉的锻炼方面,体操运动不如竞技运动和户外运动。随着英国殖民主义的扩张以及斯宾赛著作的流传,英国的户外运动、娱乐和竞技运动逐渐传播于美国、欧洲以及其他许多国家。

现代体育运动起源于19世纪的英国。1828年,英国教育家托马斯·阿诺德开办了一所橄榄球学校,第一个把体育列入学校课程,这对现代体育的产生和发展起到了决定性作用,他是现代体育的创始人。在英国的影响下,1844年在柏林举行了大学生田径运动会。1857年又成立了田径协会,并在剑桥大学举行了世界第一次大学生田径比赛,这对世界现代体育的产生和发展,影响更为深刻。1863年,产生了起源于英格兰的现代足球运动,现代足球运动从它诞生的那一天起,就以其独特的魅力赢得了世人的钟爱,并在短短一百多年的时间里征服了世界,让无数人为之疯狂,成为世界第一运动。为现代体育的产生和发展,提供重要的理论与实践基础的,还有欧洲的文艺复兴和现代奥林匹克运动的创始人、奠基人——法国著名社会活动家皮埃尔·德·顾拜旦先生,他所倡导的现代奥林匹克运动,已成为全球规模最大的综合性体育盛会,这直接促进了体育的国际化大发展。美国现代体育的兴起稍晚于英国,但经过一段时间的发展,也达到了相当高的发展水平。

总之,在英国工业革命历史条件下产生的现代体育运动是文明社会的标志之一。随着现代社会的不断发展,体育已成为现代社会的普遍现象,甚至成为人们日常生活方式之一。体育运动已成为人类生存和生活不可或缺的行为,还能对社会发展起到积极的促进作用。现代体育的社会功能已大大超过增强人民体质的范围,成为改善生产方式、提高生活质量不可缺少的因素。总之,"现代社会不能没有体育,未来社会更加需要体育"。体育已发展成为人们生活中不可或缺的重要组成部分。在新的历史时期,随着人们体育需求的不断增大与多元化,体育运动必将实现更高水平的发展。

## 三、我国体育运动的发展

中华民族历史悠久,我们的祖先在历史长河中创造了众多的光辉灿烂的文化,其中就包括体育这一奇葩。我国古代体育发源很早,有人追溯到黄帝时代,即公元前2500年,先后创造发明了蹴鞠、摔跤、射箭、武术、导引术、气功、围棋、投壶等丰富多彩的体育活动项目。周朝时的教育内容称为"六艺",即礼、乐、射、御、书、数,其中射和御都带有体育教育的性质。从秦代到宋代又先后出现了达摩祖师的十八罗汉手、百戏、五禽戏,宋代岳飞编制了一套健身操叫"八段锦",至今仍有广大的传习者。

(一)古代体育

我国体育的发展与社会的兴衰有非常密切的联系,随着我国几千年古老文化的发展,古代体育也在一步步演进。

夏、商、周、春秋时代,历时1 600年的奴隶社会中,由于奴隶主阶级的需要和频繁的战争,刺激了军事武艺的发展和对军队身体训练的重视。周天子甚至要求民众也要"三时务农,而一时讲武"。因此,一些与军事有关的体育项目如射、御、角力、拳搏、奔跑、跳跃、武术以及其他武艺都很盛行。同时,奴隶主阶级为了满足自己享乐的需要,也发展了一些娱乐性的体育活动,如打猎、泛舟等。

据史载,奴隶社会时期出现了中国古代最早的学校,夏朝的学校被称为"校""序""庠"等;商朝又出现了"大学"和"庠"两级施教的学校教育,其学校教育内容主要是军事和宗教,里面已经包含有学校体育的萌芽;西周时期,学校又有所发展,分为"国学"和"乡学"两种,教育内容以礼、乐、射、御、书、数六艺为主,用来培养奴隶主贵族子弟。在六艺中,"射"指的是射箭技术,"御"指的是驾驭马车的技术,这都属于军事技能的训练,但也具有体育的性质;"乐"指的是音乐、诗歌、舞蹈等,而舞蹈也含有体育的意义。这些就形成了我国古代学校教育的雏形。

春秋时期社会动荡不安,战争和奴隶暴动事件频繁发生,社会的阶级关系发生了很大变化,是奴隶制崩溃和封建制建立的一个重要过渡时期。这个时期出现了许多思想家、政治家和军事家,他们的哲学思想、军事思想、教育理论、体育思想与实践极大地推动了这一时期体育活动的发展。例如,老子的养生观和朴素的辩证法思想,以及"去甚"、节制嗜欲的主张,对后世都有很大影响。孙武不朽的军事经典《孙子兵法》,其中就有不少有关身体技能和训练的内容。孔子除在他兴办的私学中进行六艺教育外,还主张学生进行郊游和游水。他本身就爱好射箭、打猎、钓鱼和登山等体育活动,并注意卫生保健,因而身体蛮健。《吕氏春秋》中称赞孔子"足蹑郊菟,力招城关"。但是由于孔子哲学思想上的"天命论"和过分强调"仁""礼",以致他的一些体育思想未能得到广泛弘扬,无法发挥作用。

封建社会,不论是我国还是中世纪的欧洲,按强权统治的需要,体育在东西方各自发展的历史进程中,都注重实践性和教育性,并把体育作为一种富国强民的重要手段来对待。此时,由战争刺激起来的"军事体育",供统治阶级消遣的"娱乐体育",修身养性的"养生体育",民间开展的"民间体育"等,都使得体育的范围不断增大,体育的属性不断延伸,在这时期体育运动成为人们强身健体和娱乐身心的重要手段。2 000多年的中国封建社会的历史是从战国开始的。这个时期,奴隶制崩溃,封建制确立。新兴地主阶级正处于上升阶段,对社会发展起着进步作用。各国在变法中都很注意尚武之风,提倡结合军事训练开展体育活动。诸子百家也多提倡讲武,如荀子主张"慕勇武之士,法后王";墨子主张把射、御定为选拔贤士的标准,以此予以赏罚;韩非则认为"习礼不如讲武"等。同时,由于社会政治、经济迅速发展,城市繁荣,医疗、养生学和民间体育活动也得到了一些发展。《史记·苏秦列传》记载:"临淄甚富而实,其民无不吹竽鼓瑟,弹琴击筑,斗鸡走狗,六博蹴鞠者。"此记载证明由于生活富裕,民间体育娱乐非常活跃;同时,说明当时中国已经有了足球运动。《西洋体育史》也记载:"早在邵苏出生前,中国便有了足球。"

汉朝政治宽简,人民休养生息,出现了政治巩固、经济文化发展的"文景之治"。加之为了击退外来的侵扰,需要加强军备,使人民强身祛病。这些社会需要,促使汉代体育在先秦体育基础上获得了很大的发展。汉武帝时,"独尊儒术"对体育的发展有不少影响。此后在"养生观"上,出现了唯物主义的"寿命论"与唯心主义的"天命论"之争,"天神论"与神学迷信之争。这些学术思想的争论对体育的发展也有很大影响。因此,在汉代以训练士兵为主的军事体育,都有很大发展,如骑射、刀术等武艺,而且出现了以健身为主要目的的医疗体育,如导引养生、五禽戏等。特别是汉代名医华佗创编的五禽戏,以唯物主义的哲学思想,根据人体结构和血脉流通的生理机制,通过模仿五禽的动作,以活动身躯,促进体内血气运行,颇有强身祛病的价值,成为我国古代医学和民族传统体育的宝贵遗产。

汉代物质基础雄厚,因此宫廷和民间的娱乐性体育活动丰富多彩,名目繁多。其中有关体育的项目有角抵(包括角力和摔跤等)、杂技(其中有侧立、爬绳、爬竿、柔术等动作)、舞蹈(剑戟舞、蹴鞠舞)以及秋千、舞龙、耍狮、高跷等活动。有的活动在后世发展成为竞技运动项目,有的至今仍是人们喜闻乐见的传统娱乐活动。

到两晋、南北朝时期,出现了混乱、分裂的局面。统治集团内部争权夺利,使劳动人民生活极端困苦,阶级斗争十分尖锐。加之唯心主义的神学,如道教、佛教思想,还有玄学的影响,不重视身体运动,而迷信仙丹、仙药,形成纵欲、清谈之风,幻想成仙得道。在体育活动方面,汉代那些能促使人民强身祛病的活动项目,如角抵、蹴鞠等逐渐被废弃,却提倡那些可供统治者享乐的歌舞、百戏和与轻巧纤弱之风相应的投壶、弈棋等,致使体育走上歧途。但从另一种角度来看,倒也促进了娱乐性体育和导引养生的发展。

隋唐、五代时期,特别是唐朝,由唐太宗李世民执政时的"贞观之治"到唐玄宗当权的"开元盛世"共百余年,全国统一,经济、文化、政治的发展都达到了鼎盛时期。在这样的社会条件下,隋唐体育的发展出现了空前的繁荣景象。在我国唐朝时期,统治者开始注重武备,并创设了武举制度,目的是对军事人才进行选拔和培养。这极大地激发了社会上的习武之风,也有力地促进了学校体育的复兴。而文举和武举分开的科举制度,也使得文武教育开始分途。

首先,当时的封建统治阶级兼重文治武功。在军事上实行府兵制(一种寓兵于农的兵役制),规定"凡民二十为兵,六十而免",并且通过练兵讲武活动使一般男性农民都受到严格的军事体育训练。在考试制度上,武则天首创了武举制度,提倡考武状元,这一制度的实行,大大鼓舞了民间练武之风,对体育的发展起了促进作用。

隋唐体育活动的特点是范围广、规模大,上起宫廷王妃,下至文武百官和平民百姓。如隋炀帝召集全国体育、杂技、乐舞能手综合表演的"角抵大戏","经月而罢",简直相当于今天的全国运动会。唐朝庆祝元宵节的活动也非常壮观。

再者,隋唐生产技术水平的提高促进了体育场地和器材的改进,如唐代就出现了充气的足球和球门,用油料浇筑球场。体育运动项目繁多,技艺高超,仅球类运动就有蹴鞠、马球、步打球、踏球、十五柱球、抛球等。同时,由于医学和养生术的发展,使导引、养生都有新的发展。特别是伟大的医学家孙思邈(581—682年)的著作中关于养生、导引、按摩的理论,对当时以及后世都有非常重要的贡献。在军事武艺方面,剑术、骑射、角抵、硬气功等,不论是教习方法还是技术水平与汉代相比都有了发展和提高。另外,秋千、拔河、竞渡、滑冰、滑雪、登高、郊游、射鸭(一种嬉水活动)、棋类等民间的体育活动也都非常盛行。

宋、元、明、清时代,体育又随着社会的变革而变化发展。例如,北宋时期由于沿袭了武举制,又加上王安石变法,提倡富国强兵,对体育的发展起到了刺激作用;毕昇活字印刷术的发明,促进了体育图书资料的出版,对体育养生资料的挖掘、整理、研究和著述也具有一定的推动作用。但是,王安石的新法被司马光否定之后,对外实行投降主义,对内控制,禁民习武。宋代理学家们主"静",反对体育运动,特别是朱熹的"天命论"哲学思想,把人的寿夭看作是"天所命",这实际上否定了体育锻炼的必要性,因此也阻碍了体育运动的发展。

宋明以来,盛行理学,重文轻武的局面更加严重,对学校体育的进一步发展产生了制约。但是出于政治和军事的需要,其军事教育和军事训练都有了新发展,比如宋朝开始兴办武学;明朝恢复了"六艺"的教育内容,增设了习武场地设备,实行"儒生习武"等。明代开国皇帝朱元璋设武举,立武学,仿古代寓兵于农,实行卫所制度,"农时则耕,闲时练习",因而粮多兵强,武艺发展。清初为了抵御沙俄入侵,执行了讲武绥远、御敌防疆的政策。

在清朝初期,统治者对武学的重要性十分重视,实行文武并重、文武合一的教育制度。但是在清朝后期,政治腐败,军备废弛,这种文武并重的教育制度也逐渐松弛了。在康、乾盛世,经济上采取了一些促进生产的措施,在考试制度上沿袭了武举制,甚至文科考试也先骑射,不合格者不允许参加笔试;练兵制度也比较完整,因而不仅军队精良,也涌现出了许多武艺高强的名人壮士,这使得中国武术的发展又出现了新的高潮。但是在乾隆之后,内政腐败,外患频繁,中国封建社会濒临崩溃。特别是鸦片战争以后,大量鸦片的输入,毒害了广大人民的身体,加上清朝中央政府为了维护统治,禁民习武,导致国民体质日渐衰微。

(二)近代体育

中国近代体育始于1840年鸦片战争之后,是西方体育和传统体育相互交融的产物。从历史的原因看,其形成过程比较复杂。

19世纪,欧洲工业革命的兴起促进了自然科学的发展,扫除了教会的消极障碍,使已涉及生理和心理问题的西方体育开始走向成熟。

鸦片战争以前,一些外国传教士就曾在我国沿海岛屿和广州等地开办了招收中国儿童的学校,但学校和学生数量都很少。

鸦片战争以后,大批外国传教士进入中国,他们不仅传教,还兼办教育,教会学校迅速发展。当时的教会学校没有设立体育课,大多在课外开展一些体育活动。学生可利用休息时间、课间操和课外活动做游戏,如器具游戏、抢球、"夺旗"(跑趟)等。在教会设立的相当于高等学校的书院,设备较好,课外活动和校际比赛的主要内容是以田径、球类(篮球、足球、网球、棒球、排球、墙球等)为代表的西方近代体育。在教会学校的影响下,许多学校开始引入西方体育,田径和球类运动一度成为学校主要的体育活动内容。

在体育思想方面,基督教青年会发挥了重要作用。他们引入西方竞技体育活动项目及其技术和比赛规则,介绍西方体育理论与方法,并通过西方体育专业训练、开展体育活动、举办运动竞赛对以公平竞争、个体创新为核心的西方竞技体育思想进行传播。

鸦片战争以后,广大人民为反对西方列强的侵略和清朝政府腐败的封建统治,不断起义,清王朝内外交困,于是推出了一场挽救统治、"自强求富"的洋务运动。在教育方面,主张学西方,兴办西学,创办西方式的新式学堂,包括军事学堂,并把西方体育引入新式学堂中,把体操规定为学堂的学习课程,以瑞典式、德国式、日本式的普通体操、兵式体操和游戏等为主要学习内容。并开展了以西方近代体育为主的各种体育活动,至此,中国学校教育首次出现了体育课程和体育活动。虽然当时洋务派兴办的西式学堂极少,但也在很大程度上推动了西方近代体育在我国的传播。

自魏源、林则徐等进步思想家率先提出"师夷长技以制夷"的主张之后,这种出于"自救"而转向学习西方的思潮,在客观上动摇了清王朝空疏无用的教育体制,致使洋务运动兴起。于是从19世纪60年代至19世纪90年代,根据"中学为体、西学为用"的指导思想,开始在兴办的水师学堂和武备学堂中传授"西艺",并开设普通体操和兵式体操课,遂使西方体育先以军事技术操练的方式传入中国。

但辛亥革命前后,西方体育和中国传统体育的冲突愈发复杂,以孙中山为首的资产阶级革命派人物,通过"洋为中用""古为今用"的体育思想和实践,促进了中国近代体育的发展。而五四新文化运动时期,毛泽东、蔡元培、恽代英、鲁迅等人则以近代科学的观点研究和提倡近代体育,抨击反动的"军国主义"体育和复古的"国粹"体育,他们以弃中西体育之糟粕、而扬其精华的指导思想,指导中国近代体育前进。

(三)现代体育

1919年的五四运动是中国现代体育的发端。由于新文化运动批判"军国主义"体育和"国粹"体育,1923年,学校将体操课改为体育课,并将兵操内容剔除。国民党政府建立之后,在其21年的统治中,并不真正重视学生的身体健康,致使许多为学校制定的体育措施,都因贯彻不力而收效甚微;社会体育和竞技体育的发展极为缓慢,各种民间体育组织因得不到政府支持,加之经费拮据而难有作为。在此期间,虽勉强参加了第10、11、14届奥运会,但成绩不理想,被帝国主义讥为"东亚病夫"。

新中国成立初期,社会各方面百废待兴,在中国共产党的关怀、领导下,坚持社会主义方向,确定以"增强人民体质"为目标,把改善人民健康状况放在首位,并视体育为建设社会主义精神文明的重要手段。由于在体育机构、制度、干部、宣传出版、物质技术等方面进行了必要的改造与建设,在体制上坚持多层次、多形式的发展方向,在具体实施中采取因时、因地、因人制宜的活动方式,使学校体育、社会体育、竞技体育同步发展。

新中国成立后,我国主要借鉴苏联的经验来进行社会主义政治、经济、教育等建设。我国在向苏联学习的过程中,形成了单一的苏联模式,否定了美国的自然主义学校体育思想,强调教育和学校体育的阶级性,西方的一切学校体育思想被拒之门外。在苏联社会主义学校体育思想的影响下,我国学校体育十分重视思想政治教育,确立了学校体育为无产阶级政治服务、为生产建设服务、为国防建设服务的社会主义方向,重视学校体育对增强学生体质的作用,强调学校体育的计划性、组织性和纪律性。对创建我国社会主义学校体育体系,为我国学校体育的深入发展起到了奠基作用,但"排斥异己思想,照搬过度,结合实际不够"的弊端也阻碍了学校体育的科学发展。

"文化大革命"严重影响了我国现代体育的发展,1976年10月以后,尤其是在党的十一届三中全会指引下,经拨乱反正,在恢复调整的基础上才继续向前发展。特别是改革开放后的十几年中,是我国现代体育发展最快的时期。由于提出了"全民健身计划"和"奥运争光计划"的战略决策,使有中国特色的现代体育初具框架。在学校体育方面,国务院颁布了《学校体育工作条例》,制定了有关制度,进一步加强了领导;为了迎接新技术革命的挑战,根据开发体力和智力的双重需要,学校体育开始注意从根本上解决身心全面发展的问题;为了体现"终身教育"的思想,学校体育还强调在发展各种能力的基础上,应该重兴趣培养和养成运动习惯的观点;为了适应深化体育改革的需要,学校体育作为两个战略的基础和结合点,又承担了造就优秀体育人才的历史使命。在社会体育方面,人们主动进行"体力投资"和参与"体育消费"的热情日趋高涨。

近年来,我国优秀的体育运动员在奥林匹克运动会上不断创造佳绩,尤其是20世纪90年代以来,我国的奥运会金牌数和奖牌数长期居于前列。例如,2016年巴西奥运会上,我国共获得了七十多枚奖牌,金牌数和奖牌数都列第三,这是我国竞技体育实力较强的有力证明。

20世纪90年代中期,"科技兴体"被提到议事日程,体育事业有了新的发展。当进入"九五"时期时,《体育法》的颁布为之后相应建立一整套体育法规体系以及"依法治体"打下了坚实的基础。根据《国民经济和社会发展"九五"计划和2010年远景目标纲要》提出的要求,"明显改善青少年身体素质"的任务变得更加具体。由于认真实施"全民健身计划",通过建立社会体育指导员制度、体质检测制度等具体措施,我国群众性体育活动已开始跃上一个新的台阶。

现在,现代传播工具(网络、广播、电视等)非常发达,各种体育书刊数量剧增,体育信息铺天盖地,并以前所未有的速度广为传播,人们对体育不可能毫无所知,因而体育对人民日常生活的影响也越来越大,涉及的范围也越来越广,体育正逐步成为人们日常生活不可缺少的一部分。在现代社会,体育人口越来越多,这是体育运动不断发展的趋势之一。在我国,经常参加体育活动的人达3亿人。在现代,人们对体育的重视已经不仅仅停留在参与体育活动方面,体育已成为人类生活中不可缺少的一部分了。

2016年,国务院印发《全民健身计划(2016—2020年)》(以下简称《计划》),就今后一个时期深化体育改革、发展群众体育、倡导全民健身新时尚、推进健康中国建设做出部署。《计划》指出,实施全民健身计划是国家的重要发展战略。要以增强人民体质、提高健康水平为根本目标,以满足人民群众日益增长的多元化体育健身需求为出发点和落脚点,坚持以人为本、改革创新、依法治体、确保基本、多元互促、注重实效的工作原则,通过立体构建、整合推进、动态实施,统筹建设全民健身公共服务体系和产业链、生态圈,提升全民健身现代治理能力,为全面建成小康社会贡献力量,为实现中华民族伟大复兴的中国梦奠定坚实基础。

《计划》提出了七个方面的主要任务,包括弘扬体育文化,促进人的全面发展;开展全民健身活动,提供丰富多彩的活动供给;推进体育社会组织改革,激发全民健身活力;统筹建设全民健身场地设施,方便群众就近就便健身;发挥全民健身多元功能,形成服务大局、互促共进的发展格局;拓展国际大众体育交流,引领全民健身开放发展;强化全民健身发展重点,着力做好基本公共体育服务均等化和重点人群、项目发展等。《计划》还围绕目标任务的完成,从体制机制创新、加大资金投入、评价激励方式、科技创新引领、人才队伍培养等方面提出了保障措施。

《计划》要求,各地要加强对全民健身事业的组织领导,建立完善实施全民健身计划的组织领导协调机制,要把全民健身公共服务体系建设摆在重要位置,纳入当地国民经济和社会发展规划及基本公共服务发展规划,把相关重点工作纳入政府年度民生实事加以推进和考核。

随着现代社会的不断进步与发展,体育的价值也不断增大,体育的社会地位也越来越高。在现代社会,体育早已超越身体锻炼与竞技本身,它已渗透到社会生活中的各个方面,涉及范围越来越广,影响力越来越大。这充分说明了体育运动在现代社会中占据举足轻重的地位。

## 第三节 体育理论研究与现代体育观

### 一、体育理论研究

(一)体育理论的学科性质

体育是一种特殊的社会现象,是人类提高自我身心素质与开发自身潜能的特殊实践活动。体育的历史非常悠久。世界各国历史已经证明:文明的进步孕育了体育,并推动体育不断向前发展;而体育的发展又促进了文明的内容的丰富,推动了文明的进程。体育是社会发展与人类文明的标志,体育事业的发展水平能够反映出一个国家综合国力水平和社会文明程度。

极具智慧的人类在漫长的历史长河中,在生产劳动和其他各种社会活动中创造了丰富多彩的体育活动形式,同时也在体育实践中不断加深对体育的认识,并形成各色各样的体育思想、观念和理论。

近百年来,随着现代体育的发展,特别是第二次世界大战以后,随着体育科技的长足进步,各种体育思想、理论与方法经过长期积累而形成的综合型体育理论,逐渐分化为三大类别,分别是体育基本理论、体育分支学科理论和体育专项技术理论,这些理论构成了现代体育科学的基石。

"体育基本理论"这一词语在过去极少,但与之相近的学科名称却很多,如体育原理、体育学原理、体育学概论、体育概论、体育原理导论、体育理论导论等。这些名称各异的学科和著述,虽然大多囿于体育教育理论而存在一些理论空白,许多方面也亟待规范,但它们都或多或少对体育基本理论有所概括、有所阐释、有所介绍。

所谓体育基本理论,是指体育宏观性、全局性的知识体系。或者说,它是关于体育整体性、综合性的基础理论;也可以说是整个体育事业的基本理论。体育基本理论属于体育学科中的一门基础学科,同时也是人文社会学科中的一个分支学科。

相对于其他学科,特别是体育分支学科和体育专项技术学科而言,体育基本理论具有以下几方面的学科特点:

1. 研究对象的整体性

科学的理论总是来源于实践,并服务于实践,在实践中不断发展。体育基本理论同样如此,体育基本理论的发展离不开体育运动的整体实践。自20世纪以来,随着现代体育的发展,人们愈来愈趋向于将学校体育、竞技体育和大众体育这三种既有联系又有区别的体育形态视作广义体育(即通常所说的"大体育"),体育基本理论就是以这种广义体育的整体实践作为其研究对象,其重点则在于研究和阐明体育整体各要素之间、体育与各社会要素之间的关系及其规律性。这和其他体育学科以个别体育形态或体育的局部现象作为研究对象的情形,是既有联系又有显著区别的。

2. 研究视角的宏观性

虽然体育基本理论的研究对象是体育的整体实践,但并不是说体育实践的一切方面、一切领域都是体育基本理论的研究内容,而只是体育实践的宏观层面,即体育实践在时、空两个维度的宏观现象(体育的时间维度表现为体育宏观发展过程和实施过程,体育的空间维度表现为各种相互联系的体育形态之实践总和)。因此,体育基本理论的研究视角必须是宏观的。凡是有关体育宏观性、全局性的理论与实践问题,都是体育基本理论应当关注、研究并寻求解决的。

3. 研究内容的时代性

体育基本理论的研究内容在时间上、空间上有非常大的跨度,可以说,古今中外的体育现象无不在其视野范围之内。而且,历史的底蕴本应是理论的重要品格,体育基本理论也是如此。然而,体育基本理论毕竟不是专门的体育史学科,它的研究目的主要在于回答当代体育实践所提出的各种理论问题。毫无疑问,它必须与时俱进,反映出时代的需要、时代的特征,具有时代的气息。因之,"坚持理论联系实际,注重研究全局性、前瞻性、战略性的重大问题,促进理论创新、制度创新、科技创新的蓬勃进行",乃是当今时代赋予体育基本理论的历史使命。

4. 研究方法的综合性

体育是一种多目标、多形态、多序列、多层次的复杂社会活动,因此,体育基本理论的研究方法也具有复杂性和综合性。通常使用的方法有哲学的、逻辑学的、社会学的、历史学的、教育学的、预测学的等,而多学科的综合研究乃是基本的方法,如调查法、文献法、系统方法和实证方法等。

(二)体育理论的研究对象

体育基本理论的研究领域主要包括以下几个方面:

1. 体育的基本概念(术语)

概念是反映对象本质属性的思维形式。体育基本理论的科学认识成果是通过体育的基本概念来加以总结和概括的,因此,体育基本概念的准确与规范程度,直接反映体育基本理论的成熟程度和发展水准。

体育基本概念可分为两类:一是体育的本体概念,如"体育""体育活动""体育运动""体育精神""体育过程""体育手段""体育竞赛""体育形态"等。这类概念关乎体育全局,从整体或某一方面将体育自身的属性反映出来。二是体育的相关概念,如"体育法制""体育体制""体育经济""体育伦理""体育科学""体育文化""体育环境""体育信息"等。这类概念虽也有关体育全局,却反映体育与其他事物之间相互关联的属性。上述两类概念是构筑体育基本理论大厦(体系)的砖石。

在体育基本概念领域,无论中外历来存在许多争议。由于体育是一种多目标、多序列、多层次、多功能的复杂实践活动,人们对其内涵和外延的认识存在很大的差异;体育概念和术语的规范工作,难度极大。此种状况在我国尤为突出。许多体育学术争议实际上在很大程度上是体育概念之争。概念的混乱严重妨碍了学术、思想的交流,是体育基本理论发展的一个瓶颈。因此,有关工作者还需进一步加强对体育基本概念的研究,做好规范工作。

2. 体育的基本观念

体育的基本观念是人们对体育的总体认识或看法。由于受历史、文化、习俗、价值观或意识形态等多种社会因素的制约和影响,人们的体育观念也是林林总总、形形色色。体育基本理论的一项重要任务是要研究、总结正确的体育观念,转变错误的或不正确的体育观念,弘扬以正确体育观念为基础的高尚体育理念和精神。

体育基本观念的内容很多,比较重要的有体育整体观、体育价值观、人文体育观和科学体育观。这些,或许是现代体育观的基本方面,也可以说是现代体育的灵魂。

体育整体观也就是体育的系统观。这是辩证唯物主义的一个重要体育观念。辩证唯物主义认为,"整个运动着的物质"都是"交互作用"的。体育作为物质运动,一方面是更大范围的物质运动的一个要素,另一方面它本身"即为交互作用要素的综合体"。这就是说,体育不仅是我国社会主义事业这个巨系统的有机组成部分,而且又是一个由各子系统(要素)构成的大系统。因此,任何时候都要将体育与社会主义现代化事业之间的关系处理好,将体育的全局和局部之间的关系处理好。

现代社会,休闲体育观念和终身体育观念不断发展,而且十分普及。

终身体育思想是让人们在一生中不断接受体育教育以及终身进行体育锻炼,使得人生各个阶段的体育能够有效衔接。终身体育思想认为,人们应该在一生中的各个时期和各个阶段都应根据自身的需求进行体育教育和体育锻炼。体育锻炼并不是一种"一劳永逸"的活动,其需要人们长期进行坚持,这样才能够起到良好的锻炼效果。在生活中,应随着自身年龄和身体状况的变化来不断调整体育锻炼的内容和方法,并树立终身体育锻炼意识。

现代生活方式与现代生产劳动方式有直接关系。随着工业社会和后工业社会的到来,人们的生产劳动方式与过去相比发生了革命性的变化。现代社会生产活动是在现代科学技术高度发达的基础上进行的,劳动过程越来越社会化、自动化、电脑化。且随着现代社会生产从生产—科技—生产的模式转变为科技—生产—科技的生产模式,对现代劳动者的知识更新需求越来越快。劳动过程中社会分工越来越精细、严格,劳动者从事的工作从过去单调、紧张、高度肢体运动的劳动向更加自动化、高度脑力化、智能化的劳动转变。但这并不意味着现代社会的生产劳动降低了对劳动者身体素质的要求,相反,现代社会的生产劳动对人们的身体素质和科学知识提出了更高的要求,现代社会的劳动者不仅需要具有丰富的知识,掌握复杂的技术,还需要具有充沛的精力和体力,才能灵活、准确、协调地控制生产过程。而在休闲体育过程中,人们所掌握的多种活动技能和快速活动方式,有利于人们准确、协调、敏捷地完成各种生产、生活动作,既可避免多余动作,又不会力不胜任。因此,休闲体育渗透于现代生活方式中,正是满足了现代生产生活方式对体育锻炼的特殊需求。

3. 体育的基本规律

研究和阐明体育的基本规律是体育基本理论的一项主要任务。所谓体育的基本规律是指体

育所固有的本质的必然的联系,它包括以下三方面的内容:

第一,体育内在要素之间的本质的必然的联系。

第二,体育及其内在要素与外在的各种社会要素或系统之间的本质的必然的联系。

第三,体育与体育的相关运作要素(如体育法制、体育体制、体育战略、体育伦理、体育政策、体育环境、体育产业、体育科技等)之间的本质的必然的联系。

在体育基本理论中,有关前述第一领域的理论,可称为"体育主体实施论";第二领域的理论称为"体育与社会要素互动论";第三领域的理论称为"体育相关运作论"。体育基本规律和在各地区、各国家或各民族特质文化背景下的体育特殊规律,亦即体育的共性和个性,便是在上述"三论"中得以阐发的。当然,随着时代的进步、社会和体育的发展,人们对体育基本规律的认识会逐步深化,但这种认识永远不会有一个尽头。

在体育教学中,人们必须强化对于体育基本规律的认识,不仅需要掌握运动项目的基本动作规律,还需要了解学生的生理和身体素质变化规律,在此基础上还需要遵循体育教学的相关规律开展教学。这些方面都是需要学者们不断进行探讨和发展的。

4. 体育的基本方法

从方法论角度来考察体育实践,遂有体育方法之说。国外有的学者曾把体育学分为理论体育学和实践体育学,认为"理论体育学是研究体育实践的基础,而实践体育学却是这个基础的法则或理论转向实际活动的方法论"。"实践体育学也可以说是广义的体育方法学"。这里所谓"广义体育方法",类似于我们所说的各种体育形态及其实施途径和手段。

由于体育目的具有多层次性,广义体育方法也是多层次的。它至少可以分为以下三个层面:

第一,体现一定宏观指导原则或战略思想的体育方针、政策,重大体育举措,或重要体育计划等。

第二,为实现体育目标所采用的基本途径和手段。

第三,运动技术和体育工作中的具体操作方法(狭义的体育方法)。

以上三个层面的体育方法中,前两个均属体育基本理论的研究范畴。第一层面的内容往往集中反映出体育的个性特征。第二层面的内容则将体育的共性原理充分体现了出来。

体育教学方法是体育教学现象出现之后就逐渐开始出现的,很多体育教学方法在民间体育传授中就已经出现。在古时人们打猎捕鱼技能、野外生产实践经验等方面的传承都有用到相应的方法。那时人们缺乏对其的科学总结。随着近代体育教学的出现,体育教学方法才作为一个教学理论的研究对象而被体育教育工作者们所重视与研究,才得以更快的速度发展起来。体育教学方法受多方面因素的影响,体育教学内容的不同其教学方法会有很大的区别。在不同的时代,会有不同的体育教学内容,其教学方法也随之发生着变化。在现代社会,各学校广泛开展体育教育,体育已逐渐发展为一门成熟的学科。现代体育教育的内容在不断丰富与延伸,包括健康教育、心理教育、行为规范教育、安全教育等,并且在长期的发展过程中,体育的知识和技能也在不断增长,这就对体育教学和体育教学方法提出了更新、更高的要求。

社会的发展对人们提出了更高的要求,体育教学被赋予了更多的职能。现代体育教学不仅要帮助学生掌握体育的知识和技能,帮助学生学会娱乐、学会锻炼、学会观赏体育,帮助学生建立自信心、形成良好的行为规范,还要帮助学生形成安全生活的能力等等。体育教学职能和教学内容等方面发展的同时,体育教学的方法也出现了空前的发展。特别是现代科技手段的应用,更是使得体育教学如虎添翼。随着体育教学理论研究的不断深入和教学实践的不断发展,体育教学方法的层次也在不断提升,发展的科学性也在不断提高。

## 二、现代体育观

(一)体育价值观

1. 体育价值观概述

体育价值观是体育的价值在人们头脑中的反映,或者说是关于体育价值的基本观点、基本看法,是指导人们对体育问题做价值判断、价值取向的基本原则。

体育价值观是价值观的重要组成部分,也是世界观的组成部分之一。它的形成受多方面的影响。

首先,体育价值观受人(个体、群体)的立场、观点、方法的影响。由于价值观是主体关于客体价值的基本观点、基本看法,因此主体的经济实力、政治地位、人生观和世界观等,直接决定对体育的价值评价,进而影响体育价值观的形成。在阶级社会里,不同阶级、阶层、社会集团,其体育价值观既有区别,又有共同点。由现代奥林匹克创始人顾拜旦所倡导的奥林匹克理想,强调通过体育运动来实现人的和谐发展,并通过体育运动在世界范围内促进不同国家、不同民族、不同文化的人们之间建立起友谊的桥梁,进而为建立一个和平美好的世界服务。这一理想与人类社会正义事业所要追求的目标一致,在一定程度上使现代人和现代国际社会的需要得到了满足,反映了人类至高至纯的体育价值追求,是人类共有的、高尚的体育价值观。

其次,体育价值观受主体的体育经历、体育知识、体育感受、体育审美等影响。比如,个体的人,他(她)的一生,特别是少年时期的体育经历如何,参与或在多大程度上参与体育活动,是一般性地为了某种需求而参与,还是因从事体育工作而参与;是有意识有目的地主动认识、利用体育,还是只凭感性经验被动接受体育等,这些都对个人对体育的认识能力和方法,对体育价值观的形成有直接的影响。

再次,体育价值观还受社会文化状况的影响。体育是一种重要的社会文化现象,富有一定特色和内涵的社会文化观念、思维模式、行为方式,是体育价值观形成的文化土壤。如中国传统文化的价值取向是重人格,认为人的存在更重要的是内在气质、品格、修养,把身体锻炼看成养生的手段,真正的目的是达到内在人格的完美。而在西方文化发源地的古希腊,却注重人体本身的价值,并看重人的体型以及从人体上表现出来的各种力量。由于无论是体型的美还是力量的美,只有在比较中才能体现和展示出来,由此使得希腊人特别重视竞技运动,同时也重视竞技结果。中国传统体育倾向养生,而西方传统体育崇尚竞技,这是两种不同人文环境下产生的体育认识差异。

最后,体育价值观的形成也受客观上体育功能发挥情况的制约。当体育发展水平还较低下、体育功能的发挥还不充分之时,人们对体育的认识比较浅薄,程度和范围没有达到一定程度,不但对体育的多种功能和价值没有全面理性的认识,而且往往过分看重体育某单方面的价值而导致片面体育价值观。在很长一段时间里,人们多从生理学的角度看待体育的作用和价值,而对于体育活动所具有的其他价值则较为模糊和轻视。随着社会的进步、科技的发展,体育功能也在不断丰富和发展,这为人们对体育的价值进行综合、系统、全面的把握和揭示提供了重要的客观依据。

体育价值观涉及的内容主要表现在以下几方面:

(1)体育价值目标

体育价值目标指人在特定条件下所追求和期望实现的体育价值理想。不同的人(个体、群体)在不同的条件和状况下对体育有不同的追求和期望。比如,不同体质、不同年龄、不同性别、不同职业、不同文化修养、具有不同客观条件的人,都有各自的体育理想。如有的关怀自身,有的放眼社会,有的立足现实,有的展望未来;情况千差万别,层次有高有低,显示出体育价值目标质的差异。现代奥林匹克运动奠基人顾拜旦在1912年所发表的《体育颂》中,用诗一般的语言表达了他的体育价值观。他激情满怀地歌颂体育是生命的动力、青春的使者,是美丽、正义、勇气、荣誉和乐趣,是培育人类的沃土,是全世界的进步与和平。《体育颂》从体育对个人的健身健美价值、培育内在精神品格价值谈到体育对生活、社会以及全人类的价值,充分表达了他的奥林匹克理想,展望了人类崇高而又丰富多彩的体育价值目标。

(2)体育价值实现手段

体育价值实现手段指实现特定体育价值目标的方式、途径和方法。其基本手段有三大类:经济手段、政治手段、舆论手段。经济手段是实现体育价值的基础性手段,包括物质条件、物质奖励及其约束机制等。政治手段是实现体育价值的必要手段,包括行政、法律、政策手段等,具有规范性和约束力。舆论手段包括宣传教育、优良道德的弘扬及各种舆论工具的应用等。

(3)体育价值评价标准

体育价值评价标准是对体育价值的质和量进行评价的依据和尺度。它是一元和多元的统一。社会全面进步、人的自由全面发展,这是人类唯一的、最高层次的价值评价标准,也是体育价值评价标准最高指导思想。在我国,体育的价值在于最大限度满足人民群众对体育运动日益增长的需要(健身、娱乐、发展的需要),同时在满足这种需要的过程中不断提高人的身心素质,使人的自身价值也得以提高,并能更好地实现。当然,也应看到,不同的文化背景、不同的主体,体育价值评价标准也是不一样的。体育价值评价标准的合理性与科学性应当体现在既能满足社会、国家的需要,又能满足个体、群众的需要,并使两者完美结合。

2. 体育价值观与体育理念

体育价值观是人们对体育功利性的某种看法和态度,通常是自发的、感性的、不系统的,甚至有时是不自觉的,体育理念是一个精神、意识层面上的哲学概念,是人们经过长期的体育实践及理性思考而形成的思想观念、精神向往、理想追求和哲学信仰的抽象概括,因而是一种比较自觉的、系统的、理性的认识,是一种展望和追求。简单来说,体育理念是在体育价值观的基础上,对体育理论化、综合化的认识或观念。在现代体育发展中,体育理念具有重要的导向和规范作用,是一种重要的内在驱动力。

首先,体育理念是推动体育发展的主导意识,贯穿于体育事业的方方面面,特别是在关乎发展目标和社会责任等重大问题的决策上起着定向和指导的作用,影响体育发展的始终。作为体育决策者,他们的体育理念,直接影响到对体育主体及其需求的认识,以及对体育目标的设置和为实现这一目标而采取的具体措施和选择。

其次,体育理念也是形成和决定体育群体意识的主导意识。符合体育群体实际情况、能满足这一群体需要的体育理念,可以指引,甚至决定这一群体采取什么体育行动,怎样开展各种活动,促使群体活动成为高度自觉的、有强烈意识的、有明确目的的社会活动,进而形成体育的整体性和凝聚力。

体育理念存在于人们的头脑中,以主观意识出现,因为具有指导和规范现实体育活动的功能而具有重要的意义,只有建立在正确体育价值观基础之上的体育理念,才能反映体育本质属性和时代特征,并指明体育发展的方向,引导和鼓舞人们为体育事业而奋斗。现代体育的目标应该是多元的,既要满足自身生存发展的需要,也要满足社会、国家、民族的需要,这样的体育才能持续发展。我国目前的体育目标是,坚持普及与提高结合,实行群众体育和竞技体育的协调发展和相互促进,在提高全民族健康水平和国际体育竞技水平的同时,平衡区域体育发展格局;在鼓励经济发达地区率先实现体育现代化的同时,积极扶持中西部地区和少数民族地区发展体育事业,发挥多民族人才资源优势,努力促进区域体育的共同发展。这样的体育目标,结合国情,兼顾了国家、民族的利益,使人民的需求、社会的需求得到了最大限度的满足,能够指引我国体育事业快速、健康发展。

随着社会的进步和体育功能的进一步扩展,尤其是21世纪全球经济一体化进程加快,体育与社会生活发生越来越密切的联系,国内、国际体育交往和体育竞赛日益增多,体育比赛规模越来越大,体育涉及的领域越来越宽,体育参与性越来越广泛,世界范围内急剧发展和日益丰富的体育现象,促使人们不仅从哲学的领域来思考、认识体育,而且从经济学、社会学、文化学、人类学等多个角度、多重意义和不同层面、不同内容上进行研究,形成了许多新的、富有时代精神的、不同层次的体育理念,如"以人为本"体育理念、"人文奥运"理念、大众化体育理念、健康理念、终身体育理念、可持续发展体育理念、素质教育理念、体育教学改革理念、国际化体育理念、产业化体育理念等。

在众多体育理念中,"以人为本"是当代体育发展的基本理念。毋庸置疑,21世纪的体育事业将进一步融入"以人为本"的基本发展理念,成为人类社会协调和可持续发展中的一项重要事业。将人置于体育发展的中心地位,这是体育发展的必然选择,也是我国新时期体育工作的明确航向。"把增强人民体质、提高全民族整体素质作为根本目标","坚持体育为人民服务、为社会主义现代化建设服务"这样的根本目标和服务宗旨包含了丰富的以人为本的思想。北京申办2008年奥运会,将申办与发展有机结合,提出"绿色奥运、科技奥运、人文奥运"理念,其中最为核心的理念是"人文奥运",这一理念继承并充分体现了"以人为本"的内涵。人文奥运会也是北京"新奥运"的鲜明特色。

3. 体育价值观与体育精神

体育既是一种客观物质存在,也是一种精神的存在。作为社会主体的人,既有对体育的物质性需求,也有对体育精神的需求。体育精神,是体育的整体面貌、水平、特色及凝聚力、感染力和号召力的反映,是体育的理想、信念、情操及体育知识、体育道德、体育审美水平的标志,是体育的支柱和灵魂。体育精神作为一种具有能动作用的意识,是体育行为的动力源泉,是一种心理资源。体育精神作为一种规范力量,具体表现为体育风范、体育面貌、体育期望、体育心态等几种形式。一旦形成优良、健康的体育精神,便会在体育运动中起到振奋情绪、激励意志、调整心态和规范行为的作用,它既是体育主体前进的动力,也是体育运动发展中所积淀的精神财富。

体育精神与体育价值观密切联系。体育精神是人类体育文化创造过程中整合、抽象出来的体育价值系统精华,它既是体育内在品质的感性表现,又是一定历史条件下关于体育活动意义的理性认识。正是这种关于体育意义的理性认识和思维,为人类设置了一种基于体育又超越体育、基于现实又超越现实的体育价值坐标,启迪人们在体育理想与体育现实之间伸张驰骋,激发人们向上向前的活力,从而使之在现实生活中有所超脱,并在不断的自我批评与自我超越中升华到更高的生存境界。理性的体育精神的重要性在于,它可以整合体育的价值观,并通过它统一人们对体育的"信仰",坚定人们关于人的自由全面发展的信念和追求,在群体中、在社会上形成强大的精神力量,从而对体育价值观的建设起动了重要的推动作用。

现代奥林匹克运动代表了世界体育的最高水平与成就,其蕴含的体育精神,反映的是现代物质和文化基础上人们的精神追求。《奥林匹克宪章》指出:"奥运精神就是互相了解、友谊、团结和公平竞争的精神。"这一精神首先强调友谊、团结和互相了解,其目的就在于为奥林匹克运动提供必不可少的文化氛围和精神境界。在这种氛围和境界中,人们才有可能摆脱自身文化带来的种种局限,以世界公民的博大心胸去欣赏、学习和尊重其他民族,并在深刻认识自己、吸取其他文化优秀成分的基础上不断丰富和发展自己,从而真正实现奥林匹克运动所向往的国际的进步与和平。其次,它还强调公平竞争。这是因为,现代竞技运动只有摆脱世俗的干扰,在真正意义上展开公平竞争,各国运动员才能加强团结、增进友谊,奥林匹克运动才能实现它的神圣目标。奥运精神是一种崇高而伟大的精神,体现了包容世界的宽广胸怀,体现了现代文明进步与发展。

20世纪90年代,体育界将我国长期形成的优良体育精神概括为中华体育精神,其具体内容为:为国争光精神、无私奉献精神、遵纪守法精神、科学求实精神、顽强拼搏精神、团结协作精神。中华体育精神集中反映了我国体育运动崇高的精神文化价值。多年以来,它不但激发和鼓舞了一代又一代运动员、教练员在训练竞赛中,尤其是在国际大赛中,不畏艰险、不断进取、团结拼搏、勇攀高峰,推动我国竞技运动取得举世瞩目的成就,而且也极大地激发了全国各族人民同心同德,与时俱进、开拓进取的意志和振兴中华的爱国热情。中华体育精神顺应和代表了中国先进文化的前进方向,是中国人民的宝贵精神财富。培育和弘扬中华体育精神,是培育和弘扬民族精神的需要,也是社会主义精神文明建设的重要内容,在全面建设小康社会的历史进程中发挥了不容忽视的作用。

(二)科学体育观

1. 科学体育观的形成与认同

现代科学技术的发展日新月异。科学技术是第一生产力,也是现代人生活的重要主导力量。随着时间的推移,这种趋势愈益明显。

在现代科学迅猛发展和应用领域日益扩大的今天,越来越多的人逐渐形成一种科学的思维和观念,即用科学的眼光审视、用科学的态度对待世间形形色色的事物,也包括体育运动。所谓科学体育观,就是对于体育的科学精神、科学认识、科学思维和科学态度的总称。它是体育运动实践在人们头脑中的正确反映。科学体育观和人文体育观一样,也是现代体育观念的重要组成部分。

科学体育观的某些成分或因素虽然早已存在,但其完整形态的形成和被人们的普遍认同,则是第二次世界大战结束之后的事。这主要取决于现代体育科学的巨大发展和长期体育工作经验的启示两个因素。

# 第一章 体育运动概述

从某种意义上说,体育运动既从属于又独立于人类的基本实践活动,是改造自然、改造社会这种社会活动的一个特殊组成部分。体育运动的有效性或者说其功能的有效发挥,从根本上说取决于人们的体育行为、体育实践是否符合体育自身发展的规律性和体育的科学原理。人们对体育运动科学原理和规律性的认识及其所形成的知识体系就是体育科学。

由于历史条件和人的认识能力的局限,古代社会不可能产生体育科学,充其量有一些体育科学的萌芽——它们是符合科学原理的经验性的或哲学演绎性的有关体育的零星认识。在近代欧美国家,由于工业革命和近代实验科学的发展,极大地推动了体育运动的学科化进程。由于实证研究的盛行,体育科学的某些分支学科如体育教育、运动医学某些方面的研究,首先获得了长足的进步。进入20世纪以后,特别是20世纪二三十年代,一些欧美国家以及苏联在体育领域开展了有组织有计划的科学研究活动,并在生理学、解剖学、心理学、人体测定学等方面取得了较大的成就。但是,直到第二次世界大战以前,就整体而言,体育科学仍然处于初创阶段。

第二次世界大战结束以后的数十年间是现代体育科学的快速发展时期。这一时期,虽有数十年的东、西方国家对立和冷战背景,但较长时间相对和平与竞争的国际环境有利于各国生产力的提高和科学技术的繁荣,也促进了现代体育,特别是竞技体育和大众体育的快速发展。竞技体育领域的激烈竞争呼唤科技工作者们应用科学的方法来最大限度地挖掘人的潜力,以提高运动成绩和水平;大众体育的广泛开展要求人们进行科学的锻炼,合理利用闲暇,保持身心健康,防止和减少"文明病"发生,以更好地适应社会需要。体育科学作为一门新兴学科在其发展进程中,不断吸取其他科学领域的知识与方法,其研究和应用范围越来越宽广。迄今为止,体育科学已在哲学、自然科学和人文社会科学的各学科领域建立起分支学科,并初步形成现代体育的科学体系。体育科学的发展,极大地转变了"体育无科学"的错误观念,使科学体育观被更多的人接受。

科学体育观在我国得到普遍认同经历了一个较长的认识过程。

半个多世纪以来,我国体育事业已经取得了骄人的成绩,并蜚声国际体坛,这是同党的领导,正确的体育方针、政策与体育改革,同体育的科学指导是分不开的。特别是粉碎"四人帮"以后,我国迎来了科学的春天。倡导科学观念,加快科研步伐成为体育系统的一项迫切任务。1978年的全国体育工作会议提出"大打体育科研之仗"和"体育要大上快上,科研必须先行"的意见,引起了体育界的广泛共鸣。同年,国家体委下发了《关于加强体育科学技术工作的意见》,对新形势下的体育科技工作进行了全面部署。1980年正式成立了全国性的体育学术团体——中国体育科学学会。在20世纪80年代的体育改革中,国家体委还提出"以革命化为灵魂,以社会化和科学化为两翼,实现体育腾飞"的方针,以及全民健身战略和竞技体育战略"在实践中协调发展"的观点。20世纪90年代,国家体育总局进一步提出"科技兴体"的指导思想。所有这些,不仅促进了我国体育科学技术的发展,而且也使人们深入认识并树立了科学的体育观念。

当然,在实际工作中,我们在是否尊重科学、重视科学,是否按客观规律办事、按科学原理办事等问题上也曾走过弯路,如20世纪50年代后期违背客观规律的"体育大跃进"、20世纪60年代前期缺乏医学监督的"大运动量训练"、"文革"期间取消竞技或由领导决定体育比赛输赢的咄咄怪事、20世纪80年代对竞技体育和群众体育"一手硬、一手软"的问题,以及20世纪90年代个别人和个别组织在大小比赛中所爆出的兴奋剂丑闻等,这些都是背离,甚至是反科学的惊人之举。这里面既有认识问题,也有错误的指导思想和意识作怪,但结果都是极大地损害了我国体育事业的发展。

事实证明,在学科学、用科学的问题上,总结体育工作的历史经验,从正、反两个方面提供有益的启示,既有利于大兴科学研究之风,又有利于开展科学体育观的教育。这也是科学体育观在我国进一步确立并被普遍认同的重要因素之一。

2. 科学体育观的多视角分析

科学体育观可体现在体育领域的各个方面。从体育的宏观决策到体育的微观运作,从体育的实践环节到体育的理论建设,都有科学体育观能动地发挥作用的空间。科学体育观蕴含着什么,意味着什么,需要我们从多视角进行分析。

(1)体育科学化:科学体育观的目标导向

体育科学化的基本前提是树立科学体育观,因为体育实践或体育实际工作中的理性行为,或者说体育的科学化进程,总是和科学体育观直接相联系的。科学体育观的目标导向不会是别的什么,而只能是体育的科学化。离开体育科学化这个目标的实现,科学体育观就会变得毫无意义。

体育的科学化主要包括以下几项内容:

①体育管理科学化

体育管理科学化首要的是体育决策科学化。决策是管理的核心。体育决策是根据一定客观条件,借助一定方法,从若干备选的体育行动方案中选择最佳方案而进行分析、判断和抉择的过程。正确的决策,必然与决策者的自身素质,特别是与管理经验、科学文化水平和民主作风密切相关。但是重要决策,尤其是关乎全局利益的重大决策,除了需要决策者有较高素质外,还必须经有关专家反复论证和大量相关科研课题研究成果的支撑。例如,20世纪80年代中期我国体育发展"两个战略"的制定与出台、20世纪90年代中期我国体育法的制定和颁行等无不如此。领导、专家相结合,一般科学原理的指导与特定课题研究相结合,乃是现代科学决策的必由之路。

体育管理科学化从根本上说是要应用现代科学理论与方法,遵循管理的基本规律,提高体育管理效率和综合效益。现代科学有"软""硬"之分。软科学属新兴的决策科学,是支撑民主和科学决策的知识体系,是自然科学、社会科学、工程技术、数学、哲学交叉融合而形成的具有高度综合性的学科群。软科学研究是以解决社会发展中的决策、组织和管理问题,促进经济社会发展为目标,以辅助各级领导决策为根本目的,利用现代科学技术提供的方法(如系统方法、灰色理论方法和矩阵决策法等)和手段(如电子计算机和网络),采用定性分析和定量分析相结合的集成方法而进行的一种多学科、多层次的综合性研究活动。体育软科学研究是我国体育科技工作的重要组成部分,它以辅助各级体育部门科学决策、科学管理,推动体育事业发展为目的,其范围主要包括体育发展的规划研究、战略研究、体制改革研究、法制研究、政策研究、管理研究和重大项目的可行性论证等。为推进体育软科学研究,促进体育决策科学化,原国家体委曾制定和发布了《软科学研究管理暂行办法》,在实际工作中发挥了重要作用。

②运动训练科学化

运动训练科学化是现代体育科学化发展的一个重要标志。随着近半个世纪以来竞技水平的提高,国际竞争的激烈和现代科学技术的飞跃发展,越来越多的人认识到,只有广泛地应用现代科技成果指导运动训练,才有可能获得理想训练效果,才有可能在当代激烈的国际竞技中获得优胜。"于是,人们不再满足于仅仅按照师徒相传的经验进行训练,而是纷纷向新理论、新思想,向新的科学技术,向新的仪器器材,向新的方法和手段,去探求,去探取运动竞技水平更快的提高。这就是在世界范围内方兴未艾的运动训练科学化的总体发展趋势。"

运动训练科学化包括以下两个层面的工作：

第一，采用时代可能提供的先进思想和先进的科学技术、方法、手段，按照运动训练的一般规律和专项运动的特殊规律进行的训练。

第二，从实际出发，针对运动员个体差异和影响其运动成绩提高的各种因素（包括身体的、心理的、技术的、战术的因素和其他客观因素），进行课题或科技攻关研究，并将科研成果及时、有效地应用到运动训练实践中去。前者解决训练的共性问题，后者解决训练的个性问题。只有将两者结合起来，才能充分发挥科技在训练中的作用，从而有效地提高训练质量和水平。

运动训练科学化的主要内容包括科学选材；科学诊断；理想的训练目标及目标模型；科学的训练计划；有效地组织与控制训练活动；良好的训练环境；训练信息化；高效率的训练管理；科学地组织竞赛；高效能的恢复与营养系统等。

③全民健身科学化

全民健身科学化是把全民健身活动纳入科学轨道的过程。这是群众体育在现代条件下的一个大发展，是现代体育的一个大趋势。

科学、实效是实施全民健身科学化的基本点，具体要求如下：

第一，制定科学求实的全民健身计划，使之目标可行，措施得当，操作性强，监测方便，符合国情、省情和民情、民意；实施计划过程中，切忌"雷声大，雨点小"或"虎头蛇尾"，后劲不足。

第二，重视科学健身知识和方法的宣传与推广普及。从调动人们自觉参加体育锻炼的积极性、主动性入手，充分利用各种宣传媒体，广泛传播科学健身知识，提高广大群众科学健身的观念和知识水平；大力提倡科学健身，引导人们进行健康、文明的体育活动，反对封建迷信活动，反对伪科学。

第三，采用科学、合理的健身方式、方法或手段，提高全民健康水平。健身或锻炼方法成百上千，应因时、因地、因人而异，合理选择，不可千篇一律，且"锻一己之身者其法宜少""少者不必不善，虽一手一足之屈伸，苟以为常，亦有益焉"。

健康问题，是全民健身科学化的根本问题。但什么是健康，却有不同的理解。世界卫生组织（WHO）对"健康"的定义是："不但没有身体的缺陷和疾病，还要有完整的生理、心理状态和社会适应能力。"这是一种科学的身心健康观，又是把人的健康视为多因素（体育锻炼、营养卫生、生活习惯、调整心态等）相互作用的综合健康观。

第四，加强全民健身的科技队伍建设和科学研究，不断提高全民健身科学化水平。全民健身科技队伍主要指全民健身科技服务系统，包括国民体质监测服务系统和科学健身指导系统等。全民健身科技服务以社会化为方向，广泛动员、积极引导社会各方面大力开展全民健身科技服务，提高全民健身科技服务的社会化程度，建立全民健身的社会化管理和运行机制，使全民健身社会化有序进行有所保障。

全民健身科学研究主要包括全民健身战略与奥运战略相互关系研究、国民体质监测与服务研究、科学健身基本理论与方法研究、全民健身器材的研制及场地管理研究等。全民健身研究，不仅提高了全民健身服务中的科技含量，从而提高了全民健身效果，而且向社会推出时尚、新颖、受欢迎的健身产品和服务项目，有利于培育全民健身科技成果市场，促进全民健身产业化的进程。

(2)体育科学体系：科学体育观的理论基础

科学体育观与体育科学体系的关系是主导和基础的关系。一方面，在科学体育观的主导下建立和发展体育科学体系;另一方面,体育科学体系的建立和发展又促进了科学体育观的内容的丰富,加强了它在体育实践中的科学主导作用。所以,为了更好地理解科学体育观,必须了解体育科学及其体系。

体育是人的社会活动之一。体育的对象是人的身心和社会。在长期的体育运动实践中,在体育科学的探索中,人们逐渐认识到体育运动的科学基础主要有体育生物科学、体育人文社会科学和体育技术科学。

体育生物科学是生物科学与体育运动结合的产物,在我国又被称为"运动人体科学",其任务在于揭示体育运动增进健康、增强体质,以及开发人的生物潜能的内在生物机制和一般规律。体育生物科学是以学科群的形式存在的,根据不同的研究方向而分为运动解剖学、运动生理学、运动医学、运动生物力学和运动生物化学等。

体育人文社会科学是体育人文科学和体育社会科学的合称,其研究任务在于揭示体育与人、体育与社会之间内在的必然联系和一般规律。在这一个学科群里包括了众多的学科,如体育哲学、体育基本理论(体育概论、体育原理)、体育史、体育社会学、体育经济学、体育教育学、体育管理学、体育美学、体育伦理学、体育新闻学、体育心理学、体育法学、体育文献学等。

体育技术科学类似于国外所说的体育方法学或体育行为学,它是介乎上述两个学科群之间的应用学科群。其研究任务是揭示合理的运动技术与战术、运动训练、身体锻炼与人的身心、与相关环境要素之间内在的必然的联系和一般规律。体育技术科学主要包括运动专项理论与方法、健身健美理论与方法、运动训练理论与方法、运动竞赛理论与方法等。

以上三大学科群并不是互不相干或杂乱无章的堆砌,它们在马克思主义哲学(辩证唯物主义和历史唯物主义)的指引下,从不同的方面共同对体育运动发挥理论的指导作用,从而逐渐形成体育科学的一个较为完整的分层次的学科系列,这就是通常所说的体育科学体系(图1-2)。

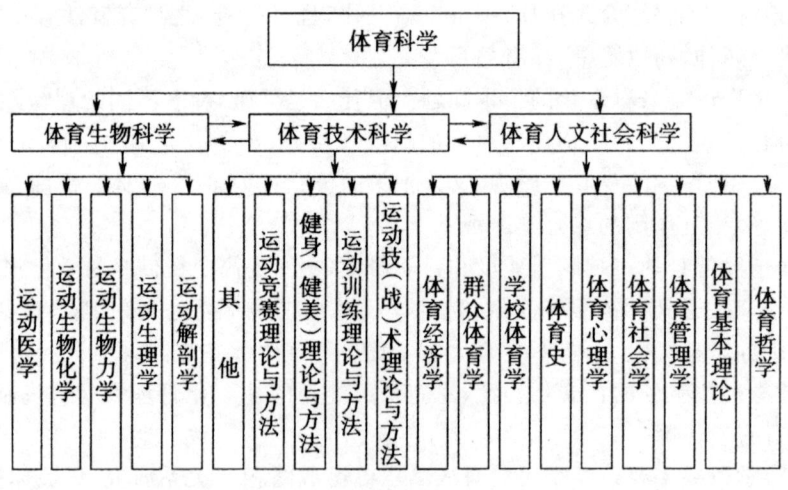

图 1-2

体育科学的性质耐人寻味。从体育运动科学基础及其派生的学科群来看,体育科学(在教育领域多称之为"体育学")既不是单纯的自然科学,也不是单纯的人文社会科学,更不是单纯的技术科学,而是一门具有突出的综合性、应用性特征的新兴科学。在我国普通高等学校本科和研究生专业目录中,"体育学"一直作为一级学科被列入"教育门类"。20世纪90年代由国家技术监督局发布的我国《学科分类代码》中,也把体育学作为一级学科而列入人文、社会科学类。另外,中国体育科学学会却一直是中国科学技术协会的团体会员。体育科学既可归属于自然科学类，也可归属于人文社会科学类的情况，反映了它的综合性的学科性质。这几乎是学者一致认可的。

体育科学体系具有任何系统具有的整体性、结构性、层次性和开放性。

从整体性看，体育科学同构成它的各类学科之间的关系是整体和部分之间的关系，是系统和子系统之间的关系。

从结构性看，体育科学内部各学科之间是按一定的比例、一定的秩序、一定的结合形式而相互联系、相互作用的。

从层次性看，体育科学中的各种学科按其功能和作用是有层级之分的，如体育为一级学科，下面就分为二级学科、三级学科等，每一级都是其上一级的要素或子系统。

从开放性看，体育科学的每一具体学科系统都同周围环境及其他系统处于相互联系和相互作用之中。

自20世纪80年代起，我国学者开始对体育科学体系进行研究，其成果有助于改善科研课题布局，协调科研力量，推动新学科建设。然而，关于体育科学的分类问题，学科名称、学科性质问题等，众多学者仍是见仁见智，各说不一。同时，在其所列体育科学体系四五十门学科中，除部分生物学科、技术学科和少数几门人文社会学科较为成熟外，其余学科大多处于襁褓之中，有的还只是学者们的设想，徒具学科名称而已。由此可见，体育科学要发展成为一门成熟的科学，还需要经历一段长远的创新历程。

加强对体育科学体系的研究可以使我们从整体上对体育科学的内部结构、系统及其各部分的内在联系进行深入认识，从而更好地制定体育科学的行动规划和选题计划；可以明确体育科学的综合性质，摆正各学科的位置和处理好它们之间的关系，在理论和实践上发挥各学科综合研究的功效。研究体育科学体系也可以激励体育工作者自觉地把新鲜经验上升到理论高度，加速新学科的建设；还有助于人们从整体上涉及体育人才的知识结构，为培养各种类型的体育人才提供设置课程的依据。

(3)实事求是：科学体育观的基本原则

实事求是作为科学世界观的基础，适用于任何社会的、思想的领域。

实事求是也是科学体育观的基本原则和根本体现。这是因为，发展体育运动如同搞革命和建设一样，都需要遵循客观规律和实事求是，即要一切从实际出发。例如，在进行体育决策或制定体育发展计划时，必须立足国情、省情、县情，避免一个样、一刀切；在开展群众体育活动中，要根据性别、年龄、体质状况、个人爱好等特征而区别对待，分类指导；在体育科学研究中，要重视生物科学方面的研究，重视实证研究，同时要防止忽视精神、心理因素的纯生物化倾向，如此等等。总之，实事求是是科学的求实精神，也可以说是科学体育观的基本原则。

(三)人文体育观

1. 体育呼唤人文精神

20世纪90年代后期，在我国确立市场经济体制后，随着哲学领域对人文精神的讨论逐渐深入，人们开始日渐重视体育的人文观念。1997年，体育人文社会学成为一门正式的学科，显示出体育理论界开始重视人文学科。2001年，北京在申办2008年奥运会时，提出"人文奥运"的口号，人文体育观念已被社会全面接受。

人文体育观的核心是要主动表现体育对人类生存意义及价值的终极关怀,回到"以人为本"的体育世界。人文体育观强调对体育的认识中倾注"以人为本"的人文精神。

《周易·贲卦·彖辞》最早出现"人文"一词:"刚柔交错,天文也;文明以止,人文也。观乎天文以察时变,观乎人文以化成天下。"又,《后汉书·公孙瓒传论》有云:"舍诸天运,征乎天文。"

这里的"人文"指礼教文化,与西方的 Humanities 看起来很接近。其实,中国古代的"人文"是对自然而言的,与西方对神学而言的"人文"大不一样。

人文精神的起源可以上溯到古希腊,当时文史哲的兴起,在包括体育的全面教育中,强调那些属于人和人性品质的领域,体现了人类对自身的重视和关怀。14—16世纪意大利文艺复兴时期,世俗的"人文研究"是和正统的经院"神学研究"对立的。用梁启超的话说,人文主义者的真正意图是"以复古求解放"——使思想从宗教神学的一元化专制桎梏中解放出来,求得人与文化的世俗自由。因此,以人为本来创造和表达人性化的自由生活理想和价值理想,就是"人文精神"。没有这种精神,就没有原始身体活动以体育为目标的更高层次上的升华,也没有古代竞技运动的复兴。人文精神表现为探索人性、人生、人权、人的本质以及人在世界中所处的地位,提倡关心人、爱护人,重视人的价值,维护人的尊严,遵循人的本性而生活。

人文精神的温床是人文学科。人文主义就是直接从人文学科派生的,以表示一种和以基督教神学为中心的封建文化相对立的新思潮,成为涉及语言、文学、艺术、教育、伦理、宗教、哲学等领域的新文化。受到人文精神的感召,以人的全面发展为出发点的体育活动在欧洲大面积开展,体育在学校里确立了自己的牢固地位。

1808年,德国教育学家弗里德里希·伊曼努尔·尼特哈默尔在论文中首次使用"Humanismus"一词来表示一种以文艺复兴时期的人文主义为典范的教育理想。到19世纪后半期,作为哲学意义上的人文主义概念在西方国家得到普遍认可。在我国学术界,"Humanism"被翻译为三个概念,分别是"人文主义""人道主义"和"人本主义"。"人文""人道""人本"三者一脉相承,实际含义相同,都反映人文精神。

包括马克思主义在内的西方近代哲学重视对人的问题的研究,并形成了关于人性、人的本质、人的自由和平等、人的价值和尊严等等全面而又系统的人文观。这种观念深深影响到从西方文化土壤中生长出来的体育。西方人文伦理把个人和自我放在第一位,但强调尊重别人,倡导人道主义原则。每个人都有人的权利、人的地位、人的价值、人的尊严,应满足每个人自由全面发展的欲望和需要,包括体育的需要。因此,发达国家一般都重视公民的体育权利。联合国教科文组织制定的《体育运动国际宪章》中明确指出的"参加体育运动是所有人的一项基本权利",已成为当今国际社会的共识。

21世纪的体育,正在从政治旋涡回归到文化领域,实现以人为本,走向以群体利益为重、长远关注个体和人类发展的立体层次,显示被遏制已久的人文精神,突出它的文化内涵,充分满足人各方面的、深层次的需要。

体育,是人类进行自身积极维护和美化身体的教育过程。体育要标示着人类对自己身体发展的审美理想。现代体育,就是人类追寻健康的最有效、最有益、最有趣的方式。

2. 现代体育的人文价值取向

改革开放对中国体育的进步有深刻的基础性影响,然而,体育并非仅仅被动地接受改革开放的影响,而是通过弘扬现代文明及其体现的人文精神,积极为改革开放,特别是为精神文明建设做贡献。

(1)主体精神

古希腊著名的德尔菲神庙的门口竖着一块镌刻着"认识你自己"的石碑。就在这样一个国度里,就在这样一个人类主体意识开始巨大觉醒的时代,产生了古代奥林匹克运动会。不言而喻,现代体育仍然高举着主体精神的旗帜,它高度重视参加者自身的内在需要,高扬人的积极性、主动性、创造性。可以说,体育的参与过程是人的自我完善的过程。在体育比赛的场合,充分体现了人的自由和个性,充分尊重人的价值和尊严,人的地位和作用,不因种族、性别、肤色、门第、财产、政治见解的不同而受到歧视。人类具有奋发向上、顽强拼搏、努力进取、争夺胜利的优秀品质,因此超越了其他物种;人类的一些群体正是由于在适宜的社会历史条件下充分发挥了这种优秀品质,跑到了其他群体的前头。体育精神显现了人类的这种本质力量。

主体精神不是个人与社会的对立、个人向社会的索取。恰恰相反,人的主体精神经过现代体育的强化,会演变成强烈的社会责任感和民族使命感,它对青少年一代自觉自愿地履行其社会责任、人生义务,创造确立丰满的人格,无疑是不可缺少的一堂"人学课"。

(2)规则观念

竞技体育是一种全世界共同遵守相同规则的活动。不管是选材、训练、管理及资源配置,都要尊重客观规律,要求公平、公正、公开地遵守"游戏规则"的特点,平等参与但结果不同的法则,与市场经济颇有相通之处。认同人类共同遵守的规则来进行游戏、接受公平竞争的观念并担当起增强民族自信心的角色,非体育莫属。

体育因较少意识形态的隔阂而率先于其他领域走上国际舞台。随着中国与外国及国际体育组织的合作与交流日益扩大,很快适应了按全世界通用的规则办事的契约关系。继1979年国际奥委会恢复中国奥委会的合法席位以后,中国已成为几乎所有的国际体育组织的成员,同几乎所有的国家和地区开展体育交往。中国直接参与国际体育事务的管理,全面参加和承办各项国际体育赛事与体育会议。中国向发展中国家派出了大量援外教练员,并为其修建了大量体育场馆。从20世纪80年代起,中国退役运动员以各种方式流往世界各地。20世纪90年代初,外国人担任了中国国家足球队主教练,大批外籍教练员和球员开始进入中国的体育俱乐部。几年后,中国球员到欧洲足球俱乐部踢球,篮球选手也开始进入世界最高水平的NBA。中国在体育领域的国际地位拔地而起,并不断提高,得益于在经济全球化的背景下按共同遵守的规矩办事。中国加入WTO,越来越多的人会认识到遵守规矩在现代国际社会里生存的重要性。

体育中的高水平竞技的主要形式虽然是身体运动,但本质上却是人类竞争意识的最公平、最公开、最公正的较量。市场经济给我们带来中国传统文化中从来没有的东西——人与人平等的权利、个人自由选择追求自己利益的权利。市场经济满足个人欲望,可以带来巨大的创造社会财富的推动力,同时也必须用道德和法律来制约个人私欲的破坏性。宣扬这种权利,把行使这种权利的过程加以规范,体育竞赛是最好的榜样。

所有的体育竞赛都崇尚公正的原则,执行时人人都必须遵守共同的"游戏规则",保障每个人都站在起跑线上的平等权利;一旦裁判员示意开始,个人可以最大限度地表现自己,自由发挥追求自己利益的能量;比赛结束,个人必须接受不均等的胜负结果。这种参赛的平等,是鼓励竞争的平等,是带来民主与法制的平等,而不是削足适履的均等。人们平等地竞争,从容面对不均等的成绩,克服妒忌的阴暗心理,把精力投入下一次比赛中。

中国体育短短几年时间里如此迅速地转换角色,付出的成本和代价如此之小,取得的成效却很大,这在其他行业里是非常罕见的,这与其具有透明规则的特性有很大的关系。

(3)竞争观念

竞争的观念是现代人应具备的一个重要的价值观念。

体育运动与保守性格是相互对立的,强烈的竞争性督促着每一个参与者不断去创新和变革。在体育运动中,不讲门第,不排世系,不序尊卑。在竞赛活动中,不承认除个人身体、心理以外的任何不平等。体育运动最讲法制,不徇私情;最讲现实,不论资历;最讲务实,不图虚妄。这就要求每个人尽自己最大努力去竞争,从而强化了参加者的竞争意识。

现代体育的灵魂就是竞争,竞技活动的这方面的社会教育作用是其他任何文化活动难以比拟的。不久前英国政府曾经惊呼:"许多孩子体弱多病,体重过重,而且懒到极点,那些在年幼时缺乏竞争动力的孩子经常是半途而废。"因此,政府呼吁"参加富有竞争性的体育活动是最好的解决办法"。美国福特汽车公司老板每年花费巨资举行一种叫"追、过、踢"的棒球比赛,在11万少年儿童中选出6名优胜者,予以重奖。飞利浦汽车公司不甘示弱,也从棒球运动中选"投、掷、击"三个动作进行比赛以吸引青少年,其目的就是要对具有竞争能力的企业接班人进行培养。日本松下电器公司著名企业家松下幸之助在谈成功之道时,言及所赏识的人才就是那种有进取精神的"运动员型"。

中国历史上根深蒂固的平均主义思想传统,要求在结果上的均等,是恶劣生存条件下的文化产物,其客观后果是有限的生态资源进一步恶化,越来越多的人口容忍着生存质量越来越差的状态,走向共同贫穷。体育竞赛是对这种传统心态的逆反,参与时在同一条起跑线上按同一条规则公平竞争,但最终夺冠军、破纪录、拿奖牌、有名次的优胜者只能是少数人。结果的不平等,需要公众的接受,正如市场经济必然会让少数人先富起来一样,不参与竞争的人无论怎样愤怒、妒忌、哀怨、漠然,都无济于事。因此,宣扬体育竞争观念十分重要。

中国体育冲出亚洲、走向世界是中国积极主动汇入世界主流文明的形象过程,是竞争的结果。夺取金牌的形象过程,在各行各业中具有极高的显示度,它恢复了中国人一个多世纪以来失去的自信和尊严,在国际上产生了广泛影响,为营造改革开放的精神文明,发挥了不可替代的作用。

(4)民主观念

欧洲古代体育发端于古希腊奴隶社会的民主制度,中断于野蛮的罗马征服和黑暗专制的中世纪封建统治,又勃兴于欧洲资产阶级兴起的民主时代,繁荣于当今的世界民主潮流。现代体育与民主同在。历史上,任何一个有生气的民主制度都欢迎、鼓励、发展体育。这就是所谓"国运兴,棋运兴"的道理。

民主包括两方面含义,即目标的民主和程序的民主。

人类赋予体育的理想是和平、进步、团结、友谊,以及相互尊重和了解,对人的正直和尊严的充分尊重等等,这都集中地表现了人类梦寐以求的民主愿望,充分反映出体育的民主目标。

体育活动参与的大众性和比赛结果评定的公开性在程序上决定了体育比赛必定是个民主过程。人人平等参加,并在活动中"获得与其天赋相应的运动成就",已成为一种民主权利写入联合国教科文组织的《体育运动国际宪章》。体育规则的制定、竞赛的组织、胜负的判断、人才的选拔都有充分的民主性,这令社会活动家非常羡慕,视为一种民主程序的典范。在这里,每位运动员都享有参与与退出、选择与被选择、解释与申辩等民主权利。但体育比赛中的民主不是无限度的,它是在遵守规则的基础上的一种自由。规则和其他竞赛文件,使人们形成一种"契约关系",即力争最大限度发挥自己的能力战胜对手,同时又要承担义务允许对手在平等地位上与自己竞争。这是民主法制社会成员必备的心理品质。

体育比赛的结果具有不确定性,任何人不能以任何越轨的手段造成事实上的结果明确。在比赛后,其结果的评判是在众目睽睽下进行的,常常要经受仲裁和社会舆论的监督与考验,这种极大的公开性和极高的透明度,保证了体育程序的民主化。

(5)民族观念

20世纪90年代后,世界上的空间距离缩短了,人与人之间的社会距离更近了,当今世界上,各种文化频繁交融。然而,世界上现存的2 000多个千差万别的民族,并未因文化的交融与渗透而丧失各自生存的能力和价值。恰恰相反,各个民族都在这场国际性的"现代化运动会"上,竞相施展自己的才能,强化民族的个性。

竞争是以民族为单位的竞争,开放是民族窗口的开放,而不是民族界墙的拆除。开放表现了现代人对新技术、新事物、新观念的态度,竞争反映了现代人的意志倾向,而民族意识则显示了现代人对社会和集体的态度,是使竞争发挥作用的一个聚合的因素。因此,现代化观念越强,民族观念越深。激发民族意识可以使现代人的社会责任感和事业心更加强大。

现代体育是唤醒、激越、振奋民族意识的重要的文化手段。在这方面所起的作用,早已不再是足球场上、体育馆里发生的世俗问题,也不再是学者们所研究的学术问题,而是经常出现在各国国务会议、御前会议、国会等高级会议议事日程上的国家、民族问题。

现代体育对弘扬民族精神的直接作用就是在于它树立了民族形象。鸦片战争以后,在长达一个世纪的时间里,屈辱的民族心理,低迷的民族精神,孱弱的民族体质,以致被扭曲的民族形象如同一片浓重的阴云笼罩着中华民族的心头。在现代体育中所表现出来的拼搏精神,极大地震撼了民族的心灵,成为亿万人民社会冲动的结晶。现代体育牢固地维系着民族感情,它使每一个成员都能享受到归属于他的荣誉感,认同于他的义务感。中国的现代体育是在那种充满民族屈辱和痛苦的形势下与世界汇流的,这就给中国现代体育的发展进程留下了深刻的印迹。中国的现代体育始终与民族的命运和民族的振兴、解放事业有着天然的、血肉般的联系,中国体育的发展动力来自民族的忧患意识,而且对民族的自强意识具有反作用。无论是我们在奥运会上争夺金牌,还是推行全民健身计划,都深藏着这样一个民族文化背景。

(6)协同观念

现代体育在培养人们团队意识、协同观念等方面具有重要的意义。体育社团的存在和发展,不仅有其发展体育事业的价值,而且对整个社会的发展起着重要的促进作用。在许多发达国家,有意识地利用体育社团进行团队意识、协作精神等某些社会伦理道德的培养。在西方以个人主义为主导意识的社会里,体育社团成为规范青少年儿童行为、发展群体观念和抑制过分个人欲望的重要手段。体育社团相对于政治性、经济性、宗教性社团,较少社会背景,较少动用社会资源,成员的覆盖面较宽,因此有较大的社会容量,是社会成员实现社会参与的较好形式。体育社团与科学技术、健康卫生、文化艺术等类社团有相似的社会功能,但对成员没有特殊的行业要求和特长要求,而且体育社团的种类很多,层次有别,人们的选择余地很大,因此体育社团有着更强的社会适应性。可以说,体育社团的发展程度反映了社会体育发展的水平、体育社会化程度,也反映了社会参与程度。

(7)开放观念

现代体育是一个开放的系统,如果失去对外联系,就会丧失生命力。在封闭的系统中体育不可能自生,必定会自灭。在当今变得越来越小的地球上,体育运动的组织者和参加者强烈地意识到"全球村"这个国际主义的概念。每当我们融进世界体育的潮流时,我们就充满了时代感,就繁荣发展;每当我们游离于这个潮流之外,我们就有封闭感,就深感落伍的痛苦。

体育运动接受开放的思想,是极其敏感,极少障碍的。"冲出亚洲,走向世界",既可以理解为一个激励奋进的口号,也可以视为一个鼓励对外开放的宣言。它所表达的观念震荡了人们"闻不出乡里,交往止于四邻"的封闭状态,激发各行各业的人们,把目光放于未来和整个世界,而这恰恰应该是现代人需要具备的可贵的社会心理品质。

随着体育文化交流的率先启动和日益增加,国外丰富的体育理念和思想传入我国,使体育中蕴含的一部分人文精神潜移默化地发挥了启蒙功能。改革开放初期,体育充当了"让中国走向世界,让世界了解中国"的开路先锋。体育在全社会建立和发扬开放的观念方面起到了至关重要的作用。

中国的社会转型必然伴随着对外开放,必然要清除长期封闭和僵化给民众带来的昏聩麻木的情绪,鼓励奋发进取,使中国迅速适应经济全球化、政治多极化、文化多元化的国际社会。通过体育竞赛所获得的胜利来振奋民族精神,实质上是树立一种和平竞争的国际化观念,有利于国民积极参与开放型的竞争,接受机遇和挑战。

3. 科学体育观与人文体育观的融通

科学体育观在现代体育的发展中并不是唯一的理性力量。科学(指自然科学)好似一柄双刃剑,它只有在与人文科学的结合中,在推进社会发展、人类进步的实践中才能发挥有益于人类的伟大力量。当代科学与人文的融通与整合的趋势,为我们提供了有益的启示:科学体育观与人文体育观的结合过去是必要的,现在和今后更有必要。

20世纪的体育运动为世界和平与进步、经济与社会发展做出了前所未有的贡献,但也给人们留下了太多的困惑:两次世界大战对奥运会的破坏,冷战期间国家集团间参赛的相互抵制,某些体育官员的腐败,过分的商业化行为,屡禁不绝的兴奋剂丑闻,频频发生的球场暴力,等等,竟使体育运动出现了背离其原有高尚目标的倾向。近代体育先驱者们倡导的"灵肉一致"和"身心两健"的体育,却在数百年后出现某种程度的变质变味。究其原因,除了国际政治与国际经济方面的原因之外,也有其深刻的科学与人文因素,如在体育实施过程中过多地注重人的生物性潜能的开发,而忽视体育运动中应有的人文关怀;过多地重视物质利益,而忽视崇高的体育精神、理念等等。在新的形势下,体育领域中的科学与人文分离的现象仍然存在,比如重"科技兴体"而忽视教育的作用、重"养乎吾身"(增强体质)而忽视"乐乎吾心"(娱乐休闲)、重科学训练而忽视管理教育、重先进的场地设施而忽视体育的优良人文和自然环境等,这些问题应引起重视。

越来越多的学者和有识之士主张并倡导科学体育观与人文体育观的相互融通或整合,防止体育运动中存在某些异化趋向,并作为对现代体育运动扶正祛邪的一剂良药。事实上,这种融通,过去曾在体育的边缘学科或交叉学科的建设上有所体现,并取得显著成绩。而今天,这种融通则在人的更加自觉的基础上成为一种新的体育理念和引人注目的趋势,北京2008年奥运会组委会提出并承诺实现的"绿色奥运、科技奥运、人文奥运"的目标便是一个明证,也是体育所展现的现代文明的一个新的起点和亮点。

# 第二章 体育运动的价值研究

## 第一节 体育运动与体质促进

### 一、体育运动的生理学基础理论

(一)能量代谢理论

能量代谢是指机体在物质代谢过程中伴随着的能量释放、储存、转移和利用的过程。能量代谢的过程主要是指三磷酸腺苷(ATP)的再合成。其再合成有三种途径,也就是人体存在的三种能量系统。

1. 磷酸原系统

即三磷酸腺苷—磷酸肌酸,简称 ATP-CP。系统是由细胞内的 ATP 和 CP 这两种高能磷化物构成。其特点是供能绝对值不大,持续时间很短,但是它供能快速。ATP 是细胞唯一能直接利用的能源,其能量输出的功率也最高。

2. 乳酸能系统

也叫无氧糖酵解系统。它是机体处于缺氧情况下的主要能量来源。乳酸能系统对人体的能量供应,其作用与磷酸原系统一样,能在暂时缺氧的情况下迅速供能。

3. 有氧氧化系统

有氧氧化系统生成丰富的 ATP,且不生成乳酸这类导致疲劳的副产品,它是人进行长时间耐力活动的主要供能系统,如田径运动中的长跑项目、马拉松等主要靠有氧氧化供能。

(二)新陈代谢理论

新陈代谢是指生物体在不断地与周围环境进行物质与能量交换中逐渐实现自我更新的过程,它是物质代谢和能量代谢的总和,是生命的基本特征之一。当机体内环境的稳定受到破坏时,会导致代谢失调而出现疾病。有效的体育运动锻炼能使组织细胞内的酶系统产生适应性变化,提高酶的活动性,加速物质代谢和能量代谢的过程,从而增强体质。

新陈代谢包括同化作用和异化作用两个相互对立又相互联系的过程。同化作用是指生物体从周围环境中摄取物质合成自身成分,并贮存能量的过程;异化作用是指生物体分解自身成分,同时释放能量,并排出代谢产物的过程。

(三)超量恢复理论

超量恢复是指人体在运动中承受了超量负荷,身体内各种能量物质逐渐消耗,在运动后不仅可以恢复到原有水平,而且还会超过原来的水平(图2-1)。超量恢复原理是人体机能在体育运动中不断得到提高的理论依据。如果进行体育锻炼的时间较短,而运动强度又不是特别的大,对有机体的刺激很小,就不会引起有机体的反应或者反应很小。这种运动负荷极小的体育锻炼,不能起到有效地增强体质、增进健康的作用。只有在机体运动达到一定程度的负荷即承受了"超量负荷",并经过足够的休息和营养补充后,才会产生超量恢复。

超量恢复指导体育锻炼应注意以下事项:

(1)一次锻炼时间较短,且运动强度不大,不会引起机体较大的反应,超量恢复不明显。

(2)重复进行身体锻炼的间歇时间过短,且身体又长期处在疲劳状态,对健康是不利的。

(3)要根据自身的具体实际、年龄和锻炼基础,合理地安排运动量和锻炼持续时间,这样既能引起机体超量恢复,又不会超过机体适应的界限。

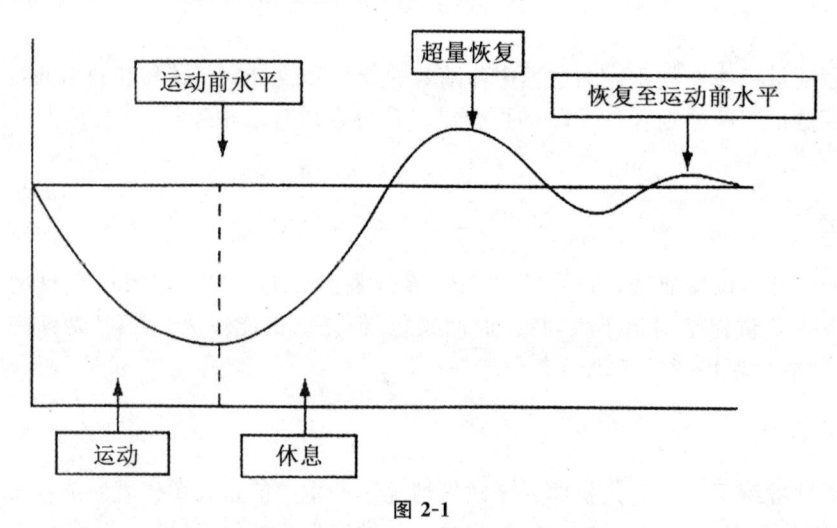

图 2-1

(四)运动中肌肉的工作过程

1. 人体肌肉的结构

人体的运动系统是由206块骨骼、600多块肌肉以及各部分关节等构成的。人体的运动是由运动系统实现的。组成人体肌肉的基本单位是肌纤维,许多肌纤维排列成肌束,表面有肌束膜包绕,许多肌束聚集在一起构成一块肌肉。

肌肉的化学组成大中约3/4是水,1/4是固体物质(包括蛋白质、能量物质、酶等),同时,肌肉中有着丰富的毛细血管网及神经纤维,保证肌肉的氧气和养料供应及神经协调。

2. 人体肌肉的成分和收缩形式

人体肌肉由多种组织构成,其中肌组织和结缔组织分别构成肌肉的收缩成分和弹性成分。

肌组织是肌肉的收缩成分,通过肌纤维的主动收缩和放松,实现各种运动;结缔组织是肌肉中的弹性成分,它与肌肉中的收缩成分并联或串联着。当收缩成分缩短时,弹性成分被拉长,并将前者释放的能量部分吸收、储存起来,然后再以弹性反作用力的形式发挥出来,以促使肌肉产生更强大的力量和更快的运动速度。根据肌肉在完成各种动作时的长度变化,可将肌肉的收缩分为等长收缩、超等长收缩、向心收缩等多种形式。

(1)等长收缩

当肌肉收缩产生的张力与外力相等,或是维持身体某一种姿势时,肌纤维虽积极收缩,但肌肉的总长度没有改变,这种收缩称为等长收缩。肌肉处于等长收缩时,从整块肌肉外观看,肌肉长度不变,但实际上肌肉的收缩成分是处在收缩中而使弹性成分拉长,从而整块肌肉长度保持不变。

(2)超等长收缩

超等长收缩是指肌肉先进行离心收缩后,紧接着进行向心收缩的形式。这种练习方法对肌肉锻炼价值较大,又称离心向心收缩或弹性离心练习。

(3)向心收缩

向心收缩是肌肉长度发生缩短的收缩形式,在力量练习中是最普通的一种。其锻炼力量的效果比一般向心练习方法要好。

(五)运动中能源物质的消耗与补充

人体在进行体育运动锻炼时利用的是ATP,但最终消耗的却是糖、脂肪和蛋白质。糖和脂肪是运动中合成ATP的主要来源,但不同持续时间和强度的运动,两者供能特点和比例各不相同。糖能进行无氧酵解和有氧代谢,而脂肪只能进行有氧代谢,这一特点使不同运动中两者供能比例不同。影响供能比例的主要因素在于运动强度和持续时间。时间短、强度大的运动主要是无氧代谢过程,消耗糖;而持续时间长、强度较小的那些运动则脂肪的消耗比例比较大。

## 二、体育运动对体质的促进作用

(一)促进人体骨骼、骨骼肌发育

(1)改善骨骼的素质。当人体从事体育运动时,骨的血液供应会明显地得到改善。长期进行系统的体育锻炼,可使骨密质增厚,骨变粗,骨上的突起显得更加明显,骨小梁增粗,排列清晰,提高抵抗折断、弯曲、压缩和扭转方向变形的性能。

(2)关节囊和韧带增厚,伸展性加大。人体柔韧素质和关节的运动幅度之间有着极为密切的关系。只有各相应关节有较大的活动幅度,才能有较好的柔韧素质,人体柔韧素质和肌肉活动的协调性得到加强,就可以减少伤害事故的发生。

(3)促进骨骼的生长。经常进行有规律的体育锻炼,可以直接使骨骼受到良性刺激,促进骨骼的生长。根据统计,经常参加运动健身的青少年,比不经常运动的同龄人身高平均高出4～7厘米,而且比一般人长得健壮。

(4)经常参加体育运动,可以使肌纤维变粗,肌肉体积变大。长期、系统地从事体育运动锻炼可以使肌纤维变粗,肌肉的体积变大,因而肌肉显得发达、结实、健壮、匀称而有力。研究表明,正常的人肌肉占体重的30%～40%,而经常从事体力劳动和运动的人,肌肉发达,质量可占体重的50%。

(5)经常参加体育运动健身,可使肌肉组织化学成分发生明显的变化。如肌肉内的肌糖元、肌凝蛋白、肌红蛋白等含量增加。肌纤蛋白、肌凝蛋白是肌肉收缩的基本物质,这些物质的增加,不仅提高了肌肉的收缩力量,而且还使磷酸腺等的活性加强,分解的速度加快。肌红蛋白具有与氧结合的作用,肌红蛋白含量增加,肌肉内氧的储备量也增加,使肌肉在氧供应不足的情况下,仍能进行紧张工作。

(二)有益于身体各系统功能的发展

1. 呼吸系统

(1)增大肺活量

一般成年男、女肺活量为2 500～4 000毫升,而经常运动者则达到4 000～5 500毫升,甚至更大。据调查研究发现,一般人运动时每分钟最大通气量为80升左右,最大吸氧量为2.5～3.5升,只比安静时大10倍;而常运动的人,每分钟通气量达80～120升,最大吸氧量可达4.5～5.5升,比安静时大20倍。

(2)增强缺氧耐受力

经常参加体育运动锻炼,可使呼吸中枢的稳定性和灵活性都得到明显的改善,因而对缺氧的耐受力较强,能负荷的氧债量大,调节呼吸的节奏和形式的能力较强,在剧烈肌肉活动时,氧的吸收率、利用率较高,氧极限水平较高,因而胜任剧烈肌肉工作的能力较高。

(3)呼吸深度增加,频率有改变

在安静时,一般人的呼吸浅而快,每分钟男子为12～20次,女子要比男子快1～2次;而经常运动者呼吸深而缓,每分钟8～12次,以机能省力的方式来维持其需要。

(4)对呼吸系统疾病有预防和治疗的作用

经常参加体育运动可使新陈代谢旺盛,心肺功能得到增强,提高身体的抗御能力,还可使呼吸道毛细血管更加密实,上皮细胞的纤毛活动和肺内的吞噬能力得到加强,这样就能及时消除进入呼吸道的病毒,减少感染和发病的机会。

2. 消化系统

经常参加体育锻炼,可以使肝及肠胃等器官引起一种类似的按摩作用,有效地防止内脏下垂和便秘等疾病的发展。另外也促进和改善了这些器官自身血液的循环。由于血液供应充分,新陈代谢加强,使肝和胃肠道消化器官的功能得到增强,这就有利于器官病变的康复。

3. 心血管系统

(1)改善心血管系统的机能

①反应快。运动开始后,能迅速动员人体心血管系统的功能,以适应运动的需要。

②恢复好。运动时机能变化大,运动后恢复期短,但运动一停止很快恢复到安静水平,并出现机能节省化现象。

③潜力大。进行高强度的运动时,在神经和体液的调节下可发挥心血管系统的最大机能潜

力,充分动员心力储备。

(2)促使运动性心脏增大

经研究发现,经常参加体育运动锻炼可使心脏增大。病理性增大的心脏是扩张、松弛、收缩时射血能力减弱,心力储备低;而运动性增大的心脏,外形丰富,收缩力强,心力储备高。因此,运动性心脏增大是对长时间坚持有一定运动负荷锻炼的良好反应。

(3)有益于窦性心动徐缓

坚持体育运动锻炼的人,特别是耐力性的锻炼健身的人,一般可使安静时的心率减慢。实践证明具有某些耐力优秀的运动员安静心率最多可降低到36～40次/分钟,这种现象称为窦性心动徐缓。

(4)改善全身微循环

坚持体育运动锻炼可使血管壁肌层增厚,提高血管壁的弹性,改善全身的微循环,以有利于血液的流通和人体在工作、学习过程中所需氧气和营养物质的供应。

(5)对心脏病具有很好的防治作用

坚持长期的体育运动,能防治心血管系统的疾病,这已被世界各国医学界所公认。坚持体育锻炼不仅能增强心脏的机能,而且对心血管疾病,如冠心病、心肌梗死、高血压、低血压、动脉硬化症等,起到很好的防治作用。

4. 神经系统

(1)体育运动能促进大脑的生长发育。体育锻炼能使人体血液循环加快,血流量增多,使脑细胞得到充足的氧气和营养物质,从而促进脑细胞体积增大,代谢旺盛,进而促进智力的发展。

(2)促使兴奋与抑制功能的平衡。根据高级神经活动的负诱导规律,运动中枢的兴奋性增强,会使其他中枢的兴奋性得到抑制,大脑因此得到积极性休息。大脑的兴奋和抑制更加集中,就会提高人们的学习和工作效率,增强人脑的记忆力和智力水平,还能预防因功能性神经衰弱等神经系统机能障碍而引起种种疾病的发生。

(3)促使大脑皮质兴奋性得到增强。人体的各种行为都受神经系统控制,经常参加体育运动,可使神经系统的兴奋性和灵活性都得到提高,从而使大脑神经细胞工作能力提高,反应加快,动作更加灵活迅速、准确协调。

## 第二节　体育运动与心理健康

### 一、心理健康的内涵

(一)心理健康的界定

对人的心理健康的界定,从不同的角度来看,有不同的理解,其主要内容如下:

1. 经验角度

一般情况下,人们相信一定时间内、一定程度的负性情绪体验如焦虑、抑郁、痛苦等是正常的;而在某些特定情况下出现的特殊心理反应,如在极度紧张的状况下出现冲动的情绪和行为反应,在极度悲伤的情况下产生痛不欲生的念头等也不难理解。但当个人的心理状态超出了人们能够理解的范围时,就可能产生心理是否健康的疑问。这便是从个人经验的角度来界定心理是否健康。这种评定的标准,主要是凭借主观体验和个人经验,缺乏客观性、严谨性和系统性,因此并不能作为判断心理是否健康的科学标准。

2. 统计学角度

统计学方法以正态分布理论为基础,以"量"的分布将心理活动划分为"正常"和"异常"。统计学所谓的"正常",是指心理活动的量在正态分布曲线的中间,而"异常"则是心理活动的量处在正态分布曲线的两端或者一端。个体心理活动的量与均值越接近,或者离正态分布曲线的中线越近,则心理活动越"正常",反之,则越不正常或"异常"。统计学角度界定心理健康与否并不是很准确,其原因有以下三方面:

(1)统计学方法重视心理活动的"量"的改变,与经验方法相比具有能够用统一尺度对所有的人进行定量测量的优点。然而,这种方法抹杀了心理活动"质"的差异,不能从根本上将健康的心理和不健康的心理完全区分开来。

(2)统计学标准的"正常"和"异常"之间界线的划分总是人为的,不能对处于界线附近的个体是否健康进行有效的划分。如常用统计学标准来划分智力是否正常,用个体在智力测验中的智商小于70作为精神发育迟滞的标准。这种划分标准并不科学和合理。

(3)统计学的方法不能体现社会和文化的差异。如一个持唯物主义无神论观点的精神科医生,很有可能会将某些宗教迷信体验,如鬼神附体、听见神灵的声音当作精神疾病的症状。而对笃信宗教迷信的人来说,这些完全可能是正常的心理活动。

3. 生物医学角度

心理和行为异常总是有其生理、生物化学、神经电活动等方面的器质性基础。这是生物医学界的共识。虽然用生物医学的方法来判断心理是否健康,在理论上是客观的、准确的,但是在实际工作中却不具备可操作性。原因如下:

(1)人的心理活动极为复杂,用简单的生理、生物化学和神经电活动来区分心理状态的正常与异常,非常难以实现。

(2)同一心理活动,在不同的情境下可以是正常的,也可以是异常的。如同是悲观失望,在受到重大挫折时是正常的心理反应,但如果缺乏客观基础,则是病态心理的表现。

临床精神病学虽然没有明确提出判断心理健康的标准,但在实际工作中,通常有意或无意地将心理健康定义为"没有精神疾病"。这一定义虽然具有一定的操作性,但目前世界各国都没有将所有的心理问题列入精神疾病的诊断;尽管世界卫生组织、美国、中国等国家都提出了各自的精神疾病诊断标准,但彼此存在很大的差异。更为重要的是,从是否存在精神疾病来定义心理健康是非常消极的,不利于指导心理健康的促进。

4. 社会文化角度

每一个社会都有自己特有的文化氛围,通过一定的社会文化标准来规范个人或团体的行为,使之符合社会大多数人的利益。社会文化规范以各种各样的形式来体现,从风俗习惯、道德标准、规章制度到法规、法律,其规范的力度越来越强。从社会文化角度判断心理是否健康,最大的优点在于能够引导个体遵守社会规范,为社会发展做出贡献。但这一方法也不能作为普遍适用的心理健康的划分方法。其原因如下:

(1)这种划分标准可能扼杀有利于社会发展的个性和新生事物。社会的健康发展离不开制度规范,其规范的意义在于维护社会稳定,但社会的发展更多需要的是个性和创新来推动。很多在当时被认为是"叛逆"的行为,如果逐渐地被社会上多数人接受,就会形成新的社会规范。如哥白尼因为提出"日心说"、爱因斯坦因为提出"广义相对论",最初都受到大多数人的排斥。

(2)许多精神障碍的患者,如抑郁症患者、焦虑症患者在遵守社会规范方面常无可指责,但并不能因此否定他们心理的异常。由此可见,违反社会规范与心理异常之间,遵守社会规范与心理健康之间并不等同。

5. 心理学的角度

心理健康是心理学研究的主题之一,但到目前为止心理学界并没有形成一个普遍接受的心理健康的定义,更没有可供操作的判断标准。心理学上对心理健康的划分主要有以下两种:

(1)从功能角度来划分正常与异常

这是大多数心理学家所采用的方法,通过心理测验之类的手段,观察一个人的心理功能是否正常。如心理学家英格里西指出"心理健康是指一种持续的心理情况,当事者在那种情况下能做良好适应,具有生命的活力,并能充分发挥其心身的潜能,这乃是一种积极的丰富的情况,不仅仅是免于心理疾病"。

(2)从特征的角度来确定心理健康

即认为心理健康应该用特质来描述。美国人本主义心理学家马斯洛是这一方面的代表。他认为普通的人不一定就是心理健康的人,只有少数最杰出的人,即所谓的自我实现者,才是真正心理健康的人。根据这种观点,马斯洛提出了一个理想心理健康标准,常被人称为理想或完美的标准。

(二)心理健康的含义

1. 心理健康分为正负两个方面

对心理健康的界定经历了一个漫长而艰苦的过程。心理健康研究领域既包括对心理健康的研究,也包括对心理问题的研究。

对心理健康比较公认的理解来源于 Bradburn 的情绪情感研究:心理健康分为正负两个方面:一是消极情绪情感的减少;二是积极情绪情感的增多。1969 年,Bradburn 为研究社会环境变化对个人生活状况的影响,继而对心理健康的影响,编制了一个量表测量情绪情感健康问题。在他的量表中,既包括积极的情绪情感,也包括消极的情绪情感。他的量表后来成为研究者研究和测量心理健康的最常用工具。Bradburn 发现积极情绪情感和消极情绪情感彼此相互独立。积极情绪情感的增加或减少并不意味着消极情绪情感的减少或增加,它们可以同时存在。于是,他把原来的情感量表分为正性情感和负性情感两个量表,并视主观幸福感为其平衡点。这样,他的情感平衡量表的分数即是从正性得分中减去负性得分。后来的研究者对心理健康分为正负两个方面的观点提出了许多意见。主要内容如下:

(1)二者并非总是相互独立,有时也会相互依存。Akiyama发现,西方被试者,正性情感和负性情感呈负相关;日本被试者,这两者之间没有明显的关系。

(2)社会环境的变化不一定会引起心理健康结构的变化。Bradburn在他的测量工具中,有这样的陈述:"由于完成了某项工作而感到愉快。"这种情绪情感更多的是随行为或社会环境而变化的反应,并非心理健康本身。这样,他所测量的自然不是心理健康的本质,而是心理或者情绪健康的变化。

(3)由主观幸福感而引起的对正性情感和负性情感概念的区分,正好迎合了研究者对于心理健康一词的理解。

### 2. 心理健康内涵的核心

心理健康内涵的核心是自尊。所谓自尊,是指个体对自我的一种积极的肯定的评价、体验和态度。之所以说自尊是心理健康的核心,是因为自尊与心理健康各方面的测量指标都有着密切的关系。过去没有重视自尊这个观点,其主要原因有以下两方面:

(1)忽视了心理健康的一个重要含义。心理健康不仅包括正负两方面,更是一种主观的自我态度或体验。从这个意义上来说,自尊毫无疑义应当是心理健康的核心。

(2)忽视了自尊是"全面、正面的自我评价",是一种对自我的态度。态度可以分为认知和情感两个方面。首先,态度包含认知因素,因为态度往往是针对某个具体事物的认识;其次,态度也包含情感因素,因为态度本身既有积极/肯定与消极/否定之分,又有强烈程度之分。这样,自尊概念可以从认知和情感两个方面去理解,并可进一步分为正负两个维度。

### 3. 心理健康是一种个人的主观体验

心理健康是一种个人的主观体验,它包括积极的情绪情感和消极的情绪情感,这些情绪情感表现在个人生活的方方面面。因此,可以理解心理健康的个人主观体验表现出以下方面:

(1)主观性

心理健康与否,往往只是个人的主观体验,客观条件只是作为影响主观体验的潜在因素。如"厌世情绪"当然有其客观原因,但只在某些人身上会产生主观体验。又如国外对"主观幸福感"的研究发现,影响主观幸福感的因素很多,其中对生活的主观满意感和主观幸福感的相关比客观的生活条件与主观幸福感的相关要高。

追究心理健康具有主观性的原因,主要因为心理现象是客观与主观的统一。心理的客观性主要指心理内容反映了客观的现实,心理是脑这个物质现象的机能,心理的产生与发展依靠实践活动,心理的表现要通过客观的言语和行为。心理的主观性主要指心理是主观的影像,心理特点表现出个性的差异,心理水平主要取决于主体的经验,心理的表现反映了主观的体验。因此,对心理是否健康的感受,带有更多主观性是必然的。

(2)积极性

心理健康与否,往往表现为三种基本成分:生活满意度、积极情感和消极情感。研究表明:积极情感的体验时效长且感受强度高的人,通常过一种丰富多彩的快乐生活;积极情感的体验时效长但感受强度弱的人,通常过一种满意而安详平静的生活;消极情感的体验时效长且感受强度高的人,通常会体验到沮丧或其他强烈的消极情感;消极情感的体验时效长但感受强度弱的人,一般会表现出忧郁症倾向或者是大多数时间都不快乐。由此可见,心理健康的人所表现出来的,尤其在情感方面所表现出来的是有积极性或积极向上的倾向,也就是说,表现出肯定的、正面的精神面貌,热忱的、进取的心理状态。

(3)全面性

心理健康与否,不仅表现在上述心理现象的知、情、意的各个过程和个性的各个方面,也往往表现在个人生活的各个方面。

综上所述,心理健康的内涵主要指:它是一种个人的主观体验,既包括积极的情绪情感,也包括消极的情绪情感,它表现在个人生活的方方面面,其核心是自尊。

## 二、心理健康的特征及标准

(一)心理健康的特征

1. 协调性

协调性是心理健康最重要的特征之一,主要包括以下两个方面:
(1)人的内心活动是否和谐、协调。包括个人价值观念与心理活动的协调,心理过程与个性特征的协调,个人能力与期望、理想之间的协调等方面。一个心理健康的人,知道自己想做什么,应该做什么,并据此采取行动。
(2)心理活动与外界环境相协调。人是生活在社会中的,其心理活动不能脱离社会环境。如有些同学在进入大学校园后,发现大学校园环境、大学同学和老师与自己上大学之前的理想化想象相差甚远。于是就悲观失望、怨天尤人。这并不是心理健康的表现。

2. 稳定性

心理健康的稳定性体现在较长一段时间内持续存在的心理状态。判断一个人心理是否健康,要看其整体水平,而不是短暂的变化或偶然的现象。一个人偶尔出现不健康的心理和行为,并不意味着心理不健康,反过来,心理不健康者也不是所有的心理活动都是不健康的,即使是严重精神障碍的病人,也会有正常的心理表现。

3. 社会适应性

社会适应性主要是指个人心理活动是否符合所在社会的基本规范和基本要求,是否与当下整个社会文化环境相协调。一个心理健康的人,能够清楚地了解社会对她或他的期望,与社会主流价值观念保持一致,能够担负起社会赋予的社会责任,满足社会对其角色的要求。

4. 复杂性

将心理健康单纯地分为健康和不健康,是不准确的,实际情况要复杂得多。同是心理健康,存在心理健康水平的高低;同是心理不健康,存在不健康程度的差异。从高水平的心理健康到严重的精神障碍是一个连续的频谱,而正常和异常之间也并没有一个明确的界限。

5. 发展性

心理健康水平可以得到发展和提高。也就是说,按照某一标准,一个人现在的心理状态是健康的,但他或她还可以向更健康的方向发展。正像一个躯体健康的人,通过体育锻炼可以更健康一样,一个人的心理健康水平还可以进一步提高。

(二)心理健康的标准

1. 国外学者的心理健康标准

(1)美国心理学家马斯洛和密特尔曼的标准
①是否有充分的安全感。
②是否对自己有较充分的了解,并能恰当地评价自己的能力。
③自己的生活和理想是否切合实际。
④能否与周围环境保持良好的接触。
⑤能否保持自身人格的完整与和谐。
⑥是否具备从经验中学习的能力。
⑦能否保持适当和良好的人际关系。
⑧能否适度地表达与控制自己的情绪。
⑨能否在集体允许的前提下,有限度地发挥自己的个性。
⑩能否在社会规范的范围内,适度地满足个人的基本需求。
(2)美国学者坎布斯的标准
①积极的自我观。
②恰当地认同他人。
③面对和接受现实。
④主观经验丰富,可供取用。
(3)美国人格心理学家奥尔波特的标准
①自我意识广延。
②良好的人际关系。
③情绪上的安全性。
④知觉客观。
⑤具有各种技能,并专注于工作。
⑥现实的自我形象。
⑦内在统一的人生观。
(4)哈威哥斯特的标准
①幸福感,这是最有价值的特质。
②和谐,包括内在和谐及与环境的和谐。
③自尊感。
④个人的成长,即潜能的发挥。
⑤个人的成熟。
⑥人格的统整。
⑦与环境保持良好接触。
⑧在环境中保持有效的适应。

⑨在环境中保持相对独立。
(5)斯考特的标准
①一般的适应能力:灵活性,把握环境的能力,适应和对付变化多端的世界的能力,阐明目的并完成目的的能力,成功的行为,顺利地改变行为的能力。
②自我满足的能力:生殖欲(获得性高潮的能力),适度满足个人需要、对日常生活感到乐趣,行为的自然性,放松片刻的感觉。
③人际间各种角色的扮演:完成个人社会角色,行为与角色一致,社会关系适应,行为受社会的赞同,与他人相处的能力,参与社会活动,利用切合实际的帮助,托付他人,社会责任,稳定的职业,工作和爱的能力。
④智慧能力:知觉的准确性,心理功能的有效性,认知的适当、机智、合理性、接触现实,解决问题的能力,智力,对人类经验的广泛了解和深刻理解。
⑤对他人的积极态度:利他主义,关心他人,信任,喜欢他人,待人热情,与人亲密的能力情感移入。
⑥创造性:对社会的贡献、主动精神。
⑦自主性:情感的独立性,同一性,自力更生,一定的超然。
⑧完全成熟:自我实现,个人成长,人生哲学的形成,在相反力量之间得以平衡,成熟的而不自相矛盾的动机,自我利用,具有把握冲动、能量和冲突的综合能力,保持一致性,完整的复杂层次,成熟。
⑨对自己有利的态度:控制感,任务完成的满足,自我接受,自我认可,自尊,面对困难、充满解决问题的信心,积极的自我形象,自由和自决感,摆脱了自卑感,幸福感。
⑩情绪与动机的控制:对挫折的耐受性,把握焦虑的能力,道德,勇气,自制力,对紧张的抵抗,道义,良心,自我的力量、诚实、率直。

2. 国内学者的心理健康标准

(1)严和锓的标准
①有积极向上、面对现实和环境的能力。
②能避免由于过度紧张或焦虑而产生病态症状。
③与人相处时,能保持发展融洽互助的能力。
④能将其精力转化为创造性和建设性活动的能力。
⑤有能力进行工作。
⑥能正常进行恋爱。
(2)王效道的标准
①智力水平在正常范围以内,并能正确反映事物。
②心理行为特点与生理年龄基本相符。
③情绪稳定,积极与情境适应。
④心理与行为协调一致。
⑤社会适应,主要是人际关系的心理适应协调。
⑥行为反应适度,不过敏,不迟钝,与刺激情景相应。
⑦不背离社会规范,在一定程度上能实现个人动机,并结合生理要求得到满足。

（3）王极盛的标准

①智力正常。

②情绪健康：情绪稳定与心情愉快是情绪健康的重要标志。

③意志健康：行动的自觉性和果断性是意志健康的重要标志。

④统一协调的行为：一个心理健康的人，他的行为是一致的、统一的，思想与行动是统一的、协调的，他的行为有条不紊，做起事来按部就班。

⑤人际关系的适应。

（4）王希永等的标准

①智力正常，思维方式正确，能辩证地看待社会，看待自己，看待一切事物。

②具有高尚的情感体验，能控制自己的情绪。

③正确对待困难和挫折，不苛求环境，不推卸责任，有战胜困难的信心、勇气、毅力，有创新意识和开拓精神，顺利时不骄傲自满。

④需要是合理的，动机是可行的，有理想、有追求、有社会责任感，精神生活充实。

⑤具有自觉的社会公德，具有社会所赞许的道德品质，能恰当地处理好人际关系。

⑥经常处于内心平衡的满足状态，出现心理不平衡时，自己可以及时地、成功地进行调整。

（5）李百珍的标准

①心理健康者了解自我、接纳自我，能体验自我存在的价值。

②心理健康者正视现实、接纳他人。

③心理健康者能协调、控制情绪，心境良好。

④心理健康者有积极向上的、现实的人生目标。

⑤心理健康者对社会有责任心。

⑥心理健康者心地善良，对他人有爱心。

⑦心理健康者有独立、自主的意识。

（6）黄珉珉的标准

①能进行正常的学习、生活和工作。

②能与他人和睦相处，保持良好的人际关系。

③具有健全的人格。

④具有良好的情绪体验。

⑤具有正常的行为。

⑥有正常的心理意向。

⑦有良好的适应能力及对紧急事件的适应能力。

⑧有一定的安全感，有信心和自立性。

3. 大学生的心理健康标准

我国心理专家根据大学生实际情况，总结出大学生心理健康的八条标准：智力正常、健康的情绪、统一的人格、健全的意志、正确的自我意识、和谐的人际关系、良好的适应能力、心理年龄符合年龄特征。具体内容如下：

（1）智力正常

智力是一种综合能力，主要包括观察力、注意力、记忆力、想象力、思维力、创造力和实践活动能力等,同是还包括在经验中学习或理解的能力,获得和保持知识的能力,迅速而又成功地对新情境做出反应的能力,运用推理有效地解决问题的能力等。正常的智力是大学生学习、生活、工作的最基本的心理条件,是大学生胜任学习任务,适应周围环境变化需要的心理保证,是衡量大学生心理是否健康的重要标志之一。

衡量大学生的智力,关键在于看大学生的智力是否正常、是否充分地发挥了效能。大学生智力正常且充分发挥的标准有:第一,有强烈的求知欲和浓厚的探索兴趣;第二,智力结构中各要素在其认识活动和实践活动中都能积极协调地参与并能正常地发挥作用;第三,乐于并有效地学习。相反,如果不能坚持正常的学习和工作,注意力不集中,学习工作效率低;或者害怕学习的艰苦,厌恶学习;或者怨天尤人,不积极努力,都是心理不健康的征兆。

(2)健康的情绪

情绪在心理变化中起着核心的作用,情绪健康的主要标志是情绪稳定和心理愉快。这是大学生心理健康的另一个重要指标。大学生的情绪健康主要包括以下内容:

①情绪稳定性好,善于控制和调节自己的情绪,既能克制约束,又能适度宣泄,不过分压抑,使情绪的表达既符合社会的要求,也符合自身的需要,在不同的时间和场合有恰如其分的情绪表达。

②愉快情绪多于不愉快情绪,一般表现为:乐观开朗,充满热情,富有朝气,满怀自信,善于自得其乐,对生活充满希望。

③情绪反应是由适当的原因引起的,反应的强度与引起这种情绪的情境相符合。相反,如果因为学习和生活中的挫折、容貌身材不佳、生活上遇到打击等便埋怨命运、嫉恨他人、苦闷彷徨、悲观失望,则是心理不健康的表现。

(3)统一的人格

人格在心理上指个体比较稳定的心理特征的总和。心理健康的人,其人格是健全统一的,具有相对稳定性,即个人的所想、所说、所做都是协调一致的。大学生统一的人格的主要标志包括以下几点:

①具有完整的人格,能根据客观情况设计自我,使理想自我与现实自我基本统一。

②与环境保持动态平衡。

③以积极进取的人生观作为人格的核心,热爱人生,具有强烈的生存实在感。

(4)健全的意志

意志是人在完成一种有目标的活动时所进行的选择、决定与执行的心理过程,是个性中最重要的精神支柱。意志健全者表现为行为目的明确而合理,自觉性高,自律性强,敢为有恒,勇于克服各种困难,不达目的誓不罢休。在行动的自觉性、果断性、顽强性和自制力等方面都表现出较高的水平,在实现目标的过程中,能冷静分析各种情况,能适时地作出决定并运用切实有效的方法解决所遇到的各种问题,在困难和挫折面前,能采取合理的反应方式,能在行动中控制情绪和言行,而不是行动盲目、优柔寡断、轻率鲁莽、害怕困难、意志薄弱、顽固执拗、言行冲动。

(5)正确的自我意识

自我意识是指对自己的认识和评价,正确的自我意识乃是大学生心理健康的重要条件。一个心理健康的大学生对自己的认识,应比较接近现实,有"自知之明"。对自己的优点感到欣慰,但又不至于狂妄自大;对自己的弱点既不回避,也不自暴自弃,而是善于正确地"自我接纳"。

(6)和谐的人际关系

大学生离不开与人打交道。和谐的人际关系既是大学生心理健康不可缺少的条件,也是大学生获得心理健康的重要途径。其表现为:

①乐于与人交往,既有稳定而广泛的人际关系,又有知心朋友。

②在与人交往中保持独立而完整的人格,有自知之明,不卑不亢。

③能客观评价别人和自己,善取人之长补己之短。

④宽以待人,乐于助人。

⑤积极的交往态度多于消极态度。

⑥交往动机端正,对其所归属的集体,总是关心和爱护的,有一种休戚与共的感情,必要时能放弃个人的某些愿望去谋集体的利益。

(7)良好的适应能力

较强的适应能力是心理健康的重要特征,不能有效处理与周围现实环境的关系,是导致心理障碍的重要原因。心理健康的大学生,应能和社会保持良好的接触,对社会现状有较清晰、正确的认识,思想和行为都能跟得上时代发展的步伐,与社会的要求相符。当发现自己的需要和愿望与社会需要及大多数人的利益发生矛盾时,能迅速进行自我调整,以求与社会的协调一致,而不是逃避现实,更不是妄自尊大,与社会和大多数人格格不入,或者为了私利而不顾社会公德。

(8)心理年龄符合年龄特征

人的心理行为随着年龄的增长而发展变化。每个人的认识、情感、言行举止基本符合他的年龄特点,就属于心理健康,反之,则属于心理不健康或心理异常。大学生是处于特定年龄阶段的特殊群体,应具有与年龄和角色相应的心理行为特征。若一个大学生经常严重地偏离这些心理行为特征,则有可能是心理异常的表现。例如,大学生的年龄一般在18—23岁左右,其心理行为应当是精力充沛、活泼好动、勤学好问、追求新知、勇于创新,但如果死气沉沉、老气横秋,或者像个儿童那样,破涕为笑、喜怒无常,或者毫无主见,处处依赖别人,离开父母便无法生活,这样的人自然就属于心理不健康。

## 三、人们参与体育运动的动机

动机是能引起并维持人的生活将该活动导向一定目标,以满足个体的念头、愿望或理想,它是推动一个人进行活动的心理动因或内部动力。动机是个体的内在过程,行为是这种内在过程的结果。根据动机所引发结果的性质不同,可将动机分为缺乏性动机和丰富性动机两种类型。其中,缺乏性动机是指以排除缺乏和破坏、避免威胁、逃避危险等需要为特征的动机,它包括生存和安全的一般目的;丰富性动机是指以经受享乐、获得满足、理解和发现、寻找惊奇、有所成就和创造等欲望为特征的动机,它包括满足和刺激的一般目的。

由此可见,人们参与现代体育运动具有多种多样的动机,具体内容如下所述:

(一)人们参与体育运动的缺乏性动机

人们参与体育运动的缺乏性动机,主要表现在以下几方面:

1. 家庭作用

现代家庭对个人心理健康的支持减弱,家庭结构向小型化核心家庭发展。家庭破裂、重组的比例增加,其稳定性下降。然而,家庭生活对个人心理健康具有双重作用:一方面,由于家庭引起的冲突和压力,造成心理困难;另一方面,支持、维护成员的正常心理健康。在现代社会中,家庭所起的支持和维护成员心理健康的作用逐渐下降,而负面作用却在逐渐上升,人们所面临的家庭压力增加,孤独感、无助感增强。由于现代体育运动在消减这些负面作用方面具有很好的效果,因此,参与现代体育运动的人群不断扩大。

2. 专业分工

现代工业的快速发展,使得人们的社会分工更加精细化、专业化。越来越精细化的专业分工,对生产者的要求要相应降低,只要求其具有非常单一的能力便可适应工作的需要,并在该项能力方面有特别的发展。而生产者的思想、情感、创造性等都成为多余的累赘。这就导致了社会生产者在心理生活和心理机能发展方面,缺乏丰富性、全面性,从而造成人的心理机能的片面使用和发展。现代体育运动因具有弥补这些心理缺陷的功能,人们自然对其产生需求和参与的心理动机。

3. 教育发展

在现代社会中,随着教育日益多样化,以及对个性和谐发展的忽视,教育发展上的困惑愈显突出。其原因主要有以下两个方面:一方面教育日益变成了职业教育和谋生教育;另一方面,随着社会对教育的投入越来越大,个体受教育的时间也越来越长。而这些会对学生的发展造成以下两种结果:其一,使学生在校学习期间产生大量的心理困难;其二,学生不健全的个性品质走向社会后,很难适应社会环境,造成长远的适应困难。现代体育运动在这方面具有完善人的个性品质的作用而成为人们参与的积极动机。

4. 情感交流

随着信息科学的发展,人们可以借助先进的通信手段使自身的行为半径延伸到很远的空间。这些先进的通信手段,虽然使人生活的物理空间缩小,但人与人之间的直接交流也越来越少。人们之间交流方式的间接化,使得交流的内容也越来越非个性化,这也使得人们以直接交往为条件的情感交流越来越少。而现代体育运动就是直接的身体体验与交流,进而促使人们产生参与体育运动活动的需求动机。

5. 人际冲突

随着现代社会文明程度的提高,以及工业化和城市化进程的加快,社会人口向工商业较为发达的中心城市迅速集中,造成人口相对密度急剧增加,人们承受的各种压力增加,使得人际摩擦和冲突的概率大大增加,并使人们长期处于应激压力状态下。而人们通过参与体育运动活动,可以在相对宽松、愉悦的环境中交流,缓解应激压力,便形成人们对其积极参与的动机。

(二)人们参与体育运动的丰富性动机

随着物质和文化生活的日益丰富,人们对于生活质量和身心健康的追求越来越高。现代人追求生活质量的原因之一是成就感、创新和探索的欲望,以及对新颖、奇异、刺激的追求,这也是人们参与体育运动的丰富性动机。这种开创性的特点,促使人们在现实生活中不断地寻找自由、挑战自我、超越自我、丰富自我体验。人们希望在宁静与平凡的生活中加入一些新鲜的色彩,所以人们开始追求刺激,希望在兴奋、惊险、刺激中获得成就。而在寻求刺激与兴奋的过程中,人们并不是在缓和心理的紧张,而是在增加心理的紧张,以获得特殊的、强烈的情感体验。

随着人们生活水平的不断提高,人们对现代体育运动活动有了更深层次的认识和理解,越来越多的人被现代体育运动活动的趣味性、新奇性、刺激性所吸引,是当代人获得刺激、兴奋的理想选择。现代体育运动有着丰富的内容和多样化的形式,其中,漂流、冲浪、滑翔、潜水等许多体育运动项目都带有趣味性、新奇性、刺激性等特点。人们可以在参与体育运动的过程中寻找到刺激、惊险、兴奋、愉快的体验,进而在心理上得到满足,从而促使人们参与体育运动的丰富性动机的产生。

## 四、体育运动对心理健康的作用

### (一)促使智力得到发展

经常参加体育运动可以提高自己的智力水平,主要表现在以下三个方面:

1. 经常参加体育锻炼可增强神经系统的功能

(1)体育锻炼可使人的神经系统的兴奋和抑制过程更加集中,使其对身体内外刺激的反应更加迅速和准确,为智力的发展奠定物质基础。

(2)人的右脑的信息容量、记忆容量、形象思维能力都大大超过左脑,经常参加体育锻炼可以使右脑得到充分的锻炼,从而提高人的记忆力和形象思维能力。

(3)体育锻炼能有效地促进血液循环,提高呼吸系统的功能,使大脑获取更多的养分,有助于提高大脑的记忆、思维和想象力,从而提高脑力劳动的效率。

(4)体育锻炼还可以促进神经系统功能的增强。

2. 体育锻炼能减缓应激反应,提高脑力劳动的工作效率

应激是指个体对超越其应变能力,危及其健康的压力环境进行评价后的反应。当个体所感知的环境要求和他所认为的自我能力之间不平衡时,则会出现应激反应。体育锻炼能够降低应激反应,主要是由于经常参加体育锻炼可以降低肾上腺素受体的数目或敏感性,能降低心率和血压,从而减轻特定的应激源对生理的影响。据调查研究发现,一般的身体锻炼比沉思和音乐欣赏更能促进个体从强烈的应激情景中降低皮肤电反应的速度;经常从事身体锻炼的人比习惯于坐着的人在生理上产生更少的应激反应,即便是有应激反应,也能尽快地从中恢复过来。

3. 体育锻炼可在一定程度上消除疲劳

疲劳可以说是一种综合症状,与人的生理和心理因素密切相关。当一个人消极地从事某种活动,或者任务的要求超出个人的能力时,生理和心理都很容易产生疲劳。人的活动主要是通过大脑皮层来调节的,人们在学习知识和接受新事物的过程中,大脑皮层的有关区域常处于高度兴

奋状态,并随时为学习时间的延长而产生保护性抑制,导致学习效率降低。在体育锻炼时,由于体力活动与脑力活动的合理交替,导致运动神经中枢兴奋,使得与学习知识有关的中枢神经得到充分的休息,这样便有助于消除脑力劳动所产生的疲劳,从而提高文化知识学习的效率。另外,学生体质的增强和健康水平的提高又使其精力更加充沛,具有持久地承担比较繁重的文化学习任务的能力,并能充分挖掘与开发学习潜力。

(二)对人的情绪进行调节

情绪状态是衡量体育锻炼对心理健康影响的最主要的指标之一。体育锻炼可以转移个体不愉快的情绪和行为,使人们从烦恼中摆脱出来。学生常常会因繁多的考试、相互之间的竞争和对未来就业的担忧而产生焦虑的反应,而经常参加体育锻炼就会使这种焦虑反应降低。

经常参加体育锻炼能使参与者体验到运动的愉快感,即个体锻炼后能产生满足、愉悦、舒畅的感觉。体育锻炼是使中枢神经系统得到适度的激活并达到愉快水平的重要途径,适度负荷的体育锻炼能促使人体释放一种多肽物质——内啡肽,它能使人们在进行锻炼后拥有舒适愉快的心情。

因此,经常参加自己喜爱或擅长的体育活动,可以使人从中得到乐趣,振奋精神,陶冶情操,从而产生良好的情绪状态。

(三)培养坚强的意志品质

意志品质是指一个人的果断性、坚忍性、自制力及坚韧顽强和主动独立等精神。意志品质既是在克服困难过程中表现出来的,又是在克服困难的过程中培养起来的。运动健身就是不断克服主观和客观上的各种困难,如懒惰、胆怯、疲劳、损伤以及气候条件等,在克服这些苦难的同时,磨炼了人的意志,从而培养人们果断、坚忍等优秀的意志品质,而且从运动健身中培养起来的坚强意志品质对日常的生活、工作和学习都是大有裨益的。因而体育锻炼有助于磨炼人的意志,对培养人们吃苦耐劳、坚韧不拔、果断、勇敢、自控、自信等良好的心理品质具有很好的促进作用。

(四)建立和改善人际关系

现代社会生活节奏的加快和竞争的压力使得人们越来越趋向封闭的状态,从而造成人与人之间感情交流缺乏,人际关系渐渐疏远。体育运动则可以打破这种封闭,让不同的职业、年龄、文化素质的人聚集在运动场上,进行平等、友好、和谐的交往,使人们互相之间产生信任感,有效进行情感和信息的交流,互相之间产生一种默契和交流。人们聚集在一起参加体育运动,可增加与社会的联系,给个人带来心理上的好处。人们可以通过体育运动这种途径来认识更多的朋友,大家和睦相处,友爱互助,形成良好的人际关系氛围,这样将会令人心情舒畅、精神振奋,大大有益于身心健康的发展。

(五)确立良好的自我概念

自我概念是个体主观上对自我的评价,包括对自己的身体、思想和情感等的整体的评价,它是由许许多多的自我认识所组成的。坚持体育锻炼可使人的体格强健,精力充沛,因而对改善人的身体表象和身体自尊有重要的影响。身体表象是指头脑中形成的身体图像。身体自尊主要包括一个人对自己运动能力的评价,对自己外貌(吸引力)的评价,对自己身体的抵抗力和健康状况的评价。身体表象障碍在正常人群中普遍存在。有研究发现,54%的学生对自己的体重不满;与男性相比,女性倾向于高估自己身高和低估自己的体重;身体肥胖的个体更容易有身体表象和身体自尊的障碍。身体表象和身体自尊与整个自我概念有关,其主要表现为无论男性还是女性,对身体表象不满意都会使自尊心下降,并产生不安全感和抑郁症。一般来说,肌肉力量与身体自尊、情绪稳定性、外向性格和自信心成正比,并且加强力量训练会使个体的自我概念显著增强。

(六)使心理障碍得到消除

现代社会的快速发展,在带给人们实惠的同时,也给人们带来了一定的困扰,由于竞争压力的日益增大,使许多人产生悲观、失望的情绪,进而导致忧郁、孤独等各种心理障碍的产生。研究表明,体育锻炼有助于人们摆脱压抑、悲观等消极情绪,降低焦虑、消除忧郁等心理障碍,使人们保持心理平衡,达到心理健康的目的。人们参加某项体育运动并坚持不懈地锻炼,不仅可使他们的生理机能、身体素质得到改善,还会相应地掌握并发展一些体育技术技能。当取得这些成绩后,个体会以自我反馈的方式传递其信息于大脑,从而产生自我成就的体验,产生愉快、振奋和幸福感。

美国的一项调查显示,1 750名心理医生中有60%的人认为应将体育锻炼作为一种治疗手段来消除焦虑症;80%的心理医生认为体育锻炼是治疗抑郁症的有效手段之一。焦虑和抑郁是普通人和精神病患者遇到的两种最为常见的情绪困扰,大量研究结果均表明,体育锻炼能有效地减轻焦虑和抑郁症状。目前,体育运动锻炼作为一种心理治疗手段在国外已开始流行起来。

# 第三节 体育运动的社会价值

## 一、形成健康的生活质量观念

生活质量涵盖了人类生活的各个方面,目前世界上还没有形成一个统一的认识,一般地,生活质量是指人们对物质与精神文化需求的满意程度与环境状况等。

作为一个发展中国家,以前我国曾长期处于经济落后的局面,物质匮乏,生活质量低下,使得人们把对物质生活的追求作为提高生活质量的首选,生活质量的观念也长期定位在"有吃、有穿、有用、有住"即是好生活。改革开放以后,我国的社会生产力迅速发展,物质供应极其丰富,生活水平的大幅度提高,满足了在传统观念主导下人们对生活质量的追求,但传统生活方式和理念却给现代人的健康带来了灾难性的后果,由于"营养过剩",运动不足,机能退化,导致"文明病",即现代生活方式病的蔓延。

据相关统计,我国心脑血管患者近20年有明显上升趋势,冠心病死亡率近8年在城市增高了53.4%;我国患高血压症的人已近1亿;糖尿病患者正以惊人的速度爆发性增多,目前已达4 000多万;肥胖人口已突破7 000万。国内外有关专家认为,"文明病"之所以成为现代社会的常见病、多发病和高发病,主要原因之一是膳食结构的不合理和缺乏运动。在"文明病"对人们的威胁日益严重的同时,人们对自身的生活方式和质量标准进行着反思和检讨,充分认识到健康对人类进步和发展的重要意义,对健康在人的生活质量中的地位和作用,有了清醒的认识,健康已成为现代社会人们最关注的问题。

(一)体育运动为生活质量的提高提供了丰富的内容

提高人们生活质量方面的内容和手段有很多,从提高生活质量的角度来看,根据人们需要的不同,体育锻炼的内容又分为健身运动、健美运动、娱乐运动、医疗康复运动及竞技运动等几个方面的内容。

1. 健身运动

进行健身运动主要是为了达到强身健体的目的,因此要选择那些能够发展和增强人体各器官系统机能的运动内容,主要包括走、跑、跳、投和各种球类运动、简易体操、健身操,等等。

2. 健美运动

进行健美运动是为了达到增加体力、发展肌肉、美化形体、形成正确优美姿态的目的,因此要根据这些目的选择适合自己的运动内容。这类运动内容主要依靠发展肌肉、减少脂肪等来塑造形体,而且针对所要改造的形体部位设计有专门的练习内容和方法手段,并从人体美的角度,对人的各部分的比例和围度、形态有具体明确的标准要求,其手段主要包括哑铃、杠铃、各种特制的健身健美器材练习,跳健美操、韵律操以及克服自身重量的一些练习,如仰卧起坐、俯卧撑等。

3. 娱乐运动

娱乐运动的目的主要是为了达到在余暇寻求放松愉快的情绪体验,增进健康,从而在心理上、生理上得到满足。娱乐活动内容的特点是丰富多样的,按参加者在活动时的身体状态可分为三大类:第一类是观赏性内容,主要是指观看各种体育竞赛,丰富文化生活;第二类是相对安静状态的身体活动内容,如钓鱼、棋牌等;第三类是具有休闲特点的运动性的内容,主要包括台球、保龄球、射击、门球、高尔夫球以及趣味体育游戏、登山游戏、滑冰(旱冰)等。

4. 医疗康复运动

医疗康复运动的目的是为了达到治疗各类疾病,减轻症状,促进病体康复的目的。医疗康复运动内容的特点是:针对性强,在运动负荷、运动方式方面有较严格的要求,并有严格的医务监督,还要配合药物治疗。其主要内容包括:对防治各种"文明病"有重要作用的有氧代谢运动,如低强度、持续时间较长的走、跑、游泳、健身操、太极拳等;治疗某些有生理缺陷或有功能障碍的各种矫正体育内容,如弱智儿童运动内容,促进创伤和脑血管意外所致瘫痪等患者所做的各种身体活动内容,等等。

5. 竞技运动

竞技运动主要是以取胜为目的的,因此在选择竞技运动项目健身时,应选择那些具有强烈竞争性、对抗性、有严格的技术动作规范要求和规则裁判约束的运动内容。其特点是:竞争激烈,运动负荷大,情绪波动剧烈,可引起生理上、心理上的强烈感受。这些内容主要包括各种对抗性的球类运动、田径运动等。

上述几个方面的运动内容有许多是共通的,但由于选择使用的目的不同,因而其作用也就不同。众多的体育运动内容极大地丰富了人们生活的内容,满足了各种不同人群对体育运动内容的需求,在提高人们的生活质量方面,无疑具有重要作用。

(二)改善人们的生活方式,利于生活质量的提高

生活方式有广义和狭义之分。这里主要从狭义生活方式来谈体育运动在其中的作用。狭义的生活方式是指个人、家庭及相关人群在一定历史条件、社会环境中,为谋求自己的生存与发展而选择、确立的日常生活诸方面构成和实现的方式。生活方式与生活质量有着密切的关系,生活质量的提高依赖于生活方式的调整和改善。而体育运动则为健康有益的生活方式提供了众多可供选择的内容、手段和方式,其对生活方式的改善有重要贡献。

1. 体育运动可改善家庭的生活方式

家庭是一个社会的细胞和基石,是组成社会的基本单位。人的生活质量的提高与家庭生活质量的提高息息相关,而生活质量的提高赖于生活方式的选择和改变,因此,建立一个积极健康的家庭生活方式是至关重要的。尽管家庭生活随着社会生产的发展和社会的变革在职能、结构、规模、质量、成员关系等方面悄悄地发生了变化,但家庭并未消失,家庭仍然是社会的基本单位,影响着人们的生活。尤其是在具有东方文化背景、重视家庭伦理的中国,家庭生活在人们的生活中占有重要地位。家庭生活质量的变化,对人的发展有很强的影响力。体育运动有利于增进家庭成员的健康,丰富家庭的生活内容。通过体育运动,能够培养家庭成员的责任感和义务感,增加家庭成员交流和沟通的机会,缓解和消除家庭矛盾,提高家庭的民主气氛,有利于家庭成员相互间的关爱和亲近,发展家庭成员的个性,提高家庭生活质量。

2. 体育运动可改善人的消费方式

人们对生活资料的谋求与消费活动方式的建立,标志着人和人自身发展的水平,它是构成人的生活方式的重要方面,也是生活质量水平高低的反映。随着现代社会的快速发展,人们的消费意识、消费结构、消费习惯、消费水平等在不断地发生变化,但追求舒适安逸和物质享受的消费方式却给人类带来了"文明病",极大地损害了人们的健康。为了克服"文明病"给人类造成的威胁,人们在不断调整自己的生活方式,改变生活质量观念,改变不利于健康的消费方式。"花钱买健康"已成为当今社会的流行观念。体育运动是促进人类健康的重要内容和手段,其在改变人们的消费观念、消费结构和消费习惯,形成积极健康的消费方式方面具有重要作用。从当今我国节假日、休闲时间,各种体育消费场所,如健身房、练习馆、运动场等人满为患的态势,以及健身器材设备的热销来看,充分说明了人们消费方式正在发生积极的变化。一般来说,随着人们物质生活水平的不断提高以及余暇时间的不断增多,人们对休闲的消费需求会越来越大,而体育运动作为重要的休闲方式越来越受到人们的喜爱。

3. 体育运动可丰富人的交往方式

交往方式是人们生活方式的重要方面,是指人际关系的沟通和互动方式。人们正是在交往中把以往的文明成果保留下来,使个人社会化、民族世界化。另外,交往也是人际间信息和情感交流的重要手段,通过交流获取更多的有益信息和加强人与人之间的沟通。随着社会的发展、自由时间增多,人们交往的方式和手段也随着网络技术和现代交通、通信设施的发达和人们需求的

扩大而日益丰富起来。体育运动则以其内容的丰富多样性、方式的灵活性、交流的便利性,贴近自然、有很强的亲和力,以及有利于健康等特点,成了人际交往中最受欢迎和重视的手段之一,它为人际间的真诚交流提供了许多机会和条件。

4. 体育运动可改善社区生活方式

社区生活方式对个体生活方式的影响是最直接、最具体的。人都具有依附心理和归属感,社区生活方式对人的发展,对人的生活质量的提高有重要作用。体育运动是丰富社区文化生活,加强社区人际间的交流和沟通,增进情感的重要内容和有效手段。

5. 体育运动可提高人们余暇生活方式的质量

随着现代社会的快速发展,人们拥有了越来越多的余暇时间。余暇是指在从全部时间结构里划出一切必要时间(如工作、教育子女、家务、专业学习等)后所剩余的那部分个人可自由支配的时间。这种时间不能直接被生产劳动所吸收,而是用于娱乐和休息。余暇对人的发展具有重要的意义,正如马克思所说:余暇"为自由活动和发展开辟广阔天地"。现代社会科学技术的迅速发展极大提高了社会生产力的水平,劳动生产率越来越高,人们的余暇时间也越来越多,体育运动可为人们的休闲生活提供积极、健康、文明的内容和活动方式。在休闲时间里进行体育活动,有利于调剂和放松由于工作紧张而产生的身心疲劳,可以享受到日常工作和生活中难以获得的愉快的身体感受和情绪体验,有助于精力的发泄和情感的释放,能够加强人与人之间的交往,等等。因此,体育运动在丰富人们的余暇生活、提高人们的余暇生活方式的质量方面发挥着日益重要的作用。

总之,体育运动是增进人的身心健康的重要途径和手段,通过体育运动锻炼,可调节人的心理,提高人的适应能力,促进病体康复,防治疾病。在现代社会,要提高人们的生活质量,就必须要关注健康,要想健康就必须要进行科学的体育运动锻炼。目前,体育运动有益于健康的观念已深深根植于人们的主观意识里,体育运动已被作为提高人们生活质量的重要内容而融入人们的生活方式之中。

## 二、对精神压力进行缓解

大量的调查研究表明,我国社会人群中存在的心理障碍的情况相当严重,主要表现为焦虑症、恐惧症、多疑症、强迫感、神经性抑郁症和情感危机等。造成这种现象的主要原因是由于学业、就业和人际关系等方面产生的巨大压力,从而使其身心过分紧张。这些不良的心理影响,将极大地影响着人们生活质量的水平。而体育运动则对缓解和消除这些不健康的心理因素有着积极的作用。

体育运动能够改善人的心理状态。其生理机制是:第一,转移机制。在体育运动中,人的紧张、沮丧、抑郁、压迫等不良情绪产生的神经中枢,由于运动的作用而逐渐受到抑制,而主导运动的神经中枢逐渐兴奋起来,由于运动中血液循环加快,肾上腺素分泌加强,大脑氧气和能源物质供应充分,加之排汗的吐故纳新作用,身体感到舒适,从而使人产生愉悦的情绪体验。第二,内啡肽释放机制。在体育运动中尤其是有氧运动中,人脑分泌的一种生化物质——内啡肽会明显增加,而内啡肽能振奋人的情绪。因此,持之以恒的有氧运动(如慢跑)能使人产生一种特别的欢快感。据对1 750多名心理医生的调查表明,有60%的人认为应将体育锻炼作为一种手段来消除焦虑症,80%的人认为体育锻炼是治疗抑郁症的有效手段之一。这充分说明,体育运动是缓解不健康心理因素对人产生消极影响的最积极有效的方法之一。

## 三、对人的竞争意识进行培养

现代社会是一个处处充满竞争的社会,只有竞争才会有机会,只有竞争才能发展,人要适应社会的发展,就必须要有强烈的竞争意识和竞争精神。美国普林斯顿大学的一份研究报告指出:现代社会的生产和生活方式更接近于体育中的比赛,在机会均等的条件下,谁的节奏更快,竞争意识更强,谁就有可能占据优势,从而取得成功。

要想在激烈的竞争中站稳脚跟,就必须要坚持不懈地努力,培养自己形成不甘落后、勇于开拓、不畏艰难、奋发进取的意识和精神。体育运动在培养人的进取动机和竞争精神方面都具有特殊的作用。这种作用主要表现在以下两个方面:

第一,强化竞争意识。体育运动最大的特点就是竞争性强。竞争的本质就是超越他人和超越自我。这种竞争性从一开始就已深深植入体育运动参加者的主体意识之中。不论是参加比赛,还是参加竞争性游戏或竞争性练习,都是为了取胜,为了更好地表现自我,而且在比赛、游戏过程中,同伴们的相互鼓励和决心,自身的求胜意识,以及对手的影响,使这种竞争意识不断得到认同和得以强化。

第二,培养竞争精神。体育运动的竞争性表现为在实现目的(如射门、投篮、率先抵达终点、学习技术、完成动作等)的过程中,往往要受到来自各个方面的挑战和阻碍,其中有对手的、环境的、自身心理和生理上的,在克服这些内外因素的影响、争取目标达成的过程中,有利于培养体育运动参加者不畏困难、勇于进取的竞争精神。我们要积极利用体育运动的特点,因势利导,有目的、有意识地培养人的进取动机和竞争精神。

## 四、对人的合作精神加以培养

现代社会的发展需要人具有强烈的竞争意识,同时也需要与人合作的精神。合作是指在人际交往过程中,个人或群体基于某种共同的目的,彼此经过协调作用而形成的互相帮助、互相依存、互相提携、团结共进的联合行动,是一种社会互动性行为。21世纪是高科技迅速发展,知识经济占主导地位的时代。在这样的时代里,科学知识日益丰富,科学技术飞速发展,社会关系复杂,要想有所作为,必须要与他人合作,那种只顾个人不讲团队精神的人,绝不可能适应社会发展的要求。在日常生活中,要强调和培养人的参与和合作精神。合作已成为全球发展的大趋势。

体育运动能够强化人们的合作意识,培养人们的团队精神。在体育运动的集体项目中,合作始终占有主导地位。这种合作是建立在行动的目标完全一致的基础之上的。集体中的每一个成员都要正确认识个人与集体、自己与同伴之间的相互关系,将自己融入团体之中,感受合作的作用和力量。在体育竞赛中,参加者既要充分发挥个人的主观能动性和技术、技能优势,又要加强与同伴之间的合作,这是实现共同目标、争取优胜的唯一途径。如球类项目中每一次战术运用的成功,都是队员间相互协同合作的结果,而且是一种要求尽善尽美的合作。体育运动中的这种合作不仅仅是运动场上直接参加者的合作,而且扩大到运动场外同团体的人群,如"啦啦队"摇旗呐喊,"智囊团"的出谋划策,后勤服务的周到细致,等等。这种合作已不是为了优胜作为简单的目的,而是体现了建立在团队精神基础上的情感与道德的升华。在体育运动过程中培养和形成的这种团队意识和团队精神,迁移到其他活动领域里,将对人的一生产生重要的意义。

## 五、促使协调人际关系的能力得到提高

人际关系是指人们在群体交往的过程中,由于相互认识和相互影响而形成的一种心理关系,它反映着在群体活动中人们相互之间的情感距离和相互吸引与相互排拒的心理状态。人际关系不仅会影响个体工作的积极性,还会影响群体的团结协作性。和谐的人际关系可以提高人们活动的积极性和创造性,提高工作绩效,增强群体的凝聚力;反之,则会增加个体的心理压力和产生群体内耗,从而抑制个体积极性的发挥,削弱群体的作用和力量。除此之外,和谐的人际关系还有利于促进人的心理健康。

现代社会十分强调团队精神和人与人之间的合作,因此就需要社会成员要具备协调各种人际关系的能力,这是人适应社会发展的必然要求。经常参加体育运动可以加强人与人之间的沟通与交流,提高协调人际关系能力。在体育运动过程中,尤其是一些竞争性较强的运动,由于竞争过程受多种因素的影响,往往会出现各种各样的情况,如领先局面、落后局面、混乱局面,甚至冲突局面等。在不同的情况下,体育运动参加者之间的关系也会发生变化,例如:在落后的情况下,同伴之间是宽慰和鼓励,还是埋怨和挖苦;在领先的情况下,是相互赞扬和欣赏,还是嫉妒和不服;在冲突局面中是互相谅解、忍让和劝解,还是以牙还牙、火上浇油;对裁判的错判是谅解和理智对待,还是争吵甚至辱骂等。这从客观上要求体育运动参加者必须要善于协调处理各种人际关系。这些关系的变化对竞争过程和结果会产生重要影响,为了达到夺取胜利这一共同目标,运动中所产生的制造不健康人际关系的因素会逐步被遏制,而有利于增强团队凝聚力,争取比赛优胜的人际关系因素得以认同和加强,这有利于促使体育运动参加者形成相互尊重、相互理解、相互信任、宽容待人、团结协作、亲善友爱等人际交往中所需要的优秀品质。

另外,体育运动还能使不同地位、职业、年龄和性别的人相聚在同一块运动场上,共同的爱好和兴趣,使这些人在认识、情感等诸多心理成分上产生共鸣,缩短了人们彼此间的心理距离,促进了相互之间的了解和沟通,有利于建立起平等、亲密、和谐的人际关系。

# 第三章 体育教学基本理论研究

## 第一节 体育教学的发展历程

### 一、世界体育教学的产生与发展

(一)古代欧洲的体育文明

古代欧洲文明的发源地是古希腊,古希腊人追求人类的健康发展,崇尚自然的人体健康之美,早期的古希腊人有着丰富多彩的体育生活,这在现代考古发现中也得到了证实。

从现有的大量文献中发现,早期的古希腊人崇尚体育活动,体育竞技是古希腊人生活的重要组成部分,当时,有一些关于体育竞技活动的描述和体育活动术语的出现,如 Athletics(竞技)、Training(训练)、Gymnastics(体操)等。其中,Gymnastics(体操)是古希腊一切健身活动和方法的总称。[①] 就概念的界定来看,"体操"一词近似于现代的"体育",古希腊的运动场中,如角力场等,设有大量的与体育活动如跑、跳、投、拳术等有关的设施,是古希腊人参与"体操"活动的重要场所。

在全世界范围内,古希腊人对于体育的痴迷是其他国家和地区的人所无法比拟的,古希腊人将体育与神灵崇拜结合在一起,认为古希腊神灵都是拥有无比大的体育能力的,他们将这种对神灵的敬畏融入日常生活以及对于神灵的祭祀中去,为了愉悦神灵,古希腊人将人体美、竞技精神以及高超的技艺等作为对自己和后代的重要要求,通过教育和训练提高自身的体能和运动技巧,并在特定日期举行盛大的祭祀神灵的体育表演活动,后发展成为古代奥林匹克。

(二)欧洲早期学校的体育

学校比学校体育的产生时间和出现时间都早,其为体育在学校产生打下了相对坚实的物质基础和制度基础。古代文明产生之初,人类的教育主要和生产劳动与身体锻炼有关。据考察,在古代埃及、巴比伦、印度等文明古国中,都曾出现以宫廷学校、祭司学校、神庙学校等为贵族子弟开办的专门的学习场所,其教育内容大多与体育相关,涉及箭术、骑马、驾车、使用刀剑等体育活动内容。

---

① 龚坚,张新.体育教育学[M].重庆:西南大学出版社,2006.

在欧洲早期的学校中,最著名的学校教育模式是古希腊奴隶社会的斯巴达和雅典的体育教育。与其同一时期的其他国家相比,斯巴达和雅典的学校教育是当时最为先进的一种教育形式。公元前8世纪,斯巴达是一个极端军事化的城邦国家,文化学习在当时并不受重视,教育以军事训练为主,全体斯巴达人都被编入军队,尤其重视对氏族贵族子弟(包括女子)的训练,其军事体育训练的基本项目是赛跑、跳跃、角力、掷铁饼、投标枪等。在雅典,学校教育同样以体育教育为主,雅典人从小(7岁左右)就被要求接受学校教育,学习文法、音乐和体育,并在12岁进入体操学校进行系统的体育操练教育,操练内容和斯巴达的军事训练项目大体一致,目的是锻炼雅典人强健的体魄,并强调人的身体素质和精神意志的共同培养与提高。

古代奥林匹克是古希腊重视体育发展的重要表现之一,作为古希腊体育发展的重要内容——古代奥林匹克运动会的存在和发展也极大地推动了当时学校体育的产生和发展。作为古希腊重要的社会活动之一,古代奥林匹克运动会的主要内容是体育竞技活动,古希腊各个城邦都十分重视体育的教育与训练,在奥林匹克运动会上取得良好成就的人被誉为民族英雄,因此,在当时有专门培养奥林匹克竞技人才的体育学校。从整体来分析,最开始的学校体育教学内容主要是体育。对于刚开始的体育来说,其在学校体育教育中占据着尤为关键的位置。

(三)欧美早期的体育思想

1. 文艺复兴时期的体育思想

14—17世纪欧洲文艺复兴时期,一大批新的关于人自身发展的思想被提出,在这些思想下,催生了西方早期的体育思想,并直接推动了现代教育的产生。

文艺复兴是重要的思想启蒙和解放运动,通过文艺复兴,人们实现了对人自身的回归。在文艺复兴的影响下,人们开始关心自身的娱乐与发展,欧洲文艺复兴运动开始兴起,人文主义教育观在教育领域得到普遍盛行,体育在教育中得到重视。

一些人文主义者开始利用一些民间游戏和军事训练活动来提升自身涵养。当时,还出现了早期的体育教育学校——意大利教师维多里诺创办的"快乐之家"学校——进行户外跑跳、骑马、击剑、游泳等活动。

中世纪后期,现代体育雏形已经形成。骑士制度是欧洲体育史上的一个亮点,骑士精神备受欧洲人们重视。公元800年,法兰克王国的查理大帝一统西欧,跟随查理大帝的12名勇士被称为"神的侍卫",也称"圣骑士",备受人们尊重,当时的有志青年都渴望成为一名合格的骑士,而要成为一名骑士,就必须接受系统的训练,"骑士七技"是骑士教育的核心:骑马、游泳、投矛、刺剑、狩猎、弈棋、吟诗。内容多与体育有关。

当时的一些思想家还就体育教育理论的提出做出了重要的贡献,英国哲学家洛克主张,"教育应让学生学习有用的东西并成为健康的人",他指出"健康是幸福的重要基础""体育可促进人的涵养和教养的提高"。

2. 启蒙运动中的体育思想

文艺复兴之后,欧洲经历了宗教改革和启蒙运动等,思想的大解放促进了教育思想的不断发展,现代教育思想逐步完善。其后的工业革命使得现代社会发生了巨大的转变,这为学校体育教学的产生奠定了现实基础。

17至18世纪,欧洲启蒙运动正式开始并进一步影响了人们对自身的发展的看法和思考,这是继文艺复兴之后欧洲进行的又一次思想解放运动,近代科学精神得到充分发展,现代自然科学得到了快速的发展。

在启蒙运动中,先后出现了很多杰出的思想领袖,同时提出了一系列和体育教学相关的观点和思想,现代教育理论由此获得了快速发展,学校体育从"活动"逐步转变成"课程"。

被誉为"近代学校体育之父"的著名捷克民主主义教育家——夸美纽斯提出"适应自然"的教育原则,奠定了近代资产阶级教育理论和学校教育的基础。作为促进这一重大转变的先驱——夸美纽斯指出,"健全的人应保证机体和智能的健康,并达到身心健康发展的统一"。

让·雅克·卢梭是18世纪最杰出的思想家和教育理论家,他主张在非自然中效法自然的法则,采用自然的方法对儿童进行包括体育在内的全面教育。卢梭认为,"体育教育是其重要的教学内容"。

以巴塞多等人为代表的博爱派教育家把洛克和卢梭的体育思想变为教育现实。1774年,巴塞多在德国的德绍创建了一所博爱学校。这所学校会在每年特定的时间让学生进行一定的野外体育活动,开始时有骑马、舞蹈、击剑等项目,之后又增强了一些新的田径项目,构建了最早的现代学校体育课程体系。博爱学校解决了如何对大多数儿童实施体育教育的方法问题,它所实施的体育教育被认为是近代学校体育的开端。在博爱学校体育课程体系的影响下,欧洲各国的学校体育教育迅速发展并完善,各国的体育教育的内容和方法基本定型并趋于统一。欧洲学校体育体制基本确立。

为了进一步探索体育教育的发展,促进学校体育教学的完善,德国古茨姆茨及杨氏创办德式体操(重视青少年军事训练)、瑞典的林氏等人创办瑞典体操(在重视军事训练的基础上重视人的自我发展与完善),之后欧洲各国纷纷采用。分析德式体操与瑞典体操体系的学校体育教学得出,绝大多数体育教学活动是以年龄、能力为依据展开分组教学的,在教学活动中会把课程大体划分成六个基本部分,从而推动课堂更加科学、完整。除此之外,还把体育方法体系化,对体育教材进行分类。

(四)国外学校体育的发展

1. 学校体育遭到神学思想的排斥

亚历山大帝国统一后,西方社会进入希腊文化发展的后时期,欧洲成为西方体育发展的中心,同时,这一时期,西方体育开始向东方发展。

古希腊的独立性开始丧失,体育的军事功能降低,体育教育更加注重学生的身体健康发展。同时,古罗马建立了自己的学校制度,体育在学校教育中遭到排斥。

封建社会时期,欧洲基督教会掌握着国家的政治权力,神权思想下的体育教育在学校遭到全面否定,整个西方社会笼罩在宗教神学思想的统治之下,学校被教会控制,学校教育中的体育教学内容只为培养少数骑士服务。

2. 思想解放运动与工业革命推动下学校体育的回归

随着资本主义生产方式的发展,西方自然科学得到了飞速的发展,这一时期,在科学的进步下,人们更加认识到体育与人类健康发展之间密切的关系,很多思想教育家都肯定了体育对人类健康、社会进步的重要意义和作用。具体内容在前面相关部分已经详细介绍,这里不再赘述。

在启蒙运动和工业革命的推动下,自然科学得到了快速的发展,人们对于人体科学的研究逐步深入,这对于体育教育的科学发展起到了积极的推动作用。

工业革命对劳动力提出了更高的要求,各国进一步认识到体育教育增强劳动力体能素质、体质的重要性,纷纷通过立法手段将体育作为学生的必修课,这一方面的举措使得体育确立了其在学校课程体系中的重要地位。

学校体育教学内容方面,19世纪,瑞士最伟大的教育家裴斯泰洛齐为世界教育的发展做出了重要的贡献。裴斯泰洛齐提出了很多教育理论方面的独创论述,是使得体育课程臻于成熟的代表人物。他提出"教育心理学化"的思想,创立了和谐发展教育和"要素"教育理论。裴斯泰洛齐认为,"教育应按照自然法则对学生的道德、智慧和身体各方面的能力进行均衡发展",主张应"重视体育活动中的学生的关节活动","按照人体关节活动的难易程度安排体育教学"。

学校体育教学人才培养方面,19世纪,美国、瑞典、德国等一些国家开办了相应的体育学校,用以培养专门的体育教师。这一阶段,体育教育思想的发展使得大规模、标准化人才培养成为可能。专门培养体育师资的体育师范学校的出现,成为现代意义上的学校体育科学化最明显的标志之一。就这个阶段的学校体育教学课程而言,学校体育还产生了课程化的形式、班级授课方式、年级授课方式。

3. 20世纪西方现代学校体育教学的发展

20世纪初期,一些教育家和思想家先后提出了一些关于学校体育在新时期有效促进学生发展、符合社会发展需求的改革思想,这些思想直接影响了学校体育教学的发展。

这一时期,世界各国结合实际从不同的角度对学校体育进行了改革,提出了许多新的学校体育教学理论,并促进了本国的学校体育教学的发展。

奥地利学者高尔霍夫尔认为,应根据儿童的成长规律和兴趣爱好等来设计促进儿童成长发育的课程。高尔霍夫尔设计出更加符合学生需要的体育实践形式。他不仅创立了富有特色的教材体系,还提出了"儿童中心主义"的教学法,此外,还首次提出要系统地考虑速度、耐力和灵敏的运动学特性的授课安排。高尔霍夫尔这些教育思想促进了整个西方体育教学的改革。

美国20世纪初兴起的"新体育"理论在这一时期获得了较大的发展,并逐渐成为美国体育学界的主流思想,它是新体育运动中体育课程改革的主要理论。该理论最早由美国学者托马斯·伍德和赫塞林顿提出的"新体育"学说发展而来,它认为,传统的体操并不能完成体育教学的任务,应对体育的目标和手段重新进行诠释。同时,该理论体系还将学校体育教学的关注点从个体健康层面转移到社会化教育层面,对欧洲体育教学进行了本土改造。① 伍德明确指出,体育教育并不能仅限于对学生身体的训练,也有助于促进学生的全面发展与教育,通过体育教育可以使人在社会生活、社会文化等方面发挥更大的作用。这一观点一经提出得到众多关注。

20世纪中期,日本的学校体育教学发展迅速,1947年,日本文部省的《学校体育指导纲要》宣称:学校体育的目标在于促进国民的身体和社会道德发展,将学校体育教学看作是"发展人的教育",是"通过身体进行的教育"。

第二次世界大战以后的一批新建社会主义国家在苏联的影响下,纷纷效仿建立了"劳动与卫

---

① 吕红芳,边宇.美国"新体育"思想的历史解析与启示[J].广州体育学院学报,2013,33(2).

国体育制度"模式的学校体育体制。另外,这些国家还规定了统一的学校体育大纲,成立了体育学院,加强了体育师资的培训,实现了学校体育的规范化,并在青少年中推广体育锻炼达标活动。在学校体育教学思想方面,以苏联为首的社会主义国家阵营特别强调主智主义和科学主义。

4.21世纪世界学校体育的新发展

21世纪,整个世界进入信息化和网络化时代,科学技术发展快速,世界政治、经济、文化交流频繁,各国的教育事业向着以新技术革命为中心的方向发展。

在崭新的阶段,世界学校体育教学呈现出的特点有:第一,学校体育越来越重视为终生体育和健康休闲体育服务;第二,学校体育教学内容更加丰富,竞技、表演、娱乐、健身等多元教学内容均有所涉及;第三,学校体育教学重视在促进学生身体发展的基础上,发展学生的心理、智力、社会能力;第四,在新的科技革命作用下,学校体育教学形式和方法多样化,电化教学、微课程教学、网络教学都是现代体育教学的新方式;第五,现代新技术在体育教学实践中的运用更加广泛,各种现代化的手段、检测仪器使得学生的体质测评更加科学。

## 二、我国学校体育教学的产生与发展

### (一)东方文明孕育了最古老的体育

中国拥有五千多年的文明史,不但是四大文明古国之一,而且是唯一一个人类文明发展未出现中断的国家。我国优秀的古代文明曾孕育过原始的古代体育教育,具体分析如下:

根据文献考证,我国早在奴隶社会时期,就出现了世界上最早的学校,夏商时期,学校——"校""序""庠"等——的教学服务于军事和宗教。商朝时期,学校教育开始分级:"大学"和"庠",教育内容并无变化。

西周时期,学校分级进一步两极化,分为"国学"和"乡学"两种,教学内容方面,基本一致,主要是以"礼、乐、射、御、书、数"六艺为主,其中,"射"(射箭),"御"(驾车)均具有体育的性质;"乐"包含音乐、诗歌、舞蹈等,舞蹈具有体育性质。

我国早期的学校体育教学内容虽然并不完善,但其在当时已经具有了学校教育的雏形,并且是当时世界范围内最先进的学校教育和体育教育。

### (二)我国古代学校体育的发展

东周时期,社会制度由奴隶制向封建制转变,学校教育体制由原来的"学在官府"向"学在四夷"转变,私人讲学、办学之风兴起。学校体育教学内容由奴隶制的"为政尚武"向新兴地主阶级的文武兼学、文武分途转化。

春秋时期,崇尚周礼,儒家思想占据正统地位。孔子主张教育应"文武兼备",提出"有文章者必有武备",进一步深化了学校体育教育。

秦汉初期,封建社会制度逐渐形成,儒家思想更加受到当权者的重视,学校教育以"六经"为主,重文轻武,偏重德育、智育,体育内容几乎被废除。

魏晋南北朝时期,大兴"玄学""清谈"之风,学校教育重文轻武的现象更加明显,这一时期,学校体育日趋衰败。

唐宋时期,统治者注重武备,创设武举制,文举和武举分开进行。在统治者思想和相关政策的影响下,社会上大兴习武之风,同时,文武教育分化。

宋明时期,理学思想在社会上占据主导地位,更加注重"文治",学校体育教育发展进一步受限。但统治阶级出于统治和国防的需要重视军事教育和军事训练,开始兴办武学;明朝时恢复"六艺"教育,增设习武场,鼓励"儒生习武"。

清初,统治者建立"文武并重、文武合一"的教育制度,学校体育教育重新得到重视与发展,但随着清王朝的衰落,包括体育在内的学校教育制度在清末遭到严重破坏。

综观我国古代学校体育的发展,受统治者思想和政策影响较大,多依托于军事训练,发展缓慢。

### (三)近代西方体育思想的初传与争辩

在西方开办新式学校以及新教育思想的作用下,中国在清末先后出现了一些近代学校体育形式和内容。清朝末期,统治者闭关锁国,国力一落千丈。西方列强用武力敲开了我国的大门,在侵略我国的同时,一些近代思想和理念传入我国,近代学校和学校体育在我国逐渐发展起来。

#### 1. 西方教会学校的体育思想的初传

随着西方列强的入侵,一些西方传教士先后来到我国创办教会学校,这些学校除了传播西方宗教思想,在课外会开展一些体育活动,但并没有设置专门的体育课。在教会学校体育活动影响下,基督教青年会积极传播西方体育思想、引进西方运动项目、体育理论和训练方法。西方体育教学体制与形式在我国影响越来越广泛。

#### 2. 清朝"强国强种"思潮下的学校体育思想

鸦片战争之后,清政府开展自救运动——洋务运动。为了保国强种,学校教育引入西方体育活动内容,开设"体操"课程。我国教育家严复提出了德、智、体三育并重的思想,并将体育放在首位,强调体育在学校教育中的重要作用。

为达到缓和阶级矛盾的目的,清政府做出了积极改革、推行"新政"的承诺。就教育方面来说,具体措施有废除科举制、大力开办学校、要求不同类型的学校开设"体操科"并做出详细的规定,我国近代学校体育教学实践萌芽。

#### 3. 西方体育思想在我国学校体育教育发展中的争辩

(1)军国民体育思想

19世纪末20世纪初,日本、德国的军国民教育思想传入我国。它以挽救民族危亡为立论依据,倡导全民皆兵,强调对青少年开展军事训练,以健身卫国。当时,我国著名教育学家蔡元培先生也重视军事和体育训练。

军国民体育思想在我国并没有得到广泛实施,原因在于其传播较为零散,没有形成一定的理论体系,同时教学课程过于整齐、严肃、生硬、单调。

(2)自然主义体育思想

自然主义体育思潮由教育家卢梭提出,该理论认为自然体育活动能够起到更好的运动效果,对人为活动持一定的否定态度,主张在大自然中从事各种活动。主张体育应实现"育人"的重要作用,重视学生的个性发展。五四时期,自然主义体育思想成为批判军国民教育的有力武器。充分强调了注重人的全面教育的重要作用,有效促进了我国对于体育理论和规律的研究。自然主义体育思想具有一定的局限性,即过于强调体育教学的娱乐性,忽视增强学生体质。

(3)国粹主义思潮下的"土洋体育之争"

20世纪30年代,在我国掀起了一场"土洋体育之争"的体育教育思潮的争辩。

"土体育"主张体育教学以传统国术为主,以西洋体育为辅,强调教育的根本任务是救国,学生应进行军事训练,参与劳动,不必参加国际赛事。

"洋体育"指欧美的西方近代体育,主张"体育的最低目的是健康,最高的目的为文化",反对"把军事训练作为体育的唯一正宗""把劳动代替运动"。

从整体来说,这一时期,我国学校体育教学建立了基本稳定的体育课程体系,教学方法日益丰富,课程内容以西方体育技术传习为主,我国以武术为代表的传统体育多在民间会馆流传发展。

(4)体育的"军事化"与"教育化"之争

在体育为实现"救国强民"的思想热潮下,体育应不应该重视个人的发展方面,一些学者进行了体育教育之于个人、国家发展的重复思考。

中央大学体育系主任程登科提出体育军事化思想,主张实行全民体育化,把体育作为"强国强种与复兴民族的工具",主张体育教学管理军事化,体育教育应服从军事需要。

体育教育化思想则认为,现代体育是教育体系的重要组成部分,应关注和重视人的发展,促进青少年的身心健康和人格培养,使之更好地适应和服务社会发展需要。

(5)苏式体育与军事训练相结合的体育思想

中国共产党积极在解放区开展活动,提出"大众的体育,抗战的体育"的口号,解放区学校"军民共建",学校体育兼具战斗性、大众化、民主性。学校体育重视体育知识教授,也重视战争技能培养。

(四)我国近代西式学校体育的形成

我国近代学校体育形成的背景是受外列强欺凌、国家内忧外患。因此,一些有识人士在寻求社会发展变革的过程中,在学校教育方面进行了不断探索。

鸦片战争后,为寻求新的救国方案,社会有识之士主张学习西方,创办西式学堂,发起"师夷长技以制夷"的洋务运动,引入西方体育。体操被规定为西式学堂的重要学习课程,中国学校教育首次出现体育课程和体育活动。

洋务运动之后,资产阶级改良派对开办新式学堂提供了很大的支持,也密切关注了学校体育教育。

19世纪后半叶,西方教会学校通过开展的课外体育活动、训练、竞赛介绍西方近代体育,客观上促进了我国近代学校体育的发展。

庚子(1900年)国变后,晚清重臣张百熙临危受命,主持制定壬寅学制,这是我国教育史上正式颁布但未实行的第一个学制。1903年,清政府颁布《奏定学堂章程》,这是我国近代史上第一个由政府颁布实施的比较完整的教育制度,标志着我国结束了两千多年来学校教育中基本没有体育的历史。

辛亥革命以后,学校体育实行"双规现象",课内、课外形成两种体育课程体系。

## 第三章 体育教学基本理论研究

1922年,《壬戌学制》出台,军国主义教育彻底没落。次年,北洋政府颁布《课程纲要草案》,改"体操科"为"体育科",以球类、田径、游泳等为主要体育教学内容,同时,增加了生理卫生和保健知识,体育教学进一步完善。

后来,国共两党在各自的统治区,所采取的一些措施有效地促进了我国近代学校的发展。国民党方面,成立学校体育的领导机构加强学校体育管理;颁布学校体育规章;编辑出版《体育教授细目》及各种体育教材和教学参考书等。中国共产党方面,积极想方设法开设体育课和课外体育活动。1941年成立延安大学体育系,培养了一批体育干部和师资,为新中国的学校体育发展奠定了重要的体育人才和体育理论基础。

### (五)现代中国特色学校体育的发展

新中国成立之后,我国主动向苏联学习,体育教学的思想同样充分反映了这项特征。

新中国成立之初,我国形成了单一的苏联教学模式,重视政治思想教育,主张体育教育要为无产阶级、为国防、为生产建设服务。1951年,中华全国学生第15届代表大会决议提出:"要积极开展学校中的体育和文化娱乐活动,努力改进全国同学的健康状况,要使每一个同学具有强劲的体魄,能够胜任紧张的学习和繁重的工作。为了适应祖国国防建设的需要,应该注意提倡军事体育活动。"西方学校体育思想被全面否定。

为了解决体育师资不足的问题,我国兴办了各级各类体育学院,1952年创办了中国历史上第一所体育学院——华东体育学院。此后,全国各地高等师范院校设立了体育系科,培养了一大批体育教师骨干。

社会主义改造完成之后的"大跃进"时期,对学校体育的发展也提出了一些不切实际的目标,对学校体育教学的健康发展和学生的健康发展都产生了不良影响。

三年困难时期,学校体育工作无法正常开展,学校体育课和课外活动被迫减少或停止,学生体质普遍下降。

"文化大革命"时期,"体育无用论"大行其道,"劳动课"完全代替了体育课,还有些学校以军事代替体育,以队列训练代替"军体课",体育专业被改为军体专业。学校体育教学在这一时期遭到了极大的破坏。

1977年以后,我国在各方面进行了拨乱反正,社会各项事业重新步入正轨,学校体育工作逐渐恢复,我国的学校体育迈入了一个新时期的发展阶段。

1978年后,体质教育思想在我国得到普遍的肯定,并发展成为我国体育教学的主流思想。政府颁布的一系列文件中,都规定要以学生的全面发展为根本目标,学校体育教学重新肯定了增强和改善学生的体质的基本教学任务。

改革开放后,我国各方面的发展开始与世界接轨,这一时期,我国颁布了《关于在中等以上学校开展群众性体育运动的联合指示》,指出学校应结合自身的特点来广泛开展体育活动与竞赛。随着1979年我国在国际奥委会合法地位的恢复,在竞技体育思想的影响下,我国有些学校尝试以一项运动训练为主,或全部都开设以一项运动为主的体育课,学生体质和体育竞技能力大幅提高。

20世纪80年代开始,随着体育教育的不断发展,人们对增强学生的体质为主要内容的体育教学思想提出了质疑。整体效益论的思想应运而生,它主张从生物、心理和社会三个维度看待体育教育,强调学校的体育教育应使学生的身心全面协调发展。

20世纪90年代以后,随着我国社会、经济的不断发展,一些新的体育教学思想开始出现,体育教学不断进行改革。素质教育、终身体育思想、"健康第一"成为这一时期以及现阶段我国学校体育教学的重要指导思想。

进入21世纪以后,新一轮的基础教育与高等教育的体育课程改革,更加强调要对学生进行终身体育的教育。

在现阶段,尽管我国学校体育仍旧有各种各样的问题,但我国已经大体建立了相对完善的学校体育体系,在科学体育教学思想的指导作用下,体育教学的内容、手段、模式越来越丰富,对学生健康全面发展投入了越来越多的重视,对传统体育文化与技能在学校教育中的传承与发展同样尤为重视,我国学校体育教学正逐步向稳定、科学、特色鲜明的方向发展。

## 第二节 体育教学构成要素研究

### 一、体育教学的基本要素

无论是中小学还是高校,各自学校中开展的体育教学活动是一个复杂的现象集合,虽然复杂,但也有一定的规律。体育教学是由一些最基本的因素构成的,倘若理解并认识这些基本构成要素,就可以一览体育教学的全貌,并对体育教学的内部结构进行深入学习和研究。

体育教学体系中共由八个基本要素组成,它们分别是:学生、教师、教学目标、教学内容、教学过程、教学环境、教学方法、教学评价。

### 二、体育教学的基本要素分析

(一)体育教学目标

"为什么要组织体育教学?"是体育教学中首先要解决的问题,这是对体育教学开展的目标的问题,因此体育教学的第一个要素是体育教学目标。如果不存在教学目标,则体育教学就不能称之为有目的、有计划的教育活动,同时,体育教学目标是教师有效掌控体育教学的关键性依据。在体育教学实践中,体育目标往往有很多的数量和种类,根据课程特点也有不同的层次目标。体育教学目标是体育教学的定向和评价因素,在"体育教学全景图"中相当于"公路上的车站、标志和终点站"。

(二)学生

"体育教学是为了谁而组织的?"是体育教学中第二个要解决的问题,答案是学生。因此,体育教学中,第二个组成要素是学生。没有学生,体育教学就没有组织的意义,学生是体育教学中的主体,也是最活跃的一个因素。由于学生上体育课是来学习新知识、新技能的,就像是没有驾照的人去驾校学习汽车驾驶一样,因此学生在"体育教学全景图"中相当于"坐在汽车主驾驶上的新司机"。

### (三)教师

"体育教学由谁来组织和实施?"是体育教学提出的第三个问题,答案是由体育教师来负责。因此,体育教学的第三个要素是教师。体育教师是体育课程设计的参与者、课程的执行者,也是教学方向的把控者和责任者。体育教师是体育教学中的主导因素,也是内在的掌控因素,有着多重角色的扮演,因此体育教师在"体育教学全景图"中相当于"汽车制造的工人""教授驾驶技术的"老司机"以及"保证汽车安全行驶的交通警察"。

### (四)体育教学内容

"在体育教学中,教师教什么,学生学什么?"是体育教学中的要解决的第四个问题,这就引申出教学内容的概念。因此,体育教学的第四个要素是体育教学内容。体育教学内容由教学的实体(即体育课程)和内容的载体(体育教材)共同组成,它们是体育教师根据社会的要求、学科的体系和学生的需求选编出来的体育教学内容,起到主体作用,因此在"体育教学全景图"中相当于"搭载师生的汽车"。

### (五)体育教学过程

"体育教学要通过什么样的途径去实现目标?"是体育教学中第五个问题,答案是教学过程。因此,体育教学的第五个要素是教学过程。教学过程在教学中是"时间"和"里程"的因素,因此教学过程有短期也有长期的,有的内容一周就能掌握,有的内容一个月的练习后才能学会。体育教学过程也是教学的最核心要素,它在"体育教学全景图"中扮演着"公路"和"开往终点的最佳路线"的角色。

### (六)体育教学环境

"体育教学是在什么背景下进行和展开的?"是体育教学提出的第六个问题,这就引申出体育教学环境。因此,体育教学的第六个要素是教学环境,没有良好的体育教学环境,体育教学的质量就会大打折扣,有时甚至会严重影响体育教学的展开,导致体育教学目标没有得到实现。体育教学环境在"体育教学全景图"中相当于"道路旁的护栏和绿化带""道路的质量""沿途的景色"以及"车内的气氛"等。

### (七)体育教学方法

"在体育教学中,教师怎么教,学生怎么学?"是体育教学的第七个问题,体育教学方法是解决这项问题的关键。因此,体育教学的第七个要素是体育教学方法,体育教学方法与教师的教学水平、学生的个人情况、体育教学目标的具体情况等因素有着密切的关系,能够帮助学生理解学习内容的各种信息及其传递方式。体育教学方法在"体育教学全景图"中相当于"新司机"要学习并掌握的"交通规则"和"安全驾车技术要领与指导"。

### (八)体育教学评价

"体育教学从观看者的角度来看是什么样的?"是体育教学的最后一个问题,答案是体育教学评价,所以说体育教学的第八个要素就是体育教学评价。体育教学告一段落后,就要及时做出评价。体育教学评价也与教学目标有着充分联系,因为教师往往会根据目标制定出评价的标准和指标,这些指标既有对教师"教"的要求,也有对学生"学"的评价。体育教学评价在"体育教学全景图"中相当于教练手中拿着的"教学指标要求"。

## 第三节　体育教学的实施与改革

### 一、体育教学的实施

(一)体育教学课的科学实施

1. 体育教学课的组织形式

体育教学课的常见组织形式就是班级教学、分组教学以及个别教学。体育教学组织的整体走向是以班级教学为基本形式,朝着个别化、综合化、多样化的方向发展,具体如下:

(1)班级教学

班级教学是体育教学中体育课的基本形式,它既指行政教学班,也包括对其进行改造后形成的"班"。目前,体育课堂教学有多种形式的班级编制,如单式班级编制,是将整个班级的学生进行编排成若干个班;复式班级编制是将两个及两个以上的班级的学生编成若干个班。此外,也可以根据学生的性别、体育兴趣、运动水平等标准进行划分班级。班级教学的优缺点,主要体现在以下方面:

①优点:有利于体育教师对课堂教学进行管理;可以使学生较快地掌握体育知识和运动技能,从而完成统一的体育教学计划,体现出体育教学的实效性;有利于体育教师主导作用的充分发挥;体育教师可以同时教 40~50 个学生,受教育的学生多,体现出教学的高效性。

②缺点:学习者之间缺乏明显的联系;很难对学生的个体差异给予照顾;不利于培养学生的探索精神、实际操作能力和创造能力。

(2)分组教学

分组教学是以班级教学的优点为基础,使教学中区别对待的问题得到一定程度上的解决,即根据每一个小组的不同特点,体育教师进行有针对性的指导。分组教学是指体育教师将一个班级分成若干小组,以小组的形式进行教学指导。分组教学的形式主要有同质分组、异质分组、帮教型分组、友情分组,内容如下:

①同质分组

同质分组是指打破班级的界限,将若干个班级的学生集中起来,并按照学生的运动技能水平或体能分成若干个教学班,由不同的体育教师分别进行教学。其优点在于可以提高体育教学活动的竞争性,满足学生争强好胜的心理,提高学生参与体育教学活动的兴趣。其不足之处是易在学生中形成等级观念和弱势人群的自卑感等。

②异质分组

异质分组是将不同运动水平或不同体能的学生分成同一小组,组与组之间基本同质,实现小组内学生之间互相帮助、互相学习的组织形态。其优点在于不同基础和水平的学生互帮互学,学会理解尊重他人,学会与人共处。异质分组的不足之处是学生之间在体能、技能等方面存在较大的差异,对体能训练、技能学习的区别对待带来一定的困难。

③帮教型分组和友情分组

帮教型分组就是将运动技能水平有较大差异的学生分到一组,使具有较高水平的学生对其他学生进行直接帮助,从而达到帮、带的目的。这种分组形式是主体学习的体现,因此它所达到的教学效果要比教师一人对众多学生进行指导好得多。值得注意的是,这种分组方式可能造成帮助者产生优越感、被帮助者产生自卑感的现象,因此要慎重使用帮教型分组方法。

学生自主选择练习伙伴时,学生选择与自己关系较近的同学一起进行练习,这就是友情分组。友情分组后,在小组中,学生与学生之间有着较高的信任度,依赖性强,思想一致,因此能够使学生在学习过程中充分发挥作用,形成合力,提高凝聚力。

分组教学的优点是有助于体育教师组织教学,提高教学质量;有利于因材施教,通过把不同的兴趣、不同运动水平的学生分成几个小组,并根据各组的情况提出不同的要求,并采用不同的教学方法进行课堂教学,这样可以适应学生的能力和要求,照顾学生的个体差异。分组教学的缺点是对发展学生个性有负面作用;能力强的学生容易骄傲;能力差的学生容易自卑。

(3)个别教学

个别教学有利于照顾学生的个体差异,使学生的潜能得到充分发挥,有利于因材施教,培养学生独立思考的能力、自学能力等。但个别教学效率较低,学生之间缺乏相互交流和学习,不利于学生的社会化发展。

2. 队列队形的组织与安排

在体育教学中,队列队形是体育教学的重要内容之一,也是组织体育教学的重要手段。在体育教学中,对各种练习队形的合理安排与调动,既有助于更加严密地组织体育教学,又可以培养学生养成正确的姿势。在体育教学中,队列队形的组织与安排,应注意以下几点:

(1)运用时要注意把握时机。体育教师应对队形变换的时机、变换的方式,以及变化时应注意的问题等有更为明确的认识。一般情况下,体育教师在由讲解转换为示范时,或由一个练习向另一个练习转换时,或更换练习地点时都可以进行队列队形的变化。

(2)体育教师在对队列队形进行变化时,应有利于讲解、示范、指导,有力于安排教学的顺序,使学生便于观察,并使学生处于背光、背风、背干扰的情形中,还要符合安全与卫生的相关要求。

(3)队伍的安排与调动,要符合项目的特点和教学内容。

(4)体育教师调动队伍时,应尽量缩短调动时间,并使学生积极主动配合课中各项活动队伍的调动,做到步调相一致,以使体育课堂教学的效率提高。

3. 体育教学课的控制

体育教师对体育教学进行科学的控制,可以为体育教学活动按照技术一步步向着实现体育教学目标的途径运行提供有力的保障。因此,体育教师必须对体育课堂教学活动的效果实施监控,并随时将已达到的目标与预先设定的目标进行对比,一旦出现偏差,就必须及时采取措施进行纠偏,以使体育教学活动回到正确的轨道上来。对体育教学的管理和控制,主要包括体育教学目标的确定、对实际已达到的目标进行衡量、对产生偏差的原因进行分析,采取纠偏措施等。

4. 体育教学场地的器材布置

在现代体育教育中,场地器材是体育教学中不可缺少的物质条件,它是实现体育教学目标的重要保证。场地器材科学、合理的布置,有助于场地器材的充分利用,增加学生练习的次数,从而使体育教学课的密度安排得更加合理;也有利于建立良好的体育教学环境,以提高学生学习的兴趣,充分调动学生的积极性。

在体育教学场地器材的布置环节,需要注意的问题有:第一,场地器材的布置应有利于变换练习内容,提高教学效率;第二,应便于体育教师对学生进行指导,有利于队伍的调动;第三,应符合卫生和安全的要求,严防伤害事故的发生。

5. 课堂违纪行为的预防与控制

课堂违纪行为的预防是指在课堂教学过程中,在违纪行为产生之前,体育教师通过采取有效的措施进行预防性的管理,以此来降低或避免违纪行为产生的可能性。预防与控制课堂违纪行为,主要取决于建立和谐的师生关系、保持良好的课堂环境、促成学生的成功经验、明确的课堂常规和行为标准等。

6. 突发事件和学生违纪行为的处理

突发事件是在体育教学过程中,体育教师没有预料到的突然发生的事情;违纪是指学生违反了体育教学纪律或体育教学规定的行为。尽管体育教师对体育教学进行了严密的组织与管理,但在体育教学中也无法避免突发事件和违纪行为的发生。因此,在体育教学中,在出现突发事件或有学生违纪时,体育教师应迅速做出反应,及时采取相应措施进行控制,态度应保持冷静,进行果断处理。

(二)课外体育活动的科学实施

课外体育活动的组织与实施是一个系统的操作过程,具有自觉自愿为主,强制规定为辅;宏观调控指导,微观自主开放的特点。与体育课堂教学相比,学生在课外体育活动中的自由度很大,课外体育活动的主基调始终都是自觉、自愿、自主、积极、主动、灵活。但是,这并不意味着课外体育活动可以放任自由,相反,作为实现学校体育目标的重要途径,必须加强对课外体育活动的宏观调控指导,为课外活动制定计划,对学校有限的体育资源进行合理配置,提高课外体育活动的实施效率,达到预期目标。

1. 课外体育活动的组织形式

(1)全校性活动和年级活动

全校课外体育活动一般规模较大,气势恢弘,能够产生巨大的影响。全校性活动便于统一领导和指挥,督促、检查、比较、评价等工作的实施也比较方便,有利于班级、年级之间的相互学习、相互促进,有利于针对全体学生进行爱国主义教育和集体主义教育,有利于加强纪律性教育,培养学生的集体荣誉感。

全校性活动内容的选择余地并不大,这主要是因为受到场地、组织方式、学生个体差别等因素的影响。一般来说,早操、课间操等都属于全校性活动。场地较小,组织全校性活动有困难的学校可考虑以年级为单位组织课外活动。

(2) 班级活动和小组活动

生动活泼、灵活机动、受制因素少、方便组织与管理、选择余地大及锻炼效果好是班级活动和小组活动的主要特点。班级体育锻炼活动以教学班为单位,负责组织的主要是教学班的体育委员,其他班干部协助、配合体育委员的工作。体育教师和班主任主要发挥指导和辅导作用。

小组体育锻炼活动可按学生班级自然组分组,也可以学生性别、体质情况等因素为依据进行分组,如成立足球组、羽毛球组等。各组配备体育积极分子任组长,带领小组开展活动。可根据不同季节、场地器材等条件灵活地选择与安排班级活动和小组活动,游戏、做操、长跑、球类、游泳等是常见的活动内容。

(3) 俱乐部活动

校园内的体育俱乐部活动是近些年来出现的课外体育活动组织形式,其有两种类型,分别是单项俱乐部和综合俱乐部。有组织有管理,有专人指导,有经费支持,具有一定的导向性,活动效果好,深受学生欢迎是学校俱乐部活动的主要特征。

通常情况下,学校会结合硬件设施、师资力量、体育传统优势等因素来筹建俱乐部。筹建俱乐部的资金来源主要包括学校下拨经费,参与俱乐部的学生缴纳的会费,社会赞助。学生根据各自的兴趣爱好等需求自愿加入俱乐部,参加符合自己特长和要求的体育锻炼活动。有些俱乐部活动带有课余体育训练性质,有些是为了提高技术水平而开展的,还有一部分纯粹是为了娱乐而开展的,学生要根据自己的活动需求来选择性地参与。

(4) 小团体活动

小团体是指有共同体育兴趣爱好和特长的学生自发组成的体育锻炼的集体。小团体成员可能是本班同学,也可能包括其他班同学,甚至一个团体中有来自不同年级的同学。这是小团体活动与小组活动的主要区别。

小团体组织的显著特点是松散、自由、经济、成员数量不够固定。团体成员往往有着共同的目的、兴趣爱好和特长,因此自发组织起来,共同开展体育活动,互相交流、切磋技艺,相互促进与提高,并获得成功和快乐的体验,建立和谐的人际关系。

小团体组织相对比较松散、自由、随意,活动时间和地点也随机而定,无需特别的管理。正因如此,人们很容易忽视它的作用,但小团体活动在学生的课外体育活动中占有重要的地位,不能被其他组织形式替代,它有利于促进学生体育兴趣的形成和发展,促进学生良好锻炼习惯的养成,培养学生的终身体育意识,是学生在身体、心理、社交等方面发展的良好载体。小团体开展的体育活动同样形式多样,内容丰富。

(5) 个人锻炼活动

个人锻炼活动是指学生个体根据自己的兴趣爱好和需要,按体育锻炼的方法要求,自觉自愿地选择相应的体育锻炼项目,在课外单独进行的体育锻炼活动。个人锻炼活动体现了学生的体育意识觉醒,有利于促进学生体育兴趣的形成和发展,有利于巩固学生的体育锻炼习惯,有利于实现学校体育终极目标。

一般来说,自觉参与体育锻炼的学生对体育的兴趣比较强烈,个人在体育知识、运动技术技能、身体素质等方面有一定的基础,常常是班上的体育积极分子。因此,体育教师要积极做好引导工作,扬长避短,充分发挥他们的特点,以达到以点带面,整体提高的功效。个人锻炼活动对内容的选择相当广泛,这与个体兴趣、爱好、需求的多样性有极大关系。

需要指出的是,个人锻炼活动与集体活动一定程度上互相促进,互相转化,二者并不矛盾,不存在排他性。

2. 课外体育活动工作计划

课外体育活动工作计划是全校体育工作计划的重要组成部分,它有利于为课外体育活动的开展指明方向,促进学校体育工作目标的实现。此外,课外体育活动也是学校课外活动的重要组成部分,且涉及学校宣传、后勤等相关部门,因此要想顺利实施课外体育活动工作计划,就需要相关部门密切沟通和合作。

(1)全校性活动计划

一般来说,学校体育教研室或体育教研组会在总结过去学年或学期经验,广泛听取各方面意见的基础上对全校性课外体育活动计划进行制定,制定后报学校主管领导批准,然后开始执行。全校性课外体育活动计划可以是一个学年或学期的计划,常见内容有课外体育活动的指导思想与目标;早操、课间操、大课间活动的内容及组织措施;年级活动、班级活动和体育俱乐部的宏观安排;学生体育干部的培训提高;体育素质的测试安排;宣传教育、检查评比工作的落实等。

(2)年级活动计划

对规模较大、学生较多的学校适合制定年级课外体育活动计划,通常是体育教研室或体育教研组负责整个年级体育教学的老师和年级主任或组长协同完成年级活动计划的制定。学校课外体育活动的计划以及本年级学生身心发展的特点、体育基础、运动水平等是制定计划的主要依据,关键是将学校课外体育活动计划细化,并安排适合本年级学生特点的课外体育活动。

(3)班级活动计划

为了落实学校活动计划或年级活动计划,需要由班级体育委员会制定班级课外体育活动计划,该计划是具体实施方案,在制定时,由班主任、体育教师指导,还要征求全班同学的意见和建议。班级课外体育活动计划的实施有利于推动学生的课外体育活动的开展,有利于使"每天一小时体育锻炼"成为现实。班级活动的时间、场地、器材等一般需按学校总体进行安排。该计划的内容主要包括:活动的目标、活动的内容和形式、活动小组的划分、检查评比方法等。

(4)俱乐部活动计划

校园体育俱乐部活动是近几年涌现出来的课外体育活动组织形式,趋向于自成一体的组织。但总体来说,它仍然是学校课外体育活动的一部分,也必然要在学校课外体育活动的计划框架内运作。俱乐部的活动计划由专任负责人制定,制定活动目标、任务时,安排运营方式、人员时,进行经费预算时,合理配置场地器材设备时,都需要根据学校体育工作的总体规划和课外体育活动计划而确立。由于俱乐部承担着多种任务,它的计划相对复杂,需要统筹兼顾。

(5)小团体活动计划和个人活动计划

小团体活动和个人活动自由度较大,不容易规范管理,因此缺乏计划性。小团体时聚时散,很大程度上是随意的,无计划可谈。一般来说,体育教师可通过指导、咨询、协调等形式介入其间,尽可能做到有求必应,有叫必到,并鼓励、启发学生有计划地锻炼,并长期坚持下去。作为一名体育教师,应当积极引导学生个人的活动,指导和启迪学生密切结合班级课外体育活动计划,密切联系自身的具体情况,有针对地安排锻炼计划,个人活动计划的常见内容有个人活动的目标、场所、时间、内容、方法等。

3. 课外体育活动的实施

制定好课外体育活动工作计划后,要科学地加以组织与实施,课外体育活动的实施是动态而又系统的过程,需要多个部门一起协调配合。通常,课外体育活动的组织实施包括以下几方面的工作:

(1)确立实施制度和工作规范

主管校长召集相关部门根据学校课外体育活动计划确定实施制度,并将这些制度纳入学校作息时间内规范管理,保证有效实施并操作各项制度。与此同时,应建立相应的工作规范。

(2)明确职责和工作范围

①校领导职责和工作范围

作为全校课外体育活动总负责人,校长或主管校领导要亲自参与晨操、课间操、大课间活动等全校性课外体育活动,身体力行地鼓励学生积极锻炼,同时可以深入一线对课外体育活动开展情况进行了解,以便发现和解决问题。

②班主任职责和工作范围

作为各班级课外体育活动的负责人,班主任具有非同一般的感召力,因此必须在课外体育活动的实施中积极发挥自己的作用,通过教育、鼓励、引导和督促等形式,使学生积极参加活动。班主任的常见职责是:了解和掌握本班学生的运动兴趣、运动习惯、基础水平及体育特长等情况;协助学生干部组织本班学生按时出操或开展其他活动;维持本班级纪律和秩序。

③体育教师职责和工作范围

作为课外体育活动的业务工作责任人,体育教师具体负责实施方案的编制和落实。具体操作是:第一,安排全校晨操、课间操、大课间活动等活动内容;第二,选择乐曲、带操等;第三,负责班级活动场所及进退场安排;第四,协助班主任组织所带年级的活动等。

④学生干部职责和工作范围

共青团、少先队、学生会、班级以及学生体育协会等组织中的骨干都是学生干部,他们直接影响着课外体育活动能否顺利实施。学生干部必须以身作则,组织并带动学生积极参加课外体育活动。

(3)编制实施方案和落实方案

①编制实施方案

第一,全校性的课外体育活动应根据课外体育活动计划,由体育教研组(室)负责人协同全体体育教师编制具体实施方案,征求各方面意见后报主管校长,获得批准后才可实施;第二,年级课外体育活动实施方案则应由年级体育教师会同年级主任和各班班主任协商编制。

②方案的实施

课外体育活动操作实施的实质就是从领导到教师,各司其职、各尽其能,把课外体育活动的具体实施方案付诸实践的过程。在这个过程中,领导负责统领全局;班主任负责组织、引导和督促;体育教师负责指导、协调和组织。

(三)课余体育竞赛的科学实施

1. 课余体育竞赛组织管理概述

(1)课余体育竞赛组织管理的概念

课余体育竞赛管理指的是将课余体育竞赛的各种资源整合起来,最大限度地发挥资源的合力作用,高效达成课余竞赛目标的活动过程。在学校体育工作和体育事业发展中,课余竞赛具有重要地位,因此做好课余体育竞赛管理工作是非常必要的。

(2)课余体育竞赛组织管理的内容

在课余竞赛管理中,首要问题是对管理主体和客体进行明确。竞赛的管理部门、组织实施部门和参加部门是课余体育竞赛的主体,客体就是竞赛,管理主体围绕课余体育竞赛开展管理工作。课余体育竞赛是一个复杂系统,为了对课余竞赛管理的实质进行更清晰的分析,需要划分管理内容的类型,因为课余体育竞赛管理的客体是一致的,所以主要以课余竞赛管理的主体为依据进行分类,但是管理的主体却具有差异性,因此,根据管理主体的不同,可以将课余体育竞赛管理分为外部管理(管赛)、组织管理(办赛)和内部管理(参赛)。这些工作分别由竞赛管理部门、组织实施部门、参加部门负责。

2. 课余体育竞赛外部管理

课余体育竞赛的外部管理是指校外学校体育管理机构对学生体育竞赛进行计划、组织、领导和控制的综合活动过程。常见的管理主体有政府行政部门以及有关的社会团体。

(1)课余体育竞赛的管理机构

我国学生运动会的主办单位一般是教育部、国家体育总局、共青团中央,教育部学生体育协会是协办单位,当地政府是承办单位。因此,课余体育竞赛的主管部门主要包括政府部门(教育部和国家体育总局)和社会团体(共青团中央和教育部学生体育协会)。课余体育竞赛管理机构如图3-1所示。

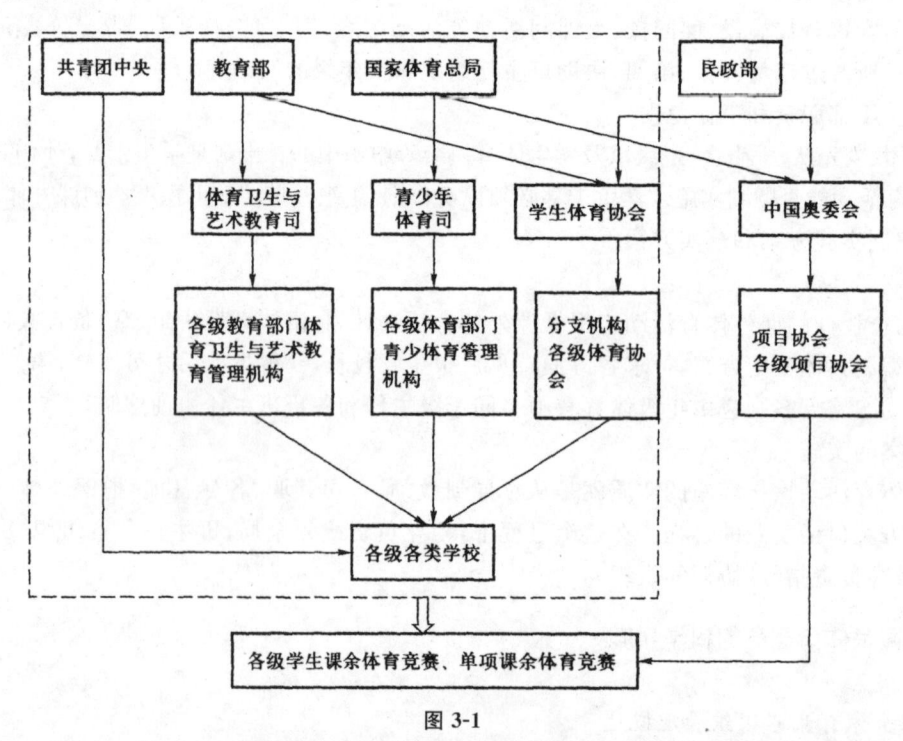

图 3-1

以上管理部门各有自己的职责与工作范围,教育部是学生体育竞赛的主管部门,教育部学生体育协会是学生体育竞赛的授权管理单位,国家体育总局以及国家体育总局下属各个项目协会是课余体育竞赛体育业务指导部门,共青团中央是课余体育竞赛的青少年工作业务指导部门。[①]

(2)课余体育竞赛外部管理的优化

当前,我国课余体育竞赛的外部管理还存在着很多问题,如管理体制不健全、经费缺乏、竞赛水平低等,这些都严重影响了课余体育竞赛的开展,因此,我们应加强对这些问题的处理与改革,促进我国课余体育竞赛外部管理水平的提高,具体可以参考以下几方面的建议来进行改革与发展:

①健全管理机构,优化管理系统

完善教育部学生体育协会的管理机构,依据竞赛管理职能,借鉴国外经验,科学设置职能管理部门。优化设置单项分会,在学生中开展广泛、具有良好群众基础的项目都应设立单项分会,尤其是中学生体育协会的单项分会应该继续增设。

②改革竞赛制度,对教育系统和体育系统的青少年赛事进行整合

体育系统和教育系统竞赛的分离导致竞赛目标的差异和专业队归属的纠纷,因此,只有将体育系统和教育系统的竞赛合二为一才能够解决问题。新的竞赛制度立足于青少年,使专业队回归学校,可以实现运动员"教育"与"体育"的结合。

③加强学生体育竞赛的法制化管理工作

坚持完善学生体育竞赛的法制建设,全面收集学校、教练员、学生三方面的意见,促使参赛单位更加认可竞赛法制,及时纠正竞赛中的不良现象,更加规范地开展学生体育竞赛。

④强化落实学生体育竞赛的管理规定

针对这个方面,需要付诸的努力是:第一,以国际比赛为导向,启用真正意义上的学生运动员参加国际比赛;第二,对竞赛管理规定严格执行,使国内学生体育竞赛依法得到开展;第三,对各项赛事进行监督与检查,严格惩处比赛中的违规现象。

⑤增加学生体育竞赛的数量,建立学生竞赛体系

增加课余竞赛数量,开展市场化运作,将课余竞赛与职业联赛以及商业活动相结合,以大学生篮球联赛、足球联赛和排球联赛为突破口,教育部学生体育协会统一规划管理课余竞赛,扩大各项赛事的影响力,带动竞赛水平的提升,解决经费不足的问题。需要补充的是,课余体育竞赛外部管理中应当及时纠正过度商业化和过度行政化的倾向。

3. 课余体育竞赛组织管理

课余体育竞赛组织管理具体是指赛事举办单位为了实现课余体育竞赛的目标,对课余体育竞赛进行计划、组织、实施、控制的综合活动过程。课余体育竞赛有多种不同的类型,不同类型的赛事在规模、级别、水平等方面都存在差异,因此在组织管理方面也会有所区别。但本质上来说,不同类型课余竞赛的组织管理是相通的,管理中可依据课余体育竞赛的一般管理过程,根据赛事的不同合理增加或者减少相应的环节,以最集约化地完成赛事组织与管理。下面以校内比赛承办为主进行分析。

课余体育竞赛的准备、计划、实施、控制和结束是课余体育竞赛组织管理过程中所包括的五个具体阶段,如图3-2所示。

---

① 张瑞林. 学校体育管理学[M]. 北京:高等教育出版社,2014.

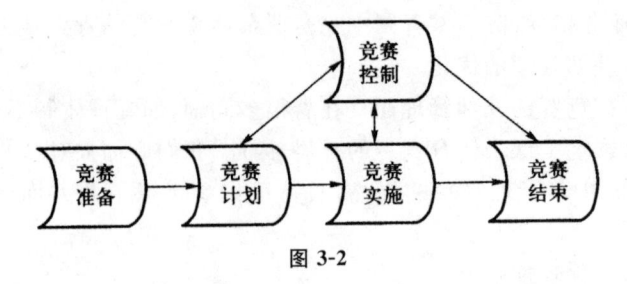

图 3-2

(1)课余体育竞赛准备

课余体育竞赛准备是产生举办赛事的设想,分析设想的可行性,决定是否举办赛事并着手相应的准备。形成设想、环境扫描、可行性分析和举办准备是课余体育竞赛准备阶段的几项主要工作与任务,如图 3-3 所示。

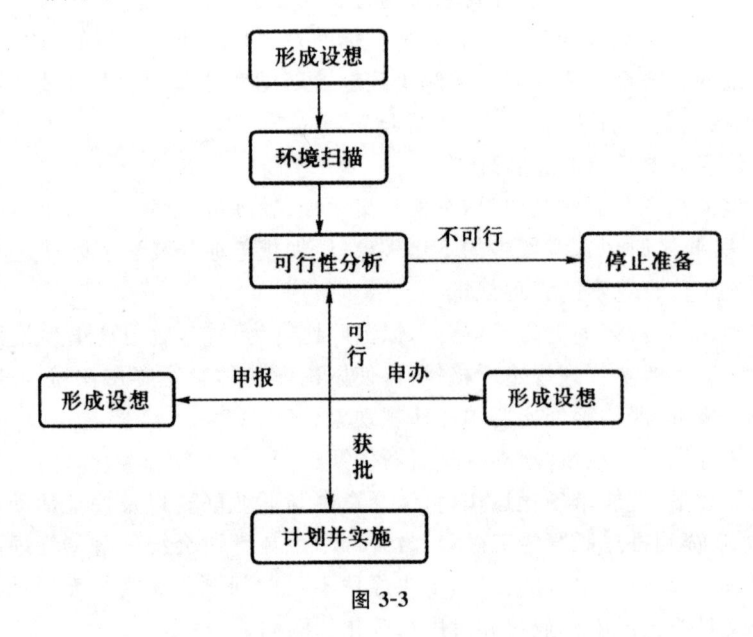

图 3-3

①竞赛设想

形成设想是举办课余体育竞赛的首要环节,举办课余体育竞赛有多种多样的原因,如增强学生体质、开展学校体育工作、提升学校影响力、选拔优秀的竞技体育后备人才等。在这些赛事设想和举办动机的指引下,需成立竞赛筹备委员会或领导小组,从组织上为竞赛准备打好基础,形成课余体育竞赛的管理主体。

②环境扫描

从管理学角度来看,环境扫描是指:"通过考察组织环境,搜集关于国际政治、社会、经济事务的信息,关于公共团体和个人意向转变的信息以及关于可能出现的国际市场动向的信息,以预测和解释环境正在发生的变化。"[1]课余体育竞赛的环境扫描是指获取有关竞赛的政治、经济、社会、教育、体育等信息,并分析这些信息,对学生竞赛举办的动向加以准确把握,对课余体育竞赛举办的机遇和挑战进行分析。

---

[1] 张瑞林.学校体育管理学[M].北京:高等教育出版社,2014.

③可行性分析

课余体育竞赛的可行性分析包括四个步骤:第一步是确定目标,即将举办课余体育竞赛的目标(竞赛目标、财务目标、促进学校体育工作的目标等)明确下来,将这些目标具体化;第二步是分析资源,即对有利于实现课余体育竞赛目标的物质资源、人力资源和财力资源等资源条件进行分析;第三步是成本收益分析,即根据赛事目标和相关资源,对实现赛事目标的成本与收益进行核算,以便控制成本,提高收益;第四步是考虑环境因素,即对赛事举办中可能遇到的障碍以及预期实现的目标进行预测,全面计算、比较、分析,在此基础上对课余体育竞赛的举办是否可行进行论证。

④举办准备

课余体育竞赛的举办准备工作分为以下两类:

A. 主办单位的赛事

这类赛事需先向主办单位申办,如全国大、中学生运动会以及各单项分会主办的年度单项竞赛。根据《全国学生体育竞赛管理规定》的要求,"申请承办全国大学生运动会、全国中学生运动会应当在上一届运动会举办前,向主办单位递交申请承办报告,并需附当地人民政府批复意见书、承办工作实施意向书、经费预算及经费保证。申办中国大学生体育协会授权的各单项分会主办年度单项比赛,应当上报年度竞赛计划,并向中国大学生或者中学生体育协会提供承办单位名称、比赛名称、比赛日期、地点、参赛队数、竞赛规程和经费条件,经批准后方可举行学生体育竞赛。"[1]

B. 新组织或者没有主办单位的赛事

这类赛事应该根据课余体育竞赛的规模和涉及范围,向相应主管部门报批比赛,学校体育运动委员会是学校内部课余体育竞赛的主管部门,因此一般是向学校体育运动委员会报批。报批时,要严格遵循行政程序,提供相应竞赛材料和方案。

(2)课余体育竞赛的计划

课余竞赛计划是指明确课余体育竞赛目标并规划与设计竞赛实施的过程。

①计划制定的过程

赛事计划的过程包括以下几个阶段:

A. 情形分析

情形分析主要是指分析外部情形分析和内部情形,一般采用SWOT分析法进行分析。其中,S(Strength)代表举办比赛具有的优势,W代表举办比赛客观存在的劣势(Weakness),O(Opportunity)代表举办比赛的机会,T(Threats)代表举办比赛面临的威胁。

机会和威胁主要是针对承办赛事的外部环境而言的,主要包括政治、经济、社会、体育、教育等宏观环境。而优势和劣势主要针对赛事承办单位内部环境而言的,包括财政资源、物力资源、人力资源、组织管理和后勤管理等内容。

B. 目标设定

依据情形分析结果,准确把握内外情形,在此基础上将竞赛目标明确下来。

C. 战略管理

战略管理是指从长远目标角度规划赛事。这一过程具体包括确定使命、目标和战略,分析环境,

---

[1] 张瑞林. 学校体育管理学[M]. 北京:高等教育出版社,2014.

识别机遇和威胁,分析组织的资源和能源,识别优劣势,设计战略,实施战略及评估结果八个步骤。

D. 作业计划

作业计划是对课余体育竞赛的实施细节所做出的具体规定,包括行动计划和进度表,每一个作业计划有一系列目标的设置,完成与实现具体目标就可以促进整体目标的实现。

作业计划的要素主要包括竞赛计划、营销计划、财政预算、风险管理计划、人力资源计划、后勤保障计划和信息技术管理等。具体来说,竞赛计划主要内容包括通知下发、报名、注册、报道、比赛、裁判员、运动员、积分办法和奖励措施等;营销计划主要内容包括制定营销策略、宣传与推广竞赛、征集赞助商、回报赞助商、纪念品和门票销售等;财政预算主要内容包括收支预算和现金流预算;风险管理计划是指通过签订合同、购买保险、依据法律、申请许可等方法降低竞赛风险;人力资源计划主要内容包括对工作人员、裁判员、志愿者进行招聘、培训和管理;后勤保障计划主要内容包括安排竞赛场馆设施与器材、各种材料用具、医疗、餐饮、住宿等要素;信息技术管理主要内容包括信息管理系统构建、通信、宣传、档案管理等。

要想高质量完成以上作业计划管理的工作,有效防止办赛过程中发生问题,往往会运用流程图,甘特图(图3-4)和网络分析技术图(图3-5)是常见的两种流程图。

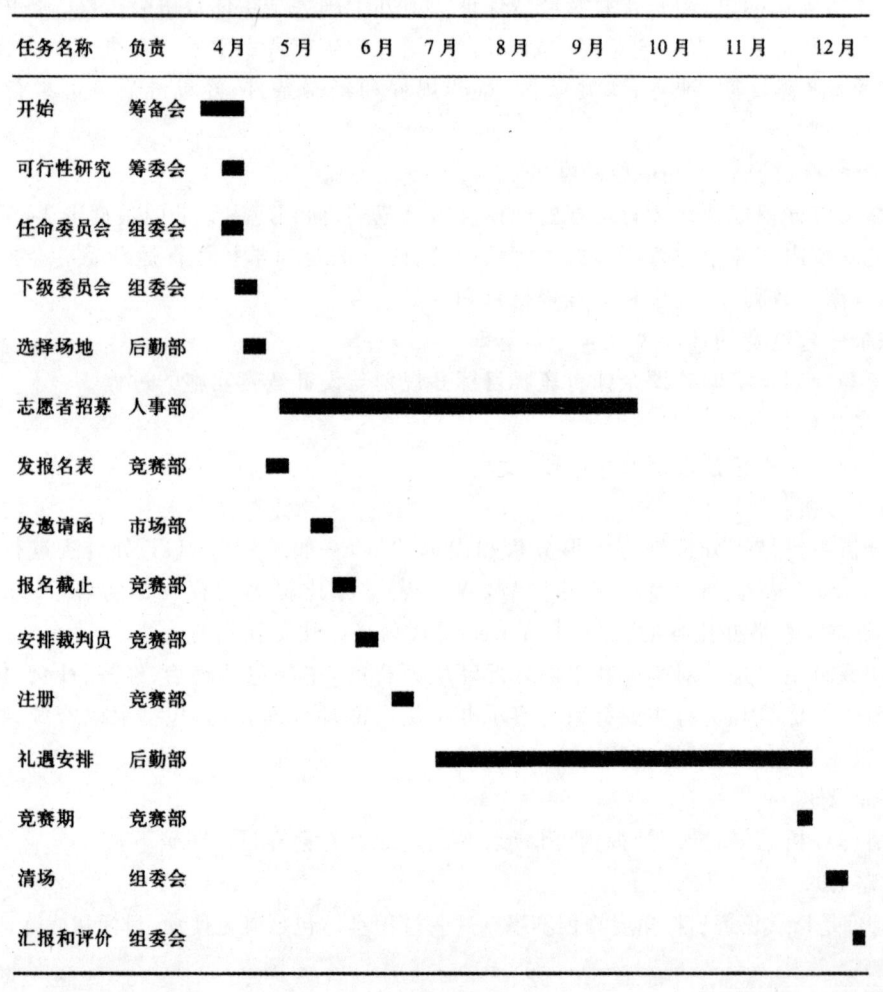

图3-4

图 3-5

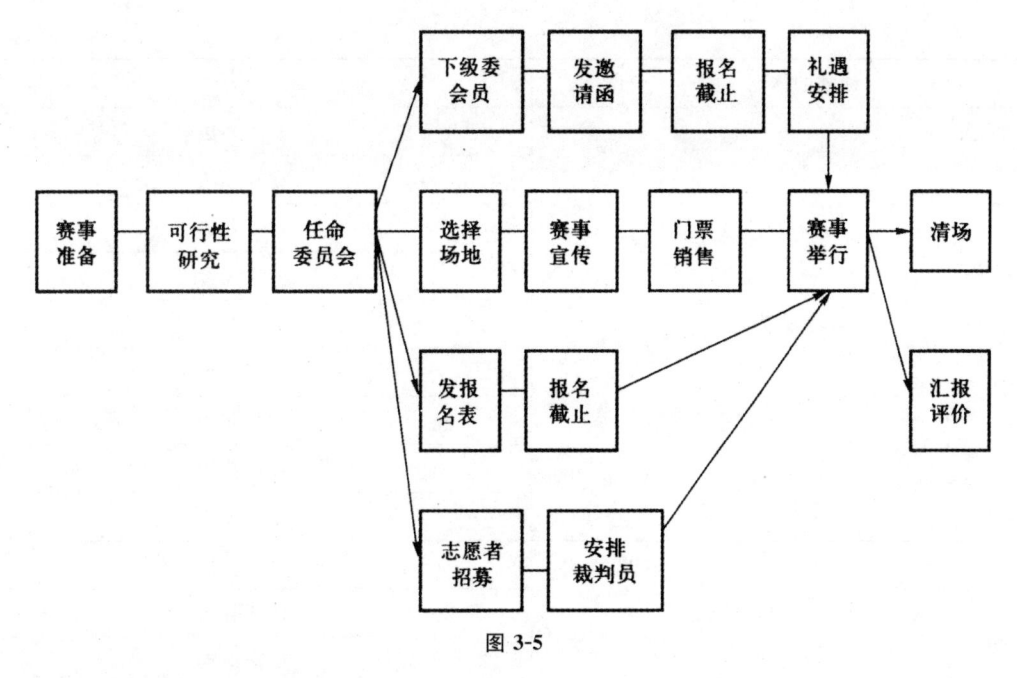

② 计划制定的组织

竞赛组织委员会是课余体育竞赛计划制定的主体机构,因此在计划制定的组织环节,首要的工作是组建组织委员会,该组织主要负责比赛的领导、计划以及组织实施工作,并对竞赛的各种相关事项进行处理,促进竞赛的顺利举办。组织委员会首先要对竞赛工作部门(办公室、竞赛部门、接待部门、设施部门、纪律部门、财务部门、宣传部门和安全部门等)进行设立,并明确各部门的职责,然后配备相关工作人员,明确不同工作人员的工作范围,最后组织实施竞赛活动。

③ 计划的体现形式

竞赛规程是课余体育竞赛计划的常见表现形式,具体就是对举办和实施课余体育竞赛发挥指导作用的有关政策和规定。如果是举办综合性运动会,需要对总竞赛规程和单项竞赛规程进行制定。在此基础上,组织委员会要对竞赛秩序册进行编制。竞赛规程和竞赛秩序册的内容具体见表 3-1。

表 3-1  竞赛规程和竞赛秩序册的内容

| 计划的体现 | 内容 |
| --- | --- |
| 竞赛规程 | 竞赛名称 |
|  | 主办单位 |
|  | 承办单位 |
|  | 竞赛项目 |
|  | 竞赛时间 |
|  | 竞赛地点 |
|  | 参赛人员 |
|  | 参赛条件 |

续表

| 计划的体现 | 内容 |
|---|---|
| 竞赛规程 | 参加办法 |
|  | 竞赛办法 |
|  | 计分办法 |
|  | 奖项设置 |
|  | 奖励办法 |
|  | 竞赛纪录 |
|  | 仲裁办法 |
|  | 裁判选派 |
|  | 竞赛经费 |
| 竞赛秩序册 | 比赛名称 |
|  | 比赛时间 |
|  | 比赛地点 |
|  | 主办单位 |
|  | 承办单位 |
|  | 协办单位 |
|  | 竞赛组织机构及人员名单 |
|  | 代表团名单 |
|  | 裁判员名单 |
|  | 运动员名单 |
|  | 竞赛规程 |
|  | 竞赛日程 |
|  | 赛会纪录 |
|  | 竞赛场地示意图 |
|  | 各项规章制度 |

(3)课余体育竞赛的实施

①实施过程

课余体育竞赛的实施步骤如下：

A. 明确工作任务

立足于管理过程的立场来分析，课余体育竞赛的主要工作任务分别是筹备、竞赛和收尾。

B. 合理分工

竞赛管理人员、裁判员、后勤保障人员和志愿者等都是竞赛中会涉及的工作人员。对这些工作人员要有明确的分工，明确不同类型工作人员的任务与职责。

C. 财务预算

对各项竞赛工作任务进行分析，估算完成竞赛任务所需的资源，对各项任务所需的经费进行预算。完成财务预算后，要根据经费总额进行适当调整。

D. 规划进度

在任务分析的基础上，将各项任务依照时间顺序列入进度表，要表明每项任务最后完成的期限以及主要负责人和单位。完成任务进度表以后，需要将关键任务确定下来，其他任务服从关键任务。

E. 竞赛实施

每个人或团队负责竞赛任务的一个单元，每个单元要服从于整体的竞赛进度。在课余体育竞赛总指挥的领导下，在进度表指引下，实现各个竞赛单元的顺利运转，从而使课余体育竞赛得以有序实施。

②实施内容

课余体育竞赛实施的内容比较复杂，主要包括以下几个方面：

A. 报道、注册、训练

由于报道、注册、训练属于竞赛的前期过程，所以必须高质量完成前期管理工作，为有序开展后续工作提供保障。

B. 竞赛会议

竞赛会议包括运动员、教练员和领队会议；裁判员会议；工作人员会议等。

C. 场地设施布置

场地设施是课余体育竞赛举办的物质基础，合理布置场地设施是顺利举办体育赛事的基础与前提条件。

D. 兴奋剂检测

为了保证竞赛公平，对运动员加以保护，需要严格进行兴奋剂检测。

E. 竞赛过程管理

竞赛过程的管理内容主要包括开幕式管理、竞赛管理、人员管理、后勤管理以及闭幕式管理。

F. 营销管理

营销管理一方面要保证体育比赛的质量，确保比赛能够提供营销的相关服务，满足消费者的需求；另一方面要保证赛事营销产品为竞赛服务，促进竞赛的顺利开展。达到这两方面的要求才可实现双赢。

G. 财务管理

在财务管理中，要制定财务目标，编制财务预算，控制财务支出，确保实际收支与预算相符。

H. 风险管理

风险管理的一般步骤为风险识别、风险处理，主要通过风险回避法和减小风险法来降低赛事风险。

(4) 课余体育竞赛控制

①课余体育竞赛控制的概念

课余体育竞赛控制是指监控课余竞赛中的各项活动，发现偏差及时纠正，保证课余竞赛活动的顺利开展。一般由课余竞赛组织委员会负责控制工作，在赛事活动中按照控制标准对各项工作进行检查，处理可能出现的问题，从而顺利达成竞赛目标。

②课余体育竞赛控制的内容
课余体育竞赛控制的内容主要包括人员控制、竞赛控制、财务控制和风险控制。
③课余体育竞赛控制的方法
前馈控制、现场控制和反馈控制等是几种常见的课余体育竞赛控制方法。
④课余体育竞赛控制的步骤
一般来说,竞赛控制采取的步骤分别是制定控制标准、衡量工作绩效、纠正工作偏差。
(5)课余体育竞赛结束
①清理现场
要做好竞赛体育场馆、设施、器材清点和卫生工作,移交场馆、设施以及器材,管理上要做好交接,处理各种问题。
②课余体育竞赛评估
A. 课余体育竞赛评估的内容
依据赛后评估理论,对竞赛组织、竞赛成绩、竞赛财务、竞赛后勤等各方面内容的评估报告进行有针对性的制定,针对不同的组织和要求进行不同的评估。
B. 课余体育竞赛评估的方法
常见的竞赛评估方法见表3-2。

表3-2 课余体育竞赛评估的方法

| 评估方法 | 具体内容与手段 |
| --- | --- |
| 数据收集法 | 运动员数据收集 |
| | 裁判员数据收集 |
| | 观众数据收集 |
| | 销售数据收集 |
| | 会议数据收集等 |
| 观察法 | 赛事管理人员的报告 |
| | 后勤工作人员的报告 |
| | 合作伙伴的报告 |
| | 主办机构的反馈 |
| | 服务机构的报告 |
| | 赞助商的报告 |
| | 会议信息 |
| 调查法 | 问卷调查法 |
| | 面谈法 |
| 媒体报道 | 网络报道 |
| | 报刊报道 |
| | 电视报道 |

4. 课余体育竞赛内部管理

为了促进课余体育竞赛成绩的提高,促进课余体育竞赛重要作用的充分发挥,参赛单位需对参赛进行科学管理。参赛包括代表国家参赛、代表省市参赛和代表学校参赛,下面主要分析代表学校参赛的管理工作。参赛管理分为以下几个步骤:

(1)组队

组队阶段的主要工作是:由学校体育管理部门指导,体育教研部门组织,对参赛运动队进行组建;建立组织机构——队委会;选择参赛队员、教练员、领队以及后勤保障人员。

(2)准备

准备阶段的主要工作是:开展针对性训练,提高参赛水平,做好体能和技战术的准备;进行参赛教育,开展参赛动员和鼓励工作,做好思想上的准备;提供参赛必需的经费和装备,做好比赛的物质准备。

(3)参赛

参赛阶段,学生运动员在队委会的领导和教练员的指导下参加比赛,此时在管理上要以参赛为中心,所有部门和人员围绕参赛开展工作。

(4)总结

总结主要包含两方面内容:一方面,在比赛结束后总结参加比赛的经验与教训,分析原因,摸清重点,指导接下来的训练和参赛工作;另一方面,要做好奖励工作,对教练员的工作合理评估,奖励比赛成绩优异的学生运动员。

## 二、体育教学的改革

(一)我国体育教学改革的任务

1. 改革教育观念

改革教育观念就是指要重新确立起与新课程相适应的体现素质教育精神的教育观念。观念是行动的灵魂,教育观念对教学有指导和统率作用。

研究表明,所有的教学改革困难都源于教育观念的束缚,所有的教学改革尝试都是新旧教育观念的斗争结果。因此,体育教学改革的首要任务就是,确立新的教育观念。

为深化体育教学改革,我国在《中国教育改革和发展纲要》中指出,新时期一定要转变体育教学思想,使体育教育教学发展与当前的社会经济发展要求相适应。国家发布《中共中央国务院关于深化教育改革全面推进素质教育的决定》,明确规定教育应促进学生发展,为国富民强和民族复兴培养优秀接班人。这些都充分说明了当前改革教育观念、明确体育教学目标和任务的重要性。

2. 突出素质教育

新时期的学校教育所要培养的人才应是身心健康和社会能力较强的全面素质发展的人才。突出素质教育是当前体育教学改革的重要任务之一。

新时期,我国教育部在新的体育课程教学指导纲要中明确指出,"体育教学应促进学生身心和谐发展,重视学生的思想品德、文化科学、生活与体育技能教育",以促进符合时代和社会发展需要的全面人才的培养目的。

3. 注重体质健康

调查显示,近年来,我国青少年的身体素质不断下降,这是我国迫切进行体育教学改革的一个重要因素。

青少年身体素质和体质健康水平的不尽如人意受多方面因素的影响,如饮食结构、生活方式、生活习惯、学习与就业压力等。不得不承认,社会的进步给人类带来便捷的同时也改变了人类的生活方式,现阶段大量"文明病"不断侵害人们的健康;快餐文化影响着青少年学生的饮食习惯与结构,摄入高热量而运动消耗较少,青少年肥胖症不断增加;当前社会竞争激烈,包括学生群体在内,以高校大学生为例,他们面临着课业负担、就业压力以及人际交往等各种问题,许多大学生身心压力大、缺乏活力。由此可见,加大体育教学改革力度、提高学生体质水平、改善学生心理状况具有很大的必要性。

(二)影响我国体育教学改革的因素

体育教学改革是一个复杂的过程,涉及整个国家和社会的发展,其受多种因素的影响,在我国幼儿、中小学、高校体育教学中,高校体育教学涉及面广、影响力和带动作用大,高校体育教学改革是当前改革的重点,以高校为例,对我国体育教学改革的各因素具体分析如下(图3-6):

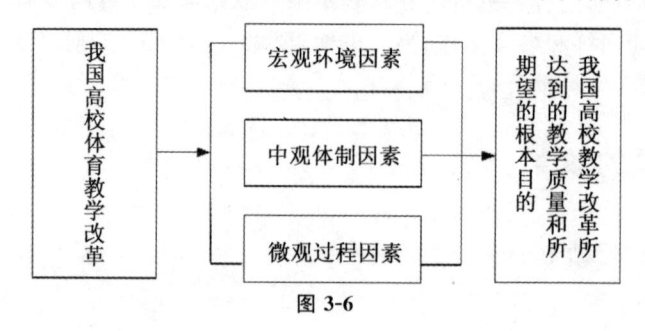

图 3-6

1. 宏观环境因素

在经济方面,经济的发展促进高校体育设施建设。目前,我国经济发展快速,对劳动力的素质要求越来越高,高校体育教育具有多元教育作用,是培养全面人才和高素质人才的重要和有效途径,体育教学改革势在必行。

在教育方面,高校体育的发展与改革是整个教育体系发展改革的重要部分,因此,教育事业的不断发展要求现代高校体育教学必须不断适应教育发展要求,进行改革。

在社会发展方面,随着现代社会的不断变化,各种信息和新观念的大量涌入,使得人才总是相对于社会需要而存在的。因此,作为教育部门,尤其是孕育人才的高校,应当结合社会需求及时调整和更新教育内容、教育方式,尽全力使现阶段的社会需要得到满足。

2. 中观体制因素

体育教学改革受教育体制和教育制度的制约,具体包括体育体制和体育制度。① 教育体制

---

① 舒刚民. 我国高校体育教学改革的影响因素及其发展对策研究[J]. 玉林师范学院学报,2013,34(2).

是国家层面上所形成的一个整体的主管教育的机构和部门及其管理分配和各种规章制度。体育体制改革离不开教育体制改革的大环境。从"应试教育"到"素质教育",从"行政管理"到"教学管理"都是很好的例证。

体育体制对于体育教学同样具有重要影响,改革开放以来,我国的体育体制的转变直接影响体育教学改革的方向与任务。如从早期的奥运争光计划下,体育教学重视竞技人才培养,到现阶段的《大学生体质健康标准》《全民健身计划纲要》指导下的重视学生体质健康发展和终身体育培养,都能明显地展现出体育体制对体育教学改革的影响与指导。

3. 微观过程因素

体育教学是一个尤为复杂的系统,有很多项要素组成,这些要素对体育教学的整体改革有尤为重要的作用(图3-7)。体育教学的改革同样需要从这几个方面着手。

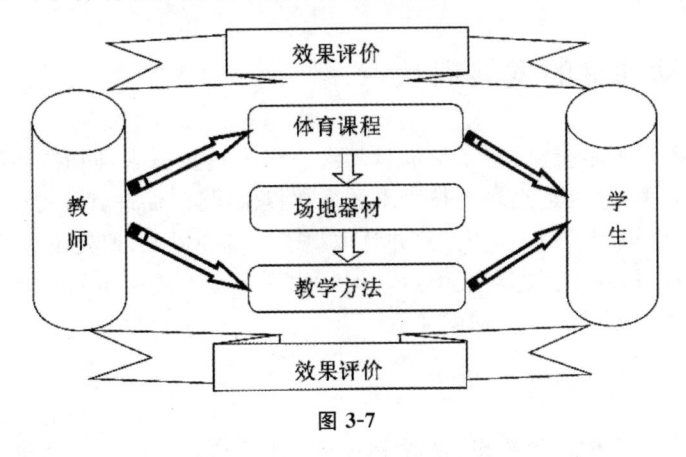

图 3-7

# 第四章 体育训练基本理论研究

## 第一节 体育运动训练的发展情况研究

### 一、体育运动训练的发展现状

科学、有序的运动训练能够将运动员的运动潜力充分挖掘出来,同时,还能够有效培养和提高运动员的各项身体素质,为运动员竞技水平的发挥提供保证,促进其取得优异的比赛成绩。

近年来,运动训练得到了一定的发展,并且取得了一定的成果,但是不可否认的是,其中也存在着诸多问题需要改进,这些问题对我国运动训练的进一步发展产生着严重的制约作用。下面就对这些较为显著的问题进行分析和阐述。

(一)体育运动训练思路不够合理

训练思路是训练工作的指导思想,是对于训练规律的认识。运动训练思路方面存在的核心问题在于"对运动成绩本质的理解和对训练工作的设计以及对训练过程的控制"。训练思路的正确与否,会对训练工作产生重大的影响。

目前,在训练界,没有哪一种训练理论是终极的,是真正抓住运动心理的本质规律的理性认识,然而对传统训练理论的"思维范式"使得众多的教练员忽视和搁置其他先进训练理论。不得不承认,导致现代运动训练存在问题的原因有很多,其中,训练思路的不合理是产生这些问题的重要因素,这对我国运动训练的发展有一定的阻碍作用,因此,教练员和相关学者必须加大对运动训练的研究力度,还要借鉴国外的经验,取其精华,去其糟粕。只有这样才能重新树立起建立更加全面、完善、系统的训练思路,才能对运动训练的不断进步产生积极的促进作用。

(二)体育运动训练的理论研究具有一定的局限性

目前,我国运动训练理论研究的局限性主要在两个方面得到体现:一方面,是对运动训练的概念还没有清晰的认识;另一方面是没有建立起一个完善的运动训练理论与实践体系。

在运动训练中,体能是运动员竞技能力的主导和核心,对激烈比赛的胜负起着重要的决定性作用。因此,对运动训练进行研究自然包括对运动员体能的研究,我国运动训练的研究主要集中,于以下方面,对心理训练、智力训练涉及较少。当前的体能训练研究主要包括以下三方面的内容:第一,对运动员体能构成的分类研究;第二,对运动员体能水平综合表现的指标构成的研究;第三,从运动员的整体竞技能力结构出发,对运动员体能的总体宏观研究。

## 第四章　体育训练基本理论研究

运动训练的上述研究将对人体发展规律的重视突出了出来,对于体能专项训练的科学化是较为有利的,但这些研究将体能看作一个整体,很少涉及其对专项运动成绩的影响,研究中对构成体能水平的具体指标对运动员运动成绩的影响研究也非常少。对于运动水平较高的运动员来讲缺乏体能水平理论与方法指导研究,由此可以看出,我国运动训练研究的整体理论与方法体系还需要进一步的完善。

### (三)体育运动训练的理论认识还不够

运动训练涉及面广,与众多其他学科有着较为紧密的联系,对运动训练理论认识的不足主要在我国运动训练方面的教练员缺乏综合性的专业知识方面得到较为显著的体现。具体来说,运动训练具有综合性,但我国运动训练的教练组成相对单一,综合性不足,不具有运动生理学、运动心理学、运动医学、物理治疗等多方面的专业知识,直接导致了我国运动训练教练员对体能理论知识的认识的片面性,从而对我国运动训练体系的认识和训练水平的提高以及该学科的发展产生一定的限制作用。

现阶段,我国体育科研对运动训练方面的内容涉及较少,运动训练研究与运动训练实践相脱节,运动训练教练员大多由田径教练员担任,他们对运动训练的知识和概念理解认识不够。运动训练的重要影响因素和内容要求教练员必须具备全面的知识和理论认知。但就目前我国运动训练的发展现状来看,大多数教练员的理论认识都存在这样或那样的不足。因此,这就要求尽可能有针对性地改善这一状况,从而降低其对运动训练发展的制约作用。

### (四)体育运动训练缺乏相应的理论指导

理论能够在一定程度上指导实践的进行,教练员用反映运动训练规律的有关理论来对学生的头脑进行积极的指导,能使学生自觉地遵从训练的基本规律进行训练,这不仅有助于运动员掌握技能、提高技战术水平,还有助于运动实践能力的提高。但在当前的运动训练中,这方面却存在着一定的问题,即一方面强调对运动训练理论的研究,另一方面理论研究成果置之一边没有真正应用到运动实践中去。比如,当前教练员在组织和实施开展训练时,采用的程序往往是,教练员首先对相应运动项目的技术与战术进行讲解,然后组织运动员参与训练,训练期间运动员与教练员进行的交流较少或没有成效。这种理论与实践相脱离的现状很难使运动员获得良好的训练效益,运动员通过训练来提高技战术水平的效果不是很明显。因此,建立科学的运动训练理论指导是非常有必要的。

### (五)体育运动训练内容的安排不够恰当

通过对我国运动训练现状的调查研究发现,运动训练中一般运动训练与专项运动训练安排不合理的问题普遍存在,具体来说,其主要在两个方面得到较为显著的体现:一方面,初级运动员的运动训练,过早地运用成年运动员的训练方法和手段,专项训练比例和强度过大,致使运动员的训练出现"早期专项化";另一方面,高水平运动员的高级训练,对运动员的高强度专项能力训练不够重视,但对于高水平运动员来说,完整和高强度的专项训练尤其重要。进入高水平训练阶段后,运动员成绩的提高很大程度上依靠"体能"的改善来实现,当前的运动训练内容安排的不当直接导致高水平运动员难以有显著的成绩突破,竞技能力"可塑空间"逐渐减少,只能停滞在当前的专项体能水平上,更有甚者会出现倒退现象。

运动训练中的一般与专项运动训练的内容没有得到恰当的安排,与运动员的生理发育规律相违背,使得训练的系统性遭到了破坏,专项化、个体化和高强度的训练难以实现,运动员难以再获得专项能力的提高,这就会对运动员的运动生涯发展产生非常不利的影响。

(六)体育运动训练方法不够科学

人体系统的复杂性决定了人体运动训练的训练方法也必然是"复杂的适应系统",而且运动是发展着的,并非一成不变。因此,训练方法与运动成绩息息相关,二者就像一个函数,训练方法(自变量)的正确与否,往往能够在运动成绩(因变量)上得到反映。

目前,对于训练方法的多变和与运动员阶段训练的适应性的问题,我国众多体育职能部门和教练员并没有意识到,他们很少对训练大方法进行考究、反思,如果与实践愿望相违背,只会反复强调加大训练强度和延长训练时间,如果训练效果仍然不如人意就将"失败"归罪于"人种论"。我国体育行政部门始终抱着以传统训练理论为"科学训练理论"的想法,严格规范并加以推广,长期以来从未改进过训练方法,运动训练方法与训练实践严重脱节。这也是运动训练的成果不尽如人意的重要原因所在。

(七)体育运动训练人才培养还不够完善

相较于竞技强国来说,我国运动训练人才相对缺乏,人才培养不完善是一个不争的事实,也是我国现代运动训练存在的一个突出问题。

就我国体育运动发展现状来说,运动人才的培养主要是依靠高等体育院校以及综合大学的体育专业,而针对运动训练方向的专门人才培养来说,健全的培训计划相对缺乏,运动训练人才培养体系不完善,具体来说,主要从以下三个方面得到体现:第一,运动训练的后备人才、教练员和相应教材较为缺乏;第二,理论体系和实践操作环节较为缺乏,且教法千篇一律;第三,运动训练研究的实验室或运动训练中心较为缺乏。这几个方面致使我国未来运动训练缺乏必要的专业人才队伍,对我国运动训练的可持续发展产生了严重的制约作用。

## 二、体育运动训练的发展趋势

通过对运动训练发展现状的分析,能够对其发展的趋势进行一定的总结和预测。具体来说,运动训练发展的趋势主要表现在以下几个方面:

(一)科学化趋势

随着现代科技的不断发展,现代体育科技也得到了丰富,对体育运动实践发挥着越来越重要的作用。

充分利用各种科学技术,能在训练实践中对运动员的训练产生积极的指导和促进作用。如利用生理、生化指标控制运动量和运动强度、利用先进测试仪器评价运动员在训练中的机能状况和身体素质水平、利用高速三维摄影仪分析运动员的技术动作等,都在不同程度上对运动员运动技术水平的提高起到积极的促进作用。由此可以看出,训练的科学化程度越来越高是现代田径运动训练的一个重要发展趋势。

## (二)专项化趋势

现代竞技运动的不断发展对运动训练科学化程度的不断加深起到积极的促进作用,运动训练呈现出专项化程度越来越高的趋势。由于不同的运动项目对运动员的运动专项体能素质要求不同,传统的枯燥、简单的田径场训练和杠铃练习正在不断减少,现阶段,多样的高度专项化训练方法不断出现,这也是运动训练未来的重要发展趋势之一,要引起重视。

## (三)周期化趋势

越来越显著的运动训练周期化趋势主要表现在以下两个方面:

第一,现代运动训练的训练周期概念被更新,重视全年训练的多周期理论。现阶段,传统的全年双周期训练模式被打破,准备期运动训练减少,专项训练成分增加;训练负荷不断增大,并且突出专项强度。

第二,由于比赛数量的大幅增加,越来越多的运动员和教练员开始重视以赛带练,以此来促进运动员竞技水平的不断提高。

## (四)多样化趋势

我国运动员和教练员在运动训练方面积累了丰富的经验,因此,他们总结了多种多样的训练方法来指导运动训练,这也是运动训练方法日益多样化发展趋势的主要原因所在。现代体育发展和提高运动员的体能,以"速度"和"力量"为核心,对实效性、运动员的特长发挥的重视程度也越来越高,传统科学运动训练方法得到了保存的基础上,同时电刺激法、计算机训练法等新的训练方法因高科技手段的引进在运动训练中得到了应用,新的训练方法与传统的训练方法相结合,使得运动训练更加科学、有效,正因如此,才促使了运动员能不断突破极限创造更优异的运动成绩。

## (五)对以赛带练更加重视

通过利用竞赛的杠杆作用,以赛促练,是运动训练中提高运动员竞技水平的重要发展趋势,因此要对此引起高度的重视。随着现代体育赛事的不断增多,运动员必须始终保持较高的竞技水平以参加各种不同的比赛,因此,现代运动训练中重视以赛代练的发展趋势越来越显著。

# 第二节 体育运动训练的原则与方法

## 一、体育运动训练的原则

### (一)直观性训练原则

直观性训练原则是非常重要的运动训练原则,其是依据直观性与动作技能形成的教学论原理所确立的运动员必须遵循的准则。其主要目的是为了使这些运动员能有效地完成技术、战术和智力训练的任务。直观性训练原则来源于一般教学论和体育教学原则,是指在运动训练中教练员对运动员所运用各种直观的训练手段。该训练原则通过运动员的各种感觉器官,帮助他们建立正确的动作表象,进行正确的思维学习,进而不断地提高运动员的技战术水平。由于直观性原则的特点,对运动员的早期训练具有重要的意义,而由此产生的直观教学法则是以形象思维为基础确立的教学训练方法,它通过直观教学,可以培养运动员的观察能力和思维能力。

在体育运动训练中贯彻实施直观性训练原则,为了保证理想的训练效果,需要做到以下几个方面的要求:

(1)对现代科技技术进行广泛的运用。
(2)对直观手段进行合理的选用。
(3)要以运动员的个体特征为主要依据来选择相应的直观手段。
(4)要将运动员的思维与兴趣有机结合起来。
(5)教练员要做好带头作用。
(6)教练员要不断增强自身直观训练执教的能力水平。

(二)系统化训练原则

系统化训练原则是以运动员经过多年系统、连贯的训练而有效地、稳步地提高竞技能力的训练水平为目的,在其训练全过程中,对运动员实施的长期、系统、连贯、有序的训练控制,以获得最大的训练累积效益的训练原则。

在贯彻实施系统化训练原则时,为了保证理想的训练效果,需要做到以下几个方面的要求:

(1)要保持训练的持续性、系统性、连贯性。
(2)要做好运动员各训练阶段的训练工作。
(3)运用科学有效的方法为运动员度过"瓶颈"期提供一定的帮助。

(三)针对性与个体化训练原则

针对性与个体化训练原则是以突出运动训练的个体性和在各种环境条件下,更有针对性地提高训练效益为目的的训练原则。具体指,在进行运动员运动训练时,教练员要针对不同运动员个体的特点以及对手和各种训练、比赛等条件进行有针对性的个体化的训练。

针对性训练原则指教练员必须针对比赛的目标、专项的特点、对手的情况和训练与比赛的环境条件,进行有针对性的训练。针对性训练目的在于提高运动员对各种复杂多变的训练和比赛环境的适应能力和应变能力。针对性训练也已成为当前赛前运动训练的一个十分重要的任务和内容。个体化训练原则指教练员针对每名运动员的形态、技能、素质、智力、心理和思想作风等方面的特点,确立适合于每名运动员个体特点的个体训练模式,即实施个体化训练。运动训练中,如果再用群体模式对每个运动员个体进行训练已无法达到最佳训练效果。而现代化的运动训练正在向个体化训练的方向发展。因此,个体化训练是针对性与个体化训练原则中的核心。

在运动训练过程中贯彻实施个体化、针对性训练原则时,为了保证理想的训练效果,需要做到以下几个方面的要求:

(1)教练要重视在全面、客观地进行诊断的基础上建立符合运动员个体特点的个体训练模型。
(2)集体项目和个人项目的群体合练中,要处理好个体与集体训练的关系,使一般要求与个别对待有机地结合起来。

(3)要注意全面了解运动员在比赛中可能遇到的情况,尤其是对手和比赛环境条件的情况。这样,才能准确、合理而有针对性地安排好赛前模拟训练。

### (四)动机激励原则

动机激励原则是以更好地促使运动员在以个体为主的训练过程中更好地激励自己良好的训练行为和动机,更自觉地、主动地完成训练任务为目的的训练原则,具体来说,是指在进行运动训练中通过各种方法和途径激励运动员主动从事艰苦训练的动机和行为。其是努力启发运动员的积极性、主动性,培养他们的独立思考能力、创造能力和自我调控能力的运动训练原则。

在贯彻实施动机激励训练原则时,为了保证理想的训练效果,需要从以下几个方面出发:
(1)对训练的目的性和正确价值观的培养引起高度的重视。
(2)使运动员的合理需要得到有效的满足。
(3)将运动员参与训练和比赛的兴趣有效激发出来。
(4)对运动员的主体地位进行进一步地明确。
(5)教练员应做好表率作用。
(6)对运动员的自我分析和评价能力进行重点培养。
(7)选择的训练方式要科学。
(8)按照运动员的个体特征来对训练方式进行有针对性的选择。
(9)正确地运用动力。

### (五)有效训练控制原则

有效训练控制原则是以促使教练员和运动员对运动训练过程实施最有效的控制为目的,以立体化训练控制为基础,根据系统科学的理论与方法,以信息化训练控制及为模型化训练控制为训练条件和基本方法,对运动训练全过程实施全方位的优化控制的训练方式。

具体来说,要在运动训练中贯彻实施有效训练控制原则,为了保证理想的训练效果,需要从以下几个方面入手:
(1)优化训练控制目标,实施最佳化训练控制。
(2)综合训练因素,实施全方位立体训练控制。
(3)重视训练信息化控制。

### (六)科学选材原则

这是以提高选材的准确性,培养优秀运动员,并为其提供最优秀的后备人才为目的的训练原则,具体指在运动员选材中,必须运用已知的科学理论和较为先进的方法与手段,并通过一定的测试和考察,从众多的运动员中选拔出在先天条件和后天条件上都比较优越的后备人才。

在运动训练中贯彻实施运动员科学选材训练原则,为了保证理想的训练效果,需要做到以下几个方面的要求:
(1)要将科学选材和经验选材二者所长有机结合起来。
(2)对选材对象运动能力发展的科学预测引起高度的重视。
(3)采用现代科技技术提高选材的科学性。

(4)应争取各方面人员协助。
(5)选材对象的观察和评估工作也要引起重视。
(6)正确地掌握运动员基础选材和优秀运动员选材的侧重点。
(7)要对运动员选材管理体制的科学性引起重视。
(8)要努力建立科学的运动员选材模式。

### (七)科学调控运动负荷训练原则

该原则要求更科学、更合理地安排运动负荷,使运动员的训练水平和运动成绩不断提高。该原则源于负荷、应激与恢复原理,竞技状态的形成与科学调控原理,周期性与节奏性原理,以及竞技能力的训练适应原理等。简单地说,科学调控运动负荷原则就是在训练过程中,教练员根据训练的任务及运动员个体的情况,按照人体机能的训练适应规律,以大负荷为核心,坚持长期、系统和有节奏地安排运动负荷。

在运动训练中贯彻实施科学调控运动负荷训练原则,为了保证理想的训练效果,需要做到以下几个方面的要求:

(1)选择合理的负荷的内容和手段。
(2)按运动员个体特点确定运动负荷。
(3)重视运动负荷的节奏性。
(4)注意处理负荷量、负荷强度与总负荷的关系。
(5)注意负荷安排的长期、系统性。
(6)要对负荷方案进行最佳综合设计。
(7)重视负荷训练后的恢复。
(8)做好运动负荷监测和诊断。

## 二、体育运动训练的方法

### (一)分解与完整法

#### 1. 分解训练法

将完整的技术动作或战术配合过程合理地分成若干个环节或部分,然后按环节或部分分别进行训练的方法就是分解训练法。在需要集中精力完成专门训练任务,对主要技术动作和战术配合环节的训练进行加强时,分解训练法有着积极的意义,可以使训练取得更高的效益。分解训练法有着自己的适用范围,主要适用情况包括技术动作或战术配合过程较为复杂、可予分解,且运用完整训练法又不易使运动员直接掌握的情况下,或者技术动作、战术配合的某些环节需要较为细致地专门训练。

分解训练法主要有:单纯分解训练法、递进分解训练法、顺进分解训练法、逆进分解训练方法。

#### 2. 完整训练法

从技术动作或战术配合的开始到结束,不分部分和环节,完整地进行练习的训练方法就是完整训练法。完整训练法的运用可以帮助运动员完整地掌握技术动作或战术配合;保持技术动作或战术配合的完整结构和各个部分之间的内在联系。

完整训练法适用的范围很广,既包括单一动作的训练,也包括多元动作的训练;既有个人成套动作的训练,也有集体配合动作的训练。但是应用于不同的训练,需要注意不同的问题。

(二)持续训练法

负荷强度较低、负荷时间较长、无间断地连续进行练习的训练方法就是持续训练法。持续训练主要用于一般耐力素质的发展,并对负荷强度不高但过程细腻的技术动作的完善非常有利。运用持续训练法,在较长时间的负荷刺激下,机体运动机能能够产生稳定的适应,内脏器官产生适应性的变化;可使有氧代谢系统供能能力以及该供能状态下有氧运动的强度得到提高,从而奠定基础促进无氧代谢能力及无氧工作强度的提高。

以训练时持续时间的长短为根据,可以将持续训练法分为短时间持续训练方法、中时间持续训练方法、长时间持续训练方法三种基本类型。

(三)间歇训练法

对多次练习时的间歇时间做出严格规定,使机体处于不完全恢复状态下,反复进行练习的训练方法,就是所谓的间歇训练法。运动员在严格的间歇训练过程中,心脏功能得到明显的增强;通过运动负荷强度的调节,机体各机能与有关运动项目相匹配的适应性变化也得以产生;通过不同类型的间歇训练,有效地发展和提高了糖酵解代谢供能能力或磷酸盐与糖酵解混合代谢的供能能力或糖酵解与有氧代谢混合供能能力或有氧代谢供能能力;通过对间歇时间的严格控制,运动员在激烈对抗和复杂困难的比赛环境中技术动作更加稳定、巩固;机体抗乳酸能力通过较高负荷心率的刺激也可以得到提高,从而能够保证运动员在保持较高强度的情况下具有持续运动的能力。

间歇训练法主要具有高强性间歇训练方法、强化性间歇训练方法以及发展性间歇训练方法这三种类型。

(四)重复训练法

重复训练法是这样一种练习方法,即多次重复同一练习,两次(组)练习之间安排相对充分休息。采用重复训练法,多次重复同一动作或同组动作,经过不断强化运动条件反射的过程,有利于运动员对技术动作的掌握和巩固。通过相对稳定的负荷强度的多次刺激,可使机体较高的适应性机制尽快产生,有利于运动员身体素质的发展和提高。单次(组)练习的负荷量、负荷强度及每两次(组)练习之间的休息时间是构成重复训练法的主要因素。静止、肌肉按摩或散步是通常采用的休息方式。

重复训练法的类型主要有三种,即短时间重复训练方法、中时间重复训练方法和长时间重复训练方法。

(五)变换训练法

根据实际比赛过程的复杂性、对抗程度的激烈性、运动技术的变异性、运动战术的变化性、运动能力的多样性以及中枢神经系统的灵活性等一般特性,变换训练法得以提出。所谓的变换训练法就是指对运动负荷、练习内容、练习形式以及条件进行变换,以使运动员积极性、趣味性、适应性及应变能力得到提高的训练方法。通过运动负荷的变换，机体与有关运动项目相匹配的适应性变化能够产生，从而使承受专项比赛时不同运动负荷的能力得到提高。通过练习内容的变换，能够使运动员系统训练和协调发展不同运动素质、运动技术和运动战术，从而使之具有更接近实际比赛需要的多种运动能力和实际应用的应变能力。

变换训练法的类型主要有三种，即内容变换训练方法、形式变换训练方法和负荷变换训练方法。

### (六)循环训练法

根据训练的具体任务，将练习手段设置为若干个练习站，运动员按照既定顺序和路线，依次完成每站练习任务的训练方法是循环训练法。运用循环训练法可使训练情绪得到有效的激发、负荷"痕迹"得以累积、不同体位得到交替刺激。每站的练习内容、每站的运动负荷、练习站的安排顺序、练习站之间的间歇、每遍循环之间的间歇、练习的站数与循环练习的组数是循环训练法的结构因素。循环训练法的运用可以使不同层次和水平的运动员的训练情绪和积极性得到有效地提高；可以使运动训练过程的练习密度得到合理的增大；可以随时根据具体情况因人制宜地加以调整，做到区别对待；可以使局部负担过重得以防止，使疲劳的产生得到延缓，对全面身体训练非常有利。在实践中，循环训练法中有"站"和"段"的说法，其中的"站"指的是练习点，如果一个循环内的站数中，有若干个练习点是以一种无间歇方式衔接，那么这几个练习点的集合可称之为练习"段"。"站"和"段"是安排循环练习的顺序时应该考虑的。

循环训练法的类型主要有三种，即循环重复训练、循环间歇训练和循环持续训练方法。对于三种循环训练法来说，其组织形式也有三类，分别为流水式、轮换式和分配式。

### (七)比赛训练法

在近似、模拟或真实、严格的比赛条件下，按比赛的规则和方式进行训练的方法是比赛训练法。比赛训练法的提出有着一定的依据，包括人类先天的竞争和表现意识、竞技能力形成过程的基本规律和适应原理、现代竞技运动的比赛规则等因素。运动员全面并综合地提高专项比赛所需要的体、技、战、心、智各种竞技能力可以通过比赛训练法的运用而实现。

比赛训练法的类型主要有四种，即教学性比赛方法、模拟性比赛方法、检查性比赛方法和适应性比赛方法。

## 第三节 体育运动训练的内容与计划

### 一、体育运动训练的内容

#### (一)体能训练

##### 1. 力量素质训练

力量素质是指人体神经肌肉系统在工作时克服和对抗阻力的能力。力量是体能的构成要素，是决定运动成绩的基础性因素，与其他运动素质有着密切的关系。

## 第四章 体育训练基本理论研究

运动员克服的阻力包括外部阻力和内部阻力。外部阻力如物体的重量、摩擦力以及空气阻力等。内部阻力是指肌肉的黏滞性、各肌肉间的对抗力等,主要来源于运动器官,如骨骼、肌肉、韧带、筋膜等组织的阻力。力量素质是获得运动技能、提高运动水平的必要条件,也是发展速度、速度耐力、灵敏性等素质的基础。

根据力量素质与运动专项的关系,可分为一般力量和专项力量;根据力量素质与运动员体重的关系,可分为绝对力量和相对力量;根据完成不同体育活动所需力量素质的不同特点,可分为最大力量、快速力量、力量耐力。

(1)动力性等张收缩训练

①动力性向心克制性

肌肉在做动力性向心克制性工作时,肌肉长度逐渐缩短,所产生的张力随着关节角度的变化而改变,因此,练习时根据专项运动的需要,掌握好发挥最大肌力的关节角度,可使运动员的体能训练效果显著提高。

②动力性离心退让性

肌肉的退让性工作是指肌肉在紧张状态中逐渐被外力拉长的工作,即肌肉的起止点彼此向分离方向移动,故又称离心工作。肌肉做离心收缩时所产生的张力比肌肉做向心收缩时所产生的张力大40%。股四头肌做离心收缩时所承受的负荷是做向心收缩时所承受负荷的两倍。由此,人们利用离心收缩的原理创造了"退让训练法"。

(2)静力性等长收缩训练

静力性等长收缩训练是在身体固定姿态下,肢体环节固定,肌肉长度不变,改变张力克服阻力的练习方法。肌肉做静力性收缩时,可以动员更多的肌纤维参与工作,表现出的力量大,力量增长也快,并节省训练时间。

(3)超等长收缩训练

超等长练习时先使肌肉做离心收缩,然后接着做向心收缩。超等长收缩的优点在于,在做离心收缩工作时,肌肉被迅速拉长,它所受到的牵张是突然而短促的,肌肉各个牵张感受器同步地受到刺激,产生的兴奋高度同步,强度大而集中,能动员更多的运动单位同时参与工作,使肌肉产生短促而有力的收缩。与其他力量练习相比,超等长练习更接近比赛时人体的运动形式,肌肉发力突然,技术结构相似,传递速度快,因而可得到更好的训练效果。

(4)等动收缩训练

等动力量训练在特制的等动练习器上进行,练习时,肢体动作速度保持不变,肌肉始终发挥较大张力完成练习,等动练习集等长(静力性力量)和等张(动力性力量)之所长于一身,有利于最大力量的增长。

(5)循环训练

发展力量耐力训练可将几个训练手段编组循环进行。在运动员力量素质训练中,循环训练法采用的也比较多,如上肢、腰腹、下肢等部位力量的组合训练常采用循环训练法。

2. 速度素质训练

速度素质是指人体快速运动的能力。包括人体快速完成动作的能力和对外界信号刺激快速反应的能力,以及快速位移的能力。速度是球类运动员的基本素质之一,在体能训练中占有重要地位。

通常情况下,可以将速度素质分为三种,即反应速度、动作速度、移动速度。

(1)反应速度训练

①信号刺激

教师可利用突然发出的信号来提高运动员对简单信号的反应能力。

②运动感觉

运用运动感觉法一般要经过以下三个阶段:

第一个阶段是让运动员以最快的速度对某一个信号做出应答反应,然后教练员告诉运动员所花费的时间。

第二个阶段先让运动员自己估计做出应答反应花费了多少时间,然后教练员再将其与实际所用的时间进行比较,由此提高运动员对时间感觉判断的准确性。

第三阶段是教练员要求运动员按事先所规定的时间去完成某一反应的练习,这种练习可以提高运动员对时间判断的能力。

③移动目标

运动员对移动目标能迅速地做出应答,一般要经过看(或听)到目标移动所发出的信号、判断目标移动的方位及速度、运动员选择自己的行动(应答)方案和实现行动方案四个步骤。而判断目标的移动方位及速度的准确性与否,会导致所选择行动方案的正误,所以这也是运动员训练的重点。

④选择性训练

选择性练习是随着各信号复杂程度的变化,让运动员做出相反的应答动作。如教练员喊蹲下同时做下蹲动作,运动员则站立不动;教练员喊向左转,运动员则向右转;或教练员喊1、2、3、4中某一个数字时,运动员应及时做出相应(事先规定)的动作等。

(2)动作速度训练

①信号刺激

教师可利用同步声音的伴奏,使运动员伴随着声音信号的快节奏做出协调一致的快速动作,从而提高运动员的动作速度。

②专门性步法

如快速小步跑、高抬腿跑、滑步等,都可以提高运动员的动作频率。

③利用外界助力

如快速跑台阶(上、下)。通过限制每步跨越的台阶数量来提高动作频率。

④借助外界力量减小阻力

如下坡跑或顺风跑。或根据队员和环境情况,采用不同身体姿势,听到信号后突然加速跑动。

⑤缩小完成训练的空间和时间

利用小场地进行练习。因为快速动作的完成与持续练习的时间长短有关,也与完成动作活动范围(空间)大小有关,通过小场地传接球练习,可以限制活动的时间及活动范围,从而提高运动员完成动作的速度。

(3)移动速度训练

①原地不同姿势的起跑(5~30米)

听到信号后突然跑出,如站立式、蹲踞式、侧身站或半蹲、背向、坐地、俯卧、仰卧、原地小步跑、跳跃等。

②计时性测验跑

计时性测验跑,一般在30米内的有球或无球、固定方向或无固定方向,绕过障碍或不绕过障碍等。

③高频率的专门性训练

如径赛运动员做高抬腿跑、小步跑、后蹬跑、车轮跑等。

④结合球的训练

结合球的速度训练,如短距离的带球跑、插上追球跑、套边传球跑,以及两人追球后得球者射门等。

⑤结合游戏的训练

结合游戏进行的有球或无球的短距离固定方向或不定方向的起动跑,练习移动速度。

3. 耐力素质训练

耐力素质是指有机体坚持长时间运动的能力。耐力素质是运动员在比赛中能长时间保持高速度、高质量的竞技状态的基础。运动员在比赛的全过程中,要保持特定的运动强度或动作质量,就必须具有良好的耐力素质,就必须具备能在持续运动过程中不断积累和加深与疲劳作斗争的能力。

耐力素质的分类方法有很多种,其中,较为常见的有以下几种:以专项活动的关系为依据,可以将耐力素质分为一般耐力和专项耐力;以活动持续时间为依据,可以将耐力素质分为短时间耐力、中等时间耐力、长时间耐力;以肌肉工作的性质为依据,可以将耐力素质分为静力性耐力、动力性耐力;以氧代谢的特征为依据,可以将耐力素质分为有氧耐力、无氧耐力、有氧与无氧混合耐力。

4. 灵敏素质训练

灵敏素质是指在各种突然变换的条件下,运动员能够迅速、准确、协调地改变身体运动的空间位置和运动方向,以适应变化着的外环境的能力。

衡量灵敏素质的标志是运动员在各种复杂变换的条件下能够迅速、准确、协调地做出应答动作。这就要求运动员必须具有良好的判断能力及反应速度,要求运动员随机完成的应答动作在空间、时间以及用力特征上组配协调。

根据与专项的关系,灵敏素质可分为一般灵敏素质和专项灵敏素质。

能够有效发展和提升灵敏素质的训练方法主要有以下几种:

(1)徒手训练法

①单人训练

立卧撑跳转体:完成一次立卧撑动作,接原地挺身跳转体180°。计算30秒内完成动作次数,练习三组,要求动作准确,衔接迅速。

弓箭步转体:两腿呈左弓箭步姿势,两臂弯曲置于体侧,身体迅速向右旋转,呈右弓箭步姿势,有节奏地进行。要求转体动作幅度要大而且快。连续转体10秒为一组,练习三组。

正踢腿转体:一腿支撑站立不动,异侧腿从下向前上方踢起至最高点时,以支撑腿为轴向后转体180°,两腿交替进行。踢腿时应两腿伸直,上踢快,下落轻,上踢至前额30厘米以内时方可做转体动作。练习三组,每组20次。

快速折回跑:要求运动员听哨音或看手势往返快速跑。发出指令的间隔不超过两秒钟。

前后滑跳:两脚前后开立,上体稍前倾,屈膝,两臂置体侧。后脚向后蹬地,前脚向前跨出,身体随之向前移动。当前脚落地瞬间即向后蹬地,后脚向后跳,身体随之向后移动。练习时身体重心不要上下起伏,保持水平移动,30秒为一组,练习2~4组。也可采用左右滑跳练习。

障碍跑:在跑道上设立多种障碍,要求运动员迅速、敏捷地跳过,绕过或跳跃障碍,并计算全程时间。

②双人训练

过人:在直径3米的圆圈内,2人各占半圆。一人防守,一人设法利用晃动、躲闪等假动作摆脱防守者进入对方防守区。交替进行。要求不准拉人、撞人。20秒为一组,练习4~6组。

躲闪摸眉:2人站在直径2.5米的圆圈内,做一对一巧摸对方左肩练习。要求计算30秒摸中次数,重复2组。

障碍追逐:利用障碍物进行一对一追逐游戏,追上对方并拍到身体任何部位后立即交换进行。要求练习时要充分利用障碍物做些躲闪、转身等动作。练习5~6组,每组20秒,间歇20秒。

模仿跑:2人一组,前后站立,间隔3米。前者在快跑中做出变向、急停、转身等不同动作,后者及时模仿前者在跑动中做出的各种动作。练习四组,15秒为一组,间隔30秒。

(2)组合训练法

①两个动作组合

主要有交叉步接后退跑、后踢腿跑接圆圈跑、坐撑举腿接俯撑起跑、侧手翻接前滚翻、转体俯卧接膝触胸、变换跳转髋接交叉步跑、盘腿坐接后滚翻、俯卧膝触胸接躲闪跑、立卧撑接原地高频跑等。

②三个动作组合

主要有立卧撑接高频跑和跑圆圈、交叉步侧跨步接滑步和障碍跑、转髋接过肋木和前滚翻、旋风脚接侧手翻和前滚翻、弹腿接腾空飞脚和鱼跃前滚翻、滑跳接交叉步跑和转身滑步跑等。

③多个动作组合

主要有倒立前滚翻接单肩滚翻—侧滚—跪跳起、悬垂摆动接双杠跳下—钻山羊—走平衡木、跨栏接钻栏—跳栏—滚翻、腾空飞脚接旋子—前滚翻—乌龙绞柱、摆腿接后退跑—鱼跃前滚翻—立卧撑等。

(3)游戏训练法

①贴烧饼

先将运动员分成若干组,每组2人环形站立,另设两人一追一逃,逃者若背贴于某组内环第一名前面,则该组最后一名便成为逃者。如逃者被抓住则改为追者,反复练习。

②打小鸟

运动员分成三组,甲组站立在场地中间做被打击目标,乙、丙两组分别站在场地两端(相距15~20米),持排球、小沙袋等轻器械向甲组投射。甲组被击中下肢部位者下场。甲组全被击中后换一组做"小鸟"并重新开始练习。

### 5. 柔韧素质训练

柔韧素质是指人体关节在不同方向上的运动能力以及肌肉、韧带等软组织的伸展能力。

柔韧训练对发展运动员的肌肉、关节、韧带的灵活性、柔韧性、弹性,增大运动的幅度、提高动作难度有重要的作用,有利于掌握运动技术。同时,柔韧训练对避免运动员的运动创伤、发展其他运动素质也有着重要作用。

关于柔韧素质的分类,主要有两种,一种是将柔韧素质分为一般柔韧素质和专项柔韧素质,一种是将柔韧素质分为主动柔韧素质和被动柔韧素质。

发展柔韧素质的目的是提高髋关节的肌肉、肌腱、韧带等软组织的伸展性。柔韧素质的练习方法主要有主动性拉伸法和被动性拉伸法两种,这两种练习方法的特点,都是在"力"的拉伸作用下,有节奏地逐渐加大动作幅度或多次重复同一动作,使软组织逐渐地或持续地受到被拉长的刺激。

(1)主动性拉伸训练法

主动性拉伸训练法是指运动员依靠自己的力量,通过与某关节有关联的肌肉的主动收缩,来增加关节灵活性的方法。

①静力拉伸训练

静力拉伸训练是指运动员在动作最大幅度的情况下,依靠自身肌肉力量保持静止姿势的练习,如把杆控腿、体前屈后的静止等。

②动力拉伸训练

动力拉伸训练是指运动员依靠自己的力量,将肌肉、肌腱、韧带等软组织拉长,提高其中伸展性的方法。根据完成动作的特点可将其分为:单一和多次的(如两次重复和多次重复的体前屈)拉伸练习;摆动的和固定的(如固定支撑点的拉肩)拉伸练习;负重和不负重的拉伸练习。

(2)被动性拉伸训练法

被动性拉伸练习法是指依靠外力的作用,促使关节灵活性增大的方法。

①静力拉伸训练

静力拉伸训练,即由外力来保持固定姿势的练习,如依靠同伴的力量来保持体前屈的最大幅度。

②动力拉伸训练

动力拉伸训练是指依靠教练员或同伴的助力来拉长韧带、肌肉的练习,如依靠同伴的帮助来逐渐提高后举腿的动作幅度。

(二)心理能力训练

1. 心理能力的定义

心理能力是指运动员与训练竞赛有关的个性心理特征,以及依训练竞赛的需要把握和调整心理过程的能力,是运动员竞技能力的重要组成部分。

2. 心理能力训练的分类

(1)以训练内容与专项需要的关系为依据分类

根据心理训练内容与专项需要的关系,可将心理训练划分为一般心理训练和专项心理训练两大类。

①一般心理训练

通过一般心理训练发展运动员普遍需要的心理品质,即适应于参加运动训练和竞技比赛的心理特征,以及健康、稳定的心理过程。

②专项心理训练

通过专项心理训练,则集中发展从事艰苦的专项训练和成功地参加专项竞赛,特别是高水平竞赛所需要的个性心理特征以及特定的心理过程。如中长跑、赛艇、自行车等耐力性项目运动员顽强的意志品质,对抗性项目选手的准确判断能力,竞技体操、跳水等要求复杂技巧的项目运动员的高度自控能力,花样滑冰、艺术体操选手出色的表现能力等。

(2)以训练目标与训练及比赛的关系为依据分类

根据心理训练目标与训练和比赛的关系,可将心理训练分为赛期心理训练及日常心理训练(或称训练期心理训练)两大类。

①日常心理训练

日常训练过程中的心理训练偏重于改善运动员的个性心理特征。应根据运动员年龄、训练年限以及所处训练阶段的不同,安排不同比例的一般与专项心理训练。基础训练阶段的少年选手,应以改善一般的个性心理特征为主,随着专项训练任务的加重,改善适应于专项特点的训练和竞技需要的个性心理特征的训练安排比重则逐渐加大。

②赛期心理训练

依特定比赛的需要,所进行的有针对性的心理训练叫作赛期心理训练,包括赛前的心理准备、赛中的心理控制以及赛后的心理调整。

赛前运动员的体能、技能及战术能力均相对较为稳定,而其心理活动却非常活跃。心理状态的变化常常会对运动员最终参赛的结果产生巨大的影响。因此在比赛之前,要激发运动员强烈的比赛动机,控制其适宜的激活水平,增强运动员的参赛信心,建立稳定而又灵活的参赛思维程序及参赛行为程序。

赛中,比赛环境及其不断地变化,都会给运动员的情绪以强烈的影响。因此,保持良好的稳定情绪则成为运动员充分发挥其体能、技能及战术能力水平的关键。

竞赛结束后的心理调节,同样是心理训练的重要组成部分。对于比赛的成功者,应充分肯定他们在比赛中积极的情绪体验,同时亦应注意消除由于胜利而掩盖了的比赛中消极的情绪体验,以及由于不能正确对待胜利而产生的自满、松懈等不良的情绪体验。对于比赛失败者,则需力求消除因失败而带来的消极情绪体验,并应寻找和发扬其在比赛过程中局部的积极的心理体验,以激发其再战求胜的强烈动机。

3. 心理能力的重要作用

运动员的个性心理特征,在其从事竞技体育活动时起着重要的作用。一般而言,观察力敏锐的选手,善于在比赛中抓住战机;想象力丰富的选手更富于创造性;而能够高度集中注意力的选手则在训练和比赛中表现出坚韧不拔的精神。同样,运动员心理过程的特点也对其训练及竞赛行为有着巨大的影响。

(1)不同类型的运动项目对运动员的心理能力有着不同的要求

在田径、游泳、自行车、举重等项目竞技能力的结构中,体能起着主导作用;在竞技体操、跳水、花样滑冰等项目竞技能力的结构中,技能起着主导作用;在各种球类运动以及拳击、摔跤、击剑等项目竞技能力的结构中,则由技能和战术能力共同起着主导作用。

对于这些项目,运动员心理能力的作用在大多数情况下是重要的,然而又是辅助的。而对那些技术要求比较单一,练习和比赛时多次重复同样的技术动作,但又不去直接较量运动员体能水平高低的运动项目,如射击、射箭、弓弩来说,运动员心理能力的强弱对其总体竞技能力水平,对其比赛的结果,则有着巨大的和极为重要的影响。

(2)不同水平选手比赛时心理能力的不同作用

在现代社会中,训练理论及方法的传播非常迅速。因此,高水平运动员在体能、技能等方面常常表现得难分上下,比赛结果的毫厘之差,常常正是由于心理能力的差别所致。运动员水平越高,竞技越激烈,心理能力对比赛结果的影响相对就越大,在某些情况下,还会成为决定性的因素。

4. 心理能力的训练方法

心理能力训练的方法很多,常用的训练方法一般有以下几种:

(1)模拟训练法

模拟训练是指模拟设置未来比赛中可能出现的条件进行的训练。在模拟未来比赛的条件下进行心理训练(或包括心理训练在内的综合训练),即模拟心理训练。通过模拟训练,可使训练与比赛的实际尽可能接近,使运动员在近似比赛的条件下,锻炼和提高对未来比赛的适应能力,以及情绪控制能力等。

在模拟训练中,组织训练的主体,即教练员或心理学专家,主要通过所制造的模拟条件对训练的客体,即运动员,实施心理训练和控制。模拟训练包括实景模拟训练和想象模拟训练。在模拟比赛的实际进程和条件的状况下进行训练叫实景模拟训练。如20世纪60年代中国乒乓球队组织了一批模拟世界各国优秀选手打法的陪练队员,为主力队员创造模拟训练的场景和条件。在参加大赛之前的实战训练中,播放比赛地区语言的啦啦队叫喊声,以帮助队员适应未来比赛的人际环境等。

运用模拟训练时应注意以下几点:

第一,为运动员参加比赛做好适应性训练的模拟训练,要对比赛的对手、环境、条件等各个方面进行详细的了解与分析,然后,根据分析研究的结果进行针对性训练,使训练尽可能地与将要面临比赛实际相似。

第二,由于各运动项目不同,训练的"模拟点"亦不同,如在一对一的项目训练中,可选比赛对手特点进行模拟的"实践"训练;在体操训练中可安排有裁判打分和喧闹观众场面的训练;在田径训练中可模拟比赛场地的训练等。

第三,模拟训练是提高运动员适应能力的训练,在于能使运动员中枢神经系统形成优势现象并建立合理的定型结构。但比赛是千变万化的,要尽量使运动员能应付各种变化的情况。

(2)意念训练法

意念训练是指运动员有意识地、积极地利用头脑中已经形成的运动表象或充分利用想象进行训练的方法。

意念训练对技战术训练作用显著,如在练习之前通过对技术要领方法的想象,在大脑皮层中留下技术"痕迹",然后在练习中把这些痕迹激活,可使动作完成得更加正确、顺利。

运用意念训练法时应注意以下几点:

第一,意念训练可在暗室间里进行,最好在一个舒适地方坐着或躺着进行。
第二,使运动员注意力高度集中,闭目练习常可收到良好效果。
第三,使冥思练习与各种运动感觉结合起来,把头脑中的想象变成运动中机体的"活力"。
第四,在进行冥思练习时,一定要产生一种思维运动效果,要有意识地发展思维。

(3)诱导训练法

诱导训练法是指在训练中采用有效刺激物把运动员的心理状态引导到某一个事物或方向上去的训练方法,可为顺利完成训练与比赛任务建立良好的心理状态。

与意念训练法相比,诱导训练法的不同之处在于,运动员训练时是通过教练员、心理学专家等他人的诱导,或用录像带等外界刺激来完成的。意念训练法的诱导者是运动员自己,诱导训练的诱导者则是他人。

诱导的途径是多样的。诱导者常常发出语言信号,由运动员的听觉器官接受信息,并按预定要求去实施。鼓励与批评、说服与疏导、启发与幽默都是语言诱导的常用手段。

运用诱导训练法时应注意以下几点:
第一,所采用的诱导手段应是运动员感兴趣的,能引起运动员注意力转移的。
第二,诱导者是教练员、心理学家,也可是同伴,但均应是运动员愿意接受的。
第三,应从诱导的目的、手段、信息传递方式及结果等多方面计划安排某一次诱导训练,切不可随意滥用。

(三)技战术能力训练

1. 技术能力训练

(1)运动技术的定义

运动技术即是完成体育动作的方法,是运动员竞技能力水平的重要决定因素。参加不同体育项目的活动,需完成不同的动作,即需要学习和掌握不同的技术。合理的、正确的运动技术须符合项目运动规则的要求,有利于运动员的生理、心理能力得到充分的发挥,有助于运动员取得好的竞技效果。

各个运动项目的各种动作,都有着符合人体运动力学基本原理的标准技术及规范的技术要求,但对每名运动员来说,又必须依据个体的生理学特点,选择和掌握具有个人特征的运动技术,才能更为有效地参与运动竞技。

(2)运动技术的特征

①个体差异性

不论何种运动技术都必须符合科学原理,具有运动的规范性和公认的动作规格。然而,由于运动员在身体形态、运动素质等许多方面具有不同的个人特点。所以,运动技术还具有个体差异性,对每个具体的运动员来说,最合理的技术动作都不会完全相同,而有着鲜明的个体差异性。

②不断发展的必然性

在任一特定时刻,运动技术的规范要求的合理性都是相对的和暂时的。随着运动员身心素质的不断提高和运动器械设备的不断改进,运动技术也在不断地发展,即处于一种动态变化过程之中。这就是运动技术不断发展的必然性特点。

③与体育动作的不可分割性

这是运动技术区别于其他技术的最显著的特征。运动技术只能通过运动员身体动作表现出来。因而,人们长期将运动技术又称为"技术动作""动作技术"等。

④相对稳定与即时应变的统一性

运动技术应具备相对稳定的动作结构。在比赛中,应力求保持这种结构。同时,随着比赛环境及比赛对手的变化,有效的运动技术应能随这些变化而有所调整。

(3)动作要素与技术结构

①动作要素

身体姿势:身体姿势是指在动作过程中,身体或身体各部分所处的状态及身体各部位在空间所处的位置关系。可分为开始姿势、动作进行过程中的姿势和结束姿势。

动作轨迹:动作轨迹是指在做动作时,身体或身体某部分所移动的路线。包括轨迹形状(直线、曲线、弧线等)、轨迹方向(前后、左右、上下六个基本方向及各种旋转与环绕等)和轨迹幅度(长度、角度)。

动作速度:动作速度是指在单位时间里身体或身体某部分移动的距离,包括平均速度、瞬时速度、初速度、末速度、角速度和加速度等。

动作时间:动作时间是指完成动作所需要的时间,包括完成动作的总时间(完成动作所需的全部时间)和各个部分的操作时间(完成动作的某一环节所需要的时间)。

动作速率:动作速率是指在单位时间内同一动作重复的次数。

动作力量:动作力量是指在完成动作时,身体或身体某部分克服阻力所用力的大小,是人体内力和外力相互作用的结果。

动作节奏:动作节奏是指在完成动作过程中的时间特征,包括用力的大小、时间间隔的长短、动作幅度的大小及动作快慢等要素。

②技术结构

A. 动作基本结构

由动作基本环节和环节之间的顺序构成,也可称为技术的微观结构。

每一项技术动作的基本结构都包括若干个基本环节。如跳远技术动作由助跑、踏跳、腾空和落地四个基本环节组成。这些基本环节按特定的、一般不能予以改变的顺序形成动作基本结构。因而,动作基本结构可称为"技术链",而动作基本环节则可视作"技术链"上的各个点。"顺序"则成为连结各个点的连线。

改善动作基本结构可从改善动作基本环节、改善环节间顺序两个方面进行。

B. 技术组合

由若干独立的技术动作连结组成的集合。如乒乓球运动员的"左推右攻",艺术体操运动员的"难度性组合"与"表现性组合"等。

(4)技术能力的训练方法

①直观训练法

直观训练法是指在技术训练中,借助运动员的各种感觉器官,使运动员建立起对练习的表象,获得感性认识,帮助运动员正确思维、掌握和提高运动技术水平的一种常用的训练方法。

运用直观法时应注意以下几点:

第一,根据具体条件和可能,广泛利用各种直观手段。首先要提高多感官的综合分析能力。

运动员综合利用感觉器官的能力越强,越能较快地感知和掌握技术动作。其次要注意各种感觉器官的作用往往具有阶段性。如开始学习技术动作时,视觉作用较大;但在提高过程中,就应更多地通过肌肉本体感觉改进和完善技术。

第二,把运用直观法和启发运动员的积极思维结合起来。感性认识必须通过积极的思维向理性认识过渡,才能形成正确的动作概念,从而掌握动作。

第三,对于运动水平较低、年龄较小的运动员应更多使用电影、录像和示范等直观手段。

②语言训练法

语言训练法是指在技术训练中,运用各种形式的语言,指导运动员学习和掌握技术动作的训练方法。其主要作用在于帮助运动员借助语词明确技术动作概念,纠正错误动作,提高技术水平。

语言法以"讲解"为主要手段。讲解时,应力求目的明确、通俗易懂、精简扼要、富于启发性,并要注意讲解的时机。

③分解训练法

分解训练法是指把完整技术动作按其基本环节,分成若干个相对独立的部分,使运动员分别进行练习的训练方法。

分解训练法的优点在于,能减少运动员开始学习的困难,在掌握了完整技术动作中相对独立的几个部分后,再进行完整练习,从而提高学习的效率,增强掌握动作的信心。此方法主要用于较复杂的技术及技能主导类表现难美性项群的成套技术动作练习中,在改进动作、提高动作质量时也可使用。

④完整训练法

完整训练法是指运动员从技术动作的开始姿势到结束姿势,完整地进行练习,从而掌握技术的训练方法。

完整训练法的优点在于,一开始就使运动员建立完整的技术动作概念,不致影响动作的结构和各部分之间的联系。此方法多用于学习简单的技术动作或不能分解联系的较复杂的技术动作。

⑤表象训练法

又称念动法。指运动员在头脑中对过去完成的正确技术动作的回忆与再现、唤起临场感觉的训练方法。通过多次动作表象,提高运动员的表象再现及表象记忆能力;可以使运动员的注意力集中于正确的技术要求,有利于提高心理稳定性,从而促进技术的掌握。

⑥想象训练法

想象训练法指在练习前,通过对技术要领的想象,在大脑皮层中留下技术"痕迹",然后在练习中激活这些痕迹,使技术动作完成得更为顺利和正确的一种训练方法。此种方法在优秀运动员中运用得更为普遍。

在想象法运用过程中,要与各种感觉相结合,即在头脑中对技术动作想象的同时,同步地与各种感觉(肌内用力感、空间感、方向感、平衡感和速度感等)结合起来,把头脑中的想象变成运动器官的操作性活动。

⑦加难与减难训练法

加难训练法是指在技术训练中,以高于专项要求的难度进行训练的方法。此种方法常在优秀运动员训练中使用。

减难训练法是指在技术训练中,以低于专项要求的难度进行训练,此种方法常用于技术初学阶段。

2. 战术能力训练

(1)战术能力的定义

战术能力指运动员(队)掌握和运用战术的能力,是运动员(队)整体竞技能力水平的重要构成部分。

运动员(队)战术能力的强弱反映在其战术观念的先进性、个人战术意识及集体配合意识的强弱、战术理论知识的多少、所掌握的战术行动的质量和数量、运用战术的针对性和有效性等方面。不同竞技项目对运动员(队)战术能力的要求有所不同。技能主导类格斗对抗性项群、同场对抗性项群、隔网对抗性项群对运动员战术能力的要求最高。

(2)运动战术的构成

①战术观念

战术观念指对比赛战术概念、战术价值功效及运用条件等进行认识和思维后产生的观念。战术观念的形成同运动员、教练员所具有的竞赛经验、知识结构、认知特点和思维方式等有密切关系。教练员、运动员的战术观念对其进行战术思考、制定战术计划、实施战术训练等一切战术活动有着重要的导向意义。

②战术指导思想

战术指导思想指在战术观念影响下,根据比赛具体情况提出的战术运用的活动准则。它是基于对战术规律认识基础之上,指导战术行动的规范或模式,明显地体现出战术运用者的战术观念。战术指导思想是战术活动的核心。采用的战术是否具有很高的针对性和实效性,关键取决于战术指导思想正确与否。

③战术知识

战术知识指关于比赛战术理论及实践运用的知识,有经验性知识和理论性知识两种形态,包括对专项战术运用原则与战术形式、战术的发展趋势、比赛规则对战术运用的制约等方面的了解与把握程度。

战术知识是掌握和运用具体战术的基础。教练员、运动员制定的战术方案是否合理,运用得是否灵活、机动和有效,往往取决于他们掌握战术知识的广度和深度。

④战术意识

又称战术素养。指运动员在比赛中为达到特定战术目的而制定自己战术行为的思维活动过程。战术意识强的运动员,能在复杂多变的竞赛环境中,及时准确地观察场上的情况,随机应变,迅速而正确地决定自己的行动方案(包括个人行动及与同伴的协同配合行动)。

⑤战术形式

战术形式指战术活动中具有相对稳定的形态和结构的行动方式,如篮球战术中的掩护、盯人、联防等形式。

⑥战术行动

战术行动指为达到特定战术目的而采用的动作、动作系列或动作组合。

(3)运动战术的分类

①按战术的表现特点分

A. 阵型战术

阵型战术指在集体性项目中以一定的阵型,使每名运动员有一个相对的位置分工,并按一定的要求相互配合,从而构成一个相对完整的阵营形式去战胜对手的战术行动。

B. 体力分配战术

体力分配战术指通过体力的合理分配而谋取胜利的战术行动,在体能主导类项群中的周期耐力性项目如长跑、游泳等项目中运用较多。

C. 心理战术

心理战术指通过一些特定的方式和措施,对参赛对手心理上施加影响,使对手不能顺利完成其预定的战术决策和战术行动。随着运动员训练水平的接近,在比赛前和比赛中,运动员个人或集体任何微小的变化都会给对方以心理影响,扰乱其预先的战术部署,破坏其正常技术发挥。心理战术的主要目的是确立自己的心理优势,使对手在心理上处于劣势。

心理战术的核心是心理干扰。具体手段包括对对手进行威慑、麻痹、迷惑等,以使对手产生心理压力过重、烦躁不安、心理过程紊乱、盲目自信或丧失信心等消极情绪,诱使对手在错误的心理活动支配下进行错误的战术行动。制造假象、形成错觉是心理干扰常用的手段,可使对手摸不清本方战术意图,从而导致其采用错误的战术行动。

D. 参赛目的战术

体能主导类项群运动员根据自身参赛目的的不同,比赛时分别采用创纪录战术或夺标战术。

创纪录战术指运动员在比赛过程中,以打破纪录或创造个人最好成绩为目标,按预先制定好的速度、重量及用力程度安排进行比赛。

夺标战术指运动员在比赛过程中,以夺取最好或较好名次为目标而采取的战术。此种战术是运动员在奥运会等重大比赛中采用最多的战术。

采用上述两种战术通常需要运动员已具备创纪录或夺标的竞技能力水平和适宜的竞技状态;已较好地适应了比赛环境;已较为熟悉主要对手的基本情况。

②按参加战术行动的人数分

A. 个人战术

个人战术指个人所完成的战术行动。在拳击、摔跤、跆拳道、击剑及乒乓球、羽毛球、网球等单打比赛中,个人战术表现得尤为明显。在篮球、排球、足球、冰球等项目中,个人战术是整体战术的组成部分。

B. 小组战术

一般指技能主导类隔网对抗项群(乒乓球、羽毛球、网球)中双打项目两名运动员之间协同配合所完成的战术行动,以及在其他集体性项目比赛中两三名运动员共同完成的战术行动。

C. 集体(全队)战术

集体(全队)战术指赛场上同一运动队中所有运动员按统一的战术方案所进行的战术行动。在集体对抗性项目中,集体战术显得尤为重要,合理有效的集体战术往往是获得胜利的关键。

在集体项目中,个人、小组、全队战术是紧密联系在一起的。个人战术是小组战术和全队战术的基础。只有当一个队伍是团结的集体,队里的分工既符合全队的任务,又符合每名运动员的个人能力特点时,集体战术才是行之有效的。

③按战术的普适性分

A. 常用战术

又称基本战术、常规战术,是人们在长期竞赛实践中总结出来的、具有较大普适性的战术,如乒乓球的发球抢攻战术、篮球的人盯人防守战术、击剑的防守反击战术等。

B. 特殊战术

特殊战术指比赛中针对特殊对手而专门制定的战术。"一次性效应"是这种战术的显著特征。在争夺名次、出线权等关键性比赛中,特殊战术的有效性是极为重要的。

常用战术能力是衡量运动员(运动队)实力的重要指标,而能否制定出行之有效的特殊战术,并使之与常用战术能力融为一体,却是衡量教练员水平的重要标志。

④按战术的攻防性质分

A. 进攻战术

进攻战术指利用掌握主动权的机会,通过个人的努力或集体的配合,向对手发动主动进攻所组成的战术行动。

B. 相持战术

相持战术指比赛中双方攻守态势相对均衡时,为争得主动、力求场上形势向有利于己的方向转化而采取的战术行动。在势均力敌的比赛中,大量存在着"相持现象"。相持阶段是介于主动与被动的过渡环节。在这一环节中,战术运用是否得当,是能否争得主动、避免被动的主要因素,这在高水平的比赛中显得尤为突出。

C. 防守战术

由个人、小组或集体协同配合采取的阻碍对手进攻的战术行动。

(4)战术能力的训练方法

战术训练方法的采用应根据专项比赛的要求,应有利于发挥运动员的身体和技术特长,应能充分调动运动员的主动性和积极性。

①分解训练法

分解战术训练法是指把一个完整的战术组合过程划分为若干个相对独立的部分,然后分部分进行练习的方法。这种训练法常在学习一种新的战术配合形式时采用,其目的在于让运动员掌握某种战术配合的基本步骤。

②完整战术训练法

完整战术训练法是指完整地进行战术组合练习的方法。这种方法常在运动员已具备一定的战术知识和战术能力后采用,其目的在于使运动员能够流畅地完成整个战术组合过程。

③模拟训练法

模拟训练法指在获得准确情报信息的基础上,通过与模仿重大比赛中主要对手的主要特征的陪练人员的对练,及通过在与比赛条件相似的环境中的练习,使运动员获得特殊战术能力的针对性极强的训练方法。

随着运动训练实践的发展,模拟训练方法的应用范围逐渐扩大。不仅应用于技能主导类格斗对抗、隔网对抗、同场对抗类项群的战术训练之中,而且在体能主导类项群中,为使运动员能针对比赛场地、气候、日程安排等具体情况进行有效的战术准备,模拟训练也在逐渐开展。

运用模拟训练方法时应注意以下两点:

第一,模拟训练虽然能帮助运动员或运动队针对特殊对手提高战术能力,但如果运动员或运动队不具有相应的一般战术能力的基础,模拟训练是不会有多大效果的。因此要实事求是地评价模拟训练的重要性和适用范围。

第二，在模拟训练中，要教育作为主练系统的运动员切实树立"从实战出发"的思想，把同态系统视作被模拟系统，努力提高训练质量，从而提高针对特殊对手的特殊战术能力。

④想象训练法

这是一种心理学训练方法。这种方法是在运动员大脑内部语言和套语的指导下进行战术表象回忆，能够帮助运动员在大脑中建立丰富而准确的战术运动表象。

⑤虚拟现实训练法

虚拟现实训练法指运用高科技设备，将未来可能出现的比赛场景提前在电脑屏幕上"虚拟"出来，从而帮助运动员提高预见能力及在各种情况下灵活有效地运用战术能力的训练方法。这种方法目前在德国、英国等足球队中运用得较为普遍。

⑥程序训练法

程序训练法是近年来从教学领域引进的一种训练法。在运用程序训练法进行制胜训练时，除应遵循由易到难、由简到繁、从固定到变异的一般性程序外，还应特别注意编制不同项群战术训练的特殊程序。

⑦加难与减难训练法

加难训练法是指以高于比赛难度的要求进行训练的方法。

减难训练法是指以低于比赛难度的要求进行训练的方法。这种方法常在战术训练的初始阶段采用。如同场对抗性项群的球类项目中，最初可在消极防守或不加防守的条件下完成战术练习，待运动员已掌握战术的基本步骤后，逐渐加强防守提高难度以达到比赛要求。

这种方法的目的是提高运动员在复杂困难的情况下运用战术的能力。采用的方式一般有：限制完成技术动作的空间和时间条件（如限制场地、缩短时间等）；与不属同一级别的高水平运动员或运动队对抗，采用比正式比赛条件更严格、更困难的标准进行训练等。

⑧实战训练法

实战训练法指在比赛中培养战术能力的方法。这种方法可使运动员对战术的理解更为直接、更为深刻。在参加重大比赛前，往往安排一些邀请赛或热身赛等，其目的之一就是演练将在重大比赛中使用的战术，以检验其有效性。

## 二、体育运动训练的计划

(一)运动训练计划概述

1. 运动训练计划的含义

训练计划是对未来的训练过程预先做出的理论设计。人类任何有准备的工作和行为在开始之前，都应对于该项工作的进行或行为的实施做一番思考，做出具体的安排。在工作进行和实践之前的这种思考和安排都属于一种理论设计。运动训练计划，正是在训练过程开始之前，对其预先做出的这样一种理论设计。

训练计划是为实现训练目标而选择的状态转移通路。在比赛中创造优异的运动成绩是运动训练的终极目标，但其直接目标则是提高学生的竞技能力。而运动训练的过程就是学生竞技能力发展变化的过程。在这里，如果我们把事物的变化理解为某种状态的转移，同样可以把学生竞技能力的变化表达为学生竞技能力状态的转移，即由起始状态向目标状态的转移。而训练计划正是实现这一状态转移的通路。

2. 训练计划的分类

(1)以训练的时间为依据分类

①多年、全年训练计划

安排较长时间的系统训练主要使用的是多年训练计划和全年训练计划,多年、全年训练计划是具有全局意义的战略性规划、计划的内容,是框架式的,不要求过于详尽,它较为稳定。

②周、日、课、单元训练计划

周训练计划与日、课训练计划在训练中变化较多,都属于训练实施的具体计划。

(2)以训练的对象为依据分类

从训练的对象及训练对象的组合方式上,可将训练计划分为个体训练计划、集体训练计划和混合型训练计划三种形式。

3. 训练计划的内容

(1)运动训练计划的适用范围,主要指使用计划的具体对象(运动员个体或集体以及教练员)。

(2)运动员现实状态与前一训练过程计划完成的情况。这是指运动员的竞技能力指标在前一训练过程的最高水平和在制定某训练过程计划时的现实状态,以及上一训练过程的训练计划的完成情况;这是确定新的训练过程训练计划目标的基础。

(3)新的训练计划中训练过程的各种训练计划目标。这是指多年远景目标、全年最高目标、阶段目标、参加各主要比赛的专项成绩指标,以及各个阶段的测验、考核和训练水平评定的分目标,也即各种竞技能力的具体指标等。

(4)训练过程的比赛、训练安排,比赛的时间、规模、等级、次数及指标等。

(5)各运动训练计划的时间阶段划分,以及各阶段的训练任务。

(6)各运动训练过程中训练内容的安排与相应的训练方法、手段选择。

(7)各运动训练过程负荷的动态变化趋势和各运动训练手段的负荷要求与量度,这包括负荷量、强度和总负荷节奏、外部负荷的具体功率指标等。

(8)每个训练过程训练程度的监测内容、时间及标准。

(9)各训练过程的恢复措施和医务监督措施,比如恢复手段的选择及时间安排等。

(10)运动训练计划的有关说明。如训练、比赛、思想教育等方面的特殊要求;战术指导思想、某些练习的形式与负荷要求;纠正错误的要点;训练器材、测定和测验用仪器;训练和比赛的组织与准备工作要点等,还有其他计划表格中不能确切表示的内容。

这些训练内容中,第一个内容是计划的适用范围,第二个内容是制定新计划的依据,第三至第八个内容是训练计划的控制模型,第九个内容是计划中的反馈调控内容,第十个内容是计划的补充性内容。

(二)运动训练计划的制定

1. 多年训练计划的制定

多年训练计划主要内容为准备性部分和指导性部分。准备性部分包括运动员基础情况分析和训练目标;指导性部分包括阶段划分、各阶段任务、训练内容安排和训练指标确定。

(1)准备性部分

①运动员基础情况分析

对运动员基础情况进行分析可以为具体多年训练计划的制定提供必需的信息和依据。由于运动员在形态、机能、素质及心理品质等各方面存在差异性,所以在制定训练计划时,必须以运动员发展程度、健康状况、竞技能力、运动成绩等实际情况为依据,使运动训练的安排既能被运动员接受,又足以导致运动竞技能力发生明显的变化。另外,通过对运动员基础情况的分析,还可以确定运动员的特长,从而提出进一步发展专项的方向。

②多年训练计划的训练目标

运动训练计划的训练目标是一个多层次、多指标、多阶段的系统。一般来说,专项训练的总目标,各阶段的专项成绩指标,与专项相关的竞技能力指标是一个完整的训练目标包括的内容。确定运动员多年训练总的目标应根据项目特点,竞赛任务和分析运动员现实状态、竞技潜力、未来所能提供的训练条件等因素。当然,也可以采用一些数理统计方法建立训练目标的预测公式进行预测。

(2)指导性部分

①阶段划分

依据竞技状态的形成与发展、长期训练适应性的形成与发展规律,以及运动员生理、心理发育的自然规律等,可以确定多年运动训练计划的阶段划分。一般来说,可以将多年训练全过程分为五个阶段:儿童全面训练阶段(8—12岁),基础训练阶段(13—14岁),初级训练阶段(15—17岁),专项提高阶段(18—19岁),高级专项训练阶段(20岁以上)。

②各阶段的任务

A. 儿童全面训练阶段。儿童全面训练阶段的主要任务是培养儿童对相关运动的兴趣,促进发育,增强体质,发展动作速率、速度、弹跳、柔韧、协调等运动素质,学习掌握多种活动技能;教育儿童自觉地遵守纪律,努力成为一个德、智、体全面发展的体育幼苗,为培养成优秀运动员打好基础。

B. 基础训练阶段。全面发展身体素质,促进发育,学习和掌握相关项目运动专项和多项基本技术,发展专项相应的基础素质是此阶段的主要任务。

C. 初级训练阶段。此阶段的主要任务是进一步全面发展各专项身体素质,发展并提高专项素质;还要在继续从事多项训练的基础上进行初期的专项训练,掌握合理的专项技术,提高专项训练水平,并要参加主副项比赛,提高比赛能力,加强心理训练。

D. 专项提高阶段。此阶段的主要任务是继续加强全面身体训练,进一步提高专项素质,巩固和完善专项技术,提高专项技能和训练水平,通过比赛提高适应能力及心理素质,学习专项理论知识。

E. 高级专项训练阶段。此阶段的主要任务是强化各项身体素质,专项素质和专项能力,进一步完善完整技术,充分挖掘潜力,进一步加强心理素质训练,较多地参加国内外各级比赛。创造和保持高水平的运动成绩。

③训练内容安排

在多年运动训练计划中,各阶段的一般身体训练、专项身体训练和技术训练的安排比例,主要取决于运动员的训练水平。随着运动员训练水平的提高,一般身体素质与专项成绩的相关性也随之降低。在制定计划时,各阶段的一般身体训练的比例应该逐渐减少,而专项身体训练和技术训练的比例随之提高,具体如表4-1所示。

表4-1 运动训练计划各阶段训练内容比例

| 比例\内容\阶段 | 一般身体训练 | 专项身体训练 | 技术训练 |
| --- | --- | --- | --- |
| 基础训练阶段 | 60% | 20% | 20% |
| 初级训练阶段 | 40% | 30% | 30% |
| 专项训练阶段 | 30% | 35% | 35% |
| 高级训练阶段 | 20% | 40% | 40% |

④训练指标确定

多年运动训练计划的各阶段训练指标是以整个训练过程最终的运动成绩指标和竞技能力指标为依据的,并要结合不同阶段的训练任务而制定。各阶段训练指标应采用开始幅度较小的渐进式提高,到专项训练阶段时,训练指标提高加快,出现成绩的突变式上升,在高级训练阶段达到最高水平。

2. 年度训练计划的制定

制定年度训练计划,是从事系统训练活动的教练员和运动员不可缺少的一项重要工作,体育工作者通常以年度训练作为组织系统运动训练过程的基本单位。

(1)年度训练的任务

年度训练任务可以计划本年度提高运动成绩的幅度,同时还要计划达到田径副项多项的运动成绩,以及身体素质训练指标,学习和改进技术,提高理论知识、心理训练等指标。年度的训练任务和各项成绩指标的确定是在多年训练的阶段任务和对上一年度基本情况的总结与评价基础上进行的,并且以运动员发展的可能及其训练指标的现有水平为根据。

(2)年度训练中的周期安排

①年度训练的周期

年度训练大周期通常有单周期(包括单周期双高峰)、双周期和多周期等不同类型,不同结构类型有不同的总体规划、比赛系列和训练安排,分别适用于不同的运动专项。

A. 单周期

单周期是全年训练按一个完整的大周期组织实施的安排。随着训练活动的效率不断提高,单周期安排已经越来越少采用了。在训练中也很少采用,这里只做简单的介绍。适用于采用全年单周期安排的运动项目不多,主要是有以下特点的运动项目:

需长达4~6个月的时间才能做好充分准备或取得显著训练效应的项目;受气候限制,每年只能在集中的几个月份内参加比赛的项目,如室外冬季项目;技能主导类表现难美性项目,如艺术体操,为了准备比赛常常需要用较长的时间去创编新的动作和套路,使得一个训练大周期的时间延长,并只能安排一个大的训练周期。

一般来说,单周期年度训练准备时期和比赛时期延续的时间较长,易出现生理负荷与心理负荷的过度累积而导致运动员竞技能力的下降。因此,在训练实践中常把每个时期又分成几个阶段,并往往会在长比赛时期的中间加一个短时间的调整时期,这种便是单周期双高峰安排。

B. 双周期

双周期是指全年训练按两个完整的大周期组织实施的安排,它包含两个准备时期,两个比赛时期和两个过渡时期。在现代竞技训练中双周期安排是一种常用的年度安排模式,在训练中也是常用的。

许多项目可用两三个月的时间准备,使总体竞技能力或竞技能力的某一个方面发生明显的改变;并在一个半月至两个月的时间内参加一系列的比赛,把所获得的竞技能力集中到专项需要的方向上去,逐步培养最佳的竞技状态。此外,加上半个月至一个月的恢复时期,一个大周期的训练过程便是 5~7 个月。因此,一年便可安排两个训练大周期。体能主导类的速度力量性项群,以及耐力性项群中的大多数项目,还有许多技能主导类项群的单人项目的优秀运动员都采用双周期安排。射击、射箭运动员的全年训练也常采用双周期安排。

C. 多周期

多周期训练是三个以上大周期组织全年训练的安排。实施多周期安排要求运动员能在 3~4 个月的时间内有效地提高竞技能力,并在比赛中充分地表现出运动成绩来。这要求有更为科学的训练方法,更为有效的恢复手段,以及更为理想的比赛条件,否则得不到理想的总体效应。三周期的训练模式,在我国有进行实践尝试,不乏成功案例,但是运动训练用得很少,故在此不多做阐述。

②训练周期的任务和负荷安排

A. 准备期

准备期可分为两阶段,即一般准备阶段和专门准备阶段。一般准备阶段主要集中发展一般身体素质,提高内脏器官的功能,改进技术及提高心理素质、专项理论知识水平;专门准备阶段主要进行专项训练,提高运动员承受专项身体训练负荷的能力,改进专项技术。

一般准备阶段负荷的趋势是逐渐增大,优先增加训练量,并达到全周期的最高值,训练的平均强度小于后续阶段的强度。专门准备阶段负荷趋势是量减少,训练强度继续加大,一般身体训练的数量可减少一半以上,专项练习量保持稳定或继续增长,强度的增加主要在专项训练上。

B. 比赛期

比赛期训练的任务是发展专项训练水平,完善专项技术,有利于比赛能力的提高,丰富比赛经验,形成并保持良好的竞技状态,促使在比赛中创造优异成绩。

比赛期的训练负荷应该逐渐减小负荷量,而训练强度则要增至最大,并在这个水平趋于稳定。另外,训练的量和强度还应不断地进行调整与提高。

C. 过渡期

过渡期主要是消除比赛所积累的身心疲劳,促进身体恢复,为新的训练周期做好准备。

采用负荷量较小的一般身体训练及积极性休息,促进身心恢复。

(3)年度训练计划的训练内容、手段和方法

训练内容、手段和方法必须根据训练任务、专项特点、个人具体情况来选择。训练内容根据专项需求来定,主要包括技术训练、战术训练、身体训练、心理训练、理论学习等。训练方法主要有重复法、循环法、间歇法、测验比赛法等。

(4)年度训练计划规范用表

年度训练计划的规范化有助于教练员遵循运动训练活动的一般规律,系统地思考训练工作,有序地设计训练进程。训练计划可用文字叙述,亦可用图表表述。这里仅列出年度训练总体规划表,如表4-2所示。

**表 4-2 年度训练总体规划表**

| 项目: | | 运动员: | 性别: | 年龄: | 训练年限: |
|---|---|---|---|---|---|
| 主要任务: | | | | | |
| 类别 | | 运动员现实状态 | | 年度训练的目标 | |
| 运动成绩 | | | | | |
| 技能 | | | | | |
| | | | | | |
| 素质 | | | | | |
| | | | | | |
| 技术 | | | | | |
| 战术 | | | | | |
| 形态 | | | | | |
| 心理 | | | | | |
| 智能 | | | | | |
| 负荷 | | | | | |
| 时期 | | 准备期 | | 比赛期 | 过渡期 |
| 时间 | | | | | |
| 主要任务 | | | | | |
| 比赛安排 | | | | | |
| 负荷变化总趋势 | | | | | |
| 主要手段及负荷要求 | | | | | |
| | | | | | |
| | | | | | |
| | | | | | |
| | | | | | |
| 恢复措施 | | | | | |
| 检查评定的内容、时间 | | | | | |

3. 周训练计划的制定

周训练在运动训练计划中是极为重要的基本单位,其是周期训练的基础,对课运动训练具有着重要的指导意义。

(1)周训练计划制定的任务

周训练计划制定的任务,依据训练基本训练周训练、赛前诱导周训练、比赛周训练和恢复周训练的周训练类型各有不同。各训练期的主要任务有以下几个方面:

第一,基本训练周训练的主要任务是通过改变负荷引起新的生物适应现象,提高运动员的竞技能力。基本训练周训练可以分为加量周训练和加强度周训练,在全年训练中采用最多的周训练的类型是基本训练周训练。

第二,赛前诱导周训练的主要任务是使运动员的机体适应比赛的要求,把训练过程中所获得的竞技能力集中到专项上去。赛前诱导周训练主要用于比赛前的专门训练准备。

第三,比赛周训练的主要任务是为运动员在各方面达到最佳竞技状态做准备,并进行最后的调整训练和参加比赛,力求创造优异成绩。比赛周训练一般以比赛日为训练周的最后一天,前数一个星期予以计算。

第四,恢复周训练的主要任务是通过降低运动负荷及采用各种恢复措施消除运动员生理上和心理上的疲劳,以求尽快地实现能量物质的再生,促进恢复。

周训练要在完成主要任务的同时考虑训练的系统性和各训练周之间的相互关系。周训练的不同内容及不同负荷要合理交替安排。

(2)训练内容与负荷安排

①基本训练周训练

要较多地采用发展一般身体素质和部分专项身体素质的训练手段,全面提高运动员竞技能力。在技术训练中,应该采用分解和完整技术练习相结合的方法,使运动员更好地掌握和改进运动技术。训练内容可以广泛多样,并合理交替保持系统的持续训练。

此时期的训练负荷会逐渐加大,以引起机体更深刻的变化,产生新的生物适应。加大训练负荷的途径主要有以下三个方面:

第一,提高训练强度,训练量保持不变或相应地减少。

第二,增加训练量,训练强度保持不变或相应地下降。

第三,训练量和强度都得保持不变,通过负荷的累加效应给机体以更深的刺激。

②赛前诱导周训练

这时期主要内容与基本训练周训练差不多,只是练习内容更专项化,训练课的组织形式接近专项的比赛特点。另外,一般身体素质训练比例会有所减少,专项身体素质训练的比例增加。

赛前诱导周训练应提高训练强度,训练量适当减少。如原来训练量就不大,也可保持原有训练量。此时期要注意避免训练强度和量同步增加。

③比赛周训练主要内容

比赛周训练应把专项训练安排在赛前3～5天,而把恢复性训练和中低强度的一般性练习安排在赛前1～3天进行,使运动员通过艰苦训练所获得的竞技能力能在比赛中得到充分的发挥。

比赛周训练负荷要围绕使机体在比赛日处于最佳状态来进行。负荷的组合方式依据专项特点和运动员赛前的状态而定。一般来说,总的负荷水平不高。在比赛日之前,通常是降低或保持一定的训练强度,训练量也应减少或保持。

④恢复周训练主要内容

此时期的训练内容多为一般性身体练习,常采用带有游戏性的各种练习,以消除运动员生理和心理上的疲劳。

恢复周训练会在很大程度上降低训练强度,而训练量适当保持一定的水平,或者也会大幅度地减少。

(3)周训练计划安排用表

周训练计划安排用表如表4-3所示。

表4-3 周训练计划安排

| 时间: 年 月 日— 年 月 日 | | | 周次: | |
|---|---|---|---|---|
| 训练阶段: | | 训练类型: | | |
| 主要任务: | | | | |
| 星期 | 任务 | 内容手段 | 负荷 | 恢复措施 |
| 周一 | | | | |
| 周二 | | | | |
| 周三 | | | | |
| 周四 | | | | |
| 周五 | | | | |
| 小结: | | | | |

4. 课训练计划的制定

训练课是运动员训练活动最基本的组织形式,教练员制定的任何计划都需要通过训练课组织实施,而运动员的竞技能力也要通过训练课来一步步提高。因此,课训练计划极为重要,其质量直接关系到训练过程的进行及运动水平的提高。

(1)训练课的类型与要求

根据训练课的任务和内容不同,可以把训练课分为体能训练课、技战术训练课、综合训练课以及测验、检查和比赛课。

①体能训练课

体能训练课主要安排身体素质训练的内容。体能训练课主要特点是通过多种多样的训练手段和方法,发展运动员的一般和专项运动素质。这类课负荷相对较大,因而在大周期中的准备期第一阶段安排得较多。

体能训练课的主要任务是发展各种运动素质,提高运动员体能。一次课中,常会安排两种以上运动素质的训练。一般来说,快速力量练习和速度练习应安排在课的前半部分进行,以保证练习的质量,保证取得理想的效果,当运动员感到有些疲劳时,可安排发展耐力素质或力量耐力素质的练习。另外,要把握负荷量度和安排训练节奏,这对身体训练课的训练效果有着重要的影响。随着运动员身体训练水平的提高和身体的发育,应逐步加大训练的负荷,以给运动员机体更为深刻的刺激,引起运动员体能更为明显的适应性变化。但一定要注意,在训练时训练负荷并不是越大越好,更不要超过运动员所能承受的限度。

②技战术训练课

技战术训练课主要进行各类技战术的训练,以及各种为专项技、战术训练服务的辅助性练习。技战术训练课目的明确、内容训练手段与方法较为集中,训练负荷视课的目的及其在训练过程中所处的位置而定。

技战术训练课要学习、掌握和熟练专项运动技战术,提高技战术质量,及时纠正技战术错误。在双人或者集体项目的运动员,要加强协调配合,提高集团竞技能力。技战术训练课还要求注意安排好技战术训练程序,选择有效的技战术训练手段。技战术教学与训练常将分解法与完整法结合运用,在分解教学与训练时,要注意科学地安排练习的程序,以使得运动员能有序地渐进地掌握比赛所需要的技术和战术。

③综合训练课

运动训练过程中综合训练课也有一定的比重。综合训练课应根据运动员发展多种竞技能力的需要,运用包含素质、技术、战术及心理等紧密结合实战需要的综合性训练方法与手段进行训练。

综合训练课要全面地、综合地发展运动员所需要的竞技能力,安排时要特别注意不同训练内容的合理组合。通常一次训练课中,先进行技战术训练,后安排运动素质的训练。在安排训练课时,还要注意负荷的合理分配,以便运动员能依次完成全部训练内容,达到预期的训练目的。

④测验、检查和比赛课

测验、检查和比赛课主要是对运动员的训练效果进行检查,或直接参加比赛,通过比赛来提高运动员的运动兴趣和增长比赛经验。课的内容、测试的手段则根据计划中的要求予以安排。课的负荷量可能较小,但一般来说负荷强度较大。

测验、检查和比赛是检查训练成果的手段,因此要注意按训练计划的要求安排相应的测试项目及测试方式,以便准确、客观地反映运动员的训练状态。

(2)训练课的结构

训练课通常依次由准备部分、基本部分和结束部分组成。

①训练课准备部分

训练课的准备部分要使运动员调整心理状态,调动各种生理机能,准备承受基本部分训练负荷及完成所安排的训练内容,以获得理想的训练效益。准备部分的活动能够使运动员的肌肉开始活动,积极动员有机体各种调节系统、植物性系统和执行系统,使身体各系统逐步进入运动状态。在活动的时候,不同系统动员的速度是不同的,心率、呼吸量达到稳定的水平较快,而每分血循环量及需氧量则比较慢,这一过程需要调节好。

准备活动可分为一般性准备活动和专门性准备活动两个部分。一般性准备活动主要全面调动有机体的各种器官系统,提高这些器官系统的活动性。这一过程会使得有机体各器官系统从日常生活状态开始逐步活跃起来。一般性准备活动通常以有氧活动开始,逐步提高工作强度。一般性准备活动可采用的练习较广泛,所用时间也因人、因基本部分内容而异,通常采用慢跑和徒手操,或其他强度较为和缓的练习。专门性准备活动可结合基本部分所安排的内容设计,也可用专项基本练习。专门性准备活动要直接为基本部分的内容服务,使机体适应特定的训练要求,技术上做好必要准备,保证基本部分主要内容高质量地完成。专门性准备活动虽是预备性的,但工作强度有时可接近于基本部分主要内容的要求。

②训练课基本部分

训练课安排的主要训练内容在基本部分。项目不同,基本部分的结构和持续时间也会有所差别,而且不同训练时期的这种差别有时也很大。其原因在于每次训练课都是整个训练过程计划的组成部分,必须使每次课的训练效果能够承上启下,使前次课的效果得以延续,本课的效果得到累积,课的内容、练习手段和负荷等各项指标必须符合训练过程的发展趋势。如此,便要根据运动员竞技水平发展的需要而决定本课基本部分的训练安排。

A. 单一内容训练课的基本部分

单一内容训练课基本部分内容简单集中、任务明确,常用于完成需时较长的训练任务,如基本技术训练、各种运动素质的训练等,也可施加较大的训练负荷,以促进运动员有机体产生深刻的生物学改造。耐力性项目的训练安排中单一内容训练课较为常见。技能类项目中,课中采用单一训练内容常会出现身体局部疲劳,从而影响运动员神经系统的兴奋程度。因此,在安排时应采用多种形式、不同的练习密度和间歇,以适时调整运动员的体力状态,保证训练获得良好的效果。

B. 综合内容训练课的基本部分

综合内容训练课基本部分变化较为丰富,因此安排较为复杂。组织这类课的基本部分时,应考虑以下问题:

训练内容顺序安排。各训练内容对运动员所产生的刺激都会对运动员的有机体留下相应的痕迹,这种痕迹产生的后效作用对后续训练内容的影响有两方面,也就是既有良好的一面,也可能有差的一面。如常在基本部分开始安排速度练习,之后安排耐力训练,往往会产生较为良好的作用。反之,则可能产生不良的后果。一般来说,内容安排的原则是:技术性强的练习安排在前面,素质性练习安排在后面;要求神经系统处于较为兴奋、能量供应充沛的练习应安排在前面,容易产生疲劳或需要产生疲劳的练习应安排在后面;对其他练习产生良好影响的练习放在前面,不产生影响或有不良影响的练习放在后面。

改变训练内容要做好适应性的专项准备活动。训练课基本部分安排相互联系不紧密的内容,在更换训练内容时应做一些专项性的准备活动。

不同训练内容负荷的累积效应该在训练计划安排的考虑之中。综合内容的训练课基本部分训练内容安排虽然不同,但机体接受的负荷性质却可能一样,因而制定训练计划时,考虑不同训练内容负荷的累积效应很重要。

安排作用于同一机能系统的练习时,负荷应是波浪型变化的。如在基本部分安排作用于同一机能系统的练习时,为使该系统有适时的休整,那就应采用间歇、改变练习密度等方式,使负荷产生波浪型的变化。

③训练课结束部分

使运动员技能提升,合理的恢复是重要的途径,因而现代运动训练把恢复作为训练的重要组成成分。训练课的结束意味着运动员有机体全面恢复过程的开始,训练课结束部分要解除训练课基本部分所造成的心理、生理上的紧张状态。因此,有组织地进行课的结束部分对恢复过程的积极进行有着重要的作用。

(3) 训练课的负荷

①明确负荷属性

不同的训练负荷有着不同的个体属性、专项属性、结构属性和机能属性，在安排可训练计划的时候，要对以下几个方面加以注意：

A. 训练负荷的个体属性

不同运动员所能承受的负荷量是不同的，因而个体属性是安排训练课负荷量度时必须予以考虑的重要因素。只有针对个体的特点及个体所能承受的能力来安排训练课的负荷，才能保证训练过程顺利进行，并且使得训练有效果。

B. 训练负荷的专项属性

运动项目不同，其要求的相应的专项负荷也是不同的，对于本项目优秀选手所必须承受的训练负荷有不同要求。安排运动员训练课负荷量度时必须认真考虑运动专项的特定需要，训练课所要完成的任务，运动员个体所能承受负荷的水平，以及完成训练课任务时运动员有机体的主导机能系统所能承受负荷的水平。

C. 训练负荷的结构属性

训练负荷量应服从于训练任务，课的训练任务决定着应该安排何种量度的训练负荷。每一堂课在不同时间跨度的训练过程结构中都占有自己适当的位置，明确了训练课及负荷安排的结构属性，是合理安排负荷量的依据。教练员不能追求负荷量的高绝对值，能够保证训练任务完成的负荷量度就是适宜的负荷量度。

D. 训练负荷的机能属性

训练负荷都是作用于机能系统的，各个机能系统在一定时间段内对于训练负荷有一定的承受能力，但不是无限度地承受负荷。某机能系统在一定时间段内所能承受的最大值便是教练员给运动员训练安排的最大负荷。

②训练课负荷量确定

A. 训练课负荷量依主要训练手段负荷确定

一般来说，在一次预定时间界限的训练课中，最大负荷量可以依据完成主要训练手段的最大训练量来确定。通常大负荷训练量的50%～80%为中等负荷，50%以下为小负荷。如两小时训练课中，运动员用极限强度跑100米，即保证处于磷酸肌酸供能的范围内的100米跑，其最大可能只能跑10次，那么这10次就是这名运动员一堂课中发展速度能力的大负荷。与其相应的5～8次为中负荷；5次以下为小负荷。

B. 训练课负荷量依训练课后恢复的状态确定

运动员机体在训练负荷刺激下产生疲劳，负荷越大、疲劳越深，需要恢复的时间也就越长。所以，从训练课后恢复时间的长短可以来确定训练负荷的大小。恢复时间短，则表明负荷较小；恢复时间越长，则负荷越大。比较同一时间长度的训练课结束后，运动员机体疲劳后恢复时间的长短，即可判断训练课负荷的大、小等级。一般来说，较大负荷课恢复时间为1～1.5天，中等负荷课恢复时间通常在10～12小时以内就可完成，小负荷课则几十分钟或几个小时就可完成恢复过程。

(4) 课训练计划安排用表

课训练计划安排用表如表4-4所示。

表 4-4　课训练计划安排

| 时间： | | 地点： | | |
|---|---|---|---|---|
| 课的任务： | | | | |
| 课的部分 | 时间 | 内容手段 | 组织形式 | 负荷要求 |
| 准备部分 | | | | |
| 基本部分 | | | | |
| 结束部分 | | | | |
| 小结： | | | | |

# 第五章 多元体育文化基本理论分析

## 第一节 体育文化相关概念解析

### 一、文化概念

"文化"的德文为 Kuhuy,英文为 Culture,两者都源于拉丁文字 Culture,意思是耕作、培养、教育、发展等。其含义逐步演化为个人素养,整个社会的知识、思想方面的素养,艺术、文学作品的汇集,以及引申为泛指一定社会的全部社会生活内容等。

英国文化人类学家泰勒在其著作《原始文化》一书中对文化的表述可能是目前最有权威的一个文化概念,他认为:"文化或文明就其广泛的人种学而言,是一个复杂的整体,包括知识、信仰、艺术、道德、法律、风俗及作为社会成员的人所获得的才能与习惯。"

"文化"在中国出现较早,《周礼》中有"观乎人文以化天下",汉代刘向在《说苑》中指出"凡武之兴,谓不服也,文化不改,然后加诛",晋朝束皙在《补亡诗》中说"文化内楫,武功外悠",等等,文化在这里指的都是"文治教化"的意思,与今天意义上的文化不完全相同。最早在现代意义上界定文化的是梁启超,他于1912年12月发表在《灯学》上的《什么是文化》一文中指出:"文化者,人类心能所开释出来之有价值的共业也。"

通过对文化概念的研究和理解,一般来说,文化有广义文化和狭义文化之分。

#### (一)广义文化

广义文化是指人类作用于自然界和社会的成果的总和,包括一切物质财富和精神财富。着眼于人类社会与自然界的本质区别,涵盖面非常广泛,所以又被称为"大文化"。一般来说,文化哲学、文化人类学等学科的研究工作者多认同这种看法。梁漱溟在《中国文化要义》中指出:"文化,就是吾人生活所依靠之一切。文化之本义,应在经济、政治,乃至一切无所不包。"

关于文化的结构,有诸多学说。其中包括:物质文化与精神文化两分说;物质、制度、精神三层次说;物质、制度、风俗习惯、思想与价值四层次说;物质、社会关系、精神、艺术、语言符号、风俗习惯六大子系统说等。下面以四层次说为例阐述文化的概念。

1. 物态文化

物态文化层由物化的知识力量构成,是人的物质生产活动及其产品的总和,是可感知的、具有物质实体的文化事物,构成整个文化创造的基础。物态文化以满足人类最基本的生存需要——衣、食、住、行为目标,直接反映人与自然的关系,反映人类对自然界认识、把握、利用、改造的深入程度,反映社会生产力的发展水平。

2. 制度文化

制度文化层由人类在社会实践中建立的各种社会规范构成。包括社会经济制度、婚姻制度、家族制度、政治法律制度,家族、民族、国家、经济、政治、宗教社团,教育、科技、艺术组织等。人的物质生产活动是一种社会的活动,只有构成一定的社会生产关系才能进行。人类与动物最大的不同之处在于,他们在创造物质财富的同时,又创造了一个属于他们自己、服务于他们自己,同时又约束他们自己的社会环境,创造出一系列的处理人与人相互关系的准则,并将它们规范成为社会经济制度、婚姻制度、家族制度、政治法律制度,家族、民族、国家,经济、政治、宗教社团,教育、科技、艺术组织等。这一部分成果虽然不直接与自然界发生关系,但它们的特质、发育水平归根结底是由人与自然进行物质交换的一定方式所决定的。

3. 行为文化

行为文化层以民风民俗、风俗习惯的形态出现,见之于人们日常起居动作之中,是最具有鲜明的民族、地域特色的行为模式。由人类在社会实践,尤其是在人际交往中约定俗成的习惯性定势构成。它是一种社会的、集体的行为,不是个人的随心所欲。

4. 心态文化

心态文化层由人类社会实践和意识活动中经过长期孕育而形成的价值观念、审美情趣、思维方式等构成,是文化的核心部分,更是文化的精华部分。

(二)狭义文化

狭义文化指意识形态所创造的精神财富,包括宗教、信仰、风俗习惯、道德情操、学术思想、文学艺术、科学技术、各种制度等。狭义文化排除人类活动中关于物资创造活动及其结果的部分,专注于精神创造活动及其结果,所以又被称作"小文化"。英国文化学家泰罗在《原始文化》一书中提出,文化"乃是包括知识、信仰、艺术、道德、法律、习俗和任何人作为一名社会成员而获得的能力和习惯在内的复杂整体"。这是狭义文化早期的经典解说。作为意识形态的产品,狭义文化是对社会的政治和经济的反映,又反作用于一定社会的政治和经济。不同的社会形态都有着各自适应的文化,每一种文化都会随着社会物质生产的变化而发展,不断丰富。

对广义文化与狭义文化的概念界定,一般由研究者的学科、课题、内容而定。但无论如何取舍,狭义文化在逻辑上都从属于广义文化,与广义文化不可分割。对人类精神创造的研究中,我们绝不能忽视物质创造活动的基础意义及其产生的决定性作用;对心态文化的研究中,也绝不能忽视物态文化、制度文化、行为文化的影响及作用。总而言之,任何对狭义文化与广义文化进行割裂的做法都是有失偏颇的。

# 二、体育文化的含义

(一)体育文化相关概念辨析

只有理解了与体育文化有关的几个概念,才能更好地认识和理解体育文化。

1. 体育文化丛

体育文化丛是指在一定时空中产生和发展起来的一组功能上相互整合的体育文化特质丛体,是一个研究体育文化特质的单位,例如,武术文化作为传统体育文化的一个特定的内容在其历史发展中受到文化的辐射,从单纯军事需要的实用性的局限中解脱出来,既保留着攻防技击的精髓,又发展了健身和审美的方面,建立起完善的武术文化丛体。体育文化丛是各种文化特质持续发展、相互整合的结果,共同形成了文化特质交错的体系。

2. 体育文化冲突

随着社会的发展,逐步形成了不同类型、不同模式的体育文化。这些体育文化之间的价值观念参差有别,甚至悬殊而冲突,这就是所谓的体育文化冲突。体育文化冲突是体育文化交流中常见的现象。

体育文化冲突表达了渊源于传统文化的体育运动方式,在与自身文化具有不同的思维方式、行为模式,甚至游戏规则的别样的体育运动接触时,导致消极反应等心理不适应状态。引起体育文化冲突的原因有很多,主要包括以下两个方面:

(1)不可超越的时代特征。体育运动是社会文化主体的部分,必然地与时代文化合拍。我们可以恢复奥林匹克运动,然而古代奥运会的意义和现代奥林匹克运动有别;一百年的现代奥林匹克运动,也因不同的时段而给人们不同的感觉。体育文化冲突中的时代性典型地反映了体育运动的社会性特征。

(2)文化区域上的差异。体育运动发生的源头是以民族区域为基点的,体育文化先于体育交流而存在。身体活动方式尽管有其体质学意义上的共同性和一致性,然而组成各种运动的思路和情趣则蕴藉着民族区域的文化观念。

3. 体育文化交流

体育文化交流构成了世界体育演进的历程,在交往的进程中,触发了一系列体育文化观念的比较、冲突和变迁,为此而推动了世界体育总体发展的步伐。

体育文化交流抗拒了本民族的某些保守性。体育文化交流成为进步的表征,这是体育文化动力精神力量使然。那么,体育文化交流的含义包括以下几个部分:

(1)体育文化的共享性。体育运动建立在简洁明了的游戏规则基础上,这种游戏规则作为文化符号,具备了广泛交流的前提,为此,不同语言、不同肤色的民族的运动员可以同场竞技而无障碍。

(2)体育运动区别于其他社会文化方式或形态,其本身就是以交流为存在的。体育运动的竞技性决定了它的"开放性"主流趋势。这种竞技性不仅仅局限于体能上、技艺上和以胜负得分的竞争中,且充分体现以交流而涵盖的体育文化,从价值观念、组织制度、竞赛规则,甚至与体育运动有关的依附于体育运动而存在的器物层面等诸多方面。

(3)体育文化交流体现出文化关系,具体地表现为融合、冲突、干涉、影响,且是双向互动的。中国人接受以西方体育为代表的奥林匹克运动和武术冲出亚洲走向世界的过程,都表明了体育文化交流中的文化关系。

(4)体育交流具有文化载体的性质。体育文化交流中从来就不是单纯的体育文化行为,政

# 第五章 多元体育文化基本理论分析

治、经济、社会文化的多重意义附加在体育文化交流中,而形成文化载体的作用。

(二)体育文化的基本含义

体育文化与体育不是同一个概念,前者是结构性的而后者是动力性的。体育文化同一般文化概念也不是一个概念,因为在体育文化中,结构不仅是行动的中介工具,也是行动本身。不是对竞争和进取的制约,而是竞争和进取的条件和保证。换句话说,体育文化不是要束缚、压制人类狂野强悍的原始生命力,而是要把它纳入互相促进而不是互相破坏的轨道。再换句话说,体育文化精神的根本在于使人类的理性结构成为感性力量借以进行的最有利的方式。

体育文化之所以有价值和值得发扬,就在于它有助于形成进取性道德和竞争心,有助于克服懦怯、乖巧、卑劣等缺乏竞争能力者的心态,从而纠正我国传统文化心理结构的倾斜不平衡状态,对于改善我们个人的和民族的精神素质和身体素质,增强我们民族的生命力,起到它自己的作用。这个作用,对于社会的进步,对于当前正在进行的改革和现代化,也是一种推动。体育文化具有如下几个性质:

1. 体育文化的人类性

体育文化的人类性指一个民族的体育文化中所寓有的普遍性的品格能够为世界其他民族理解或吸收,其动因是人类具有超越民族界限的共同的同一需求和理想。体育文化是一个民族的体育文化中最能代表它的精神风貌、最有生命力的要素具有世界性的价值和意义,如中华民族古老的养生文化具有追求生命质量的人类共性,这是人类体育文化的一部分,有着超越地域、语言、民族、国家界限的力量。

2. 体育文化的民族性

人类文化既有共性也有个性,这种人类文化的差异性,就是民族性的表现。各个不同地域的人类,创造了不同类型、不同形态的文化,又塑造了具有不同文化特征的群体。任何形式的民族文化,都与本民族的形成、延续和发展密切相关,都与本民族的地理环境、风土人情、经济条件、生产力水平乃至社会结构相适应。

同文化的产生一样,任何一个民族的体育文化也都是在相对固定的地域内逐步发展成为全民族共同的文化现象的。因此,从这个意义上来讲,任何体育文化都是民族的,超民族的体育文化是没有的。但是,一个民族的体育文化生长到一定程度便要膨胀,必然突破旧有的躯壳向外部扩散,同其他民族的体育文化接触,或者被动地受到来自外部的影响。

体育文化民族性的核心内容是民族的语言、心理、性格以及在此基础上形成的体育文化模式。不同的语言、心理、性格导致生活方式和体育文化的差异,这些差异又内化于民族的心理和性格等因素中,固化了体育文化的民族性,使之难以动摇。

3. 体育文化的时代性

文化也具有特定的性质、特定的内容和特定的形态,表现出鲜明的时代性。不同时代具有不同的体育价值观念,我们不能用一个绝对的标准来衡量不同时代的体育文化。对于体育文化的评价必须站在历史的角度审视,既要看到其进步性,又要看到其时代的局限性。

体育文化的时代内容与形式使体育文化发展呈现不同的阶段。同时,任何一种体育文化都既具有时代性,又具有民族性,二者之间是一般与特殊的关系。一般表现在不同民族的文化在同一时代具有相同的时代特点,同一时代同一民族有相同心理的文化;特殊表现在不同民族的文化即使在同一时代但各具民族特点,同一时代同一民族又有不同阶级、不同党派的不同心理的两种文化。由此可见,文化的民族性就包含在时代性之中,文化的时代性就包含在民族性之中,这是同一内容的两种不同性质。

4. 体育文化的继承性

体育文化的继承性,是指体育文化经过不同时代仍然保留原有某些特质的属性。任何文化都是人类的创造物,由于人类意识的历史积累性和文化传播特性,体育文化具有通过语言、文字、图像等媒体在人们的意识领域和社会价值体系中传承的特性。当然,体育文化由于以身体动作为基本形式,因此身体是其主要传承形式,但依附于体育文化之上的独有的语言和文字也具有强大的传承功能。

发展到现代社会,体育赛事越来越多,通过这种大型体育比赛的形式可以更好地传承体育文化,其中有关体育的谚语、歌曲、雕塑、电影、邮票等实物也是使得体育文化传承的不容忽视的主要形式。

5. 体育文化的变异性

体育文化的变异性,是指体育文化在形成与发展的过程中发生内容、结构甚至模式变化的属性。历史的发展并非一成不变的,它必须在历史流程中不断吸取外部世界和其他体育文化的先进和积极因素,对自身进行调试,才能得到进一步的发展。传播与交流是文化发展的动力之一,没有传播和交流的文化就难有变化,没有变化的文化会死水一潭,直到死亡。当然,体育文化的变异并非总是积极的,或全部是积极的。历史发展的曲折性就表现在体育文化发展的方向是进步的,但在前进过程中会有挫折。中国文化自殷商以来,代代相承,虽多有曲折,却从未中断,中国的体育文化也是如此。但是,中国体育文化也经历过几次明显的变异,先秦崇尚"武勇"的体育文化到汉代变成了"废力尚德"的体育文化,汉代和唐代激烈的足球文化到宋代成为单球门的游戏。这些变异都体现了体育文化的属性。

# 第二节 校园体育文化

## 一、校园体育文化的概念与内容

(一)校园体育文化的概念

校园体育文化是校园文化和体育文化的结合体,是由校园文化和体育文化结合而衍生出来的新产物,因此二者之间的关系非常密切。一方面,校园体育文化中的"校园"一词说明了校园体育文化的生存环境;另一方面,校园体育文化从属于一种体育文化,而不是其他文化现象。

从文化内容构成来看,校园体育文化的形式比较多元化,其内容主要包括以学生为主体的体育观念和体育意识。校园体育文化在发展的过程中,以各种不同的体育文化形式充分表现出来。

从文化产生条件来看,体育这一文化现象主要包含文化创造的主体、文化施加的对象以及文化的手段与环境三个方面。发展到现在,体育文化扮演着越来越重要的角色,成为推动校园文化可持续发展的强大动力。在校园体育文化中,校园文艺活动与体育活动密切结合在一起,得到了共同的发展。由此可见,创造这些校园文化的主体是在校师生,因此,学生就成为校园文化的主要创造者和受益者,作为校园体育文化活动的主体,经常在校园中开展各种形式的体育活动能满足学生的需求,激发学生参与体育运动锻炼的兴趣。

综上所述,校园体育文化是指在学校范围内表现出的一种多元性体育文化环境氛围。它需要依靠师生甚至学校后勤人员在内的多方共同参与才能实现,是一种在课堂体育教学、课外活动、校内外运动竞赛等活动中形成的物质财富与精神财富的总和。

(二)校园体育文化的内容

根据校园体育文化所表现出来的外部特征,可将校园体育文化进行以下归类,其具体的构成内容见表 5-1。

表 5-1　大学校园体育文化的内容

| 类别 | 具体内容 |
| --- | --- |
| 体育活动类 | 体育课程、课外活动,运动兴趣小组,体育俱乐部,体育文化节活动、大型运动会、各类体育项目的竞赛、校运动代表队训练等 |
| 娱乐类 | 体育报纸、杂志的阅览及影视赛事欣赏,体育休闲项目、垂钓、棋类活动,趣味项目竞赛等 |
| 体育环境类 | 场馆、跑道、校园体育雕塑、体育设施设备、各类健身长廊、校区健身场所 |
| 艺术类 | 体育征文、运动服饰、摄影活动、参赛服饰设计,体育舞蹈联谊会,各类操、舞表演等 |
| 其他类 | 健身知识讲座,竞赛场景策划与布置,组织旅游活动、踏青远足、参观浏览纪念场所等 |

在校园中,校园体育文化的内容和形式非常丰富,如早操、课间操、体育课、运动训练或比赛、体育技能表演、学校体育文化节、体育俱乐部、体育知识讲座等都是重要的内容。

## 二、校园体育文化的特征与功能

(一)校园体育文化的特征

1. 时尚性

当前,随着人们体育观念的更新,人们越来越深刻地认识到体育的重要性。可以说,在现代社会发展背景下,体育运动已经成为人们增强体质、加强社会人际交往和提高生活质量的重要方式。因此,体育运动在校园中也逐渐流行起来,成为时尚的代表。

发展到现在,已有很多学生将参与健身、参与体育文化活动作为休闲娱乐活动中的主要内容。他们不仅对普及性非常强的六大球类运动以及太极拳、健美操、游泳等运动感兴趣,同时,越来越多地开始追求新兴的体育项目,较为具有代表性的有棒球、秧歌舞、拓展训练等,这些运动项目之所以深受学生的欢迎和喜爱,与其新颖性、刺激性、挑战性的特点有着密切联系。由此可见,不管是传统体育项目,还是新兴体育项目,都极大地丰富了校园体育文化体系,赋予了校园体育文化新的生机与活力。

2. 娱乐性

在现代社会背景下,在激烈的社会竞争条件下,人们普遍面临着巨大的工作压力和生活压力,而学生则面临着一定的学习压力和就业压力。为保证学生身心健康的进一步发展,提高学习的效率,就要求学生能够通过一些娱乐活动来加以放松,愉悦身心,缓解学习的压力。而体育活动以其鲜明的健身和娱乐性特点就成为学生的首选。校园体育文化具有现代体育活动的一些特点,它要求人们亲身参与运动,在愉悦的身心活动中承受一定的负荷,从而使自己的体能得到有效的发展和提升。由于校园是一个相对比较"封闭"的环境,因此,通过参加各种形式的体育活动能极大地丰富学生的精神文化生活,让学生的日常生活更加有情趣。

3. 动态性

一般情况下,校园环境比较封闭,在这样封闭的环境下,学生难免会感到枯燥无味,学习的积极性和兴趣不高。因此,这就要求学校要适当安排一些富有趣味性的体育活动,并且积极引导学生参加,从而使学生的身心健康得到保证,同时,也能够将其学习的兴趣和热情得到充分的调动。除此之外,在课余时间,也可以组织一些体育竞赛活动,这样既可以锻炼学生的身体,陶冶学生的情操,又可以使学生获得充分的休息,由此可见体育运动具有重要动态性特征。

4. 隐蔽性

校园体育文化的隐蔽性主要表现在校园体育文化以不明确的内隐方式,通过学生无意识的、非特定的心理反应机制影响学生,从而使学生领悟人生的真谛,约束自己的行为。通常情况下,一个具有良好体育文化风气和环境的校园,它所形成的体育氛围和机体舆论,是一种无形的力量,对每一个成员能够产生支配作用,使生活其中的人们不断地调节自己的心理和行为,与整个气氛和舆论相协调,从而使校园中的师生不自觉地受到熏陶。需要注意的是,校园体育文化对学生的教育是潜移默化的,不是一时一日而成的,需要天长日久的积累。

5. 民族性

我国民族传统体育内容丰富,其中,较为具有代表性的有汉族的武术、导引养生术,蒙古族的摔跤、射箭,朝鲜族的荡秋千、跳板,苗族的赛龙舟,回族的扔石锁、拔河等。这些体育项目经过一定的改进后走入校园之中,成为重要的体育教育内容,这也就使得学校体育文化呈现出民族性的特征。

6. 交叉性

校园体育文化是由校园文化和体育文化构成的,因此单从校园体育文化本身就能看出其具有一定的交叉性特点。现代校园体育文化借由对校园文化与体育文化的选择与重构,使其在不

## 第五章　多元体育文化基本理论分析

断构建自身的同时,展现出校园文化与体育文化的完美结合的特性。因此,校园体育文化是校园文化与体育文化有机结合的产物,是一个联结校园文化与体育文化的功能融合环。

7. 复杂性

校园体育文化的内容可以分为四个层次,即校园体育物质文化、校园体育精神文化、校园体育制度文化和校园体育行为文化。这种多层次的体育文化内容具有一定的复杂性。这种复杂性不仅仅表现在校园体育文化内部关系的冲突及其协调上,而且还表现在校园体育文化与其他文化现象的沟通与交流中。

8. 群体性

学校教育的一个非常重要的职责就是为社会培养各种高素质人才。而体育教育不仅有着强大的凝聚力,而且还具有较强的传播意识形态和价值观。而不管是体育文化的横向传播,还是纵向变迁,都是在一定的群体中进行的,这也使得体育文化在传播过程中会形成一个相对独立的文化群体,他们是相对闭合的,但是,从某种意义上来讲,也是一个流动的组合群体,这充分反映出校园体育文化的群体性特征。

(二)校园体育文化的功能

校园是以传授各种知识为方式的场所,其中包含了德育、智育和美育等各种内容,而校园体育文化则正好集三种育人方式于一身。正因如此,校园体育才得到了迅速的发展。总体而言,校园体育文化的功能主要体现在以下几个方面:

1. 德育功能

总体来看,体育运动的德育功能主要体现在学生对体育精神、体育规则、体育情感体验方面。与其他课程相比,体育运动课程的教育效果更为理想。学校教育并不是单纯的某种知识或技能的传授,更多的是培养学生修身养性的过程,在这一过程中学生的品行得到逐步完善与发展。

总体而言,校园体育文化的德育功能主要体现在以下几个方面:

(1)当前,我国校园体育教育主要教育教学形式都是以自然班或特定同质集体组建而成的,这种集体教学和活动的方法有利于培养学生的团队精神和少数服从多数的民主意识。

(2)校园体育活动还经常会采用竞赛法和游戏法,对于获胜方有奖励,有助于加强学生奋勇争先的精神、竞争意识和开拓精神。此外,体育运动竞赛或游戏要想顺利进行,必须依靠参与者自觉遵守既定规则。在体育练习或比赛(游戏)中,学生还要懂得关心同学,尊重他人(对手、裁判),养成遵守体育秩序和社会秩序的良好习惯。

(3)体育运动是一种以身体力行为主要方式的教育行为,因此,通过参与各种形式的体育活动,能纠正一些学生的不良品德。不仅丰富了学生的课余文化生活,而且还有效避免了学生不良行为习惯的产生。

(4)在体育文化活动中,学生会充分体验到合作的重要性,认识到个人利益与集体利益之间的关系,对于学生顾全大局、统筹行事具有重要的指导作用,校园体育文化是培养学生良好道德和能够适应现代社会的完善个性的重要手段。

2. 智育功能

大量的实践表明,体育学习和体育参与是一种开发智力的良好方式,经常性地参加体育活动能有效地促进学生的智力发育。

(1)经常参加体育运动能为学生的智力发育奠定良好的物质基础。健康的体质是学生智力发展的物质基础。经常参加体育运动锻炼可有效改善神经系统,促进血液循环,改善大脑的营养状况,促进脑细胞的代谢,促进智力发育。

(2)学生在参加体育运动的过程中,需要积极思考、规划、统筹、安排,如体育活动规划对思考问题和解决文化能力的提升,体育知识讲座对思维的发散,体育活动过程中技战术的组织和实施对想象和创造力的提升等,都能促进学生思维能力、想象能力等各方面的发展。

(3)丰富多彩的校园体育文化活动是一种非常重要的积极性休息,对于缓解由于学业负担较重产生的假性疲劳有着非常可观的效果,从而有助于消除大脑疲劳、缓解身心压力,促进学习效率的提高。

3. 美育功能

"美"是人们生活中不能缺少的东西,人人都喜欢"美"的事物,并孜孜不断追求美的事物。而在学校教育中,体育与美育相结合,可以培养出集"健"与"美"于一体的高素质人才。

学生通过参加各种各样的校园体育活动可以极大地促进学生对美的认知和感悟。校园体育文化的"美"的范围非常广泛,主要涉及身体美、语言美、行为美、精神美等多个方面。

(1)身体美育:一般来说,人体美主要通过"健"来体现。通过参加各种形式的体育活动,学生能获得完美的身体曲线,给人以美感。

(2)道德美育:体育文化的表现和直观性特征具有重要的社会心理补偿价值。因为社会生活中的活动一般都难以像体育比赛场上一样直观显性、公开、公平、公正和优劣分明。对一个人的评价往往是综合的、模糊的,甚至是道德的,这就使得人们在生活中难以寻求一种即刻实现的自我体认感。学生通过参加体育运动比赛,能在公平公正的条件下获得一定的回报。

(3)审美素养提高:通过参加体育教学活动,学生可以有效提高自己的审美意识与审美能力。学生在学习体育运动的过程中,能潜移默化地树立正确的人体及运动的审美标准,促进自身审美素养的提高。

## 三、校园体育文化的发展

(一)加强校园体育物质文化建设工作

在整个校园体育文化体系建设的过程中,物质文化建设极为重要,因为它是校园体育文化活动开展的物质基础,没有了体育场地设施、设备等物质文化内容,校园体育文化体系建设也便无法开展。

在现代社会背景下,校园体育功能的多元化趋势越来越明显。体育功能的多元化对学校基础设施建设的要求也越来越高,主要表现为要与体育功能的多元化相适应。当然,学校体育的物质文化包含的内容较为广泛,如学校体育场馆、设施、器材设备、学校所处的地域等都属于校园体

# 第五章 多元体育文化基本理论分析

育物质文化的范畴。

在校园体育文化发展的过程中,一定要加强对体育设施的使用、维护和管理,这样才能更好地促进校园体育物质文化建设。

1. 合理规划体育设施空间

一般来说,体育建筑、雕塑、场地设计本身就是作为一种文化现象而存在的,同时,其也是体育意识文化的载体,凝聚着人们的思想、知识和智慧,能够在一定程度上将人们的价值观、意志、情操等多种文化物质展现出来,从而对人们产生一定的陶冶作用。

因此,在建设校园体育文化物质时,要充分利用学校的空间,对体育场地进行合理的布局,并因地制宜地开展体育文化活动,建设场馆,添置设备。在建设体育场馆时,要进行科学精细的安排和布置,要保证整齐洁净,以使学校体育文化环境达到使用功能和审美需求的和谐统一。

2. 充分整合校园体育物质资源

对校园体育物质资源进行充分整合,具体来说,就是将已经具备以及短缺的资源进行合理的分配。

学校已经具备的场馆以及器材是现有的资源,可用的、废弃的都包含其中,只是对待的方式不同。具体来说,对于可用的,要积极地利用起来;对于废弃的但经过添置配件或维修仍然可以继续使用的,要积极对其进行资源的再利用,并将节省出来的资金投到其他方面的体育建设上;对于废弃的且以后不能够再使用的器材,要及时处理掉,以方便今后的管理;对于停止使用的场馆,进行还原和重修,或者是作为其他场馆的建设基地,进而得到有效、合理地配置资源的效果。

另外,随着现代社会的不断发展,学生对体育课的要求也越来越高,这就在一定程度上加重了校园体育物质资源的短缺问题。鉴于此,这就要求学校必须予以高度的重视,并加大对其的资金投入,最大程度地使教学的需求以及学生进行体育锻炼的要求得到较好的满足。

3. 加强体育设施的教育性

通常情况下,学校的体育场地设施、器材都是硬性的,而对体育设施赋予一定的教育性是非常有必要的,这也有效提高学生的体育运动安全意识。加强体育设施的教育性,可以采用以下途径:

第一,在体育场馆旁设立一些国际有名的体育雕塑,并标明其个人简历及所获得的荣誉,以便为学生创造一个浓厚的体育锻炼气氛。

第二,在体育设施的旁边设立"说明牌",简要说明活动项目的名称、活动的方法、活动示意图、活动中注意事项以及能够发展身体哪方面的素质和机能等,以便能让学生有目的地进行健身活动,并使其体育文化素质得到提高。

(二)加强对校园体育意识文化的培养

校园体育意识反映着深层的体育思想观念,它具有极强的渗透力,弥漫在整个校园环境因素与群体之间,形成一种浓烈的体育精神氛围。因此,加强对校园体育意识文化的培养,能有效增强学生的凝聚力和向心力。可以通过以下途径加强学生校园体育意识文化的培养:

1. 有效转变领导的固有观念

目前,在我国一些学校中存在着这样一种现象,有些领导过于注重学校竞技运动成绩,为了提高高水平运动员的比赛成绩,不惜投入大量的物力与财力,但开展校运会时却不愿多花一分钱,这在很大程度上遏制了大部分师生参与校运会的热情,对于学校体育文化的发展是非常不利的。

因此,学校相关部门与领导,应积极转变旧有的思想观念,并充分认识到校园体育文化的作用,不要将竞技成绩看作是学校体育的全部。

2. 对体育教师的体育意识进行重点培养

在学校中,体育教师是校园体育文化的传播者和指导者,在建设校园体育文化中起着主导的作用。而教师对校园体育文化的认识程度,将直接影响到校园体育文化体系的建设与发展。

目前,总体来看,我国有相当一部分学校中的一些体育教师年轻且经验少;也有一些教师将校园体育的建设归结为对体育尖子的培养,进而对其他的学生不管不问,在上室内体育课时大多是让学生自习,而上室外体育课时往往是"一个哨子,两个球"便再也不见踪影;还有一些体育教师为了省事而少设项目,草率行事。以上这些都说明体育教师还未对校园体育文化有一个充分的认识,严重缺乏建设校园体育文化体系的责任感与意识。

要提高体育教师对校园体育文化的认识,首先就要端正体育教师的教学态度,增强其建设校园体育文化的责任感,并积极地制定相关的工作条例对教师的体育工作进行督促。另外,体育教师也要勇于实践,善于创新,针对每一名学生展开全面素质教育。

3. 培养和提高学生的体育意识

在发展校园体育意识文化时,应利用校广播、体育宣传栏等各种手段做好宣传工作,从而达到传播体育知识,激发学生参与体育学习的热情。

此外,增强学生对体育的兴趣也对提高他们的体育意识有着重要的作用,而让学生产生对体育的兴趣的最佳方式是让他们参加体育竞赛。但是,体育竞赛的参加人数是有限的,因而不可能让所有的学生都通过参加体育竞赛提高其对体育的兴趣。因此,提高学生观摩比赛的能力就会显得尤为必要。

学生观摩比赛的能力的提高,需要"通过教师课堂的传授或是专题的讲座、同学间的交流,让他们了解项目的基本规则、技术特点、项目的发展历史、曾经在该项目获得辉煌成绩的运动员",进而提高学生对体育的兴趣,同时也陶冶他们的情操。

(三)加强校园体育制度文化建设工作

校园体育文化的健康发展离不开完善有力的学校体育管理体制和组织机构,以及规范健全的体育规章制度。因此,要促进校园体育文化的传承与发展,还要加强对校园体育制度文化的建设。

1. 建立专门性教学机构

在学校中,体育教学部是负责学校体育文化活动的组织管理工作的主要部门,因此,建立由体育教学部统筹管理的校园体育文化建设专门机构,有利于在整合、优化学校各部门的体育资源的同时,保证校园体育文化建设的协调统一。

2. 严格做好体育文化活动的管理工作

负责学校体育文化活动的组织管理工作的体育教学部要在首先明确群体工作的范围、内容的基础上,确立群体工作的具体管理部门,并设立群体工作的专门管理机构和学校校园体育文化活动的专门宣传机构。此外,学校的体育教师由于没有群体工作量的要求,参与群体工作的积极性不高,因此,还要从制度环节规范体育教师的群体工作,制定完善的群体工作管理规章制度。

3. 对特色校园体育文化的构建加以重视

"一个学校在体育方面形成并延续着带有普遍性、重复出现的相对稳定的一种独具特点的文化形态,表现出自觉、经常的基本特征,并具有教育、导向、规范、凝聚和激励的力量",即一个学校的体育文化的传统和特色。

受学校所处地域、环境、气候、规模、类型等条件的不同,校园体育文化建设的具体思路也呈现出一定的差异。因此,在建设校园体育文化体系的过程中,各学校还应根据自身的实际情况因地制宜。

(四)加强校园体育文化外延的建设

校园体育文化在发展的过程中会受到一定的家庭因素和社会因素的影响。因此,要加强校园体育文化体系的建设与发展,还要注意将学校、家庭和社会三者有机结合起来进行。

1. 注重图书馆的建设与改进

学校体育的发展少不了图书资源,因此加强图书馆的建设是非常重要的。但是,学校图书馆的资料往往数量有限,而且并不总是对资料进行更新,因而学生的需求有时并不能够从图书馆中得到满足。这种情况制约和限制了学生的体育活动多样化发展,因而学校图书馆建设应与校园体育文化建同步进行。

2. 注重对家庭体育文化意识的培养

学生的成长与发展离不开家庭教育环境,一个良好的家庭教育环境对学生能产生极为重要的影响。在进入学校之前成长于家庭的教育环境中,入学后仍是家庭的成员。家庭生活的一点一滴对学生的体育兴趣的形成和培养起着关键性的作用,而家庭体育文化对校园体育文化的建设则起着重要的基础性作用。

(1)营造一个良好的家庭体育文化氛围

浓厚的家庭体育文化氛围不仅有利于家庭的和睦交流,也有利于学生形成对体育的爱好。但是,当前很多学生家长都肯为家庭购买运动器材,但却不够重视孩子参加体育锻炼,孩子参加体育锻炼的积极性也因为得不到家长的鼓励、督促和协助而不高。因此,为了自己的身体健康,也为了能够给孩子树立良好的榜样,家长应积极参加体育锻炼,努力营造一个良好的家庭体育文化氛围,引导学生积极参加体育运动锻炼。

(2)加强家庭体育文化意识的培养

加强学生家庭体育文化意识的培养也具有非常重要的作用和意义,这能有效促进学生的全面发展。但是,很多家长只注重孩子文化课成绩的好坏,而对孩子是否参加体育活动却不是很关心,这对孩子的健康成长是非常不利的。因此,必须要加强学生家庭体育文化意识的培养,在家庭中确立"健康第一""终身体育"的思想与意识,与学校展开互动交流,促进校园体育运动的发展。

3. 注重社区体育文化的建设工作

社区体育文化的建设对校园体育文化的建设也有着非常重要的作用。社区指的是"进行一定的社会活动,具有某种互动关系和共同文化维系力的人类群体及其活动区域"。

社区体育文化对培养学生体育锻炼的兴趣及习惯有着重要的作用。学生是家庭的成员,但同时也是社区的成员,也受到社区体育的一定的影响,成为社区体育文化建设中的一员。

(1)为学生创造一个良好的锻炼平台

社区体育不仅能极大地丰富学生的体育锻炼内容,还能为学生参加体育运动锻炼创造一定的空间。在一些经济条件好、体育氛围比较浓厚的社区,还可以利用寒、暑假,专门为学生举办各种各样的集体活动,使学生在假期能够得到良好的锻炼机会。此外,社区体育一般缺乏体育指导,因为可以组织具有"一技之长"的学生充当社区体育指导员指导人们进行锻炼,这对于学生自身的发展和社区体育的发展都是非常有利的。

(2)对校园体育文化建设给予大力支持

社区体育活动氛围与环境对体育活动的开展具有非常重要的影响,学校在组织学生进行体育活动或竞赛时,可以充分利用社区体育设施或设备,进一步拓展学生的活动空间。因此,要积极鼓励学生参与到社区体育中,并给予相应的政策与财力支持,这也是促进校园体育文化建设的一个良好的途径。

# 第三节　大众体育文化

## 一、大众文化、体育文化、大众体育文化的界定

(一)大众文化

概括来讲,大众文化是一种城市工业文化,这与其兴起发展的时代特点具有十分密切的关系。大众文化产生于城市化和工业化规模发展的历史时期,是伴随着城市化、工业化的出现而产生的文化。

大众文化是现代工业和市场经济充分发展的产物,是有史以来人类广泛参与、规模最大的文化形态。

当前,大众文化主要指兴起于当代都市、与当代大工业密切相关、以全球化的现代传媒(特别是电子传媒)为介质大批量生产的文化形态,必须充分认识到,当前大众文化的大众发展趋势和

# 第五章 多元体育文化基本理论分析

特征,大众文化表现出城市娱乐性与产业性特征。

在城市和工业产业快速发展的时期,大众文化处于消费时代或准消费时代,大众的观念、意识行为在很大程度上受消费意识形态的筹划和引导,在这种消费意识下,大众文化更多地表现为是一种时尚文化,可以说,大众文化是一种时尚化运作方式的文化消费形态。

(二)体育文化

体育是人类特有的社会文化现象,体育的本质就是文化,是人类本身需求的一种特殊反映。

与人类其他文化一样,体育文化是人类文明成果的重要组成部分,为人民的身心健康和社会的政治经济发展服务。

体育文化反映着一个时代、一个国家或民族的特征。体育文化的时代性由于生产力的不断发展而产生,其物质层面、精神层面、制度层面的变化并不统一。体育文化精神层面往往落后于制度层面的变化,而制度层面又落后于物质层面的变化,三者在时代发展过程中都在不断变化,对于体育文化的评价,我们要以历史发展的眼光,在看到体育文化进步性的同时,还要认识到其所处时代的局限,没有一个固定的标准能对体育文化进行评论与衡量。体育文化表现出民族性,具体表现为不同民族体育文化之间的差异性。

体育文化与身体发展具有密切的关系,它通过有形的身体形态、动作技能以及体育运动物质基础,充分反映体育意志、观念、时代精神。

有专家认为,体育文化就是"以强身健体、振奋精神、建立积极生活方式为主旨的体育运动及其产生的物质与精神成果的总和"。也有学者认为,体育文化是人们在促进自身健康、提高人类生活质量的社会活动中创造并形成的一切物质财富与精神财富的总和。

体育作为一种文化现象存在于社会生活中,不同时期大众文化特征,对大众体育产生指导性影响,而大众文化的逐渐普及又为大众体育的发展提供新的平台,朝多元化方向发展。[1]

(三)大众体育文化

大众体育文化是体育文化与大众文化的一种有机结合,是在大众范围中传播的体育文化。

大众体育文化对社会经济发展的影响具有双重属性,即大众文化对社会主义精神文明建设的积极作用,同时,大众文化在生产消费中存在的庸俗化倾向。认识这种倾向并有意识地采取引导和防范措施,对于我们把握大众体育文化的正确文化取向也具有重要作用。

基于大众文化的时尚性,大众体育文化也具有时尚性和流行性特点,这种时尚和流行是双向的、不断变化的,原因在于:一方面,流行文化的发生与发展依赖于大众与大众传媒间发生的不断互动。另一方面,大众的价值观念、审美倾向影响着大众传播媒介,而大众传播媒介又迎合、引导着大众。

在大众体育文化生产领域,大众文化庸俗化主要表现在大众体育文化产品生产机制、消费者价值取向和产品市场环境等方面。生产机制方面,一些体育从业商家把受众的猎奇喜好作为潜在"卖点"(如球场暴力、比赛黑幕等)等,这是大众体育文化中对体育经济秩序和社会精神文明建设的消极影响,也是当前规范大众体育文化、建立科学体育文化价值观的重要原因和内容。

---

[1] 沈莹,金龙飞. 我国大众文化特征对大众体育发展新思潮的引领效应探析[J]. 体育科技,2012,33(3).

大众体育需要先进的文化思想来引导,需要国家统一立法、统一规划;需要建立较为稳定和普及的大众体育组织机构,需要场地设施的健全与体育形式与内容的丰富。①

## 二、大众体育文化的发展趋势

(一)大众体育的全面社会化发展

随着我国社会主义计划经济体制被更符合我国社会主义建设的市场经济体制所取代,并且逐步得到建立和完善,社会体育活动由政府部门独办的格局也将被打破,取而代之的是政府调控与社会力量对大众体育活动共同管理。大众体育将向全面社会化的发展阶段迈进。具体表现如下:

(1)政府在社会体育的社会化过程中,将更多是起着政策制定、宏观调控、监督、协调、领导、服务的作用,社会体育活动的实际操作由社会组织团体负责。

(2)社会体育活动组织网络的社会化程度将进一步扩大和完善,各体育社团及体育协会之间的合作将会加强,从而利用他们自身的能力充分动员和组织社会力量全面、有序、有效、合理地开展社会体育活动。

(3)未来一段时间内,跨行业系统、跨单位、跨社区的组织形式将不同的企事业单位、机关、学校和社区有效地联合起来,充分整合它们各自的体育资源优势,实现体育资源的优化配置,从而将优势的体育资源更加合理地配置,在有限的空间里最大限度地发挥出它们的能量,满足人们的体育参与需求。

(4)社区体育、家庭体育将有较大的发展,并将进一步推动全民健身计划的实施。

(二)大众体育法制建设将更加完善

伴随着社会的发展与进步,我国建设社会主义法治国家的进程正在加快,依法治国成为我国的治国之本。

首先,随着国家法律体系的逐步建立和完善,各种体育政策、法规体系将会更加完善,社会体育活动自身的法制建设也将不断加快、加强与进一步完善。

其次,人们的体育法制意识、维权意识将不断增强,同时人们也将会运用法律武器保护自身的合法利益和权利。

再次,人们的体育权利将得到法律的有力保障,社会体育活动的开展将有法可依、有章可循,人民大众各项体育活动开展得更加顺利、丰富多彩。

最后,完善的大众体育相关发展建设将进一步增加对社会体育活动造成威胁的违法活动的惩罚力度,使这些违法活动的发生率和危害性不断降低,直至消失。

现阶段,随着我国大众体育健身事业的不断发展,未来一段时期内,建设具有中国特色的大众体育文化事业的当务之急是立足于制度和观念的层面来探讨大众体育文化的发展路径。②

---

① 赵贱华,陈国成,谢丽娜. 国外大众体育的兴起特点及发展趋势[J]. 体育文史,2001(1).
② 桑振洲,王少春. 我国大众体育文化的发展现状研究[J]. 浙江体育科学,2011,33(6).

### (三)大众体育活动开展将更加普遍

经济发展、社会进步、人们体育观念改变和国家对大众体育活动发展的引导和支持,将使得我国大众体育活动在未来展现出更好的发展态势。

就目前我国大众体育活动发展趋势来看,随着我国大众体育文化的发展,人们的科学文化素质的不断增强,传播媒介对体育的宣传报道越来越深入人们的日常生活当中,在正确的体育价值观的引导下,人们的体育观念和健身意识会进一步得到增强和提高,人们必将比以往任何时候都更加关注健康和追求健康,社会体育活动将会成为更多人生活中不可缺少的重要内容。

### (四)大众体育科技水平将不断提高

现阶段,社会的前进和发展使得科学化的锻炼成为提高社会体育活动质量和扩大社会体育参与程度的关键因素。科技是第一生产力,在体育领域同样发挥着重要的影响作用。社会体育活动的科学研究将成为未来体育科学研究的重点,科技的最新成果应用到社会体育当中,必将引起大众体育活动的重大变革。具体分析如下:

一方面,随着我国社会体育活动的开展,为了满足日益增长的社会体育需求,社会体育活动的理论研究将得到重视,科学求实的理念和原则将得到充分的拓展和实施,人们的体育健身锻炼将有科学理论作指导。社会体育活动的发展将步入到以体育理论为指导,有计划、有组织、科学化发展之路。

另一方面,随着科技的发展,一些科技的最新成果应用到社会体育当中,以人为本,服务大众。为社会大众提供更多科学的体育健身场地器材和更多的科技服务,更能适合不同年龄、不同阶层、不同职业的参与者的体育健身需求,如结合个体的实际情况提供适合他们自身条件的科学运动方案、科学的体育健身方法与手段。在满足不同人群和个体大众体育活动需求的同时,使其体育活动过程更加科学、严谨、符合需求、效果明显。

## 第四节 民族传统体育文化

### 一、民族传统体育文化概述

民族传统体育文化是各民族在其不断发展与进步过程中所形成的全部的体育文化。

对民族传统体育文化的研究,主要包括三个方面,即民族传统体育与传统文化的关系、民族传统体育的文化内涵、民族传统体育的文化属性。

民族传统体育与传统文化的关系主要表现在三个方面,即民族传统体育与多元生态文化圈、民族传统体育与民俗、民族传统体育与经济文化类型。其中,生态环境是民族传统体育文化生存和发展不可或缺的重要因素,如鄂伦春族的滑雪、打靶、赛皮爬犁等民族传统体育项目就与其周围的生态环境密不可分;民俗对民族传统体育文化也有着至关重要的影响,如布依族的"丢花包"、瑶族的"抛花包"、壮族的"抛绣球"等就与各民族的婚姻习俗密切相关;经济文化类型在很大程度上影响着民族传统体育文化的发展,如蒙古族、维吾尔族、哈萨克族等的赛马、叼羊、姑娘追等民族传统体育项目就是在其游牧畜牧业的基础上产生发展起来的。

民族传统体育的文化内涵主要包括民族传统体育的物质文化内涵、民族传统体育的精神文化内涵、民族传统体育的制度文化内涵三个方面。民族传统体育的文化属性大致可以分为生产性、地域性、民族性、生活性、娱乐性、认同性以及封闭性七个方面。

## 二、民族传统体育的基本文化特质

中国文化强调"安土地,尊祖宗,崇人伦,尚道德,重礼仪""天人合一""气一元论",因此,民族传统体育的文化也具备了整体性、等级性、中庸性、礼仪性和道德性等特征,并进一步形成了以崇尚礼让、宽厚、和平为价值取向的体育形态。我国民族传统体育的文化以保健性、表演性为基本模式,有伦理教化的价值取向、尊卑有别的等级观念、崇文尚柔的运动形态等独特的文化特点。

(一)具有森严的等级制度

古人认为整个自然界及人类社会都是遵循一种自然演进的规律而产生的,只有整个社会严格遵循特定的等级制度,才能达到天下稳定的社会目标。

在民族传统体育文化中,礼义无疑是用来区别和规范上下、长幼的重要手段,如西周的射礼,有大射、宾射、燕射、乡射之分,有弓箭、箭靶、伴奏乐曲、司职人员的等级区别;《宋代·礼志》中规定了打马球的各种仪式,如果皇帝参加比赛,则第一球一定要让其打进;中国古代的武术高手在交手过招时,也要点到为止,不战而胜,坚持礼让在先。另外,由于女子在封建社会的地位极为低下,因此,其参加体育活动的权利和条件受到多方限制。这些都说明了我国民族传统体育文化中渗透着浓厚的封建等级观念。

(二)强调整体性

民族传统体育以"天人合一"为哲学基础,以自给自足的农业经济为土壤,强调整体性与和谐性的统一。中国人"推天道以明人事",把天作为认识自己和构建人生理想的参照物。天人关系是中国传统文化的一个基本命题,古人认为自然界是不可征服和改变的,只能受自然界的摆布,从而导致华夏祖先抗争精神匮乏。

在民族传统体育文化的范畴中,人和自然在本质上是统一的。民族传统体育文化的突出特点在于重精神和过程,轻物质和结果。此外,中国传统体育注重以整体的概念描述人体的运动过程,探讨各种活动状态与外部世界的联系。例如,气功、太极拳等,都是通过意识活动和肢体锻炼达到"与天地神相交通",反映了民族传统体育注重整体效益,追求身心、机体与自然的协调发展的健身价值观。民族传统体育项目的锻炼,多采用基本功练习与完整练习相结合的方法,这充分体现了中华民族追求"形神俱练,内外兼修""采天地之气,铸金刚之身"的理念和顺其自然、追求平衡的主体化思维方式。

(三)推崇伦理教化的价值取向

由于受到中国儒家传统文化的影响,民族传统体育重视伦理教化,以展示道德理念为标准,把道德作为人的最大价值和最高需要。于是,民族传统体育化身为"成德成圣,完成圆善"的一种手段,坚持"寓教于体,寓教于乐"的原则,追求在竞争中实现道德的培养与升华,如儒家先哲推崇的射礼,要求射者"内志直、外体直,然后持弓矢牢固,持弓矢牢固,然后可以言中";唐代木射的取胜标记为"仁、义、礼、智、信、温、良、恭、俭、让";韩愈议论马球运动时也曾指出:"苟非德义,则必有害";司马光曾说过:"投壶者不使之过,亦不使之不及,所以为中也,不使之偏颇流散,所以为正也、中正、道之根柢也";约成书于元明间的《蹴鞠图谱》以专章论述蹴鞠中如何体现儒家思想,提出踢球应以"仁义"为主等。这些规范和衡量民族体育的价值标准,鲜明地体现出了民族传统体育伦理教化的意图。

(四)追求宽厚、和平的文化理念

民族传统体育活动与各个民族的民俗、民风、生活习惯关系密切,有着深层次的文化追求。人们通过传统体育活动,可以感受精神的愉悦、营造和谐的生存氛围。通常,民族传统体育活动多以强身健体为目的,这些活动大都安排在业余时间进行,将体育寓于娱乐之中,具有很强的表演性和娱乐性。例如,黎族的跳竹竿、苗族的划龙舟等活动,具有浓郁的民族特色和欢快气氛。

中国人历来讲究性情自然,"知其心者,知其性也,知其性则知人"。因此,民族传统体育崇尚中庸之道、信守顺其自然,讲究对身体的保和养、对内部的锻炼和保持内部的平衡。同时,民族传统体育文化带有安于现状、缺乏竞争、倡导守柔不争的特点,这使得民族性格上具有很强的依附性,缺少竞争精神,不利于民族传统体育的长远发展。

民族传统体育文化是中国传统文化的一部分,它不断汲取传统文化的特性,使其具备与特定的文化环境相一致的文化属性,同时也反映出了传统文化的特点和深远影响。

## 三、民族传统体育的文化特性

(一)民族性

在人类创造文化的同时,文化也在塑造人类本身,但人类难以创造出统一模式的文化。这是因为人类将自己塑造成了各具不同文化特征的群体——民族,因此,世界各个民族传统体育也深深烙上了民族性的烙印。每一个地区和国家都有自己独特的传统体育内容。

尽管民族传统体育的类型和模式不同,但它们既有体育文化的共性、一般特征和基本属性,也带有强烈的民族意识和民族文化气息,有一些独具一格的特色。各个不同国家和地区的传统体育的民族性,通过体育精神以及体育的外在形式、运动规则和具体要求表现出来。而我国民族传统体育的民族性,主要表现为整体性、和谐性、伦理教化性、养生性、保健性等方面。

(二)地域性

一定的地域是一个民族长期繁衍生息的空间条件,由于中国版图经纬跨度大,东西南北自然地理差异大,各民族"大杂居、小聚居",导致各个地域存在着不同的价值观念和审美情趣,进而产生不同的体育文化。也就是说,我国各民族不同的生产方式、生活技能和社会风尚产生了各种各样的民族传统体育文化,总体是南人善舟,北人乐骑,南方民族多以集体性体育项目为主体,北方民族更多以个体化的体育项目为主。另外,同一地区、同一体育项目由于开展地点不同,而表现出了方式和方法的差异。这些地方特点的不断汇聚、逐渐融合,成为一个具有地域特征的文化景象。

## (三)生活性

人们生活的特定环境对人自身和人所创造的文化都有重大的影响和作用。人类环境的发展,总是遵循不断提高生活质量和生活品位的规律。在人类社会发展初期,生活与生产内容是一体的。狩猎、游牧、耕作等生产活动,为庆祝收获、祈祷祭祀等生活内容总离不开人类社会初期所形成和提炼的动作活动方式,即体育。可见,体育是人们生产和生活中最重要的组成部分。

## (四)生产性

由于生产活动是体育文化产生的重要源头,民族传统体育以生产为基本支点,因此,民族传统体育文化的产生和发展依赖于技术系统的支持,如马匹是民族地区人们生产的必备工具,由此演化出了马上运动项目;居住在东北原始森林地区的鄂伦春族,长期从事狩猎业生产,形成了豪放、勇敢强悍的性格,喜爱射击、赛马、皮筏犁、桦皮船、斗熊等体育活动,以骏马、猎枪、猎犬闻名世界。因此,生产属性是民族传统体育发展的重要基础,生产性是民族传统体育最基础的文化属性。

## (五)封闭性

在长期的历史进程中,我国各民族文化互相借鉴、吸收和交融,但由于自然地理因素、自给自足的小农经济、血缘、宗族等因素的影响,中国传统文化具有一定的封闭性。中国传统文化的封闭性使得中国传统体育也具有一定的封闭性,有些体育活动往往只能在很少一部分人中间传播,甚至在一些地区自生自灭。

## (六)娱乐性

娱乐是民族体育发展的重要动力,是体育起源要素中一个比较主要的成分。民族传统体育的娱乐成分主要包含身体技能性、谋略性和机遇性。第一种技术要求比较高,具有强烈的自娱性和娱他性;第二种对人的谋略、心智水平要求较高;第三种主要是对机遇的期待。

## (七)认同性

民族认同以血缘认同和民族认同为前提和基础,而深层次的民族文化的认同是各个民族团结稳定的保障。一种文化体系以民族为载体,民族又以文化为聚合体。体育作为文化的重要组成部分,在民族文化认同方面不仅具有符号作用,更具备民族文化形象的意义。

## 四、民族传统体育文化的发展

### (一)加强对民族传统体育文化的保护

民族传统体育在经过长期的发展后,已经形成了一个具有丰富内容和鲜明特色的庞大系统,具体包括竞技、表演、健身和娱乐等各种项目。随着历史的发展,人们不断创造出新的体育文化产品,新文化产品不断累积,在传统文化产品的基础上逐渐形成文化。作为文化形成和发展的基础,传统文化必须被保存下来,这样才能促进体育文化不断累积,不断创新,逐步向前发展。

## 第五章　多元体育文化基本理论分析

传统文化在特殊环境中塑造出民族传统体育文化,传统文化赋予民族传统体育的一些特性是其他民族体育所没有的,独特的民族传统体育文化构成特色鲜明的东方体育文化形态。民族传统体育如果没有传统文化内容,强势文化中的体育项目就会同化一些民族传统体育项目,从而威胁到民族传统体育的生存。

1. 坚持科学思想的指导

科学理论思想的指导是开展任何社会实践活动都必须依赖的条件。保护我国民族传统体育文化,必须坚持科学的思想指导,具体要做到以下几点:

(1)高度重视民族传统体育文化的理论建设研究。
(2)顺应民族体育学科的本质特征和客观规律,坚持以唯物主义世界观和现代科学理论与方法对民族传统体育进行保护,促进中华民族传统体育的全面繁荣。
(3)以多学科角度透视为基础,多方位、多层面地挖掘民族体育中所蕴含的文化内涵。
(4)加强多学科、多方位的合作,加强体育学与民族学、社会学之间的交流与借鉴,共同向着更深层、更广阔的方向发展。

2. 制定国家政策

国务院于2006年公布了第一批国家级非物质文化遗产名录,其中包括蒙古族搏克(内蒙古自治区)、少林功夫(河南省登封市)和聊城杂技(山东省聊城市)等17项民族传统体育项目。

我国民族传统体育属于非物质文化遗产,具有传承性、民族性、地域性、流变性、独特性、综合性等特征。非物质文化遗产的具体内容是各族人民世代相承的、与群众生活密切相关的各种传统文化的表现形式和文化空间等。这是人类文化发展的宝贵财富,具有民族特色的精神和意识,起到丰富全球文化多样性的作用,得到社会的广泛关注。

3. 运用高新科技

当今社会,信息技术高度发达,可以用信息库的形式保存、保护民族传统体育文化。通过现代科技手段对民族传统体育文化中的各个环节加以数字化保留,将其纳入"中国非物质文化遗产数据库""中国非物质文化遗产影像档案"等系统,并充分利用多元性的全球文化,获取更广泛的社会保障,不断积累中华民族传统体育。然而,民族传统体育又绝对不能仅仅依托于数字化被动储存,因为它作为文化的一部分,只有在不断发展中才能彰显其生命力,所以应主动地保护和拓展非物质文化生存的空间,使民族传统体育具备良性的生存和发展环境。

4. 培养相关人员

民族传统体育的保护必须重视相关人员的培养,培养一批具有业务专长、熟知民族政策与民族习俗的人员,具体包括传者、受者及管理干部三类人员的培养。

传者是保护民族传统体育文化的首要环节。民族传统体育文化的保护要求传者必须融会贯通地掌握传播理论和传播手段,为了提高传播和保护的效率,实施传播时主要通过现代教育的方式进行。传者的职业道德十分重要,不可以有狭隘的保守意识,否则会使传承的资源截流。在民族传统体育保护过程中,传者的传授水平及道德素质的培养十分重要。

受者是传承和保护民族体育文化的重要部分。受者具有规模庞大、分散居住、流动性强等特点。民族传统体育文化的部分受者仅仅生存在一个特定地域,接受信息资源有限的资讯,即受者具有"小众""分众"的特征。要重点培养受者对中华民族传统体育文化的情感。目前,中华民族传统体育面临的迫切任务就是引发受者的喜爱。民族传统体育应该以传统为根基,以不同民族分众志趣为出发点,以创新为动力,使民族传统体育文化焕发时代活力。

管理干部在民族传统体育文化的保护中起着重要的作用。民族体育现代化、科学化、社会化发展的实践表明,传统体育的师徒传承方式已不能满足现实的需求。需要民族体育管理干部长期深入到民族地区进行宣传、普及、提高工作。因此,尤其要注意培养少数民族体育干部,因为他们与民族群众有天然的密切联系,深谙本民族、本地区的风俗习惯,有利于更准确地执行党的民族政策与体育方针,使民族传统体育的发展逐步走向正轨,得到振兴与繁荣。

### (二)加快民族传统体育文化的可持续发展

#### 1. 促进民族传统体育的技术发展

促进民族传统体育的技术发展是民族传统体育文化可持续发展战略的核心,要大力继承与传播传统民族传统体育技术。同时要科学地进行挖掘、整理、改革并创新民族传统体育技术,使民族传统体育技术真正为民所用,扩大民族传统体育人口,积极发挥民族传统体育的健身、娱乐、教育等功能。

#### 2. 建立富有特色的竞赛体制

民族传统体育文化可持续发展战略的先导就是竞赛体制,体育练习与实践检验兼备是竞赛体制符合民族传统体育的技术特征的基本要求。富有特色的民族传统体育竞赛体制要符合如下两方面的要求:

(1)从形式上看,富有特色的民族传统体育竞赛体制不可与举牌评分等同,也不能与其中一些项目的给分方式一样。

(2)从内容上看,富有特色的民族传统体育竞赛体制不能局限于徒手技击对抗,还应当有技击较量。这样的竞赛体制可以使民族传统体育的训练方法得到充分发挥。

#### 3. 举办多种形式的民族传统体育竞赛

通过组织和举办一些民族传统体育竞赛,不仅可以为民族传统体育的产业化发展做宣传,而且还能提高运动员的训练水平。目前,散打王争霸赛就是民族传统体育值得借鉴的范例。除此之外,民族传统体育也要在合理规则的引导下,通过比赛带动相关产业发展,进而促进民族传统体育的可持续发展。

#### 4. 做好民族传统体育的科学研究工作

理论的思维是民族传统体育站在科学最高峰的基础。新中国成立后,党和政府曾一度十分重视民族传统体育学科研究。但与现代化体育项目的科研成果相比,民族传统体育的科研工作还处于自发盲目的状态,民族传统体育理论严重滞后于实践,民族传统体育科研工作的第一步就是做好科学理论的研究工作,只有具备了完善的理论基础,才能规范民族传统体育技术,才能继承与创新民族传统体育,推进民族传统体育的可持续发展。

## 第五章　多元体育文化基本理论分析

**5. 提高民族传统体育工作者的经济收入**

在民族传统体育发展的过程中,要使广大民族传统体育工作者感到自己的工作具有一定的社会价值和意义。另外,民族传统体育在满足了实现自我价值的需求的同时,还能给民族传统体育工作者带来较丰厚的待遇、较高的社会地位,以激发他们将更加强烈的责任感和使命感投入到民族传统体育工作中去。

**6. 加强民族传统体育的改革与创新**

民族传统体育的改革和创新是在继承与尊重民族传统体育文化的基础上进行的,改革与创新应保存民族传统体育的原有价值,进一步挖掘现代价值,开辟新领域,构建新形式,促进民族传统体育朝着多元化的方向发展。民族传统体育文化要走可持续发展道路必须经过改革与创新。

民族传统体育具有很强的现代社会价值,因此,它的更新发展不能滞后于现代化发展,必须加强自身的改革与创新,完善自身体系和价值系统。加强民族传统体育的改革与创新主要从以下几方面做准备:

(1)制定国家标准

由于民族传统体育的技术复杂,没有统一的规范,因此制定国家标准,促进民族传统体育的创新很有必要,制定国家标准要注意以下几点要求:

首先,制定统一的国家标准,重视民族传统体育的文化内涵的发展。

其次,保留民族传统体育的特性,根据社会需求进行相应改造。

最后,保留民族传统体育的典型招式,增加民族传统体育的趣味性。

(2)构建民族传统体育创新体系

目前,我国民族传统体育的理论研究滞后于实践,构建民族传统体育理论创新体系,对民族传统体育的可持续发展具有重大意义。

民族传统体育的理论研究要突出学科研究的角度,要以自然与社会科学为基础,以民族传统体育技术为主干,突出重点,综合多学科。构建民族传统体育创新体系具体操作方法如下:

①运用生理学、解剖学、动力学、教育学等现代综合学科知识对民族传统体育进行详细诠释。

②在保持民族传统体育技术风格特点的基础上不断完善民族传统体育的技术体系,并根据不同的习武对象编排内容。

③完善民族传统体育的训练体系,统一民族传统体育的表演观赏性和技击性,在保留民族传统体育技击的前提下,充分表现民族传统体育的艺术特征。

(3)创建民族传统体育现代化的创新模式

加强民族传统体育间的交流。一两个传统体育项目的发展不能代表整个民族传统体育的发展,只有多样化的项目共同发展才能促使民族传统体育全面发展。民族传统体育现代化的创新模式包括以下几方面:以科学的理论指导为基础;以正确的价值定位为前提;以开展竞赛交流活动为动力;以市场化、产业化、商品化发展为有效途径;以实体化和职业化发展道路为保证;以政府的支持与推广为保障;以实现国际化发展为最终目标。

(4)促进民族传统体育文化与企业文化的有机融合

民族传统体育文化的可持续发展不能忽视一个重要的文化载体——企业。充分发掘企业潜力,鼓励企业开展活动,有机融合企业文化与民族传统体育文化可以为民族传统体育文化的可持

续发展创造新的突破口,主要原因如下:

①企业职工的素质相对较高。传承民族传统体育的方式一般都是民间家传,传承与推广人群素质参差不齐,如传承陈氏太极拳的主要是陈家沟的农民。相对而言,企业人群的文化素养较高,企业具有较高的市场竞争力,其员工多为大学生、研究生甚至学历更高的人。高学历人群掌握、理解、推广民族传统体育的能力都比较高。

②企业高层开展民族传统体育运动可以推动其发展。在快节奏的环境中,多数企业管理者都有颈椎病、肩周炎等职业病,这就需要民族传统体育活动的调节与改善,增强管理者的体质。

(三)发挥学校对民族传统体育文化的传承作用

1. 明确民族传统体育发展方向

民族传统体育取得更好发展的重要条件是在战略上给予高度重视,认清民族传统体育发展的方向。在现代体育全球化发展的同时,民族传统体育在一定程度上受到西方体育文化越来越多的冲击,并且导致部分项目已濒临消亡,这就要求中华民族中的一员,尤其是民族传统体育的研究者和领导者,一定要肩负起民族传统体育发展的历史重担,采取相应的积极措施,切切实实地搞好民族传统体育文化的传承和发展,促进其全面发展。

学校是民族传统体育发展的重要场所,这就要求各相关部门要积极努力挖掘地方民族体育资源和特色项目,并且将这些民族传统体育引入学校体育教育课堂中,使学生有更多的机会受到民族传统体育文化的教育和熏陶,从而激发他们对民族传统体育文化内涵进行深入了解和认识的兴趣,使他们的民族传统体育文化的内在品质得到进一步提升,让具有时代色彩和现代人文精神的民族传统体育立足于世界文化之林。

2. 健全民族传统体育教学机制

学校具有自身的功能与优势,其主要责任表现为:汲取各民族传统文化精华、促进民族团结、培育人才与传承文明等方面。随着现代社会休闲时代的来临,传播并倡导区域性传统体育活动,使之成为不同区域和人群的健身方式,将对人们的健康产生非常大的促进作用。

在现代社会经济条件下,学校有义务为所在地的经济、社会和文化的发展服务,各相关职能部门要根据当地的实际情况,有针对性地制定各种政策,采取各种相应的措施,建立和健全民族传统体育在各个学校的发展机制,从而使其在学校体育发展中应有的地位得到有力的保证,进而使各学校开展民族传统体育教学与训练的积极性得到有效调动,为尽早形成有利于我国民族传统体育发展的良好的学校体育文化氛围创造有利条件。

3. 增强民族传统体育的师资力量

加速民族传统体育师资建设,增强民族传统体育的师资力量是促进民族传统体育在学校体育中普及与提高的必要措施。从当前的情况来看,我国学校体育中的民族传统体育的人才匮乏,师资力量薄弱。具体而言,可以通过以下四个方面来加强民族传统体育师资力量的培养:

(1)建立民族传统体育学科

20世纪80年代中期,我国就已经进行了民族传统体育学科的课程开发实验。但发展至今,开发民族传统体育学科还处于探索和总结经验阶段。随着社会的不断发展与学校体育教学改革的日益深化,以及体育教师自身追求和谐完美发展需求的日益高涨,在学校建立民族传统体育学科,增强民族传统体育师资力量就成为民族传统体育教学进一步发展的必由之路。具体就是培养具有主辅修专业经历的民族传统体育教师,鼓励体育教师能够将其知识和经验熟练地运用到实践中来。

(2)提高教师的理论知识和实践水平

在学校民族传统体育教学中,体育教师在传授民族传统体育文化中起到主导作用,体育教师指导、鼓励并评价学生对民族传统体育知识、民族传统体育技术的学习和掌握情况。体育教师的职责不仅是把我国优秀的民族传统体育文化传授给学生,而且应该培养学生树立起关注身心健康、增强体质是一种社会责任的观念,并指导学生通过学习民族传统体育达到科学健身的效果。因而发展学校民族传统体育师资力量需要提高现有教师的民族传统体育理论知识和实践水平。具体可通过各种培训班、学习班、研讨会等形式来提高民族传统体育教师的专业技术和理论水平,为我国民族传统体育的继承与推广工作创造条件。

(3)学校适当聘请民间艺人教学

目前,许多民族的传统体育文化面临着失传、消亡的现象,学校作为培育人才的主要阵地,应该积极探索民族传统体育文化的师资培养方式,从而提炼出民族传统体育文化教育资源的传承模式。学校可以利用民族传统体育文化课、特色活动和课外活动等时间聘请民间艺人给学生授课;也可以对民族传统体育教师进行授课;还可以把现有的民族传统体育方面的一些专家培育与扶持成我国学校民族传统体育教学的一批新的体育教师,使之能够成为今后学校中的民族传统体育教学的师资骨干与精英。

### 4. 建立健全民族传统体育竞赛体制

定期举办的民族传统体育运动会和单项邀请赛等,对于各学校开展民族传统体育项目源动力的激发,以及有效的训练、比赛周期的形成都有积极的促进作用,能够使学生的兴趣在课外继续延伸和发展得到有力的保证,这样可有效地引导和激发学生的参与热情,使民族传统体育的普及、发展和运动技术水平的提高得到积极促进,进一步增强其观赏性和吸引力。

建立和健全民族传统体育的竞赛体制,途径有很多,但要注意与实际情况相结合,这样才能够取得较为理想的效果。具体来说,可借鉴和采用其他已发展得比较成熟、已形成自己独特体系的运动项目,并且与民族传统体育的具体实际紧密结合起来,从而走出一条与自己的发展相适宜的竞赛体制道路。

### 5. 增加民族传统体育教学经费投入

当前,半途而废、中期流产的现象在我国民族传统体育课程开发过程中已经普遍存在,主要原因有课程开发实验得不到支持;实验条件不能满足;经费不足;研究人员与实验学校不能协调等。有些学校领导听到一些负面评价就对课程开发失去信心,便开始减少经费投入、撤销科研人员,甚至停止开发课程。由此可见,资金短缺在很大程度上限制了民族传统体育在学校中的发展,因此要加大民族传统体育课程建设的资金投入。增加民族传统体育教学经费投入要做到以下几点:

(1)要保证重点民族传统体育项目的资金投入力度,重点发展比较成熟的民族传统体育项目,从而能够从整体上带动民族传统体育项目的发展。

(2) 要兼顾一般民族传统体育项目的资金投入,并使其也能得到开发和发展。

(3) 注意改善民族传统体育的场地和设施状况,在未来体育场馆的建设中考虑增加民族传统体育场馆,从而在一定程度上满足民族传统体育教学的需求。

## 第五节 奥林匹克运动文化

### 一、奥林匹克的发展历程

(一) 古代奥林匹克运动会

1. 古奥运会的诞生

在人类文明古国希腊南部的伊利斯城邦,在湍急的阿尔菲斯河畔,有一块丘陵地带,它北依罗诺斯山麓,西濒爱奥尼亚海,土地肥沃,气候宜人。这里群林叠翠,流水潺潺,人杰地灵。这便是举世闻名的古代奥林匹克运动会的发祥地——奥林匹亚。

奥林匹克运动起源于古希腊宗教祭祀活动,富有浓厚的宗教色彩。同时,它也是古希腊民族文化的一部分,起到了团结各族人民、维护国家统一、减少和制止战争的作用,与政治有着密不可分的关系。古希腊是一个尚武的民族,它们以城邦为单位分散成不同的小国,城邦统治者为了追求自身利益,尤其重视军事扩充,使处于奴隶社会时期的各城邦间为了生存,不断进行着吞并和争夺,对于科技不发达的奴隶社会时期来说,制胜的关键就是以人为主体的军事战争。为了培养出体格健壮、行动敏捷、能征善战的士兵,各城邦都非常崇尚体育运动,以达到军事训练的目的。由于连年的战争,造成生灵涂炭和社会经济滞后,人们渴望和平,怀念祭祀和庆典活动。于是,在公元前884年,古希腊各君王达成一致协议并签订了《神圣休战条约》。协议规定:各城邦之间定期在奥林匹亚举行集会(即奥林匹克运动会),集会期间任何人不得携带武器进入奥林匹亚,否则就是背叛了神的旨意,将会受到严罚,如果战争发生在奥运会期间,那么双方必须停战,准备参加奥运会。

奥林匹克运动会的规模和影响的扩大并不是偶然的,它与当时人们渴望和平、反对战争的需要有密切的关系。虽然,战争的军事需要在一定意义上促进了希腊体育竞技的发展,但长期的城邦割据战争给社会带来了灾难。人们厌恶战争,渴望能有一个和平的环境和休养生息的机会。而异族人的侵略更使他们需要团结,希望能有一个至高无上的君主造就一个和平而团结的希腊。可这样的君主又无法从强烈地坚持自己独立的城邦中产生。于是,人们只好去创造,求助于宗教中的神灵。这样,随着宙斯"众神之王"地位的确立,奥林匹亚便被人们视为和平区。奥林匹克运动会也就随之演变成了全希腊盛大的民族节日。

古代奥运会就是在当时这种战争背景和宗教祭祀形式中产生和发展起来的。

2. 古代奥运会的兴盛

奥运会的盛况大大超出了竞技比赛的范围,它是古希腊宗教、政治、经济和文化的重要组成

## 第五章 多元体育文化基本理论分析

部分,起到了推动政治交流、促进贸易发展、繁荣希腊文化、融合民族感情的作用。它使全希腊人民在和平的气氛中欢聚一堂,其丰富的内容和壮观的场面,形成了全希腊最盛大的节日。

从公元前776年第1届古奥运会开始到公元前720年的"埃里达时期",奥运会只限于奥林匹亚所在地人员参加,竞赛项目比较少,规模也不大。公元前576—前338年,称为"金希腊时期",这段时间古希腊的政治、经济、军事、文化非常发达,奥运会成了全希腊人民的盛大庆典,无论是参赛规模还是参加人数都是空前的,这一时期被称为古奥运会的鼎盛时期。

3. 古奥运会由衰落走向毁灭

公元前5世纪,希波战争胜利结束后,希腊的城邦奴隶制进入了鼎盛期。奴隶为希腊社会创造了巨额的财富,但未能防止社会的两极分化,贫富差距越来越明显。由于奴隶主不断剥削,导致了城邦内部的阶级矛盾。因此,战争频发,消耗了巨大的财力、物力。奴隶制的进一步发展,导致了对文化知识的更大需求,人们逐渐开始倾向于文化知识的许可性,同时,由于贫富差距的增大,许多公民丧失了对城邦的热情和对体育的支持。特别是公元前5世纪末发生的伯罗奔尼撒战争是希腊奴隶制衰败的开始,也是古奥运会由兴到衰的转折点。

罗马帝国统治希腊后,起初虽仍举行运动会,但奥林匹亚已不是唯一竞赛地了。如公元前80年第175届奥运会,罗马竞技规律就把优秀竞技者召集在罗马比赛,而奥林匹亚只举行了少年赛。这时职业运动员已开始大量出现,奥运会成了职业选手的比赛,希腊人对其失去了兴趣。公元2世纪后,基督教统治了包括希腊在内的整个欧洲,倡导禁欲主义,主张灵魂与肉体分开,反对体育运动,使欧洲处于一个黑暗时代,奥运会也随之更趋衰落,直至名存实亡。公元392年,罗马皇帝狄奥多西立基督教为国教,宣布古代奥运会为"邪教"活动,394年宣布废止了奥运会。从此,历时1 000多年的古代奥运会便随古代奴隶制的衰亡而销声匿迹。

(二)现代奥林匹克运动会

现代奥林匹克运动具有丰富多彩的活动内容与形式,包括奥林匹克运动会、大众体育以及与体育有关的教育、科学和文化等活动。以奥林匹克主义贯穿一系列活动,形成一个具有鲜明特色的奥林匹克活动体系。在奥林匹克运动众多的内容中,4年一度的冬、夏奥运会是最重要的活动,是奥林匹克运动的主旋律。奥林匹克运动会是世界上规模最大、水平最高、影响最广的国际性综合运动会。

1. 夏季奥运会

夏季奥运会简称奥运会,为有别于冬季奥运会称为夏季奥运会,每4年举办一届。夏季奥运会沿袭古奥运会旧制,不管运动会举办与否,届次照算。自1896年在雅典举行的第1届奥运会起,到2016年里约奥运会止,共举办了31届。2020年第32届奥运会在日本的东京举行。

2. 冬季奥运会

冬季奥运会简称冬奥会,是奥林匹克运动会的重要组成部分。冬季奥运会届数的计算方法与夏季奥运会不同,是按实际举行的次数计算届次。1924年1月27日—2月5日在法国夏蒙尼举行了一次冬季运动会。后来国际奥委会正式确认这次运动会为第1届冬季奥运会,并规定冬季奥运会也是每4年举行一届,与夏季奥运会在同一年举行,但不得在同一城市。1986年,国际奥委会全会决定将冬季奥运会和夏季奥运会从1994年起分开,每两年间隔举行,1992年冬季奥运会是最后一届与夏季奥运会同年举行的冬奥会。

### 3. 奥林匹克运动的其他活动

奥林匹克运动的其他重要竞赛活动,包括各大洲的洲际运动会、伤残人奥运会等国际奥委会承认的竞赛活动;大众体育活动主要是每年6月23日都举办的"奥林匹克日",旨在促进群众体育活动的开展,扩大奥林匹克影响;奥林匹克科学、文化教育活动主要包括开办国际奥林匹克学院、建立奥林匹克博物馆、召开奥林匹克科学大会等。另外,还有为表彰一些为发展奥林匹克运动做出贡献的团体或个人而进行的颁奖活动。

## 二、奥林匹克运动的思想体系

### (一)《奥林匹克宪章》

现代奥林匹克运动在其发展过程中,形成了一个完整的体系。这个体系由思想体系、组织体系、活动体系三大部分组成。奥林匹克运动的思想体系包括奥林匹克主义、奥林匹克精神、奥林匹克理想及其宗旨和格言等,它们都属于一个统一的范畴,包含在《奥林匹克宪章》中。

第一部《奥林匹克宪章》由顾拜旦亲自制定,于1894年6月在巴黎召开的国际体育会议上正式通过。其主要内容包括奥林匹克运动、国际奥林匹克委员会、国际单项体育联合会、国家奥林匹克委员会和奥林匹克运动会五个部分。它是国际奥林匹克委员会为发展奥林匹克运动所制定的总章或总规则,为国际奥委会所承认的国际单项体育组织、各国(地区)奥委会所应遵循的总的活动规范。在奥林匹克宪章中,对奥林匹克运动宗旨、格言、标志等都有明确说明。

### (二)奥林匹克精神

奥林匹克精神是奥林匹克运动的实质内容,《奥林匹克宪章》指出,奥林匹克精神就是相互了解、友谊、团结和公平竞争的精神。通常它包括参与原则、公正原则、竞争原则、友谊原则和奋斗原则。体育运动是人类文化现象之一。萨马兰奇主席说过奥林匹克运动就是文化加体育,人类的各项竞技运动成绩和运动记录,是社会文化的一部分。在这部分社会文化的积累、更新和创造过程中,奥林匹克运动起了重要作用,众多凝聚着人类智慧和体能的历史记载,多半是经过奥运会确立的,只有真正了解奥林匹克精神,人类才能真正拥有它。

### (三)奥林匹克理想

奥林匹克理想是奥林匹克主义和奥林匹克精神的综合,是人们对奥林匹克运动未来和前景的向往与希望。奥林匹克运动提倡人的全面发展,提倡人类社会的和谐与公正,共同建立一个和平的更加美好的世界。古代奥林匹克运动包含了这些朴素的思想,现代奥运会也是人们寄托愿望的一种形式,希望人类自己去求得团结、友谊、进步,这正是维系现代奥林匹克运动发展的精神力量。

### (四)奥林匹克运动宗旨

奥林匹克运动宗旨具体的体现为:使体育运动为人类的和谐发展服务,以友谊、团结和公平竞赛的精神,促进青年更好地相互了解,从而有助于建立一个更加美好和平的世界;使世界运动员在每4年一次的盛大节日——奥林匹克运动会中联欢聚会在一起。

### (五)奥林匹克格言

奥林匹克格言为:"更快、更高、更强"。它是国际奥委会对所有参与奥林匹克运动的人们的号召,号召他们本着奥林匹克的精神奋力向上。这个口号于1913年获国际奥委会正式批准,将其定为奥林匹克格言,1920年它又成为奥林匹克标志的一部分。

### (六)奥林匹克会旗

它是国际奥委会于1913年根据顾拜旦的构思和建议而制作的。旗为白底,无边,中央是五色的奥林匹克标志。奥林匹克标志由五个奥林匹克环组成,五环自左至右互相套接,颜色分别为蓝、黄、黑、绿、红。上面三环是蓝、黑、红,下面二环为黄、绿;在使用中也可以五环均为单色。根据1991年的最新版的《奥林匹克宪章》"奥林匹克标志"词条的附则补充解释,奥林匹克旗和五环的含义,不仅象征五大洲的团结,而且强调所有参赛运动员应以公正、坦诚的运动员精神在比赛场上相见。

### (七)奥林匹克标志

奥林匹克标志是由《奥林匹克宪章》确定的,也被称为奥运五环标志,它由5个奥林匹克环套接组成,可以是单色,也可以是蓝、黄、黑、绿、红5种颜色。环从左到右互相套接,上面是蓝、黑、红环,下面是黄、绿环。整个图形为一个底部小的规则梯形。奥林匹克标志象征五大洲和全世界的运动员在奥运会上相聚一堂,充分体现了奥林匹克主义的内容,"所有国家——所有民族"的"奥林匹克大家庭"主题。

### (八)奥林匹克会歌

它是希腊著名作曲家萨马拉斯于1896年创作的。原是献给第1届奥运会的赞歌,后来由希腊诗人帕拉马斯配词而成《奥林匹克颂歌》。1958年国际奥委会在东京举行的第55届全运会,正式决定将这首歌作为奥林匹克运动会会歌。

### (九)奥运会圣火

奥运会圣火象征着和平、正义、友谊、团结和青春活力,因此,自1928年起,在奥运会开幕时都要点燃圣火。无论奥运会在哪里举行,奥林匹克火炬都得在希腊奥林匹亚村希腊女神赫拉庙前,按照传统仪式将火炬传到举办国,并在开幕时,由主办国一著名运动员高擎火炬,穿过主体运动场,登上火焰塔点燃圣火,圣火将一直燃烧到大会闭幕为止。

## 三、奥林匹克运动与中国

中国人最初是通过了解奥运会来认识奥林匹克运动的。1904年,许多中国报刊曾报道过第

3届奥运会的消息,但未在社会上引起广泛反响。1922年,当时任北京中国大学校长的王正廷入选第一位中国籍和远东地区的国际奥委会委员,中国与国际奥委会建立了直接的联系。1924年8月,中华全国体育协进会成立,标志着中国体育的发展和中国奥林匹克运动开展都进入一个新的阶段。同年,派出3名网球运动员参加了巴黎第8届奥运会的网球表演赛。之后,中国陆续加入田径、游泳、体操、网球、举重、拳击、足球和篮球8个国际体育联合会。

1928年,中华全国体育协进会派出代表宋如海作为观察员,参加阿姆斯特丹第9届奥运会的开幕式,但没有派运动员参加比赛。1932年洛杉矶第10届奥运会,派出一名运动员刘长春参加比赛,虽然成绩不佳,但向世界宣告了中国奥林匹克运动的存在。1936年和1948年中国又分别参加了第11届和第14届奥运会。期间,国际奥委会又于1936年和1947年分别增补了孔祥熙和中华全国体育协进会总干事董守义为国际奥委会中国委员。

1949年新中国成立,给奥林匹克运动在中国的发展提供了前所未有的机遇。1952年,在芬兰赫尔辛基的国际奥委会会议上,以多数票通过了邀请中国参加第15届奥运会的决议,这是新中国第一次派团参加奥运会。1954年,国际奥委会在雅典举行的第49次会议上,正式承认中华全国体育总会为中国国家奥委会。但后因国际奥委会中一些人坚持在国际奥林匹克运动中制造"两个中国",1958年8月,中华全国体育总会发表声明,中断与国际奥委会的一切关系。

在国际体坛和国际奥委会的一些人士的努力下,1979年11月,国际奥委会根据中国的提议,确定了著名的"奥运模式",恢复中国在国际奥委会中的合法席位,允许台湾作为中国的一个地方性组织在国际体育组织中占有席位。第23届奥运会上,中国运动员许海峰一枪实现了中华民族奥运史上金牌"零"的突破;第19届冬奥会上,女子速滑选手杨扬又为中国夺得冬奥会上的第一枚金牌;在28届雅典夏季奥运会上,田径选手刘翔第一次代表中国乃至亚洲站在奥运会短距离决赛跑道上并夺得金牌使世界为之一震。在第27、28届夏季奥运会上中国金牌总数和奖牌总数均进入前三位。奥运战场上不断进取的战绩,为中国屹立于世界体育之林奠定了雄厚的基础。1998年11月25日,北京市向中国奥委会递交了举办2008年奥运会的申请书,1999年4月,北京市政府和中国奥委会代表赴瑞士,正式向国际奥委会递交了关于承办2008年第29届奥运会的申请报告,并向海外推出了"新北京、新奥运"的申奥口号。2001年7月13日,国际奥委会在莫斯科举行的第112次全会上,北京市以绝对优势获得了第29届奥运会的举办权。

2008年,北京成功举办了第29届奥运会,把一届出色的、令人难忘的奥运会载入历史史册。而在本届奥运会上,中国代表团获金牌51枚、银牌21枚、铜牌28枚,金牌数列第一位。

2012年,第30届奥运会在伦敦举办,中国代表团共获得38枚金牌、27枚银牌、22枚铜牌,奖牌总数达到87枚,金牌榜和奖牌榜都位列美国之后,屈居第二,这一成绩也打破了2004年在雅典奥运会上创造的32枚金牌的在海外参加奥运会的纪录。

2015年7月,中国成功获得2022年冬奥会举办权,北京也将成为第一个既举办过夏奥会又举办冬奥会的城市。

2016年,第31届奥运会在巴西举办,中国代表团位居金牌榜第三位。

# 第六章　体育运动保健与康复的理论研究

## 第一节　保健与康复相关概念分析

### 一、健康

(一)健康的概念

在古代,人们的思想由于受到诸多因素的限制和制约,并没有现在这么开放。对于人体生命活动的规律和本质的认识,也是比较肤浅的,再加上受到宗教的束缚,医学经历了医、巫混杂时期的神灵医学模式时代,对健康的认识仅停留在没有疾病的基础上,健康被视为神灵的恩赐并与生存、生命的延续等同起来。伴随着现代社会的快速发展,社会生产力水平得到不断提升,医学也获得了相应的发展,人们对于健康概念的认识也是越来越深入和深刻,并形成了良好的健康观念。

1948年,世界卫生组织(WHO)提出了新的健康概念:"健康是躯体上、精神上和社会适应方面的完好状态,而不单是没有疾病和不虚弱,而是躯体的、精神的健康和社会幸福的完善状态。"1989年,WHO将健康的概念又调整为:"健康应包括躯体健康、心理健康、社会适应良好和道德健康。"

(二)健康的标准

1. 世界卫生组织提出的健康标准

随着人类社会的不断发展,健康的概念也在不断深化,标准也在日渐完善,世界卫生组织制定了健康的10项衡量标准,包括躯体、心理和社会适应三个方面,具体如下:

(1)精力充沛,能从容不迫地应付日常生活和工作的压力而不感到过分紧张。

(2)处事乐观、态度积极,乐于承担责任,事无巨细不挑剔。

(3)善于休息,睡眠良好。

(4)应变能力强,能适应环境的各种变化。

(5)能够抵抗一般性感冒和传染病。

(6)体重得当,身材均匀,站立时头、肩、臂位置协调。能切合实际地不断进取,有理想和事业上的追求。

(7)眼睛明亮,反应敏锐,眼睑不发炎。

(8)牙齿清洁,无空洞,无痛感;齿龈颜色正常,不出血。

(9)头发有光泽,无头屑。

(10)肌肉、皮肤富有弹性,走路轻松有力。

2."五快""三良好"标准

(1)快食

胃口好,不挑食,吃得迅速,说明人体内脏功能正常。

(2)快便

大小便通畅,便时无痛苦,便后感舒服,说明人的肠胃功能良好。

(3)快眠

入睡快,睡眠质量高,睡醒后精神状况好,说明人体中枢神经系统的兴奋、抑制功能协调,内脏无病理信息干扰。

(4)快语

说话流利,语言表达准确,这表示人的思维敏捷,心肺功能正常。

(5)快走

行动自如,步伐轻捷,这说明人的精力充沛,身体状况良好。

(6)良好的个性

心地善良,处世乐观,为人谦和,正直无私,情绪稳定。

(7)良好的处世能力

沉浮自如,客观观察问题,有良好的自控能力,能较好地适应复杂的环境变化。

(8)良好的人际关系

待人接物宽和,不过分计较小事,能助人为乐,与人为善。

其中,"五快"是生理健康的标准,"三良"是心理健康的标准。

## (三)健康观

1. 传统健康观

传统的健康观点认为,体质健康就是指人的身体没有疾病。这主要表现为直观明了,人们很容易进行理解。但其缺点是,太过片面,只强调了人的生物属性;并将循环的定义导入其中,健康就是没有疾病,没有疾病就是一种健康,相当于并没有下定义;进入了一种"非此即彼"的误区,这种观点否认了健康与疾病之间还有着"亦此亦彼"的过渡状态,也就是医学界所说的"亚健康状态"。

2. 共存健康观

共存健康观点认为,在人体中,健康和疾病是共存的,人体即使生病但也含有健康的因素,而健康的人体也同样还有疾病成分。世上不存在绝对的健康,而绝对的疾病就是死亡。实际上,人的健康状态多是一种波动于健康和疾病之间的动态过程。

3. 平衡健康观

平衡健康观认为:人的健康指的是一种动态的平衡。人的健康具有很多种平衡,如机体与生态环境之间的平衡、体液的平衡、血浆渗透压平衡、血压调节平衡以及营养平衡等,这些都是一种动态的、发展中不断变化的平衡,如果某一种平衡遭到破坏,就会导致疾病的产生。

4. 现代健康观

(1)健康三维观

从古到今,人们对健康进行了各种解释。以往,由于受传统观念和世俗文化的影响,往往将健康单纯理解为"无病、无残、无伤"。早在古希腊时代,医生就相信健康是身体的完全平衡。我国《辞海》中,将健康定义为"人体各器官系统发育良好,功能正常,体质健壮,精力充沛,并且具有劳动效能的状态。通常用人体测量、体格检查和各种生理指标来测量。"在美国也有类似的叙述,健康专家贝克尔认为,健康是"一个有机体或有机体的部分处于安宁状态,它的特征是机体有正常的功能,以及没有疾病"。

然而,随着社会的发展和科学技术的进步,人们完全突破了原先的思维模式,对健康的概念有了新的认识。世界卫生组织对健康提出了一个明确和全面的定义:"健康是指在身体、心理和社会各方面都完美的状态,而不仅是没有疾病和虚弱。"从而使对健康的评价不仅基于医学生物学的范畴,而且扩大到心理学和社会学的领域。由此可见,一个人只有在身体和心理上保持健康的状态,并具有良好的社会适应能力,才算得上真正的健康。

上述三个方面的有机结合,可构成人的生命质量。在人的生命这个三维立方体中,身体、心理和社会三种属性的面积越大,则生命立方体的体积越大,在自然和社会中所占的位置也越高,与社会的接触面也越大,显示出该个体的生命质量也越高。反之,如果这三种属性的面积过小,则个体与社会的接触面也越小,生命质量就越低。许多健康者的经验告诉我们,生命体的质量越高,则健康长寿的可能性就越大。相反,个体如果心理压抑和自我封闭,则极易产生疾病,缩短寿命。这也说明,一个人只有从生物、心理和社会三个方面着手,才能有效地保证其健康幸福的生活,并提高生命的质量。

美国学者奥林斯提出了一种三维健康模式,强调从生物、心理和社会三个方面来评价人的生命状态。每个方面均包含着健康和疾病两项,由此得出关于人的健康状况的三维表象。根据这种表象所确定的方案,可以大致区分出普通人的8种健康模型(表6-1)。

表6-1  8种健康三维模型

| 类型 | 标志 | 身体方面 | 心理方面 | 社会方面 |
| --- | --- | --- | --- | --- |
| 1 | 正常健康 | 健康 | 健康 | 健康 |
| 2 | 悲观 | 健康 | 不健康 | 健康 |
| 3 | 社会方面不健康 | 健康 | 健康 | 不健康 |
| 4 | 心理疾病 | 健康 | 不健康 | 不健康 |
| 5 | 身体不健康 | 不健康 | 健康 | 健康 |
| 6 | 期受疾病折磨 | 不健康 | 健康 | 不健康 |
| 7 | 乐观 | 不健康 | 健康 | 健康 |
| 8 | 严重疾病 | 不健康 | 不健康 | 健康 |

(2)健康五要素说

美利坚大学的国家健康中心提出了一个与健康三维观相似的健康定义,即个体只有在身体、精神、智力、情绪和社会等五个方面都健康(也称健康五要素),才称得上真正的健康,或称之为"完美状态"。目前,也常用完美一词兼替代健康。

①身体健康

身体健康不仅指无病,而且还包括体能,后者是一种满足生活需要和有足够的能量完成各种活动任务的能力。只有具备了这些能力,才能对疾病加以预防,增进健康,并促使生活质量得到提高。

②精神健康

精神健康对于不同宗教、文化和国籍的人意味着不同的内容,主要包括正确理解生活基本目的以及关心和尊重所有生命体。

③智力健康

智力健康指在长期的学习和生活中,大脑始终保持活跃状态。有许多方法可以使大脑活跃敏捷,如听课、与朋友讨论问题和阅读报刊书籍,等等。努力学习和勤于思考还能使人有一种成就感和满足感。

④情绪健康

情绪涉及我们对自己的感受和对他人的感受。情绪的稳定性是情绪健康的主要标志,所以情绪稳定性是指个体应对日常生活中人际关系和环境压力的能力。当然,生活中偶尔情绪高涨或情绪低落均属正常,关键是在生活的大部分时间里要保持情绪稳定。

⑤社会健康

社会健康指个体与他人及社会环境相互作用时具有和谐人际关系和实现社会角色的能力,此能力将使人在交往中有自信感和安全感,少生烦恼,心情舒畅。

健康的五个要素相互联系、相互影响,如身体不健康会导致情绪不健康;缺乏精神上的健康会引起身体、情绪和智力的不健康等。

在人的生命长河的不同时期,健康的某一要素很难说会比另一些要素起更重要的作用,但持久地忽视某一要素就可能存在健康的潜在危险。只有每一种健康要素平衡地发展,人才称得上处于完美状态,才能真正健康和幸福地生活,并享受美好人生。

完美状态或健康状态是通过健康的生活方式来形成和保持的,后者包括有规律的体育锻炼、营养均衡、消除不良习惯(如抽烟、酗酒和滥用药物等)以及控制精神压力等。不管你目前的健康状况如何,都应该形成健康的生活方式,从而达到完美状态。要想形成健康的生活方式,首先要对自己目前的生活方式有一个清楚的了解,然后再通过自身的努力来对生活方式中的不良之处进行改变。

## 二、保健

保健,意思是保护健康,亦指为保护和增进人体健康、防治疾病,医疗机构所采取的综合性措施。即养生,指合理选用养精神、调饮食、练形体、慎房事、适寒温等保健方法,通过长期的锻炼和修习,达到保养身体、减少疾病、增进健康、延年益寿目的的技术和方法。简而言之,所有促进健康、延长寿命的活动都是养身活动。

保健在中国有着悠久的历史，早在春秋战国时期的中医学经典著作《黄帝内经》中就全面地总结了先秦时期的养生经验，明确地指出"圣人不治已病治未病，不治已乱治未乱……夫病已成而后药，乱已成而后治之，譬犹渴而穿井，斗而铸锥，不亦晚乎！"的养生观点，为中国传统预防医学和养生学的发展奠定了基础。数千年来，历代的中医药学家和养生学家不断地积累和总结流传于民间的养生保健经验，并著有大量的养生学专著，促进了中国传统养生学的发展。中国的传统养生学流派较多，各有所长，总体来讲主要分为精神、动形、固精、调气、食养、药饵等六大学派。各学派的养生学说自有体系，各有所长，又兼收并蓄，形成了中国独具特色的养生保健方法。

祖国医学中很多养生保健的观念和现代生命学相似，很多传统养生保健方法也很有效，比如推拿按摩、拔罐、食疗、针灸、五禽戏、太极拳、书画、气功（引行导气、腹式呼吸）等，除针灸外，其他方式任何人都可以个人操作，经常使用这些方便操作的方法对养生保健、强身健体、预防疾病有特殊的疗效。

## 三、康复

对于康复的概念，世界卫生组织给它下的定义为是指应用各种有用的措施，以减轻人因受到致残因素或条件造成的影响，并使其能够重新回到社会中去的行为过程。对于身体残疾或有功能障碍的患者来说，他们的日常生活会发生较大变化，为此，他们需要对新的环境进行适应，这就是康复的重要作用。然而不仅如此，康复的作用还在于采取措施把他们的环境加以适当的改造，以利于他们重新回到社会中去。"现代康复是指综合地、协调地应用医学的、教育的、社会的、职业的各种方法，使病、伤、残者（包括先天性残疾）已经丧失的功能尽快地、最短时间地得到恢复和重建，以此使他们重新走向生活。

实际上，康复所涉及的内容非常全面，它所要康复的对象不仅仅是人的身体，还包括了人随之产生的不良心理。所以说，现代的康复是一种对人的全面的康复，具体到学科来讲应涉及医学康复、教育康复、职业康复和社会康复。康复的最终目标是提高康复者的生活质量，恢复其独立生活的能力，并使他们对未来的生活充满信心。

# 第二节 体育保健与康复的内涵与原理

## 一、体育保健与康复的内涵

体育保健就是为了保持身体健康，采取以肢体活动为主要形式的自我锻炼方法参与运动的过程。随着体育保健的不断发展，出现了体育保健学，这是体育科学的学科之一。体育保健学是研究体质与健康教育及体育运动中的保健规律和措施的一门应用科学，是运动医学的一个分支。主要内容包括：体育卫生、保健按摩、体育疗法、体育伤病的预防和处理。主要任务是运用医学保健的知识和方法，对体育运动参加者进行医务监督和指导，使体育锻炼能更好地达到增强体质、增进健康和提高运动技术水平和效果。

体育康复是根据伤病的特点，采取体育运动的手段或机体功能练习的方法，以达到伤病的预防、治疗及康复的目的。

体育康复不同于一般的体育运动,体育运动是健康人为了增强体质和提高运动技能所从事的体育锻炼。体育康复必须根据疾病的特点和患者的体质情况,选用相应的运动方法,安排适宜的运动量来治疗疾病和创伤。在各种疾病经急性阶段进入康复期后,体育康复是缩短康复期,尽快恢复机体正常功能的行之有效的方法和手段。早在原始社会,人们在同大自然斗争的过程中,就逐渐积累了用体育手段防治疾病的经验,现代体育发展迅猛,体育康复不下数百种,但按其目的和任务来分,可分成健身类疗法、健美类疗法、娱乐类疗法和竞技类疗法。其中,健身类疗法的目的是健身、康复和治疗疾病。而医疗体操历来是体育康复的重要内容。

## 二、体育保健与康复的基本原理

(一)生理学原理

1. 运动负荷原理

所谓运动负荷,指的是运动者练习的次数、时间、密度、强度等指标的总和。运动者进行体育保健与康复锻炼主要是为了让自己的身心维持在一个健康的状态与水平,通过参与康复运动来达到强身健体与恢复身体健康的目的,而这种目标的最终实现是建立在运动者机体承受一定运动负荷的基础上,即只有身体承担相应的负荷才能够促进机体的健康与康复。

在参与运动锻炼时,运动者通过机体的不断适应来提高自身的运动能力以及对外界(运动负荷)的适应能力,这就是运动负荷的原理。该原理对于运动者的保健与康复锻炼也有着相应的要求。

一方面,根据负荷因素的基本特征,在运动锻炼的初期为了更快地进入到运动状态,通常以增加负荷量使机体的适应过程逐步实现,在后期,以提高负荷强度刺激来加深人体的适应过程。

另一方面,对于健身与康复运动者来说,如果参与运动项目与健身的目的不同,则运动的负荷也有所不同。运动者对于运动负荷的安排应该做到科学合理,否则就无法获得积极有效的效果。

2. 机体适应性原理

从生理学的角度来讲,个体在体育保健与康复中对于活动内容的适应主要经过以下几个阶段:

(1)刺激阶段

在刚开始参与运动时,运动者的机体需要接受来自多个方面的影响与刺激。

(2)应答反应阶段

运动者在运动负荷的刺激下,机体中的各器官与运动系统的功能会逐渐兴奋起来,同时将这种兴奋传输到机体的各个器官之中,最后使整个机体都进入运动状态,从而实现机体对外界运动负荷的生物应答反应。

(3)暂时适应阶段

在体育锻炼过程中,运动者的机体器官和系统持续接受刺激,并持续对这种刺激做出反应,经过一段时间的运动,运动者的机能就会进入良好的工作状态,在运动过程中的各项生理指标表现出稳定的状态,随着活动的继续进行,机体各项生理指标趋于稳定,机体适应锻炼内容(运动刺激)。

(4)长久适应阶段

长久适应阶段是使各相应的机能系统和组织器官,在全面增加和系统重复各种外部运动刺激的基础上产生较为明显的身体结构和机能方面的改造,主要表现为机体运动器官和身体机能的完善与协调。

(5)适应衰竭阶段

如果运动者的运动安排不合理,那么运动者在运动过程中身体某些机能衰竭的情况。例如,为了更快地获得保健与康复的效果而盲目增加运动量,这样就会使运动者的机体承受过度的刺激。这也要求运动者在进行运动康复时应该避免操之过急的情况,身体保健与康复是一个长期、缓慢的过程,应该做好坚持长期的准备。

一般而言,运动者为了有效提升自身的运动能力,根据人体功能的适应规律,这种负荷要超出平时运动锻炼的负荷或者大于之前通过锻炼之后适应的负荷。这种负荷会对运动者的机体产生较强或者新的刺激,运动者的机体也会由不适应到逐渐适应的变化过程。如果负荷刺激没有达到一定的程度,那么其所引起的机体不适应程度也会很小,最后产生的适应性变化也就非常有限,甚至起不到作用;而如果负荷刺激超出了正常的程度,超出了运动者机体所能适应的范围,那么运动者不仅不能够提高相应的运动能力,而且很容易造成运动损伤、运动过度以及疲劳等不良症状,情况严重时还会对运动者的运动寿命造成影响,这也就违背了运动保健与康复的初衷。

3. 脑的可塑性机制

研究表明,成年动物以及人的大脑(尤其是皮层)都具有化学与解剖学方面的可塑性。脑可塑性的主要机制表现如下:

(1)大脑皮层的功能重组

不同皮层部位的功能不同,称为机能定位。当大脑皮层受损,其功能可被代偿,会发生对侧转移和同侧性功能代偿。

(2)潜伏通路的启用

中枢神经系统中包含多个神经通路,每个神经细胞都能够通过突触与其他众多神经细胞联系,只是很多通路处于"休眠状态"。当主要神经通路受损后,信息传达出现抑制,旁侧的神经通路就会被激活启用,重新建立大脑的信息网络。

(3)神经发芽

一般情况下,神经发芽包括再生发芽与突触发芽两种情况。从保健与康复治疗的角度来讲,突触发芽可能带来身体功能的恢复,控制引起发芽的局部条件能够诱导机体康复和提高康复效果。

一些研究者指出,正确的功能锻炼(运动刺激)可诱导神经发芽正确地发挥作用,从而使机体的功能得到恢复。例如,易化技术主张严格按照正常运动模式训练瘫痪病人,认为由此可使瘫痪病人重新恢复运动能力。

(4)神经细胞的再生和移植

生物学研究表明,人体的神经细胞一旦变性就不能够再生,因此神经细胞的再生和移植有可能成为神经损伤和退行性病变后的治疗方法。

体育康复疗法是促进脑的可塑性恢复的重要因素,有动物实验报道,脑部损伤24小时强化训练会扩大损伤,而在信息丰富(多种感觉刺激)的环境中,让动物自由活动,同时会让人体的脑功能得到有效的改善,同时,皮层的损伤也不会扩大。因此,一些人就主张发病后3~5天再开始进行康复训练。一般认为,发病第3天即可出现可塑性变化,第3个月后神经可塑性训练就能够获得很好的效果。

4. 痛觉控制原理

痛觉是由伤害性感受器的冲动激活中枢系统引起的,但是由神经损伤引起的疼痛,多不依赖伤害性感受器的活动,是神经系统可塑性变化的结果。

疼痛与身体的多个解剖部位存在着很大的关系,神经系统的多个通道都会收到疼痛的感知并进行传递,大脑皮质和皮质下各结构间的信息传递获得疼痛的信息(包括位置、强度等),从而认知疼痛,并产生痛行为学反应。以上任何一个环节受到影响都会对整个系统的功能产生相应的影响,这是机体内部调节机制与可塑性决定的。因此,一般在疼痛治疗中,永久性地损坏某一神经结构的方法是不可取的,这一点已经被众多的临床实验证实。

闸门控制学说是关于疼痛的发生的重要学说。该学说认为,脊髓后角胶状质(SG)具有疼痛的闸门作用,它对传入神经纤维的感觉传入具有突触前抑制作用。外周传入可直接作用于二级细胞(T细胞),同时,能改变SG对T细胞的抑制作用;"闸门"的开关,受外周感觉输入与中枢下行抑制相互作用结果的制约。闸门控制学说认为,疼痛程度受多种因素的影响。因此,多种措施作用于疼痛的多个环节的综合疗法与单一阻断(神经)疗法相比,更加有效。此外,多种疗法的协同作用,可防止耐受与成瘾,对于缩短病程、减轻患者的痛苦,限制和减少残疾的发生具有重要意义。

(二)医学原理

1. 中医原理

《吕氏春秋·尽数篇》载:"流水不腐,户枢不蠹,动也,形气亦然。形不动则精不流,精不流则气郁。"这是古人对自然现象进行了观察分析后总结出的道理,主要是为了阐述人体运动的重要性。生命在于运动,美好的生活和强健的身体可以在运动中获得。"导引"之名,就是来自"教人引舞以利导之"。祖国医学认为,人体自身,以及人与外界环境之间,始终维持着相对的动态平衡,即所谓"阴平阳秘"。这是维持正常生理状态的基础。在某种致病因素的作用下,人体脏腑、经络等生理功能异常,气血阴阳的平衡协调关系遭到破坏,出现阴阳失调而导致疾病。我国传统保健体育的起源较早,发展历史悠久,从最初的实践为先,到后来的将动作记录下来形成套路,最终成为拥有较为完整体系的、具备浓厚民族特色的运动康复理论与实践方法。通过总结,可以归纳出我国运动康复理论和实践的几点中医原理,这些原理通过实践证实了其可靠性和科学性,最终反作用于实践,使理论与实践互相促进。

(1)平衡阴阳,维持健康

人体内存在着阴与阳两种动态气质,只有当这两种气质处于平衡状态时,人的各方面机能和状态才是正常的,甚至是最佳的。而如果由于某种因素的出现打破了这种平衡,则可能出现机体

# 第六章　体育运动保健与康复的理论研究

上的问题,即所谓的阴阳失调。阴阳失调是在疾病过程中,在致病因素的作用下,人体的阴阳失去了相对的动态平衡,出现阴阳偏盛、偏衰,或阴不制阳、阳不制阴的病理状态。阴阳失调是疾病发生、发展的内在根据,即"阴平阳秘,精神乃治;阴阳离决,精气乃绝"。而加入一定的运动康复练习,可以起到逐步调节阴阳的作用。既可以补其不足,泄其有余,又可以抑强扶弱,具有双向调节作用,以实现身体恢复健康的状态。

(2)疏通经络,调和气血

我国中医理论中认定人体内存在复杂的经络系统。经络是经脉和络脉的总称,具有行气血、营阴阳、濡筋骨、利关节的功能。经络几乎贯穿于人体的各个地方,内连五脏六腑,外至皮肤肌肉。将人体各部分联系成一个有机的整体。气血是构成人体的基本物质,是正常生命活动的基础。人体气血,贵乎流通,才能使脏腑相通,阴阳交贯,内外相通,气血运行正常,则脏腑、经络、四肢百骸的功能正常。通过运动康复锻炼,能够疏通经络,行气活血。经络通,则气血循经络运行全身,内属脏腑,外络肢节,司升降开阖,密腠理而御外邪,以达到增强健康、驱邪驱病的效果。

(3)扶助正气,强身健体

传统中医认为人体内存在有正气,正气的存在是健康的根本,强调正气是驱散邪气的主源。这种关于"正气"的理论也就说明了疾病的发生并非是病邪单方面决定的,决定人是否生病的因素还有体内是否存在足够的正气,而通过运动保健康复练习则可以获得足够的正气。

2. 运动康复的现代医学原理

当今医学普遍认为运动康复是以各种主动、被动或器械等方式锻炼身体某部位和全身的体育锻炼方法,它的意义在于改善已经被破坏的身体健康状态,使之恢复到之前水平。这里提到的现代医学主要是指以西医为主的医学,从这一角度来看,体育保健康复的原理主要有如下几方面:

(1)对中枢神经系统的作用

中枢神经系统是人体的各器官功能的调节器。人体的神经并非主动就会采取各种控制作用,而是需要通过接收外界刺激或大脑指令才能工作。疾病在身体健康被破坏的基础上,会导致神经系统接收的信息收到阻碍,进而导致机体功能紊乱。此时,采取体育保健康复的手段使中枢神经系统重新获得一种积极的生理刺激。体育保健康复是采用动静结合,以动为主的活动方式,通过适量的运动,既可以使神经系统不断接受良性的刺激,有利于大脑细胞功能的恢复;又能够促进大脑皮层各种暂时性联系的建立和条件反射的形成,提高机体活动的灵活性和协调性。大脑皮层的紧张度和功能得到提高,内在平衡得以恢复。因此,提高了治疗和预防疾病的能力。缺乏体力活动可降低大脑皮层的紧张度,如此一来也相对降低了对神经调节能力的刺激,造成人体内在平衡的失调。

(2)对循环系统的作用

人体的循环系统是维持人的正常运转的重要系统。当循环系统出现问题时,身体的健康稳态就会被打破,而运动保健康复能够通过神经反射和神经体液调节,加强心肌的收缩力,增加心搏出量,起到改善体内循环的作用。另外,运动保健康复还能提升心肺功能,使呼吸效率得到提升,改善机体的摄氧能力。

(3)对内分泌系统的作用

内分泌系统主要控制人体内的各种激素及其他相关物质。内分泌失调已经成为困扰现代人健康水平的重要因素之一。事实证明,体育保健康复对内分泌失调患者有较为明显的改善作用,它活跃了内分泌系统和网状内皮系统的功能,增强网状内皮系统的吞噬能力,能够提高人体免疫功能,增强人体抵抗力,从而达到防病治病的目的。体育保健康复可促进儿茶酚胺的分泌,提高甲状腺素和生长激素的周转量,使胰岛素的分泌量增多等。这些都有助于提高机体的新陈代谢,消除内脏瘀血,改善内脏功能,加速炎症产物的吸收及损伤局部瘀血的消散,促进组织的再生。

(4)对运动系统的作用

人体的运动系统由肌肉、骨骼和关节构成。运动保健康复可以增加肌肉的力量与耐力,可以增加骨骼硬度和韧度以及使关节的灵活性获得提升。因此,通过运动保健康复练习,可以使患病者和残疾人的运动系统状态最大化的恢复到之前水平,如防止肌肉萎缩,防止肌肉力量不足导致的对其他身体组织的保护能力降低,以及能够防止和松解关节内外各种组织之间的病理性粘连和瘢痕挛缩,以恢复和重建关节的功能等问题。保健康复运动对于骨骼状态的恢复主要体现在促进骨骼生长,骨密质增厚,提高抗弯、抗压、抗折能力,它既能够预防骨废用性脱钙,又能够使骨皮质增厚,骨小梁增多。同时还能使骨小梁按骨的持重力线的方向排列,从而防止骨质疏松,增加骨质的坚固性。

(5)增强体质,提高抗病能力与机体的代偿功能

人体的代偿功能在机体患病或受到损伤后可以尽快使机体的功能得以恢复。体育保健康复对于增强身体体质和最大化发挥代偿功能提供帮助。例如,某些脊髓灰质炎后遗症病例,虽然脊髓前角灰质的神经细胞大部分已坏死,但是,通过锻炼和发展其健全的部分神经细胞,以代偿坏死细胞的功能,尽量恢复活动和劳动能力,还可以使残疾人逐渐恢复健康,或减少残疾的程度。

(6)增强患者的康复信心

当患病者或身体残障人士患病、致残后,他们要经历的不仅是身体健康的失去和完整的身体,与此同时,随之带来的心理问题也是影响他们日后恢复程度的重要因素。心理对生理的影响是众所周知的,只有保持积极、阳光、自信的心态,才能更好地获得生理机能上的恢复。运动康复可以反射性地提高下丘脑的兴奋性,使人的情绪良好,产生愉快感,如此能改善人的精神面貌,消除心理障碍和消极心理的影响。一般来讲,几乎所有人在经历疾病和身体损伤后都会或多或少地出现情绪低落、精神抑郁、悲观失望甚至绝望的心理。体育保健康复运动能够使患者的主观能动性充分发挥出来,调整其精神状态,改变悲观情绪,树立战胜疾病的信心,有助于疾病的治疗和康复,有助于健康的获得与保持。

(三)养生学原理

我国的养生理论最早可以追溯到炎、黄二帝时期。春秋之后,由于受到诸子百家思想的影响,我国的养生理论得到了很大的丰富与发展。到了宋元时期,中医学出现了流派争鸣的景象。明清时期,经过几千年的不断发展与完善,我国的中医养生形成了。我国古代的养生学家开始关注老人的保健与长寿问题较为完整的理论体系,系统性的学说理论主要包括阴阳学说、经络学说、天人合一等,具体介绍如下:

1. 整体观、系统论、发展观

(1)整体观

整体观是中国古老的认识论哲学思想。整体观的主要观点是:事物的发展与自然、社会,乃

至宇宙相互联系。"整体观"不仅能够将客观世界科学而全面地反映出来,而且还是正确、有效地改造客观世界、进行社会实践的思想方法和工作方法。"整体观"方法把客观世界看作各个部分之间是有紧密联系的整体,对客观世界的整体状态以及时间的变化进行研究和描述。体育保健与康复运动的出发点是整体观念,充分考虑了人的健康、长寿与人体本身、人与社会、人与自然的密切联系。

(2) 系统论

系统论是一门较为复杂的学科,它所研究的是与系统相关的一系列因素,如性能、模式、规律以及行为等都是系统论这门学科研究的主要内容。人们在日常生活与发展中,需要对一些系统的构成、体系、性质、功能以及行为与发展规律进行一定的了解与认识,而认识的过程需要有一套科学的方法论作为指导,系统论就是其中一个重要的有用的方法论。系统论之所以会存在,主要就是因为其在很多方面都符合人的需要,对系统的特点和规律进行准确的认识是人们利用系统论的基本任务,除此之外,人们还可以在认识的基础上对这些特征与规律进行有效的运用,以此来对原有的系统进行控制与管理或对新的系统进行创造。

系统论的出现,使人的思维方式发生了深刻变化。系统论能够科学指导体育保健与康复,并与现代体育运动有机结合,形成一个健身系统,对人们的保健养生活动进行全面有效的指导。

(3) 发展观

国际上正式提出"可持续发展"的概念是在 1972 年 6 月,地点为瑞典首都斯德哥尔摩。现阶段,这一观念已经深入人心,成为主流观念。"可持续发展"的目标是使全体人民在各方面(经济、社会、权利等)的需要可持续地提高,并且得到良好的发展。

发展观是经过不断演变逐渐形成的。具体来说,就是由传统发展观逐渐发展成为新的发展观的。传统发展观的特点主要表现为:其是线性的,它假设只有一条单一的轨道供所有国家循其发展。而"可持续发展"的发展观主要包括三方面内涵:是发展应以人为本;是经济发展应与社会进步相协调;是人类社会的发展应与自然界保持和谐。

2. 经络学说

经络是对人体经脉与络脉的一种统称,它主要用来使人体的气血顺利运行、使人体的脏腑连接通畅、使人体的上下及内外都保持联通。经脉、络脉、皮部以及经筋等是组成经络系统的主要部分。

对于身体健康的正常人,其人体的经络中气血不断循环运行,表现出一定的规律性,而经络不断地将气血运行到人体全身,能够对身体的脏腑组织进行很好的滋养。人体是一个非常复杂的有机整体,人体中每个生理器官的功能都是不同的,同时,这些生理器官在人体的运动过程中又发挥着各自不同的作用。人体内外环境中传来的各种信息都可以通过经络系统进行感应,然后经络系统会将信息向人体相应的器官进行传递,对机体的功能状态具有相应的调节作用。另外,经络系统还能够一定程度上防止疾病的产生。

一旦人体的经络产生了变化,则表明人体的健康状态受到了一定的影响。当经络运行气血时受到阻碍,就会对相应组织器官的功能产生一定的消极影响,人体对应的身体部位就会出现一定的疾病。因此,在体育保健与运动康复过程中,使人体经络通畅常常是病患恢复健康的有效途径与方法。

## 3. 阴阳学说

阴阳是一切具有对立统一两种属性事物的代名词。生命的产生需要具备阴阳交感这一最基本的条件。在世间所有的事物与现象之中,相互制约的阴阳两方都是互相依存的,两者之间表现出一种阴阳互根的关系。阴阳的交感、对立制约、互根互用、消长平衡以及相互转化是阴阳学说的基本内容。其中,阴阳交感是基本的前提,对立制约是一种非常普遍的规律,互根互用是一种根本的原理,消长平衡与相互转化是阴阳的运动形式。

对于人的身体来讲,人体的部位也存在阴阳之分、一般认为,内为阴,表为阳;下为阴,上为阳;五脏为阴,六腑为阳。五脏之中也有阴阳之分,肾、脾及肝为阴,肺与心为阳。从人体的四肢及腹背部来说,四肢内侧为阴,外侧为阳,腹部为阴,背部为阳。阴阳学说认为,物质为阴,功能为阳,物质与功能即阴与阳之间的状态与关系需要保持一定的平衡,这是人体新陈代谢能够正常进行的重要保证。人体的生理活动要想实现正常的维持,则人体之中的阴阳双方必须要保持稳定的关系。

各种疾病的产生常常是由于人体当中的一些阴阳失调所导致的,人体中正气与邪气之间的斗争是疾病发生与发展的重要原因。人体的功能活动以及人体抵抗疾病的能力就是所谓的正气。了解到这一层次,那么运动者在进行运动康复时就应该适时地引导人体的正气,抵御人体的邪气就可以获得相应的健身与康复效果。此外,体育保健与康复还应该注意遵循阴阳协调的原则。

中医养生是科学精神与人文精神的结合,是科学的生命价值观、发展观的具体体现。中医养生对于人的生命非常重视,同时也非常关注健康问题与人文精神。当前,我国的社会正处于转型时期,传统美德的发扬和人们之间的相互关爱对人们生活的质量和社会稳定起着非常重要的作用。在新时期,通过摄取体育康复保健活动这一社区体育新形式的组织和开展,关注居民身体健康、关注老年人养生保健,更具有社会意义。

## 4. "天人相应"学说

五行,指的是木、火、土、金、水五种物质。每一种物质都有其特性,具体来说,木性具有生发条达的特点,火性具有热烈向上的特点,土性具有长养化育的特点,金性具有清净收杀的特点,水性具有寒冷向下的特点。通过五行规律的运用,能够对人体与自然界的事物、现象的联系及变化进行解释和说明,具体见表6-2。

表6-2 五行与人体、自然界的联系

| 五行 | 人体 ||||||| 自然界 |||||
| --- | --- | --- | --- | --- | --- | --- | --- | --- | --- | --- | --- | --- |
|  | 五脏 | 五腑 | 五官 | 五体 | 五液 | 五志 | 五声 | 五味 | 五气 | 五季 | 五方 | 五色 | 生命 |
| 木 | 肝 | 胆 | 目 | 筋 | 泪 | 怒 | 呼 | 酸 | 风 | 春 | 东 | 青 | 生 |
| 火 | 心 | 小肠 | 舌 | 脉 | 汗 | 喜 | 笑 | 苦 | 暑 | 夏 | 南 | 赤 | 长 |
| 土 | 脾 | 胃 | 口 | 肉 | 涎 | 思 | 歌 | 甘 | 湿 | 长夏 | 中 | 黄 | 化 |
| 金 | 肺 | 大肠 | 鼻 | 皮 | 涕 | 悲 | 哭 | 辛 | 躁 | 秋 | 西 | 白 | 收 |
| 水 | 肾 | 膀胱 | 耳 | 骨 | 唾 | 恐 | 呻 | 咸 | 寒 | 冬 | 北 | 黑 | 藏 |

五行之间有着密切的联系,即相生相克,又相乘相侮。

(1)相生与相克

相生,即一种物质对另一种物质的滋生和助长。主要表现为木生火、火生土、土生金、金生水、水生木(图6-1)。相克,即一种物质对另一种物质的抑制和克服。主要表现为木克土、土克水、水克火、火克金、金克木(图6-2)。

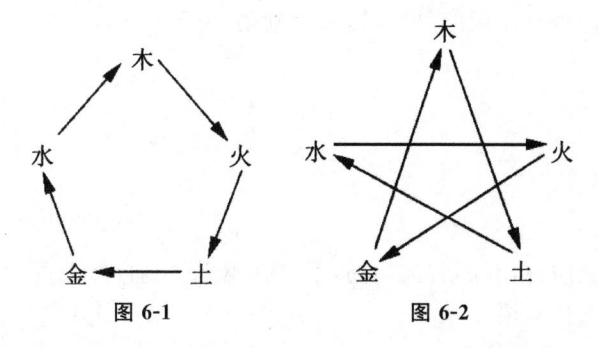

图 6-1

图 6-2

五行与人体、自然界也存在着相生相克的关系,具体可以从图6-3中看出。

图 6-3

(2)相乘相侮

相克太过,超出正常的制约程度,就是相乘。其主要表现为木气偏亢,对土的克制加强,土气受制,此为相乘。无力对其所克的物质进行克制,反而受其限制和克服,就是所谓的相侮。其主要表现为金气不足,无力克木,反受木气所制。这种相乘、相侮是五行之间失衡的表现,但也是达到新的平衡的途径。其主要表现为木气亢盛,乘土侮金,金弱难生水,水弱木失其生,木自平复。"五行学说"的研究,对于继承体育保健养生思想和方法,以及进行保健方法创新有一定的帮助。

5."形神合一"学说

人的心理与生理的协调统一,就是所谓的"形神合一"。只有形与神保持和谐,生命才能保证健康。具体来说,所谓的形,是指形体,即肌肉、血脉、筋骨、脏腑等组织器官,是物质基础;而神,则指情绪、意识、思维、生机和活力等心理活动,是生命活动的外在表现。形与神是对立统一、相互依存、相互影响、密不可分的一个整体,形为神之基,神为形之主。

在人体的保养过程中,既要注意形体的调养,又要注意精神的调摄,使形体健壮,精力充沛,这就是所谓的形神均衡保养。可以大致理解为:形为阴,神为阳;形为体,神为用;神藏于形,形随神动。在形神关系中,起主导作用的是"神",基础则是"形"。

(四)解剖学原理

1. 运动解剖学的基础知识

(1)解剖学姿势
身体直立,双眼平视前方,双脚脚尖超前,手臂在躯干两侧自然下垂,掌心朝前。
(2)解剖学常用的方位术语
解剖学中常用的方位术语见表6-3。

表6-3 解剖学中常用的方位术语

| 方位术语 | 术语解释 |
| --- | --- |
| 上、下 | 按解剖学姿势,头所在的位置为上方,脚的位置为下方。与头部距离近的一侧为上,与头部距离远的一侧为下 |
| 近侧、远侧 | 近侧和远侧通常用来描述四肢部位之间的关系,四肢与躯干根部相靠近的一侧为近侧,与躯干距离较远的部位则为远侧 |
| 前、后 | 近腹者为前,近背者为后 |
| 浅、深 | 靠近体表的部分叫浅,深入内部的部分则为深 |
| 内、外 | 用以表示某些结构和腔的关系,近腔者为内,反之为外,应注意与内侧和外侧区分 |
| 胫侧、腓侧 | 下肢描述时,小腿部胫、腓骨是并列的,胫骨居内,腓骨居外,故又可用胫侧和腓侧表示内侧和外侧 |
| 内侧、外侧 | 身体的中线作为中线,近者为内,远者为外 |
| 尺侧、桡侧 | 上肢结构进行描述时,前臂尺、桡骨是并列的尺骨在内,桡骨则在外,因此可以说尺侧即为内侧,而桡侧即为外侧 |

(3)轴和面
轴和面的示意图如图6-4所示。
①轴
以解剖学姿势为标准,人体可形成一个组成三维结构的三个相互垂直的轴——冠状轴、矢状轴、垂直轴。左右方向的水平线即冠状轴;前后方向的水平线即矢状轴;上下方向与水平线互相垂直的垂线即垂直轴。
②面
以轴线为依据,可以将人体或器官分为不同的切面,这样有利于从不同角度去对人体结构进行观察。

A. 额状面
沿冠状轴所做的垂直地面的切面即额状面,又称"冠状面"。人体因为这一切面而有前后之分。
B. 矢状面
沿矢状轴所做的垂直地面的切面即矢状面,人体因为这一切面而有左右之分。
C. 水平面
横断身体,平行于地面的切面即水平面。

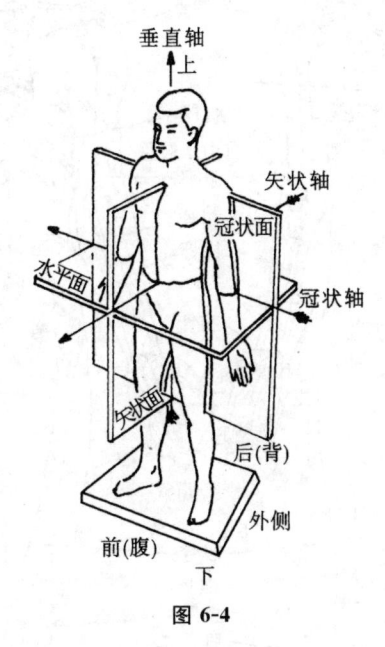

图 6-4

2. 人体的运动系统

(1) 骨

人共有 206 块骨,按照不同的依据,可以对其进行不同种类的划分。

按部位分类,按照这些骨的分布部位,可将其划分为中轴骨和四肢骨,如图 6-5、图 6-6 所示。

中轴骨(80 块)
- 颅骨(29 块)
  - 面颅骨
  - 脑颅骨 (22 块)
  - 舌骨(1 块)
  - 听小骨(6 块)
- 躯干骨(51 块)
  - 椎骨(26 块)
  - 肋骨(24 块)
  - 胸骨(1 块)

四肢骨(126 块)
- 上肢骨(64 块)
  - 上肢带骨(4 块)
  - 自由上肢骨(60 块)
- 下肢骨(62 块)
  - 下肢带骨(2 块)
  - 自由下肢骨(60 块)

图 6-5

a. 人体骨骼前面　　　　b. 人体骨骼后面

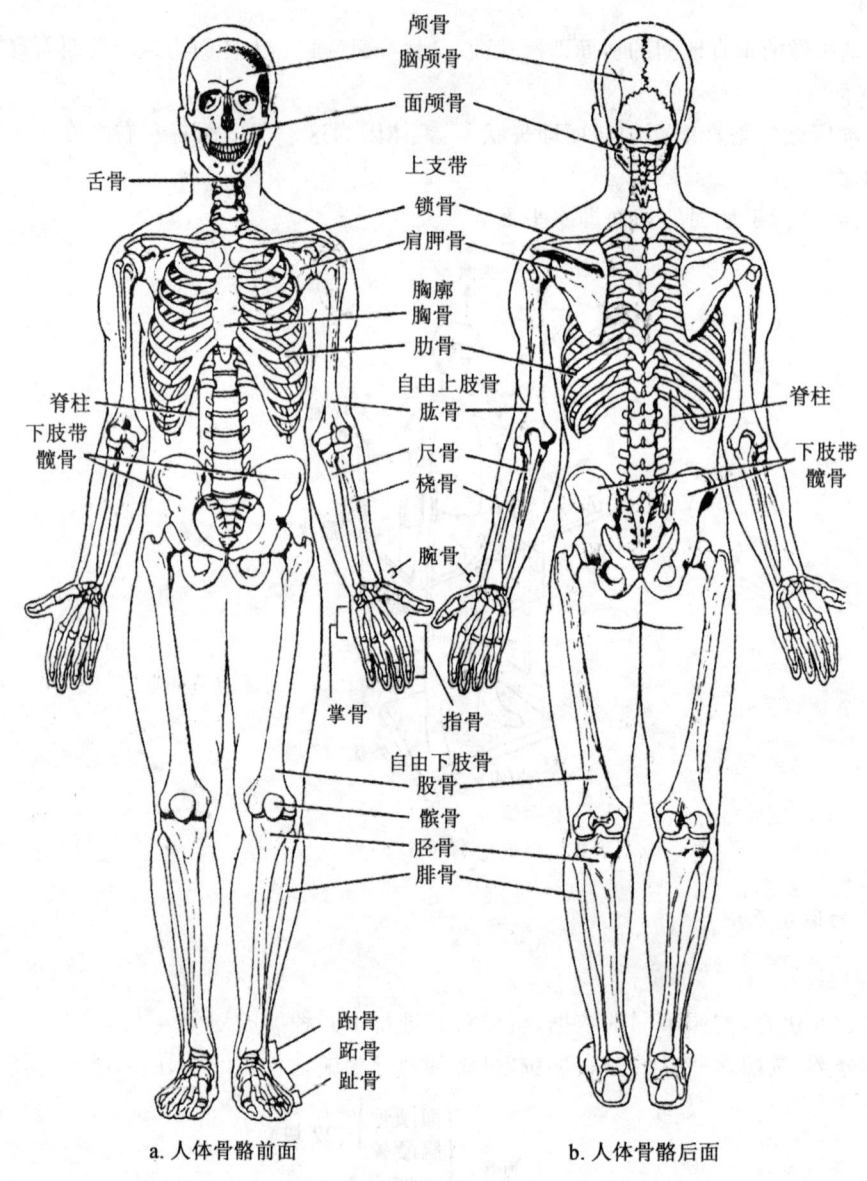

图 6-6

按形态分类,人体中不同位置的骨具有不同的形态。以骨的形态为依据,可以把骨分为短骨、长骨、扁骨以及不规则骨,如图 6-7 所示。

骨的组成结构主要以坚硬的器官为主,骨膜、骨质、骨髓、血管和神经等都是骨的重要组成结构,如图 6-8 所示。

下面重点对骨膜、骨质及骨髓进行分析。

①骨膜

作为致密结缔组织,骨膜是主要覆盖于骨的表面,骨膜上分布着很多血管和神经,骨的营养与再生离不开这些血管与神经发挥作用。骨膜有骨外膜和骨内膜之分。其中,包在骨的外表面的骨膜是骨外膜,而依附在骨髓腔内表面的骨膜是骨内膜。

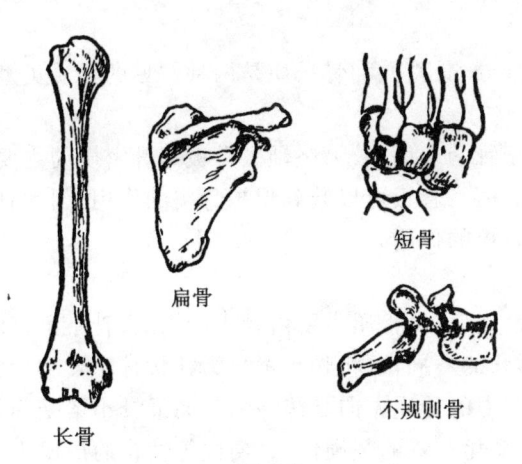

图 6-7

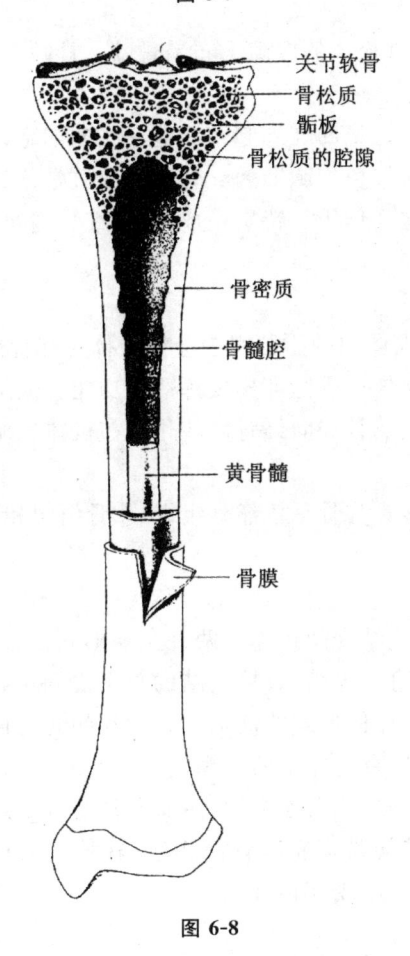

图 6-8

骨外膜有内层和外层之分。幼年时期,骨细胞(骨外膜内层分化)和破骨细胞(骨内膜细胞分化)在骨的生成中发挥着重要的作用,骨头的粗细受这两个细胞的影响。成年时期,骨的变化几乎不受这两个细胞的影响。但是,当人体发生骨折时,这两个细胞在骨的生成与恢复中又发挥着重要的作用。骨膜中的神经与血管进入骨质能够对骨的再生与健康起到积极的促进作用。

②骨质

骨质是骨的重要主要部分,骨密质和骨松质是两种常见的骨质类型。

A. 骨密质

骨密质主要集中分布于骨的表面,较为坚硬。骨板是骨密质的主要构成要素,构成骨密质的骨板较为规则地排列在骨表面。骨板可以起到保护骨头的作用,因此骨折、骨扭曲的预防及骨的抗压能力的提高都离不开骨板的作用。

B. 骨松质

骨松质主要分布于骨骼内部,骨松质主要由骨小梁构成,骨小梁以海绵状松散地分布于骨骼内部,其弹性较大。按照形状的不同,可将骨小梁分为针状骨小梁和片状骨小梁。

骨小梁的排列和组合与力的传递方向是统一的。如果骨小梁受到外界压力与张力的刺激作用,其排列就会相应地发生变化。骨的坚硬性、轻便性等性状的形成主要是受骨松质影响的。

③骨髓

长骨的髓腔,短骨、扁骨等骨松质的腔隙内布满骨髓。骨髓有以下两种分类:

A. 红骨髓

在婴幼儿时期,骨髓中存在大量的红细胞及其他一些血细胞,这些细胞都在不同程度地发育着。骨髓中分布的各类细胞中,红色细胞即为红骨髓。造血是这类骨髓最突出的功能与作用,在人的一生中,红骨髓都在发挥这一作用。特别是成年后,红骨髓遍布在长骨两端以及短骨和扁骨的骨松质内都。

B. 黄骨髓

一般来说,6岁左右以后,人体内的脂肪组织会慢慢替代红骨髓,并逐渐变为乳黄色,最终形成黄骨髓。通常,黄骨髓并不能像红骨髓那样发挥造血功能。但是,如果黄骨髓能够向红骨髓转化,就会发挥造血的作用。一般黄骨髓向红骨髓转化是在机体失血量大、贫血等情况下发生的。

(2)关节

骨与骨之间相连就是关节,骨与骨是依靠骨组织、软骨组织和结缔组织等中介连接的。

①关节的连结形式

A. 直接连结

骨与骨之间的连结有直接连结和间接连结两种主要形式。骨与骨之间不借助任何中介,或以韧带与软骨为中介连接就是直接连结,直接连结的骨头之间不存在空隙。直接连结的骨没有明显的活动幅度,有时甚至不做任何形式的活动。椎骨和颅骨之间的连接就是直接连结。直接连结有利于对脑和骨髓的保护以及对体重的支撑。

人体中骨与骨之间以直接的形式而连结的有:前臂骨与骨之间的骨间膜依靠致密结缔组织而相连(纤维连结);椎体间的椎间盘依靠软骨而相连(软骨连结);颅骨间的骨依靠骨组织而相连,一般是由纤维、软骨连结骨化而成(图6-9)。

B. 间接连结

间接连结指的是骨与骨之间依靠膜性结缔组织囊的中介作用而连结的形式。这一形式的连结中,骨与骨之间有空隙,而且运动时骨的幅度较大。

四肢骨之间就是按照间接连结的形式而连结的。间接连结的骨具有一定的运动能力。在人体的运动过程中,关节发挥着重要的枢纽(支点)作用。

图 6-9

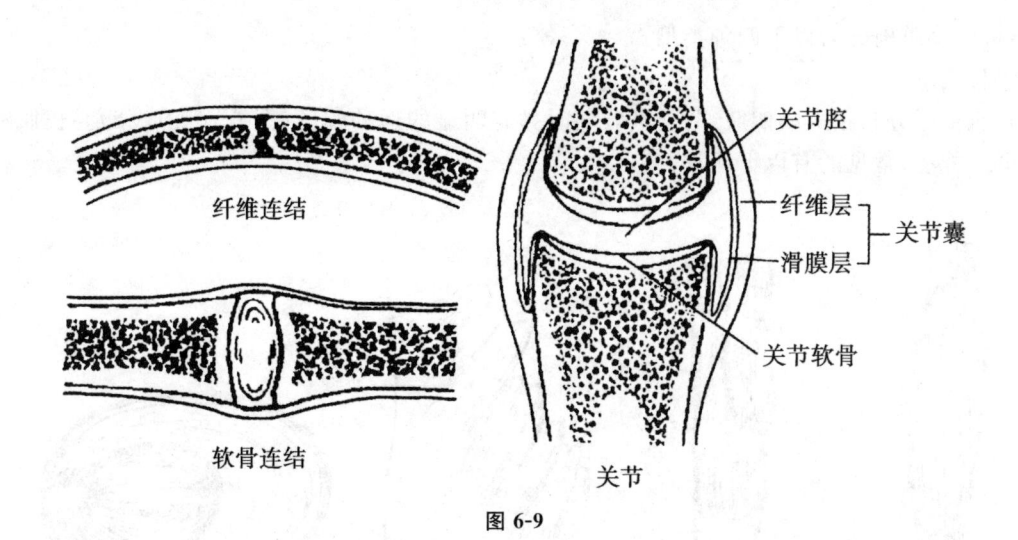

② 关节的运动

运动环节绕着某一关节运动轴而产生的各种运动就是所谓的关节的运动。

人体的运动形式丰富多样,但无论是哪种形式的运动,都可以看作是运动环节在 3 个基本面上绕 3 个基本轴的运动,这主要是从解剖学的角度来分析。关节的运动具体有四种基本形式,即屈伸、旋转、内收与外展、环转。

A. 屈伸

屈伸这种运动形式主要是由矢状面内绕冠状轴而形成的。通常把向前的运动称为屈,向后的运动称为伸。需要注意的是,膝关节和足关节的屈伸运动比较特殊,向前为伸,向后为屈。骨盆的屈伸运动则另称为前倾与后倾。

B. 旋转

运动环节在水平面内绕垂直轴的运动就是旋转,旋转又称"回旋"。一般来说,运动环节向前旋转为旋前,向后旋转为旋后,向内旋转为旋内,向外旋转为旋外。

C. 内收与外展

内收与外展是运动环节在冠状面内绕矢状轴的运动形式。通常运动部位末端靠近身体正中面的运动为内收,离身体正中面较远的运动为外展。

D. 环转

环转是指运动环节以近侧端的关节为支点,绕冠状轴、矢状轴以及它们之间的中间轴连续运动,环节的远侧端做圆周运动,整个环节的运动轨迹是一个圆锥体。

除以上几种运动形式外,运动环节还可在水平面内绕垂直轴做水平屈伸运动。例如,上臂外展 90°就是以肩关节为支点所做的水平屈伸运动。

(3) 肌肉

肌肉在运动系统中是最主要的动力器官之一,其也称"骨骼肌"。肌肉分布于人身体的各个部位。肌肉可以自由运动,神经系统对肌肉的运动进行指挥与控制。肌肉周围的结缔组织(筋膜、滑液囊和腱鞘)形成了肌肉的辅助结构。这些辅助结构能够充分发挥保护肌肉的作用与功能。

不同部位的肌肉发挥不同的作用,因此说不同肌肉的形态也是有差异的。按照不同的肌肉

形状,可以将肌肉分为以下四种类型:

①长肌

长肌主要分布在人的四肢部位,其收缩时具有明显的运动幅度(图 6-10 之 1、2)。长肌有不同的分类方法,常见的有以下两种:

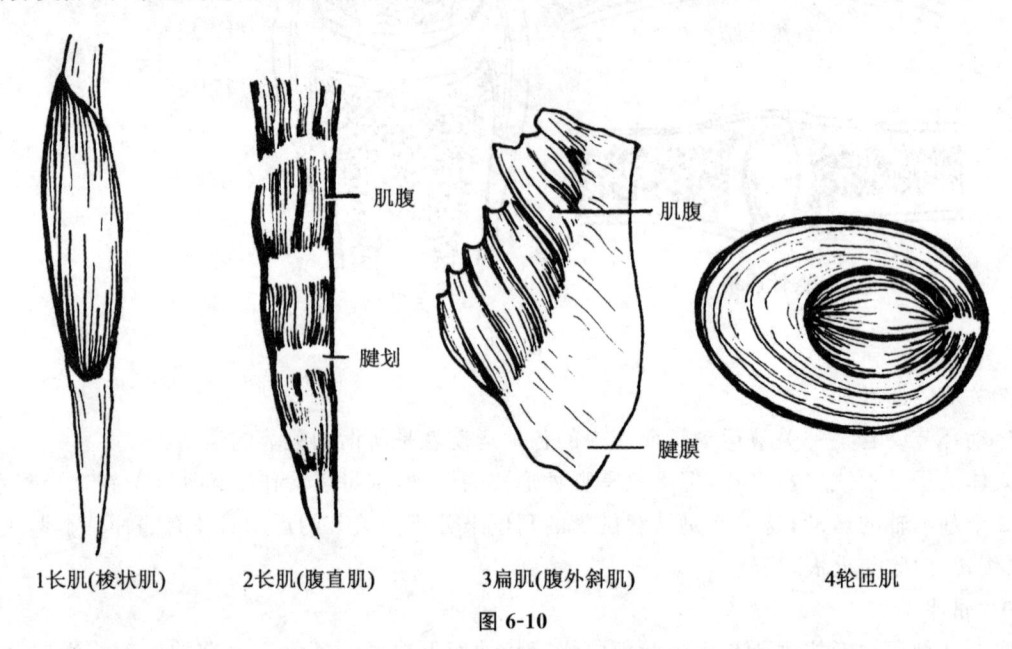

1长肌(梭状肌)　　2长肌(腹直肌)　　3扁肌(腹外斜肌)　　4轮匝肌

图 6-10

第一,按照肌纤维的排列方向,可以将长肌分为羽状肌、半羽状肌和多羽状肌(图 6-11)。

第二,按照头数,可以将长肌分为二头肌、三头肌和四头肌。

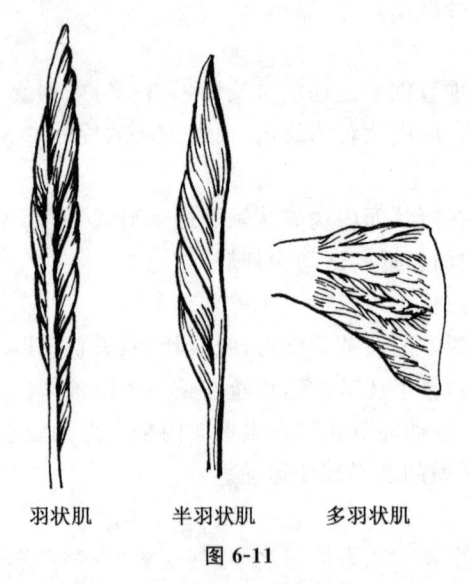

羽状肌　　半羽状肌　　多羽状肌

图 6-11

②短肌

短肌主要分布于人体躯干比较深的部位,短肌可以持久有力地收缩。

③扁肌

扁肌主要分布的位置在腹壁与胸,扁肌可以非常有效地保护内脏器官(图 6-10 之 3)。

④轮匝肌

轮匝肌主要分布的位置在孔裂周围,主要以环状分布,轮匝肌收缩时,则孔裂就会缩小甚至关闭(图6-10之4)。

3. 体育保健与康复的解剖学特征

体育保健与康复运动中,运动内容丰富多样,大多数动作都是由肌肉牵引骨围绕关节的转动而完成的。对于每个人而言,肌肉是马达,是产生运动的动力。运动者应该清楚,在做一个动作时,有哪些肌肉能够从很大程度上影响运动效果。同时,运动者还应该清楚,哪些因素可以促使某一关节运动幅度的增加,哪些因素会对某一关节运动幅度的增加造成限制。只有清楚地掌握这些知识,才可以有的放矢地对发展肌肉力量和关节柔韧性的辅助练习进行编制,才可以促进身体发展。

参与体育保健与康复运动,必须掌握一定的运动解剖学知识。下面从解剖学的有关特征,如关节结构、人体运动链系统、效应性运动、锁定效应等方面着手来进行介绍,使运动者能够明确了解与认识运动的基本状态和产生机理,从而对运动的实质加以把握,并有机结合动作方法和相关机理,提高运动水平与效果。

(1)关节、关节结构、关节类型、关节运动幅度

体育保健与康复练习中,有些动作的变化主要体现在关节上。关节面、关节软骨、关节囊和关节腔是关节的主要结构要素。大多数关节除基本结构外,还有辅助结构,如关节韧带等。以关节运动轴的数目、运动方式、关节的构成骨数等为根据,可以将关节分成单轴、双轴、多轴等多种不同的类型。关节的多种类型决定了关节的运动方式也有多种,如屈伸、内收与外展等,只有对这些运动形式的特点加以了解,才能对各种项目动作的基本状态进行明确的掌握。

一个动作开始到结束时,某一关节处两个运动环节之间运动范围的极限角度之差就是关节运动幅度。两个关节的面积之差、关节囊的厚薄松紧程度、关节韧带的多少强弱、关节周围的骨结构等因素都会对关节运动幅度造成影响和约束。肌肉工作能力得以充分发挥,离不开一定的关节运动幅度。在参与体育保健与康复的练习中,运动者要根据自己的身体健康情况发挥各关节的肌力,并使各关节的运动达到合适的幅度,对关节周围的肌肉组织进行有目的的锻炼,促进关节内韧带的弹性的增强,从而实现康复目的。

(2)运动链、开放式运动链、闭锁式运动链

能够绕关节运动轴运动的部分就是人体环节。运动链就是若干环节借助关节的作用按一定顺序衔接起来而形成的。一般可以将人体运动链分为开放式运动链和闭锁式运动链两种类型。为增强研究的便捷性与可操作性,一般把人体运动链系统分为躯干、上肢(左右)、下肢(左右)五个子系统。

开放链指的是运动链的末端呈游离状态。如果其某一关节为固定状态,其余关节都能够运动,且具有相当的自由度。

运动链首尾相连形成闭合状态,末端没有游离的环节,这样的运动链称为闭锁式运动链。系统中某一关节运动,该系统其他关节必然会受此影响而产生运动。

(3)效应性运动、锁定效应

当一定方向的力作用于某一运动链子系统中的某一环节、某一关节时,如对前端关节一端发力,则另一端关节必然会做相应的运动,这就是所谓的效应性运动。

锁定效应是指对运动链子系统中某一环节或关节实施擒拿时,通过对人体效应性运动规律的利用,使其相邻关节或环节产生相应的运动,当其运动到某一特定的位置时,不仅能够将该关节锁定,而且能够同时将其相邻关节乃至整个运动链系统锁定。在体育保健与康复运动中,某一关节或环节运动时,通过利用人体效应性运动规律,其相邻关节或环节也产生运动,而且以该运动链的结构特征为依据,当其运动到某一位置时,该运动链中相邻的几个主要关节就会产生相应的运动。

## 三、体育保健与康复的原则

(一)因人制宜

根据患者的体质、年龄、性别的不同,根据疾病的发生发展规律、疾病性质、程度、疾病所处的阶段等,来决定运动保健康复运动的方式方法、运动负荷、运动量。

(二)循序渐进

体育保健与康复运动中,运动负荷通常是易于控制的,这对致力于机体功能恢复的患者来说是非常重要的。具体的运动负荷要根据患者的病情和实际情况来决定。为使身体不断获得运动刺激,就需要增加运动负荷,但需要注意的是,这个过程一定要本着循序渐进的原则进行,切勿贪快求大,而是要由小到大,动作由易到难,使身体逐步适应,并在适应过程中逐步增强机体功能,促使疾病痊愈和康复。如果违背这一原则,不仅不能达到使机体恢复的目的,还有可能进一步加重病情。

(三)持之以恒

体育保健与康复的效果不是一朝一夕可以实现的,它需要一个长期的练习过程,少则几个月,多则几年。所以,持之以恒就是进行体育保健与康复运动的首要原则,只有这样才能最终达到从量变到质变的效果,从而实现保健与治疗的目的。

(四)多法并举

体育保健康复与药物疗法、手术疗法、物理疗法、合理的饮食、良好的作息制度等有机结合,综合并用,互为补充,相辅相成,能够收到更好的保健与治疗效果。

(五)动态管理

体育保健与康复练习中,除了要在开始之前进行充分的论证和可行性评估外,在康复进行过程中也仍旧需要随时观察病情变化,注意发现是否运动中出现不良反应等,如果存在不良变化,则应迅速采取措施,或是调整锻炼方法,或是适当降低运动量。运动后稳妥起见,可以接受体检。保健康复锻炼的运动量以中等运动量(脉搏90~110次/分钟)为宜,以稍感疲劳、身体微微发汗、运动后有欣快感为度。

# 第三节 体育保健与康复的特点与作用

## 一、体育保健与康复的特点

在运动医学中,体育保健与康复是综合疗法的一个重要组成部分,属于一种支持、辅助的治疗方法。在疾病的恢复期或慢性阶段,有时保健与康复运动又是治疗疾病的主要手段之一,其特点表现如下:

### (一)健康性

体育保健与康复运动中,没有使用药物治疗过程中常见的过敏性、耐药性和蓄积中毒等。运动时间越久,远期疗效越好。实施康复疗法,一般应在医生(教师)指导下进行,制定运动处方,进行康复锻炼。

### (二)功能性

运动保健与康复具有药物疗法无法替代的作用,可以促进患者的机体功能和四肢关节肌肉活动能力的康复,使已衰退的机体功能得到增强,有缺陷的器官功能得到一定程度的补偿,可以使健康的人进一步保持健康或得到更好水平的健康。

### (三)全身性

体育保健康复通过神经、神经反射机制改善机体功能,通过局部影响全身,增强神经系统,改善血液循环,提高新陈代谢,增强体质,提高机体抵抗力。

### (四)主动性

体育保健康复要求患者主动运用体育疗法,用自己的意志和身体运动来治疗疾病,既有利于调动治病和康复的积极性,又有利于增强战胜疾病的信心。同时能使患者对疾病有一个更清晰的认识,克服单纯依赖药物的思想和无可奈何的消极态度,有利于恢复健康。

### (五)自然性

体育保健康复具有经济、简便、操作性强、便于推广等特点。大多数属于不需要体育设备的锻炼,一般不受时间、地点、设备条件的限制。常常利用人类固有的自然功能(运动)作为治疗手段,如医疗体操、散步、慢跑、自行车、保健按摩、气功、太极拳和特制的运动器械(如拉力器、自动跑台等),以及日光浴、空气浴、水浴等。

### (六)独特性

体育保健康复防治疾病的机理,主要是通过神经反射、神经体液因素、代谢功能和生物力学(关节、肌肉运动时的机械影响)等途径,对人体的局部乃至全身产生作用,能够调整神经功能,改善代谢过程,促进血液循环,增强呼吸运动,恢复甚至提高人体的各种生理功能。既可以促进疾病痊愈,又可以恢复体力和预防复发。坚持不懈地进行全身性的运动康复锻炼,能够增强体质,提高人体免疫力、记忆力、适应力、分析力等。

### (七)全身的并举治疗性

体育保健康复既属于局部治疗,也属于全身疗法。在保健康复活动的安排上,局部恢复与整体改善并举。针对局部恢复的需要,结合全身素质的提高,注重动静结合、上下肢协调、力量、灵活性和协调性等方面的统一。既能改善全身功能,增强机体抵抗力,又能够有效治疗疾病。

### (八)防治双向性

体育保健康复对中枢神经系统、运动系统、循环及呼吸系统具有良好的刺激作用,提高代谢能力,增强体质,促进和加强机体的代偿功能。因此,体育保健康复具有双向作用。既能够治疗疾病和损伤,促进机能康复,防止并发症或继发症,又能够增强内脏系统的机能,增强抗病能力,预防疾病。

## 二、体育保健与康复的作用

体育保健康复的各项运动必然会引起机体各器官、系统相应的生理反应,各种不同的专门练习对创伤和病变局部起着相应的治疗作用。

### (一)维持和恢复机体的正常功能

体育保健康复的作用表现在可以促进机体功能的正常化,在患者机体或某一系统出现障碍时,通过专门的功能运动练习,能促使其功能恢复正常。例如,因骨折固定后引起的肢体功能丧失,进行体育康复,可使局部血管扩张,血流加快,提高酶的活性,使肌纤维增粗,改善软骨组织营养,并可牵伸挛缩粘连组织,从而使肢体功能恢复。又如,大脑损伤或病变引起肢体麻痹时,可以通过被动运动或利用某些本体反射来恢复肢体的运动功能。此外,运动练习还能维持原有的运动性条件反射,消除或抑制病理性反射,因此有助于功能的恢复。

### (二)调节精神状态

身体健康是心理健康的一项重要基础,通过科学的保健康复运动能够使人保持一个积极良好的身体健康状态,这对于情绪与精神状态的调节具有非常积极的作用。

对于一般健身保健者而言,这种调节精神的功能会表现得更加显著。以传统体育保健为例,我国传统体育保健运动项目(如太极拳、五禽戏等)对于修身养性非常重视,这些运动项目通过"松"和"静"调节精神,同时提高人体的机能与抗病能力。我国传统的医学往往追求锻炼时做到"恬淡虚无",即排除杂念、专一放松。这不但能够让身体的肌肉得到很好的放松,同时还能够使进入大脑皮质的冲动减少,使身体处于一种"松弛反应状态"。我国传统的体育保健能够使人感到心情舒畅、消除消极情绪、脱离病态心理。

### (三)提高交际能力

体育保健康复不仅有益于身心健康,同时还可以有效提高交际能力,使交际圈得到有效拓展,同时能够使人结识更多的健身者与康复者。通过相互之间运动经验的交流与分享,能够有效提升运动能力与康复水平。

## 第四节 体育保健康复的适应症与禁忌症

### 一、体育保健康复的适应症

体育保健康复主要是通过多种形式的运动疗法,有针对性地对身体进行练习,以达到恢复机体功能和调节心理状态的目的。

体育保健的对象可以是所有有健康需求的人,体育康复的对象主要是病后体弱,术后或其他伤病之后功能活动不全者,以及疾病恢复期患者,同时还适合年长体弱者。运动康复具有较广泛的适应症,因此在临床中的应用非常普遍,在未来也定会有更好的发展前景和更多的实际需要。

(一)内科疾病

内科疾病大多可以通过体育保健康复的方法实现恢复。常见的适应症有高血压、冠心病、消化不良、肥胖症、糖尿病、支气管哮喘等。

(二)外科疾病

目前,多种外科疾病可使用体育保健康复的方式实现恢复与健康,常见的运动康复外科适应症包括骨折、颈椎病、腰腿痛、骨关节损伤、肩周炎、扁平足以及其他脏器术后恢复等。

(三)儿科疾病

小儿麻痹后遗症及其术前准备、术后恢复、儿童脑性瘫等儿科疾病均可采用体育保健康复的方法获得健康与恢复。

(四)妇产科疾病

产妇生产后会对人的元气有一定的损耗,因此,产后妇女要注意在产褥期获得良好的休息和相应的营养补充。在产褥期的后期可以通过体育保健康复的形式使身体恢复到以前状态。除此之外,一些妇科问题如痛经、子宫后倾、慢性盆腔炎等也可通过一些体育保健康复方法获得恢复。

(五)神经系统疾病

脑血管意外所致的神经系统疾病大多可以通过体育保健康复的形式恢复,如神经损伤、神经衰弱、脑震荡后遗症、截瘫等。

(六)其他

其他疾病如脏器移植后的功能恢复、肿瘤患者、老年性疾病和机能衰退的防治以及轻型精神病患者等同样能够在体育保健康复锻炼中重获健康。

## 二、体育保健康复的禁忌症

体育保健康复只是一种辅助性的、促机体恢复性质的运动方式与疗法,它并不能完全成为一种治疗疾病的方法,如果出现下面所述的禁忌证,则不应采用运动康复的方式来实现身体的恢复,而首先应采取必要的治疗方法,然后当机体处于相对平稳的状态且需要运动康复的介入时,才可使用。

(1)慢性病活动期,如疾病在逐渐恶化时、出血继续存在且不断增多时。肺结核病活动期、咯血、心律明显失常、心绞痛发作期、心肌炎或心力衰竭者。

(2)病情较严重、身体极度衰弱、发高烧、严重的病毒感染、神志不清、全身衰竭或显著恶液质者。

(3)重症精神病患者。

(4)恶性肿瘤未经妥善处理或已广泛转移以及身体活动会产生剧烈疼痛感者。

(5)创伤创面过大且并未完全处理妥当、骨折未愈合、脱位尚未妥善处理以及活动时有造成神经血管损伤的危险者。

# 第七章　体育运动保健康复评定与训练

## 第一节　体质测量与评价

### 一、体质的概念

体质,英文是"Physical fitness",中文直译为体适能,我国传统上称为体质,通俗来说是对人的身体质量进行描述的概念。在学术上的具体表述就是在遗传性和获得性基础上表现出来的人体形态结构、生理功能和心理因素的综合的、相对稳定的特征。

体质的重要性涉及个人、家庭、国家、民族等各个方面。一个国家的国民体质,是指其公民体质的总体状况,一个民族整体的身体素质的基本状况。它既是社会生产力的组成要素,又是综合国力的重要基础,还是一个国家、一个民族文明进步的重要标志。

### 二、体质测量与评价的任务

体质测定与评价是为了掌握一些特定对象或群体体质的状况及其发展变化,检查、评定增强体质的效果,对影响体质强弱的各种因素进行更加深入的分析研究,并且根据分析结果,从加强科学的体育锻炼以及改善营养、卫生条件等方面实行相应的对策,更加有效地增强研究对象或群体的体质。其具体任务主要包括以下几点:

(1)具体掌握一定对象或群体的体质状况,探究其发展变化的客观规律,为体育的科学化提供依据。
(2)检查、评价体质增强的效果。
(3)为学校体育教学训练和体质研究、运动员选材、运动处方等提供依据。
(4)为医学、卫生、国防以及国民经济等方面提供有关资料。
(5)为政府部门的有关决策提供资料或依据。
(6)有利于《全民健身计划纲要》的有效实施。

### 三、体质测量与评价的目的和意义

为了实现我国所倡导的增强全民体质的目标,首先必须经常地系统地掌握我国人民体质的状况与变化,检查体质增强的效果。因此对体质测量与评价的开展更加深入,对体质的调查研究进一步增强,才能使整个中华民族的体质、人口素质得到增强和提高,从而最终实现民族优生。

体质测量和评价是对人的体质状况进行研究当中两个不可分割的环节。

测量就是选择客观、有效和切实可行的项目指标,通过准确并经济的测量手段,再配合以严密的测试方法和程序,从若干方面对人的体质特征进行测量的过程。通过对体质的测量能够获得反映体质的基本状况各方面的数据资料,为评价做好准备,使体质这一抽象且复杂的概念得以实现具体化、数据化和标准化。

评价就是依据所收集的定性和定量的数据资料,按照可靠的、有限的评价理论、标准和方法,评定具体对象的体质优劣的过程。其中,包括反映体质的某一方面的单项评价和全面反映体质水平的多项综合评价。

## 四、体质测量和评价的基本内容

(一)体质测量的基本内容

1. 测量的基础性知识

体质测量时,必须保证测量具有有效性、可靠性和客观性的特点。而为了收集资料获取有关信息,完成测量任务则必须在体育测量基本理论的指导下,使所选用的测量工具有较高的科学性。所以,体育测量的基本理论是设计选择测量指标、实施测量的依据。为了使测量结果可靠和正确,应当精心选择测量指标、测量方法,应体现出既科学又简单实用,并且容易实施的原则。

(1)测量量表

测量量表是指测量所获得数据属性的表述规则。

要测量和了解某种事物的属性需要有测量工具。量表则是对数据属性的测量工具。测量量表的表述规则是由实数列的诸特性所决定的。实数列具有三种特性:顺序、距离、原点。顺序系两个以上的实数有顺序之分;距离系两个实数之间差以描述;原点系对应于零位数的那一点。

根据事物属性含实数列的何种性质,判断其属于何种类型测量量表,决定以何种方法对测量数据进行加工处理,然后进一步对处理结果做出价值判断。

含实数列特性越多的一组观测值,由于包含的信息量多,组成的量表较高级;相反,含实数列特性越少的一组观测值,因其反映的信息量少,量表则较低级。因此,一般将测量表分成名称量表、区间量表、顺序量表和比例量表四种类型。

①名称量表

名称量表是各种事物属性的汇集,在量表当中的数字之间,每一个都具有各自的独立性,数字只起标示符号的作用,即只起区别作用,并没有本身的含义。名称量表不含实数列任一特性。即无序、无距、无原点,是各种量表中含信息量最少、最低级的一种量表。

具体来说,以体育比赛中运动员的号码为例,一个数字只代表一个具体的人。每个运动员的号码都是非常随意的,往往仅有个人喜好的因素在其中,号码在场上只起到区别作用,并不能说明该运动员的运动水平。在一场比赛中,一个运动员只可以拥有一个号码,同一运动员出现两个号码是不可能的,也不被允许。名称量表中的数字或号码可以任意置换,置换后不改变原量表性质,即置换后不会改变量表的原有结构。名称量表不能作数学运算,但可进行数字出现的次数或频率的统计,可做非参数统计处理。

②区间量表

区间量表含实数列顺序、距离两个特性,区间量表又较顺序量表含信息量多,属高级量表。区间量表没有绝对原点,即无原点特性。而它却有相对原点,这个参照点是根据需要人为制定的。如当前臂完全伸直的时候,我们可以把肘关节角度定为0°,也可以定为180°。

再如,我们对运动员关节活动范围的角度进行测量,假设测量结果依次为120°、110°、105°,由此可知其名次排列顺序,两两之间的差异也可以通过运算得知。

需要注意的是区间量表的必须要保证测量单位的等同。某些物理量的测量,如温度等,它们的单位是相同的。另外,在保持区间量表顺序、距离,原量表结构不变的前提下,可对量表作任何线性变换。但区间量表的两个测量值之间不能进行比例运算,不可以认为一个测量值是另一个测量值的几倍。如果在区间量表中取任何两个数的比率,就会改变原量表的性质。因区间量表属高级量表,可用多种统计学方法进行数据处理。

③顺序量表

顺序量表含实数列顺序特性,但无距、无原点。顺序量表的有序特性说明它较名称量表含信息量多,但其仍属低级量表。顺序量表中的数字具有等级性或序列性的特征,但其序列特征不表示数与数之间的距离是相等的。

如一些对抗性运动项目比赛结果的名次顺序,数字说明第一名比第二名在该项比赛当中表现出了更高的水平,第二名比第三名在该项比赛当中表现出了更高的水平。在比赛后对各队的名次排列顺序,代表了各队的所表现水平的高低,但各名次之间发挥的水平的差距却无法定量描述。因定性指标不能准确测量,名次之间差异程度只能以排序的方式做定性描述。使用顺序量表划分等级则可以得知水平高低、实力强弱之分的信息。

顺序量表中的数字不能随意置换。否则会破坏量表的原有结构,使量表发生质的改变。

顺序量表可做等级相关、肯德尔和谐系数以及秩次变差分析等统计运算。

④比例量表

比例量表具有实数列顺序、距离、原点的全部特性。由于含信息量最多,因此属最高级量表。如一项测量结果在比例量表上是零,那么可以认为某个事物并未具有所要测量的属性或特征。由于比例量表有绝对原点,对某一事物进行测量,实际上就是测量其与另一取相同测量单位(测量工具)之比。量表中的数值,不但可以说明两个事物或现象的某种特性、差异程度,而且可以以量值的比例做出定量描述。

但是,在体育实践活动中,比例量表的一些应用问题还有待研究。如不同水平成绩提高的难度,虽然同样进步了相同的距离或秒数,但显然高水平成绩提高的难度大、价值高。所以说,比例量表在体育运动中的运用,还有待进一步探讨,在使用中应特别予以注意。

(2)测量的取值

测量取值是指取值精确限。一般来说,我们测量所得到的数据有两种类型,即连续型变量与离散型变量。测量所得到的实测值,无论是连续型或离散型变量,它们在数据处理时,均存在有取值精确限的问题。

连续型变量的特征,是在量尺上任意两点之间都能加以细分,并得到无限多个变量。我们测量所得到的实测值只能看作是一个近似值。它是指位于这个观测值的上半个测量单位与下半个测量单位上的若干点,这些点组成了一个区间。在实际测量中,根据测量要求及测量工具的精确度,会得到不同精度的实测值。如 14 秒、14.0 秒、14.00 秒均是 14 秒的表述。但三个 14 秒的取值精确限却不相同,第一个为秒、第二个为 1/10 秒、第三个为 1/100 秒。据此,根据测量目的要求还可以精确至 1/1 000 或 1/10 000 秒。如以秒为单位其取值区间应为 13 秒 5(精确下限)到 14 秒 5(精确上限)。这个区间的任何值(13 秒 6、13 秒 7……14 秒 3、14 秒 4)四舍五入的近似值都是 13 秒。同理,精确到 1/10 秒的测量值 14 秒 1 的精确下限应为 14 秒 05,其精确上限应为 14 秒 15。

离散型变量的特征是在量尺上任意两点之间不可细分,各实测值通常为整数。例如学校的个数、班级的人数等。但在计算中仍存在取值精确限的问题。例如,一组考试分数的实测值,分组为 4—5、6—7、……,在计算中第一组的取值精确下限应为 3.5,取值精确上限应为 5.5,第二组的取值精确上下限则分别为 5.5 与 7.5。

因此,根据测量所要求的精确度会有不同精度的测量取值精确限,在数据统计处理时应予以注意。

(3)测量误差

在体育测量中,测试者应尽量严格掌握测量条件,以使测量结果尽量准确、可靠,但由于测量仪器精度、测量技术、测量方法与条件等限制,各种测量误差的出现在所难免。即没有绝对准确和毫无误差的测量。人们虽然尽力使测量误差减小,但也只能减少到某个程度。

因此,必须了解误差来源,按照误差产生的原因和性质,寻找减少误差的办法。以下是经常出现的测量误差种类:

①随机误差(又称"偶然误差")

随机误差指在测量中由一些主观或客观偶然因素引起,又不易控制的测量误差。随机误差产生的原因极为复杂,但存在却是绝对的。随机误差大小不固定,忽高忽低,但它随着测量次数的增加,其变化会呈现一定规律性。它总是围绕着被测量的真值波动(真值以重复测量的均值为代表)。所以说,除严格按照标准化测量条件要求实施规范化和标准化的测量外,增加测量次数也是减少随机测量误差的有效办法。

②系统误差

系统误差是指在测量中,由于仪器未校正至测试要求,或对测量条件掌握过宽或过严,使测量结果出现规律性的偏大或偏小。这类误差应及时发现并纠正,以免使数据统计结果偏离方向。同时,对于事前已知的系统误差,可以进行系统的修正。对于已经出现的系统误差要及时察觉,严格执行标准化测量,随时检查,及时发现并纠正错误,加以排除。另外,通过增加测量次数,也可将由于测量方法掌握过宽或过严而产生的系统误差转化为随机误差,使其降低到最低限度。

③过失误差

过失误差是由于测试者过失所造成的误差。如测错读错、记错等。这类误差只要认真负责,加强测试者的责任心,并加强测试现场的监督检查,严格管理并执行验收制度,在最后资料整理过程中再进一步检查、鉴别,就会避免或减少由于过失误差而得出错误统计结论。

④抽样误差

抽样误差是由于抽样的原因而引起样本统计量与总体参数之间的差异。测量中,虽然严格遵守抽样原则,但不论用何种方法抽样,从总体中抽取样本进行研究,样本统计量与总体参数都不会完全一致。这是因为个体之间差异是客观存在的,即使采取随机抽样仍然无法避免样本统计量与总体参数之间的差异。一般而言,抽样误差的大小主要取决于样本数量大小、个体差异大小和抽样方法的合理性。所以在人力、物力、时间等条件允许的情况下,严格遵守抽样原则,扩大样本含量,提高样本对总体的代表性是减少抽样误差的最有效办法。

2. 测量三性

所谓测量的三性,主要是指测量的可靠性、有效性和客观性。

(1)测量的可靠性

测量的可靠性(又称"信度")是指在相同测量条件下,对同一批受试者使用相同测量手段,重复测量结果的一致性程度。其可分为一致可靠性、稳定可靠性、等价可靠性三类。一致可靠性指同一天内测试者对同一批受试者重复测量结果的一致性程度。从另一个角度来看,还可以认为它是指由多次测量组成的一组测量,内部各次测量结果的一致性程度;稳定可靠性指在两天或数天时间内,测试者对同一批受试者重复测量结果的一致性程度;等价可靠性指在不同的测量时间,对受试者实施难度相同而方式或题目不同的同质测量结果的一致性程度。

通常来说,影响测量可靠性的因素有以下几个:

①测量误差

据可靠性理论,直接影响可靠性的最主要因素是测量误差。测量误差越大则可靠性越低,而测量误差越小则可靠性越高。尽可能严格控制测量条件是减少测量误差,提高测量可靠性的有效方法。

②测量容量与类型

在各种条件相同的情况下,测量容量越大,可靠性越高。当测量容量增加到一定限度后,继续增加对可靠性的影响就不再显著。另外,因受测量时间的限制,测量容量过大时,疲劳、厌倦等情况的发生,将妨碍测量继续实施,反而会起相反作用。而测量类型不同,可靠性高低也会不同。所以对不同类型测量的可靠性,应规定不同使用水平。

③测量的长度

测量的可靠性系数随测量长度(组数、次数)增加而不断提高。1968年,韦斯特在高尔夫球测量中,做了不同天数组合对可靠性影响的研究,结果显示在测量天数相同的情况下,测量长度越长,可靠性系数也就越高。

④受试者个体差异及能力水平

受试者能力水平对一次测量的可靠性有着直接的影响。如对同样一项技术重复测量,用于技术水平较高的受试者重复测量,其可靠性较高,对于技术水平较低的人来说,其重复测量结果变化较大,可靠性也随之降低。

⑤重复测量间隔时间

通常情况下,重复测量的间隔时间,也会对测量的可靠性产生影响。如某项测量指标在一天内多次重复测量结果变化不大,而间隔几日后再次重复测量成绩变化较大,那么用作估价多日测量可靠性的估价,计算的可靠性就有高估的倾向,因它只反映了一天内波动情况。如将间隔几日重复测量结果计算的可靠性,用来估价一天内测量的可靠性的话,就会出现低估的倾向。所以说,测量再测量的间隔时间会对测量的可靠性产生影响。

除以上因素之外,受试者测试环境、仪器,及测试人员水平等均会对测量的可靠性产生影响。所以,为了提高测量的可靠性,应从各个方面进行分析,以排除可能会对可靠性产生影响的因素。

(2)有效性(又称"效度")

测量的有效性是指所选择的测量手段在测量欲测属性时的准确性程度。分为内容有效性、结构有效性、效标有效性三类。所谓内容有效性,是指所选择测量内容反映总体属性的准确性程度;结构有效性是指一组测量所包含的各种属性与总体属性各种拟测成分在结构上的一致性程度;效标有效性是指所选择的测量与效标之间的关联一致性程度。

通常来说,影响测量有效性的因素有以下几个:

①测量的可靠性

测量的可靠性是有效性的必要前提,一项测量有效性系数的最大值,等于这项测量可靠性系数的平方根。如果某项测量的可靠性不够理想,则势必影响其有效性。可以说,在检验测量有效性之前首先检验指标本身的可靠性,会对有效性产生良好影响。

②效标的选择

由于效标有效性是以所选择的测量指标与效标之间的相关程度来检验其是否有效以及有效性程度高低,所以效标的选择极为重要。应根据指标的特点以及测量目的等具体情况,选用适宜的且可靠性高的效标,以提高测量的有效性。

③样本含量及其代表性

扩大样本含量,不但可以提高样本对总体的代表性,且可使随机误差趋于减小,测量的可靠性随之提高。除样本含量会对有效性产生影响外,抽样办法也很重要,应坚持随机抽样原则,以免影响样本对总体的代表性。

④测量的难度与区分度

区分度是对受试者个体差异程度的分辨能力。区分度高,有效性也会提高,而区分度的高低则取决于测验的难度,难度过高或过低均会影响区分度,而使测量的有效性受到影响。调整测量难度,使测量对个体区分程度达到要求,也是提高有效性的方法。

⑤受试群体特征

同一测量指标会因不同受试群体而体现不同的结果。因为受试群体的年龄、性别、能力个体差异等特征各不相同,只有根据受试群体的实际情况,选择不同测验才可以达到测量目的。一种测量用于某种场合效果极佳,而用于另一场合效果则不甚理想,这说明受试群体特征不同,测量的有效性也就会随之发生变化。例如,引体向上只适用于高中以上男子的上肢肩带肌肉耐力测量,而并不适用于小学生及女子,因为小学生及女子当中的大部分人都无法完成该工作,测量目的更是谬论。

(3)客观性

测量的客观性指不同测试者或同一测试者对同一受试者测量结果的一致性程度。

客观性实际上是测量可靠性意义的延伸与发展,所以也有人将它称为评价者的可靠性。测量的客观性常见于一些评分项目,如体操、花样滑冰等运动。比赛中多名裁判员同时对一名运动员的运动水平进行评分,随裁判员水平的变化,评分客观性也会发生变化。客观性较高的测量,由不同的测试者对同一受试者实施测量时,会得出极为接近的测量结果,即所有的测量值应具有较高的一致性与稳定性。

客观性系数的变化范围一般在0~1之间,越接近1,说明测量的客观性越高,反之测量的客观性越低。一项客观性较低的测量其有效性和可靠性也是比较低的。

通常来说,影响测量客观性的因素主要有以下几个:

①测试者(或专家)人数

测试者或专家人数多少会对测量的客观性带来影响。人数过多意见容易分歧;人数太少个别人意见起的作用过大。所以应根据受试群体规模、水平等具体情况,选择适宜测试人员(或专家)人数。

②测试者的水平

测试者水平的高低直接影响测量的客观性。体育测量中专业水平较高,实践经验较丰富的裁判员评分结果的一致性程度较高;而一些从事裁判工作较少,对测试尺度理解相对肤浅的裁判员测量客观性较差。此外,测试者是否认真负责、是否公正,也会对测量的客观性产生较大影响。

③是否实施标准化测量

即所选指标是否规范化,测量的条件是否按照要求严格控制,整个测试过程是否实施标准化测量,对测量的客观性来说非常重要。所以也可以说,实施标准化测量是提高测量客观性的有效手段。

④测试尺度

在一些主观判断因素较多的测试中,如评分运动项目往往因测试者掌握测试尺度不一致,造成测量的客观性较差。因此,应尽可能明确规定测试细节,并且将其具体化,应尽量减少测量中的主观因素,实施标准化测量,以提高测量的客观性。

⑤测量指标特征

测量指标本身的特征直接影响测量的客观性,特别是一些含主观因素较多的测量指标,测量的客观性相对较差。所以,在条件许可的情况下,应尽量选择可以定量测量的指标,以提高测量的客观性。

(二)体质评价的基本内容

1. 评价的参照标准

评价是将测量的原始成绩与某一参照标准对比,借此判断和确定其价值和意义的。评价的参照标准是根据测量属性、评价目的及评价有关理论来选择的。不难理解,测量结果基本上是客观的,而评价参照标准是人为选择或确定的。能否对测量结果做出科学而又准确的评价,这与所选择的评价参照标准有密切的关系。根据评价的不同目的,评价参照标准可分为相对参照标准和绝对参照标准。

(1)相对评价参照标准(又称"比较标准")

相对评价参照标准是基于测量的原始成绩经统计方法处理而制定的一种参照标准。主要用于评价受试者某单一属性或综合属性的现状。评价方法是将个体的原始成绩与参照标准比较,确定各个体成绩在群体中所处的水平和位置。评价结果可解释个体之间、个体和群体之间在水平或位置上的差异,并以此差异来说明个体成绩的价值和意义。

由于相对参照评价标准是用于评价个体的现状和水平的,所以在制定参照标准时,必须要以特定的受试者在标准化测量中获得的原始观测值,并经数理统计方法来建立评价标准。以此建立的评价参照标准,一般适用于同一总体样本的评价。如某校根据本校学生运动能力情况制定的参照标准,只能用于对本校学生的评价,而不适用于他校学生的评价。

一般,相对评价参照标准的使用时间以3～5年为宜。超过了这个时限,就要对其进行修订,否则就会造成评价结果高估或低估的现象。

(2)绝对评价参照标准(又称"理想标准")

绝对评价参照标准是根据教学训练的需要,提出受试者经过努力才能达到的一种参照标准。

这种参照标准主要用于评价个体和群体能否达到预期的目标,而不是评价受试者的现状水平。评价方法是将受试者的原始成绩与预定的参照标准进行比较,判断其是否达到了这一标准。评价结果可解释为是否达到标准或达到标准的程度。如课程考试的评价标准是满分100分,合格60分,那么,如果学生考试获得60分,就可解释为该生考试完成学习任务的60%。

绝对评价参照标准与受试者学前的现状和水平有一定的差距,而根据教学训练的需要提出的目标或标准,是一种理想的、导向性的标准。在制定绝对评价参照标准时,可采用经验与理论结合的逻辑方法、趋势预测的方法和数理统计的方法。不管采用哪一种方法都必须根据教学训练的需要、评价的目的和受试者实际情况,制定出既有一定难度又符合实际的参照标准。

2. 评价量表

(1)评价量表的概念

评价量表是由原始观测值经统计方法转换而成的一组导出数据。已知原始观测值是难以直接进行评价和比较的,这就需要将其转换成一种导出数据,并以此作为量度测量的量尺。

(2)评价量表的种类

①标准分量表

标准分量表是以原始观测值的平均数为参照点,以标准差为单位转换而成的一组导出数据。标准分量表有 Z 分和 T 分两种。标准分量表适用于正态分布或接近正态分布的原始观测值的转换。它最大的优点是能使不同计量单位的原始观测值标准化,所以,它既可以适用于单项测验的评价,又适用于各种测验之间的比较和综合评价。

②百分位数量表

百分位数量表是以原始观测值的大小排列序数与总人数之比为参照点而转换的一种导出数据。其以排列次序(等级)为单位,全距是1~100。百分位数量表最大的优点是不受原始观测值的分布限制,即既用于正态分布又适用于非正态分布的原始观测值的转换。百分位数在多数情况下呈非等距分布,只有在测量中每一原始观测值的人数相等时或呈正态分布时,百分位数才有可能为等距分布。因此,在百分位数量表中,常出现两端成绩增长得分少,而中间成绩增长得分多的现象。

③累进分量表

累进分量表是用抛物线方程对正态分布的原始观测值进行转换的一种导出数据。该量表的参照点可取与原始观测值最大值或最小值相对应的满分点或基分点,单位是累进分,常用全距是0~100 分或 0~1 000 分。累进分量表最大优点是考虑体育成绩的进步幅度和难度,能使量表分值的幅度与成绩提高的幅度和难度相适应。一般适用于正态分布或接近正态分布的原始观测值转换,现广泛用于教学训练的测验成绩、进步幅度以及运动竞赛方面的评价。

## 五、身体形态的测评

(一)身体形态概述

身体形态是反映人体外表结构和生长发育水平的重要指标。这些指标包括:身高、坐高、体重、胸围、肩宽、骨盆宽、臂围、上肢长、下肢长、腰围等。每个人的局部形态特点能够通过自身的身体形态指标反映出来,遗传因素是影响身体形态指标的主要因素。

运动项目不同,对运动员的身体形态选材标准也不同,因此,应结合运动专项特点来确定运动员的选材标准。一般地,每一个运动项目要求运动员的身体形态符合本运动项目的运动专项特点的基本要求,这关系到运动项目的合理选材问题。

(二)身体形态的测量内容

根据人体形态的具体标准,人体形态的测量主要包括以下内容:

1. 身高

身高,也称"空间整体指标",是个体纵向发育水平的重要指标之一,具体是指人体从站立底面到头顶点的垂直距离。人体身高受遗传因素和环境因素的制约和影响,身高的遗传度较高,很大程度上取决于父母的遗传基因,男孩遗传度为75%,女孩遗传度为92%。利用哈费利采克公式,可预测出身高,公式如下:

$$儿子身高=(父身高+母身高)\times 1.08/2$$
$$女儿身高=(父身高\times 0.923+母身高)/2$$

对身高进行测量,具体如下:

测量仪器:标准身高坐高计。

测量方法:受试者赤足,在地板上做好立正姿势,背部与身高坐高计紧靠,足跟、骶骨和两肩胛间接触立柱,耳眼处水平位。测试者向下滑动水平压板直到受试者头顶,双眼与压板水平,观察读数,并将测量值记录下来。

在测量身高时,有以下几方面需要注意:

(1)要水平放置身高坐高计,立柱的刻度尺与光源面对。

(2)测量时,受试者足跟、骶骨和肩胛骨间要与立柱紧靠。

(3)水平压板与受试者头顶接触,二者之间要保持适度的松紧程度,有发髻的学生应把发髻放下。

(4)测量单位是厘米,测量结果保留小数点后一位,测量误差要不超过0.5厘米。

2. 体重

体重是衡量人体骨骼、肌肉、皮下脂肪及内脏器官等综合重量发展变化的指标。遗传、性别、年龄、季节、身体锻炼、伤害、疾病等因素都会对人体的体重造成影响。

测量仪器:标准体重计,误差不超过0.1%。

测量方法:受试者赤足、身着薄衣裤站立于体重计中央,测试者移动刻度尺稳定在水平位后读数并记录其重量值。

注意事项:

(1)保证测量仪器正常,受试者衣着合格(被测者只准穿薄短裤,女性可穿背心)。

(2)测量时间最好在上午10点左右为宜,排尽大小便。

(3)每测50人后校正仪器的准确度,测试完毕应检查仪器。

(4)测量单位是千克,测量结果对小数点后一位进行保留。

### 3. 坐高

坐高是指人体取正位坐姿势时头和躯干的总长度,它通常用来反映人体躯干的生长发育状况以及躯干与下肢的比例关系。

测量仪器:标准身高坐高计。

测量方法:被测者端坐在身高坐高计底板上,头正,躯干挺直紧靠立柱,测试者向下滑动水平压板直到受试者头顶,两眼与压板呈水平位,观察读数,对测量值进行记录。

测量体重时应该注意以下两点:

(1)测量过程中,受试者骶骨部和肩胛骨间紧靠支柱并坐直。

(2)其他注意事项同身高的测量。

(3)测量单位是厘米,测量结果对小数点后一位进行保留,测量误差不超过0.5厘米。

### 4. 骨盆宽

骨盆宽是指骨盆左右两端髂嵴外缘突出点之间的直线距离,它反映了人体骨盆的发育情况,是运动选材的重要参考指标之一。

测量仪器:软带尺,每米误差不超过0.2厘米。

测量方法:受试者并拢两腿自然站立,检测者与被测者面对,用测径规的两脚端分别放在被测者骨盆左右两髂骨嵴外缘,计取其最宽部距离,计量其水平直线距离。

测量骨盆宽时应注意以下几点:

(1)受试者体重应均匀落在两脚上,避免骨盆倾斜。

(2)测量单位是厘米,测量结果对小数点后一位进行保留,测量误差不超过0.5厘米。

### 5. 胸围

胸围的测量应从肩胛下角下缘开始,男性到乳头上缘,女性到乳头上方第四肋骨处,是胸部的水平围长。胸廓大小和胸部肌肉发育状况能够通过胸围间接反映出来,胸围这一形态指标能够很好地反映人的体型和健康状况。

测量仪器:软带尺。

测量方法:男子上体赤裸,自然站立,自然呼吸,检测者将软带尺上缘放在男子背部的肩胛骨下角,在胸部则用软带尺下缘置于乳头上进行计量;女子戴胸罩,将软带尺置于背部两肩胛骨下角,胸部置于乳头上缘进行计量。

在测量胸围时应注意以下几点:

(1)受试者不得低头、耸肩、呼气。

(2)软带尺的松紧程度要适当。

(3)受试者接受测量时,有一人在其背后协助测试人员把软带尺围定于肩胛下角下缘,防止尺子下滑,软带尺要保持水平。

(4)只测受测者的静气围(即平静时呼气末而吸气尚未开始时的胸围大小)。

(5)测量单位是厘米,测量结果对小数点后一位进行保留,测量误差不得超过1厘米。

## 第七章　体育运动保健康复评定与训练

6. 腰围

腰围,也称"腹围",具体是指人体腰部围度的大小,可以反映人体腰部肌肉发育水平及腹部皮下脂肪厚度和沉积状况。

测量仪器:软带尺,每米误差不得超过0.2厘米。

测量方法:受试者自然站立,测量者将带尺置于受试者脐上,以水平位绕腹一周,取其自然呼吸时的计量值。

测量胸围时应注意以下几点:

(1)运动后即刻不宜测量腰围。

(2)测量单位是厘米,测量结果对小数点后一位进行保留,测量误差不得超过0.5厘米。

(三)身体形态的评定指数

指数是根据测试指标的相互关系,借助于数学公式将多个指标结合为某种相对指标。目前,人体形态评价方法有两种:一种是直接用测量获得数据进行绝对值的评价;另一种是将测量数据转换为指数而进行相对值的评价。[①]

目前,常见的人体形态指标主要有以下几种:

1. 克托莱指数

克托莱指数,也称"体重—身高指数"或"肥胖指数",它广泛应用于人类学研究和人体测量与评价中,具体是用来表示每1厘米身高的体重,人体的围度、宽度、厚度以及人体组织的密度能够通过克托莱指数反映出来。肥胖指数这一复合指标能够对人体形态发育水平和匀称度进行评价。

计算公式:体重(千克)/身高(厘米)×1 000。

示例:测得某男性受试者的体重为65.5千克,身高为170.5厘米。其克托莱指数为:65.5/170.5×1000=384.2。

身体形态评价标准具体参考表7-1。

表7-1　克托莱指数评价表

| 性别 | 年龄(岁) | $P_{10}$ | $P_{25}$ | $P_{50}$ | $P_{75}$ | $P_{90}$ | $P_{97}$ |
| --- | --- | --- | --- | --- | --- | --- | --- |
| 男 | 20—24 | 310.5 | 332.5 | 360.3 | 395.5 | 435.2 | 483.8 |
|  | 25—29 | 320.3 | 343.5 | 375.4 | 415.7 | 455.9 | 499.0 |
|  | 30—34 | 324.8 | 351.5 | 388.0 | 427.7 | 465.9 | 506.5 |
| 女 | 20—24 | 284.2 | 302.6 | 326.3 | 352.8 | 381.9 | 416.0 |
|  | 25—29 | 288.2 | 308.0 | 332.7 | 362.1 | 395.6 | 434.5 |
|  | 30—34 | 296.9 | 317.7 | 343.7 | 374.8 | 407.6 | 449.2 |

---

[①] 刘星亮.体质健康概论[M].武汉:中国地质大学出版社,2010.

## 2. 身体质量指数

身体质量指数(Body Mass Index,BMI),又称"身体质量指数"或"体质指数"),是用体重千克数除以身高米数平方得出的数字,主要用于衡量人体胖瘦程度以及是否健康,常用于统计研究。

计算公式:体质指数(BMI)=体重(千克)/身高(米)的平方。

示例:测得某男性受试者的体重为65.3千克,身高为1.7米。其体质指数为:$65.3/1.7^2=21.9$。

BMI有四个级别划分标准,作为衡量人体整体肥胖程度的简便指标在国际上广泛应用,我国对BMI的界限具体见表7-2。

表7-2　BMI组别划分标准

| 组别 | BMI标准 |
| --- | --- |
| 轻 | BMI<18.5 |
| 正常 | 18.5≤BMI<24.0 |
| 超重 | 24.0≤BMI<28.0 |
| 肥胖 | BMI≥28.0 |

BMI评价标准参考表7-3。

表7-3　BMI评价表

| 性别 | 年龄(岁) | $P_{10}$ | $P_{25}$ | $P_{50}$ | $P_{75}$ | $P_{90}$ | $P_{97}$ |
| --- | --- | --- | --- | --- | --- | --- | --- |
| 男 | 20—24 | 18.5 | 19.7 | 21.3 | 23.2 | 25.5 | 28.1 |
|  | 25—29 | 19.1 | 20.4 | 22.2 | 24.4 | 26.7 | 29.0 |
|  | 30—34 | 19.5 | 20.9 | 23.0 | 25.2 | 27.3 | 29.5 |
| 女 | 20—24 | 18.0 | 19.1 | 20.6 | 22.2 | 24.0 | 26.1 |
|  | 25—29 | 18.4 | 19.6 | 21.1 | 22.8 | 24.8 | 27.4 |
|  | 30—34 | 18.9 | 20.2 | 21.7 | 23.6 | 25.7 | 28.2 |

## 3. 比胸围指数

比胸围指数是人体形态测量复合指标之一,它主要通过人体自身的胸围与身高之比,或胸围减去二分之一的身高值来反映胸廓的围度相对比值用以衡量发育水平。在体质综合评价中具有重要参考作用。

计算公式:胸围/身高×100。计量单位:厘米。

示例:测得某大学男生身高为171.6厘米,胸围为81厘米,其胸围指数为:$81/171.6×100=47.2$。

比胸围指数评价标准具体参考表7-4。

表 7-4　比胸围指数评价表

| 性别 | 年龄（岁） | $P_{10}$ | $P_{25}$ | $P_{50}$ | $P_{75}$ | $P_{90}$ | $P_{97}$ |
|---|---|---|---|---|---|---|---|
| 男 | 20—24 | 45.8 | 47.7 | 49.9 | 52.4 | 55.0 | 58.2 |
|   | 25—29 | 46.9 | 48.8 | 51.1 | 53.7 | 56.3 | 59.0 |
|   | 30—34 | 47.7 | 49.9 | 52.3 | 54.9 | 57.5 | 60.1 |
| 女 | 20—24 | 46.8 | 48.8 | 51.2 | 53.6 | 56.2 | 59.4 |
|   | 25—29 | 47.5 | 49.5 | 51.9 | 54.5 | 57.3 | 60.7 |
|   | 30—34 | 48.1 | 50.3 | 52.7 | 55.4 | 58.5 | 61.9 |

## 六、身体机能的测评

（一）身体机能概述

身体机能是指人的整体及各身体系统、器官等组织成分表现出来的生命活动。通常而言，身体机能水平越高则运动潜能越大，越有可能将优异的运动水平表现出来。良好的身体机能是个体身体健康的重要基础之一。

（二）身体机能的测评内容

1. 呼吸机能测评

呼吸是人体的基本生理功能之一，其主要作用是排出体内的二氧化碳，吸入氧气。在体质健康测量中，对个体呼吸机能的测量与评价主要是肺活量。

（1）肺活量测试

肺活量是指个体以最大的力吸气，之后再做最大呼气时所排出的气量。其大小反映了肺的容积和呼吸机能的潜力。肺活量受遗传的因素较小，遗传度仅为30%，可通过后天的训练而改变。因此，在青少年儿童选材中对肺活量的测量可放宽要求，只要处于正常值便可。一般的，肺活量与年龄呈正相关关系。

测试仪器：肺活量计（0～10 000毫升）。

测试方法：受试者面对肺活量计站立，先做一两次深呼吸，再吸一口气后将气尽量呼出，直到不能再呼气为止。测量3次，取最大值。呼气时要保持身体直立，不许弯腰和换气。测量肺活量用的吹嘴要消毒，一个吹嘴只能允许一人使用。根据相关调查得知，我国男子肺活量正常值约为3 500～4 000毫升，女子约为3 000～3 500毫升。

肺活量测试的注意事项如下：

①使用前必须对肺活量计进行检验，仪器误差不得超过2%。

②测试前应对测试方法进行详细讲解，必要的话要先做示范，受试者可试吹一次。

③受试者要充分地吸气和呼气，但是不要过猛地呼气，防止因为没有充分呼吸而导致漏气，

尤其要防止用鼻子反复吸气对测试结果造成不好的影响。

④测试必须用一次性吹嘴。如不能实现应在下一测试者使用前进行严格的消毒。

⑤对一些对测试方法和要领始终不能掌握的受试者,要在记录数字旁注明,不进行统计。

测试评价:肺活量越大者,说明呼吸机能越好。

(2)5次肺活量试验

测试仪器:肺活量计(0~10 000毫升)。

测试方法:对5次肺活量进行连续测试,每次间隔15秒(包括吹气时间在内),对各次测试的结果进行记录。

注意事项:同肺活量测试。

测试评价:测试完后统计结果,如果各次肺活量值基本相同或逐次增加,那么说明测试者的呼吸机能良好。如果5次结果逐渐下降,尤其是最后两次明显下降,那么就说明测试者机能不良(如机体疲劳、有病等)。

(3)肺活量运动负荷试验

测试仪器:肺活量计(0~10 000毫升)。

测试方法:先测安静状态下的肺活量,然后作定量负荷(如30秒20次蹲起、1分钟台阶试验或3分钟原地高抬腿跑等),运动后立即测肺活量,每分钟一次,共测5次,记录结果。

注意事项:同肺活量测试。

测试评价:负荷后的5次肺活量结果逐渐增大或保持安静,则使测试者机能良好的表现;如果运动后的5次结果逐渐下降,到第5分钟还没有恢复到负荷前水平,这就是系统机能不良的表现。

(4)屏气试验

测量受测者深吸气(或深呼气)后的屏气时间的试验,就是所谓的屏气试验。

测试仪器:秒表。

测试方法:试验前先令受测者安静休息,自然呼吸,当听到"开始"的口令,受测者做一次深吸气(或深呼气)后立即屏气(为防止漏气可用手捏住鼻子),同时开始用秒表计时,直至不能再屏气为止,记录下测试的时间。根据相关调查得知,深吸气的屏气时间,一般来说,我国健康男子为35~45秒,女子为25~35秒。深呼气后的屏气时间,一般健康男子为20~30秒,女子为15~25秒。

测试评价:一般来说,屏气时间越长,对缺氧的耐受能力和碱储备水平就越高。

(5)重复屏气试验

测试仪器:秒表。

测试方法:连续测量受测者3次屏气的时间,每次间隔45秒。

测试评价:如果重复测量的屏气时间逐次延长,表示呼吸循环系统的机能水平好。延长的时间越长,表示机能水平越好,否则,就说明机能水平差。

2. 感觉机能测评

感觉是神经系统对外界刺激的直接反应,是个体从事体育运动的重要物质基础,一般来说,个体的感知觉越精细,动作越协调,动作的灵敏度越高。因此,感知觉功能的好坏直接影响运动者的运动水平和成绩。个体的感觉具体可分为外部感觉(如听觉、皮肤感觉等)和内部感觉(如运动觉、平衡觉、机体觉等)两种。这里重点分析以下几种：

(1)视觉

视觉在一定程度上受遗传因素影响，色盲为单基因遗传，与生俱来。运动对运动者的视觉要求较高，视觉也是运动选材的重要指标之一，通常，教练员要考虑运动项目对运动员的视力有一定的要求，还要充分考虑运动员的立体视觉。立体视觉是一个反映远距离视觉平衡能力的指标。以球类运动为例，它对运动员精细、准确地判断人与球的空间关系和距离具有重要作用。

(2)臂、腿动觉

臂、腿动觉可反应个体臂、腿本体感觉的准确性，拥有良好的本体感觉对运动技术技能学习有着非常重要的作用，本体感觉越准确越有助于运动水平和技术技能水平的提高。

通过对感觉机能进行测量，可使运动者体验到在身体练习中如何更快地掌握不同运动项目的技术，有助于提高运动者相应动作技术的运用质量。

以单脚支撑维持身体平衡测量为例，测评方法具体如下：

测试仪器：闭眼单脚站立测试仪。

测试方法：受试者单脚支撑地面，另一脚放在支撑腿膝部的内侧，两手侧方向平举。在受试者非支撑腿离地的瞬间开始计时。受试者尽可能长时间地保持平衡姿势。如果其非支撑脚着地，即刻停止计时。受试者计算闭眼单脚站立维持平衡的时间。测量两次。

测试评价：取两次测试中的最佳值，记录测验成绩，具体评价标准参考表7-5。

表 7-5　闭眼单脚站立测验评价标准(单位:秒)

| 性别 | 年龄(岁) | $P_{10}$ | $P_{25}$ | $P_{50}$ | $P_{75}$ | $P_{90}$ | $P_{97}$ |
|---|---|---|---|---|---|---|---|
| 男 | 20—24 | 6.0 | 13.0 | 27.0 | 59.0 | 99.0 | 150.0 |
|   | 25—29 | 5.0 | 11.0 | 24.0 | 49.0 | 86.0 | 143.0 |
|   | 30—34 | 5.0 | 10.0 | 20.0 | 42.0 | 75.0 | 125.0 |
| 女 | 20—24 | 6.0 | 12.0 | 25.0 | 53.0 | 97.0 | 150.0 |
|   | 25—29 | 5.0 | 10.0 | 22.0 | 46.0 | 84.4 | 148.0 |
|   | 30—34 | 5.0 | 9.0 | 19.0 | 40.0 | 73.0 | 128.0 |

(3)动作频率感觉

动作频率感觉是反应个体摆臂与抬腿的动作频率感及最高动作频率的重要指标。测试动作频率感觉时要注意记录摆臂、摆腿的最高频率及复制误差，一般来说，频率越高，误差越小，说明运动员的动作频率感越强。

3. 循环机能测评

人体的循环系统主要是由心血管系统构成的闭锁管道，它能有效反映个体的身体发育水平、体质状况以及运动训练水平。一般来说，在体质健康测评中，最常用于测量个体身体循环机能的测量指标是脉搏和血压。

在体质健康测试中，对脉搏和血压的测量主要目的在于了解其机体运动前后心血管系统的变化规律、特点。一般采用台阶试验测量。台阶试验是一项定量负荷机能试验，可以间接推断机体的耐力。该试验主要是通过有节律的登台阶运动持续时间(秒)与规定的脉搏次数的比值评定个体的心血管机能水平,一般来说,指数越大,说明心血管机能水平越高。

对心血管机能进行测评主要有一次负荷试验和联合技能试验两种。

(1)一次负荷试验

①台阶试验

测试仪器:电子台阶试验仪(含节拍器),台阶高度为:男子50厘米,女子42厘米。

测试方法具体如下:

A. 受试者在台阶前面站立,以节拍器发出的30次分频率的提示音为标准做上、下台阶运动。当受试者听到第一声响时,一只脚踏在台子上;听到第2声响时伸直踏台腿,接着另一只脚跟上台上站立;听到第3声响时,先踏上台的那只脚下来;当受试者听到第4声响时,另一只脚下地,还原成预备姿势。如此连续做3分钟。

B. 运动结束后,让受试者迅速在椅子上静坐,把测试仪的指脉夹夹在受试者的中指前方,测试仪将对受试者的三次脉搏数进行自动采集;对脉搏进行人工测试时,测试者在受试者在结束测试运动后对其1分到1分半钟、2分到2分半钟、3分到3分半钟的三次脉搏数进行分别记录。

C. 完成整个测试后,测试者把运动时间和受试者的三次心率值在卡片中记录。

D. 如果受试者无法坚持做完运动,或在测试中连续三次都跟不上频率,测试人员应即可对受试者的运动进行阻止,然后用同样的方法测取受试者的三次脉搏数,然后在卡片中做记录。

做台阶测试时要注意以下事项:

A. 测试前,受试者不可以做任何剧烈活动。如果受试者的心脏功能不好或有不同程度心脏疾病者,不能接受测试。

B. 受试者做上下台阶运动一定要严格按照节拍器的节奏完成。

C. 受试者登上台阶后要伸直腿,不能弯曲膝盖。

D. 测试人员一定要严格按照测试方法的要求,对受试者的三次30秒的脉搏数进行准时、准确记录。

E. 测试人员在仪器测试脉搏时,应经常用手号脉,对比测试仪器,如果10次脉搏误差超过两次,可认为仪器不准,及时使用人工测试方法进行测试。

台阶试验评价计算公式:

$$台阶指数 = \frac{运动持续时间(秒) \times 100}{(f_1 + f_2 + f_3) \times 2}$$

②30秒20次蹲起

测试仪器:脉搏器(也可手测);秒表一块。

测试方法:让受测者静坐10分钟,测量安静时心率和血压,然后令其30秒匀速蹲起20次。蹲起至20次结束后立即测10秒的脉搏,紧接着在后50秒内测血压。如此连续测3分钟。

30秒20次蹲起测试的注意事项如下:

A. 下蹲时足跟不离地,两膝要深屈,两上肢前平举。

B. 起立时恢复站立时姿势。

测试评价:如果负荷后脉搏上升不多,血压中等升高,3分钟内血压、脉率基本恢复到安静时水平,那么就说明实验者的心血管机能良好;如果负荷后脉搏明显上升,血压上升不明显或明显,3分钟内脉搏和血压均未恢复到安静时水平,那么就说明实验者的心血管机能较差。

③原地 15 秒快跑

测试仪器：血压计、秒表。

测试方法：首先测定受试者处于安静状态下的脉搏和血压，然后令其以 100 米赛跑的速度原地跑 15 秒后，立即测 10 秒的脉搏，紧接着在后 50 秒内测血压。连续测试 4 分钟。

原地 15 秒快跑的注意事项如下：

A. 跑步结束后立即测试受试者的脉搏。

B. 跑动过程中应严格按照 100 米赛跑的速度跑动。

测试评价：以负荷后心率和血压升降幅度及其恢复时间为主要依据进行测定。通常情况下，测定的结果有五种类型，即正常反应、紧张性增高反应、梯形反应、紧张性不全反应和无力性反应。测试过程中要以具体情况为主要依据来做出具体分析，在评定试验结果时，要通过多次重复测定才能做出结论。

(2)联合机能试验

联合机能试验是由三部分组成的，即原地高抬腿跑、30 秒 20 次蹲起和 15 秒快跑。负荷强度大，试验时间长。

测试仪器：血压计、心率检测器、秒表。

测试方法：先按一次负荷试验的方法，对安静时的心率和血压进行测量，接着按顺序做三个一次负荷试验。具体的试验方法如下：

①原地慢跑 3 分钟（男）或 2 分钟（女），速度为每分钟 180 步。跑后测量 5 分钟恢复期心率和血压。

②30 秒 20 次蹲起做完后测量恢复期的心率和血压，共测 3 分钟。

③15 秒原地快跑要求以百米赛跑进行，跑后测量恢复期心率和血压，共测 4 分钟。

测试评价：参照 15 秒快跑一次负荷试验的五种反应类型来对心血管系统机能的水平进行评定。

# 第二节　体育保健康复的功能评定

## 一、运动功能评定

(一)运动系统构成

运动系统是人体运动的基础，良好的运动系统是人体健康的外在表现，人体运动系统主要由三大部分构成：肌肉、关节、骨骼。

1. 肌肉

肌肉活动是实现人体活动的重要基础，肌肉收缩是人体运动的主要动力和形式。在神经系统的支配下，肌纤维实现收缩，从而完成相应的动作。人体的肌肉可分为骨骼肌、心肌和平滑肌三种。

骨骼肌是指附着于骨骼上的肌肉，它是多种肌肉类型中的一种。其在人体分布最广、数量最多。骨骼肌受大脑支配,受神经的支配而自由运动。人体运动过程中,骨骼肌是活动行为的动力输出源。通过骨骼肌的伸缩,完成人体各种运动。骨骼肌能够收缩牵动骨骼,维持人体处于某种姿势,或产生人体局部运动,最终促进机体完成运动所需的各种动作。

心肌和平滑肌由植物神经系统支配,不受意识控制。

2. 关节

关节是两块或两块以上骨骼之间借助结缔组织、软骨或骨的一种连接结构。关节的机构主要由关节面、关节囊和关节腔组成,在其外侧通常辅助以韧带、关节内软骨和关节唇等结构。人体的运动锻炼会导致关节的活动,这种活动可以使骨关节面的密度增加,骨密质增厚,使运动更加顺畅,由此形成一种良性循环,从而越发能够承受更大的运动负荷。

关节的最大用途就在于它的灵活,但是其相对的稳固性也尤为重要。关节的灵活程度关系到人体动作幅度的大小。

3. 骨骼

骨骼是人体运动系统的构成系统成分,在人体运动训练起着非常重要的作用,骨可以支持机体的各种柔软组织,使人体得到一定的身体轮廓和外形,并能通过构成体腔的壁,保护人体的各种内脏器官,同时还能在神经系统的调节下,当肌肉收缩时,通过对骨绕关节的运动轴进行牵引而产生各种运动。

(二)运动功能测评

1. 握力测试

握力测试是评价个体肌肉静力的耐力状况的重要指标。

测评方法:将握力计(电子握力计或弹簧式握力计均可)指针调至0位,手持握力计,转动握距调节钮,使食指第二关节屈呈近90°为最佳握距。测试时,两脚自然分开,身体立直,两臂自然下垂,用有力手以最大力量紧握上下两个把柄。测试两次,取最大值,不记小数。

测评标准:握力计显示数值越大则说明握力越大。

2. 立定跳远

立定跳远是发展下肢、腰腹力量的重要指标之一。

测评方法:在沙坑近端不得少于30厘米处画起跳线。自然开立,脚尖不得踩线;两脚原地同时起跳。丈量起跳线后沿至最近着地点的垂直距离。跳3次,记录其中最好一次成绩。

测评标准:距离越远,则说明下肢、腰腹力量越好。

3. 1分钟立卧撑

立卧撑主要用于测试运动时的一般肌肉耐力。

测评方法:以直立姿势开始,屈膝全蹲,两手撑地(两手间距同肩宽),两腿后伸呈俯撑,两脚再用力蹬地收腹呈蹲撑,还原。连续做1分钟,记录完成次数。

测评标准:单位时间内完成次数越多则说明肌肉耐力越好。

### 4. 1分钟仰卧起坐(女)

仰卧起坐主要用于测评运动者的腹部肌肉力量和耐力。

测评方法:仰卧于垫上,两腿稍分开,屈膝呈90°,两手交叉置于脑后。起坐时,以两肘触及或超过两膝为完成一次。仰卧时,两肩胛必须触及垫子。

测评标准:单位时间内完成次数越多则说明腹部力量和肌肉耐力越好。

### 5. 1RM测试

1RM测试主要用于测评运动者的肌肉力量一次重复最大量。具体测评方法有如下几种:

(1)仰卧推举。受测者仰卧,两脚平踏在地上。两手掌心向上握住横杠,手间距比肩稍宽,两臂伸直支撑杠铃使其停于胸上部,两直臂张开,屈臂,杠铃垂直落下直至触及胸部(约乳头线上方),然后向上推起至开始位置。

(2)负重屈肘。受测者自然站立,掌心向前,手间距同肩宽,握杠铃下垂在腿前,以肘为支点,前臂由腿前向上呈半圆状慢起至肩前,再慢慢还原放下至腿前,注意两上臂始终紧贴体侧。

(3)肩上举。受测者两手握住横杠,间距同肩宽,提起杠铃至肩上,掌心向上。杠铃贴肩上推至两臂伸直,再还原放下至肩上。

测评标准:肌肉力量=1RM重量÷体重×100。评价标准见表7-6。

**表7-6 1RM测试中肌肉力量评分标准**

| 性别 | 测评方法 | 力量等级 ||||||
| --- | --- | --- | --- | --- | --- | --- | --- |
| | | 很差 | 较差 | 一般 | 较好 | 好 | 优秀 |
| 男 | 仰卧推举 | <50 | 50~59 | 100~110 | 110~130 | 130~149 | >149 |
| | 负重屈肘 | <30 | 30~40 | 41~54 | 56~60 | 61~79 | >79 |
| | 肩上举 | <40 | 41~50 | 51~67 | 68~80 | 81~110 | >110 |
| 女 | 仰卧推举 | <40 | 41~69 | 70~74 | 75~80 | 81~99 | >99 |
| | 负重屈肘 | <15 | 15~34 | 35~39 | 40~55 | 56~59 | >59 |
| | 肩上举 | <20 | 20~46 | 47~54 | 55~59 | 60~79 | >79 |

## 二、心肺功能评定

### (一)心肺系统构成

#### 1. 心血管系统

心血管系统是人体的重要系统,人体的心血管系统主要由心脏和血管两大部分共同组成,其最主要的生理功能是保障人体血液的循环。心血管系统是一个复杂的管道系统,血液在其中不断地循环流动,从而保证人体的各项生命活动。

心脏是血液流动的重要动力器官,心脏一直处在有节律的收缩和舒张运动,从而使得血液流向身体的各个部分。血管是运送血液的管道,血液由心脏射出,通过动脉、毛细血管流经全身,然后经过静脉流回心脏。血液在毛细血管中与人体的组织进行各项物质的交换。

2. 呼吸系统

呼吸系统是人体气体交换的重要场所,人体的呼吸系统由呼吸道和肺两部分共同组成。呼吸道与鼻、咽、喉、气管和支气管等器官相连,它是气体进出的通道。通常我们将鼻、咽、喉称为上呼吸道,而将气管、支气管称为下呼吸道。

肺脏位于人体胸腔内部,左右各一,作为呼吸系统中最重要的器官,它是人体气体交换的重要器官。支气管进入肺中,在肺内形成树枝状分支,愈分愈细,最后形成呼吸性细支气管,呼吸性细支气管末端附有肺泡管,肺泡管又附有许多肺泡,肺泡可吸收、分解气体,肺泡的数量很多,其平铺的表面积可达 110 平方米。

(二)心肺功能测评

1. 台阶试验

台阶试验是测评人体心肺功能的一个非常重要的方法,该测试属于定量负荷实验,可以有效反映个体心血管系统机能。研究表明,心肺功能强的人在运动后 3 分钟恢复期内心跳频率要更低。

测评方法:男子测试台阶高度为 40 厘米,女子测试台阶高度是 35 厘米,也可根据受测者的身高调整台阶高度。测试开始,把节拍器设置为每分钟 60 拍,每响一下踏一次,每两秒上、下各踏一次,左右腿轮换上下台阶,动作过程中要求上体和腿必须伸直。测试后,立即坐下,分别测量并记录运动后 60~90 秒、120~150 秒、180~210 秒三个恢复期的心率。

测评标准:根据测试记录,计算评定指数:

评定指数=上、下台阶持续时间(秒)×100/2×(3 次测定脉搏数之和)

18—25 岁年龄段台阶测试的测评标准见表 7-7。

表 7-7 三分钟台阶测试评定指数

| 适应力得分 | 适应力等级 | 男 | 女 |
| --- | --- | --- | --- |
| 1分 | 差 | 45.0~48.5 | 44.6~48.5 |
| 2分 | 较差 | 48.6~53.5 | 48.6~53.2 |
| 3分 | 一般 | 53.6~62.4 | 53.3~62.4 |
| 4分 | 较强 | 62.5~70.8 | 62.5~70.2 |
| 5分 | 强 | >70.9 | >70.3 |

2. 12 分钟跑测试

研究表明,心肺功能适应能力强的人在 12 分钟内的跑的距离比一般人要长。12 分钟跑是测评个体心肺功能适应能力的重要手段。

测评方法:在田径场跑道上每隔 10 米或 20 米设一明显标志,测试者结合自身情况合理跑进,计算12分钟跑的距离。

测评标准:12分钟跑的评价标准见表7-8。

表7-8　12分钟跑测试心肺适应能力测评标准(千米)

| 性别 | 适应能力等级 | 年龄(岁) | | | | | |
|---|---|---|---|---|---|---|---|
| | | 13—19 | 20—29 | 30—39 | 40—49 | 50—59 | 60+ |
| 男 | 很差 | <2.08 | <1.95 | <1.89 | <1.82 | <1.65 | <1.39 |
| | 较差 | 2.08~2.18 | 1.95~2.10 | 1.89~2.08 | 1.82~1.99 | 1.65~1.86 | 1.39~1.63 |
| | 一般 | 2.19~2.49 | 2.11~2.39 | 2.09~2.32 | 2.00~2.22 | 1.87~2.08 | 1.64~1.92 |
| | 较好 | 2.50~2.75 | 2.40~2.62 | 2.33~2.50 | 2.23~2.45 | 2.09~2.30 | 1.93~2.11 |
| | 良好 | 2.76~2.97 | 2.63~2.82 | 2.51~2.70 | 2.46~2.64 | 2.31~2.53 | 2.12~2.49 |
| | 优秀 | >2.98 | >2.83 | >2.71 | >2.65 | >2.54 | >2.50 |
| 女 | 很差 | <1.60 | <1.54 | <1.50 | <1.41 | <1.34 | <1.25 |
| | 较差 | 1.60~1.89 | 1.54~1.78 | 1.50~1.68 | 1.41~1.57 | 1.34~1.49 | 1.25~1.38 |
| | 一般 | 1.90~2.06 | 1.79~1.95 | 1.69~1.89 | 1.58~1.78 | 1.50~1.68 | 1.39~1.57 |
| | 较好 | 2.07~2.29 | 1.96~2.14 | 1.90~2.06 | 1.79~1.98 | 1.69~1.89 | 1.58~1.74 |
| | 良好 | 2.30~2.41 | 2.15~2.32 | 2.07~2.22 | 1.99~2.14 | 1.90~2.08 | 1.75~1.89 |
| | 优秀 | >2.42 | >2.33 | >2.23 | >2.15 | >2.09 | >1.90 |

## 三、日常生活活动能力的评定

(一)日常生活活动及其评定

日常生活活动(Activities of daily living,ADL)是指人们的独立生活所需各种动作和技能,是人体最基本的、最普遍的动作,即衣、食、住、行、个人卫生等。[①]

日常生活活动能力对每个人都至关重要,如果个体患有一定的残疾,则有可能影响个人的日常生活活动能力水平。

运动康复训练的基本目的就是改善和恢复残疾者的日常生活活动能力,使其能像正常人一样进行生活。在帮助残疾人制定日常生活活动能力恢复和改善计划之前,应首先了解其基本能力水平。

残疾人的日常生活活动能力评定(即ADL评定)应尽可能准确地从实用的角度了解并概括残疾者日常生活的各项基本功能的状况,即明确其是怎样进行日常生活的,可顺利完成多少项日常活动、完成程度如何,有哪些日常活动存在困难、困难程度如何等。对此进行全面了解之后,有针对性地制定完整科学的运动康复计划,帮助残疾患者通过运动恢复日常生活活动能力。

---

① 荣湘江. 体育康复学[M]. 北京:人民体育出版社,2008.

ADL评定不仅对患者科学运动康复具有重要的指导和参考意义,对患者运动康复效果评定也具有重要作用。

(二)日常生活活动能力评定的范围

个体的日常生活活动主要包括四方面内容,ADL评定应围绕这四个方面展开,具体分析如下:

(1)自理方面:如更衣、进食、如厕、洗漱、修饰(梳头、刮脸、化妆)等。

(2)运动方面:如床上活动(卧、翻身、坐等)、行走、交通工具使用、轮椅行进和转移等。

(3)交流方面:如阅读、书写、打电话、使用电脑、识别环境标志等。

(4)家务劳动方面:如购物、备餐、洗衣、使用家具和家电等。

根据日常生活活动能力与人体正常生活的紧密联系程度,可以将其分为两大类,第一类是基本的或躯体的ADL(basic or physical ADL,BADL or PADL),指与身体活动有关的基本活动,如穿衣、吃饭;第二类是工具性ADL(instrumental ADL,IADL),指人们独立生活所需的较高级的技能,需借助工具进行,如炊事、驾车等。

(三)日常生活活动能力评价方法与内容

ADL的评定方法常用的主要有如下几种,即五级分级法、八级分级法、五级20项日常生活活动能力分级法、Barthel指数、Katz指数、功能独立性评测等,重点阐释以下几种:

1. 五级分级法

五级分级法是根据纽约大学医学中心康复医学研究所归纳整理的方法,且记录简单、明确,便于医师了解患者情况,临床应用广泛。五级分级法具体将个体的ADL分为以下五级:

Ⅰ级:能独立活动,不需要帮助或指导,用"√"表示。

Ⅱ级:能活动,但需指导,用"S"(Supervision)表示。

Ⅲ级:需要具体帮助,用"A"(Assistance)表示。

Ⅳ级:无活动能力,必须依靠他人代劳,用"L"(Lifting)表示。

Ⅴ级:该项活动不适于患者,用"×"表示。

在上述各个分级中,如果患者需要借助辅助装置(如轮椅、矫表支具、拐杖等)完成活动,应在ADL测评结果中注明辅助装置名称,并注意记录个体ADL的测试及进展情况(表7-9、表7-10)。

表7-9 日常生活活动能力测定报告单

| 姓名 | | 性别 | | 年龄 | | 病室 | | 病历号 | |
|---|---|---|---|---|---|---|---|---|---|
| 职业 | | 住址 | | | | | | | |
| 入院日期 | | 主管医师 | | 初测日期 | | | | | |
| 发病日期 | | | | 损害类型 | 弛缓性 | | | | |
| | | | | | 痉挛性 | | | | |
| 残疾情况 | | | | | | | | | |
| 发病原因 | | | | | | | | | |
| 褥疮情况 | | | | | | | | | |
| 手术情况 | | | | | | | | | |

## 第七章　体育运动保健康复评定与训练

表 7-10　日常生活活动能力的测试及进展情况记录表

| 床上活动 | | G/1 | G/2 | 日期 | 测定人 |
|---|---|---|---|---|---|
| 躺卧—坐起 | | | | | |
| 翻身 | 向左 | | | | |
| | 向右 | | | | |
| 仰卧—俯卧 | | | | | |
| 料理床铺 | | | | | |
| 使用床头柜 | | | | | |
| 使用信号灯 | | | | | |

注：此表为床上活动，轮椅活动、自理活动、阅读和书写、行走与乘车等项目的记录依此类推。

记录患者的 ADL 情况，应在上述两表中依次列出测评项目，并记录患者完成 ADL 所属等级，记录测定日期及测定者姓名。

ADL 的五级分级法测评具体记录方法为，初次测评用蓝笔记载，在 G/1 栏内填写相应等级符号（"√""S""A""L""×"），如果患者不能完成，不作任何标记。进展情况用红笔记录，在 G/2 栏内填相应写等级符号。

2. 五级 20 项日常生活活动能力分级法

针对 ADL 内容，我国《康复医学》教材中将 ADL 中选取具有代表性的 20 项内容，根据个体完成程度进行分类，共分以下五级：

Ⅰ级：不能完成，必须别人代劳。
Ⅱ级：自己能做一部分，但需要他人帮助。
Ⅲ级：在他人指导下可完成。
Ⅳ级：能独立完成，但较慢，或需要借助辅助器具。
Ⅴ级：正常，能独立完成。

五级 20 项日常生活活动能力测定内容及记分标准参考表 7-11。

表 7-11　日常生活活动能力测定内容及记分标准

| 序号 | 项目 | 完成所需时间 | 完成情况 | | | | |
|---|---|---|---|---|---|---|---|
| | | | 不能完成（0分） | 在帮助下完成（25分） | 在指导下完成（50分） | 独立完成但较慢（75分） | 独立完成，速度正常（100分） |
| 1 | 穿上衣，扣衣扣 | | | | | | |
| 2 | 穿裤子，系腰带 | | | | | | |
| 3 | 穿鞋、袜 | | | | | | |
| 4 | 用匙 | | | | | | |

续表

| 序号 | 项目 | 完成所需时间 | 完成情况 ||||| 
|---|---|---|---|---|---|---|---|
| | | | 不能完成（0分） | 在帮助下完成（25分） | 在指导下完成（50分） | 独立完成但较慢（75分） | 独立完成，速度正常（100分） |
| 5 | 端碗 | | | | | | |
| 6 | 用筷 | | | | | | |
| 7 | 提暖瓶倒水 | | | | | | |
| 8 | 收拾床铺 | | | | | | |
| 9 | 开关电灯 | | | | | | |
| 10 | 开关水龙头 | | | | | | |
| 11 | 用钥匙开门 | | | | | | |
| 12 | 平地步行 | | | | | | |
| 13 | 上下楼梯 | | | | | | |
| 14 | 坐下及离开轮椅 | | | | | | |
| 15 | 利用轮椅活动 | | | | | | |
| 16 | 上下汽车 | | | | | | |
| 17 | 刷牙 | | | | | | |
| 18 | 洗澡 | | | | | | |
| 19 | 洗脸 | | | | | | |
| 20 | 如厕 | | | | | | |

测评标准：2 000 分为正常，1 500 分为轻度障碍，1 000 分为轻残，500 分为残疾，0 分为严重残疾。

3. Barthel 指数评定

Barthel 指数评定（The Barthel index of ADL）由美国学者 Florence Mahoney 和 Dorothy Barthel 设计提出，是国际康复医学界常用的 ADL 测评方法。该方法操作简单、可信度高，使用广泛，是目前国际上通用的日常生活活动量表（表 7-12）。

表 7-12 Barthel 指数

| ADL 内容 | 独立 | 较小帮助 | 较大帮助 | 完全依赖 |
|---|---|---|---|---|
| 进食 | 10 | 5 | 0 | |
| 洗澡 | 5 | 0 | | |
| 修饰（洗脸、梳头等） | 5 | 0 | | |

续表

| ADL 内容 | 独立 | 较小帮助 | 较大帮助 | 完全依赖 |
|---|---|---|---|---|
| 穿衣(系鞋带等) | 10 | 5 | 0 | |
| 大便控制 | 10 | 5(偶失禁) | 0(失禁) | |
| 小便控制 | 10 | 5(偶失禁) | 0(失禁) | |
| 用厕(拭净、穿衣等) | 10 | 5 | 0 | |
| 床椅转移 | 15 | 10(1人帮助) | 5(2人帮助) | 0 |
| 平地走45米 | 15 | 10(1人帮助) | 5(需轮椅) | |
| 上下楼梯 | 10 | 5 | 0 | |

根据 Bathel 指数分级,对个体 ADL 的测评标准具体如下:100 分为正常,40 分以下为重度损害,41~60 分为中度损害,61 分以上为轻度损害。

1993 年,有国外学者为进一步完善 Barthel 指数,提出 MBI(Modified Barthel Index),评定个体 ADL 并预测恢复(表 7-13)。

表 7-13　MBI 分级

| 内容 | | 独立 | 极少依赖 | 中等依赖 | 完全依赖 |
|---|---|---|---|---|---|
| Ⅰ 进餐 | | 10 | 5 | 2.5 | 0 |
| Ⅱ 用厕 | | 10 | 5 | 2.5 | 0 |
| Ⅲ 梳洗 | | 5 | 2.5 | 1.25 | 0 |
| Ⅳ 洗澡 | | 5 | 2.5 | 1.25 | 0 |
| Ⅴ 更衣 | | 10 | 5 | 2.5 | 0 |
| Ⅵ 体位转移 | | 15 | 7.5 | 3.75 | 0 |
| Ⅶ 行走 | 步行 | 15 | 7.5 | 3.75 | 0 |
| | 用轮椅 | 5 | 2.5 | 1.25 | 0 |
| Ⅷ 上下楼梯 | | 10 | 5 | 2.5 | 0 |
| Ⅸ 小便控制 | | 10(无失禁) | 5(失禁1~2次/天) | 0(失禁≥3次/天) | |
| Ⅹ 大便控制 | | 10(无失禁) | 5(失禁1~2次/天) | 0(失禁≥3次/天) | |

4. 功能独立性评测

FIM(Functional independence measure,功能独立性评测)是由美国纽约州功能评估研究中心在 1987 年提出的 ADL 测评方法。该测评共 18 项内容,和 Barthel 指数测评相比增加了交流和社会认知功能的评定,可全面评定康复对象的生活行为、神经心理、智能(表 7-14)。

表 7-14　FIM 量表

| 评测内容 | 记分 ||
| --- | --- | --- |
|  | 治疗前 | 治疗后 |
| A. 自理<br>1. 进食<br>2. 修饰<br>3. 洗澡<br>4. 穿上衣<br>5. 穿下衣<br>6. 用厕 | | |
| B. 括约肌控制<br>7. 排便管理<br>8. 排尿管理 | | |
| C. 转移<br>9. 床椅转移<br>10. 卫生间<br>11. 浴室/浴池 | | |
| D. 行进<br>12. 步行/轮椅<br>13. 上下楼梯 | | |
| E. 交流<br>14. 视听交流<br>15. 语言表达 | | |
| F. 社会认知<br>16. 社会往来<br>17. 解决问题<br>18. 记忆能力 | | |

FIM 量表的 ADL 测评标准:采用 7 分制(1～7 分),6～7 分为功能独立,1～5 分为需要帮助。7 分为完全独立(及时地、完全地完成),6 分为能独立完成,但需辅助用具;5 分为需要监护;4 分为需少量帮助(主观完成 75% 以上);3 分为需中等度帮助(主观完成 50%～75%);2 分为很大帮助(主观完成 25%～50%);1 分完全依赖帮助(主观完成 0～25%)。

## 四、残疾评定

(一)视力残疾评定

1. 视力残疾的定义

视力残疾,具体是指双眼视力障碍或视野小,通过药物、手术及其他疗法不能恢复。视力残疾包括两类：盲，低视力。

2. 视力残疾的评定

(1)盲

以针孔镜测视力。视野＜5°或＜10°，不论其视力如何均属于盲。

一级盲：最佳矫正视力低于0.02，或视野半径＜5°。

二级盲：最佳矫正视力不高于0.02，而低于0.05；或视野半径＜10°。

(2)低视力

一级低视力：最佳矫正视力等于或优于0.05，而低于0.1。

二级低视力：最佳矫正视力等于或优于0.1，而低于0.3。

(二)听力残疾评定

1. 听力残疾的定义

听力残疾，具体是指双耳不同程度的听力丧失，听不清或听不到周围声音(经治疗一年以上不愈者)。

听力残疾包括两类，听力完全丧失，有残留听力但不能正常听说交往。

2. 听力残疾的评定

针对3岁以上儿童或成人听力丧失经治疗一年以上不愈者，听力残疾评定参考表7-15。

表7-15 听力残疾评定标准

| 级别 | 平均听力损失(dBspL) | 言语识别率(%) |
| --- | --- | --- |
| 一级 | ＞90(好耳) | ＜15 |
| 二级 | 71～90(好耳) | 15～30 |
| 三级 | 61～70(好耳) | 31～60 |
| 四级 | 51～60(好耳) | 61～70 |

(三)言语残疾评定

1. 言语残疾的定义

言语残疾，具体是指有言语障碍(经治疗一年以上不愈)，不能进行正常的言语交往活动。

言语残疾包括两类：言语能力完全丧失，言语能力部分丧失但不能进行正常言语交往。

2. 言语残疾的评定

针对3岁以上儿童或成人，明确病因，经治疗一年以上不愈者，可根据其残疾表现进行不同等级的分类，具体参考表7-16。

表 7-16 言语残疾评定标准

| 级别 | 语音清晰度(%) | 言语表达能力 |
|---|---|---|
| 一级 | <10% | 未达到一级测试水平 |
| 二级 | 10%～30% | 未达到二级测试水平 |
| 三级 | 31%～50% | 未达到三级测试水平 |
| 四级 | 51%～70% | 未达到四级测试水平 |

(四)智力残疾评定

1. 智力残疾的定义

智力残疾,具体是指患者智力明显低于一般人正常水平,并具有外在的适应行为障碍。

智力残疾包括两类:智力发育低下,各种原因(如撞击、年老)导致智力发育成熟者智力损伤和衰退。

2. 智力残疾的评定

根据患者智力商数(通过某种智力量表测得的智龄和实际年龄的比,IQ)及社会适应行为,可将患者的智力残疾进行等级分类,具体参考表 7-17。

表 7-17 世界卫生组织(WHO)和美国智力低下协会(AAMD)的智力残疾的评定标准

| 智力水平分级 | 智商范围 | 适应行为水平 |
|---|---|---|
| 重度一级 | <20 | 极度缺陷 |
| 二级 | 20～34 | 重度缺陷 |
| 中度三级 | 35～49 | 中度缺陷 |
| 轻度四级 | 50～69 | 轻度缺陷 |

(五)肢体残疾评定

1. 肢体残疾的定义

肢体残疾,具体是指因肢体残缺、畸形、麻痹导致人体运动功能障碍。肢体残疾分类具体如下:

(1)脑瘫:四肢瘫、三肢瘫、二肢瘫、单肢瘫。

(2)偏瘫。

(3)脊髓疾病及损伤:四肢瘫、截瘫。

(4)小儿麻痹后遗症。

(5)先天性截肢。

(6)先天性缺肢、短肢、肢体畸形、侏儒症。

(7)两下肢不等长。
(8)脊柱畸形:驼背、侧弯、强直。
(9)严重骨、关节、肌肉疾病和损伤。
(10)周围神经疾病和损伤。

2. 肢体残疾的评定

肢体残疾评定主要是根据残疾者在无辅助器具帮助下的 ADL 能力评定,具体将人体 ADL 分为八项,患者每完成一项可计 1 分,实现困难计 0.5 分,不能实现计 0 分,根据总得分划分以下三个等级(表 7-18)。

表 7-18　肢体残疾评定标准

| 级别(程度) | ADL 表现 | 计分 | 肢体残疾表现 |
| --- | --- | --- | --- |
| 重度(一级) | 完全不能或基本不能完成 | 0～4 | (1)四肢瘫或严重三肢瘫<br>(2)截瘫、双髋关节无主动活动能力<br>(3)严重偏瘫,一侧肢体功能全丧失<br>(4)四肢均截肢或先天性缺肢<br>(5)三肢截肢或缺肢<br>(6)双大腿或双上臂截肢或缺肢<br>(7)双上肢或三肢功能严重障碍 |
| 中度(二级) | 能部分完成 | 4.5～6 | (1)截瘫、二肢瘫或偏瘫,残肢有一定功能<br>(2)双下肢膝关节以下或双上肢肘关节以下截肢或缺肢<br>(3)一上肢肘关节以上或一下肢膝关节以上截肢或缺肢<br>(4)双手拇指伴有食指或中指缺损<br>(5)一肢功能严重障碍,两肢功能重度障碍,三肢功能中度障碍 |
| 轻度(三级) | 基本能完成 | 6.5～7.5 | (1)一上肢肘关节以下或一下肢膝关节以下截肢或缺肢<br>(2)一肢功能中度障碍,二肢功能轻度障碍<br>(3)脊柱强直;驼背畸形大于 70°;脊柱侧凸大于 45°<br>(4)双下肢不等长,相差大于 5 厘米<br>(5)单侧拇指伴食指或中指缺损;单侧保留拇指,其余四指截除或缺损<br>(6)侏儒症 |

(六)精神残疾评定

1. 精神残疾的定义

精神残疾,具体是指精神病患者患病持续一年以上未痊愈,导致个体对家庭、社会应尽智能出现不同程度的障碍。

精神残疾多由精神疾病引起,如精神分裂症;情感性、反应性精神障碍;脑器质性与躯体疾病所致的精神障碍;精神活性物质所致的精神障碍;儿童、少年期精神障碍;其他精神障碍。

2. 精神残疾的评定

根据病患情况,应用"精神残疾分级的操作性评估标准"评定精神残疾的等级,具体如下:
(1)重度(一级):五项评分中有三项或多于三项评为2分。
(2)中度(二级):五项评分中有一项或两项评为2分。
(3)轻度(三级):五项评分中有两项或多于两项评为1分。

根据患者的个人及社交能力,精神疾病评定涉及内容及评分标准具体参考表7-19。

表7-19 精神残疾评定标准

| 社会功能评定项目 | 正常或轻度异常 | 有功能缺陷 | 严重功能缺陷 |
| --- | --- | --- | --- |
| 个人生活自理能力 | 0分 | 1分 | 2分 |
| 家庭生活职能表现 | 0分 | 1分 | 2分 |
| 对家人的关心/责任心 | 0分 | 1分 | 2分 |
| 职业劳动能力 | 0分 | 1分 | 2分 |
| 社交活动能力 | 0分 | 1分 | 2分 |

注:无精神残疾者五项总分为0或1分。

# 第三节 体育保健与康复的训练

## 一、肌力训练

在提高运动能力、恢复运动、提高运动效率和防止运动再损伤方面,提高肌力、耐力和肌肉的协调性和适应性有着非常重要的意义。这里主要就肌力和耐力的训练原则与方法进行研究。

(一)肌力与肌耐力训练注意事项

(1)在开始训练之前,要做好准备活动。
(2)在损伤或术后的早期训练阶段,要对损伤部位做好保护。
(3)在使用负荷器材或设备前,首先要掌握操作方法,治疗人员要针对设备使用时容易出现的问题进行介绍。
(4)训练负荷要控制在个人所能够承受的负荷范围之内。
(5)负荷要逐步增加。
(6)训练要兼顾所有大肌肉群,包括健侧肢体,使其均衡进步。
(7)重力和有不安全因素的训练,如杠铃举重训练需要有人协助或保护。
(8)不要进行过度训练,以避免再次出现损伤。
(9)在训练过程中,要采用正确的呼吸方式,不要憋气,如在进行上举杠铃时呼气,在回到原位时吸气。

(二)训练方法

1. 负荷强度训练

根据训练肌力和耐力的目标不同而有差异,高强度对提高肌力有效,低强度对增加耐力有效。

2. 训练量化

在训练过程中,有很多方法可以将负荷量化,如对同一动作进行反复练习。例如,肌力训练直腿抬高,每次下肢伸直抬高,可加沙袋负荷3～5秒,回到原位,再重复该动作6～8组,重复1～3遍。肌耐力训练每个动作5～10秒,每次反复做20～50次,做1～5遍。每遍间隙至少休息2～3分钟。

3. 运动频率

最多每2天进行一次训练,每周最少进行1次训练。

4. 肌力协调性训练

所谓肌力协调性是指肌肉相互之间配合的功能。在不同的运动项目中,参与运动的主要肌群也存在很大差异。根据运动专项技能,选择适当的时机来增加该专项运动的基础肌力训练项目,例如足球运动员受伤恢复早期,注意训练下肢运动的肌力与灵活性,训练方式必须与足球运动的基础动作相仿,训练特定肌肉。只有将项目训练与实际结合起来,才能更好地实现增进肌力协调性训练的目标。

5. 超负荷训练

采用高于平时训练总量,可有效增加肌肉力量,使肌肉强壮。常用方法:增加强度,即重量或阻力;增加次数,即增加同一重量负荷下连续次数,用 IRM 计算,即仅能完成1次的最大负荷。

6. 增强髋部肌群肌力

(1)患者取侧卧位,患腿在上,健腿在下,治疗人员面向患者站立,用两手托起患腿至水平位,然后让患者做主动的全范围屈髋动作。

(2)患者取侧卧位,患腿在上,健腿在下,用一滑板托起患腿至水平位,然后让患者做主动全范围屈髋动作。

(3)患者取仰卧位,下肢屈髋、屈膝,治疗者面向患者站立,双手将下肢托起,屈髋、屈膝90°。下方手托住足跟及踝关节,上方手放在大腿远端,向足的方向施加阻力。

7. 增强内收肌群肌力

(1)患者取仰卧位,健腿往健侧外展,患腿伸直,用一滑板将患腿托至水平位,然后让其主动在滑板上全范围的内收髋。

(2)患者取侧卧位,患腿在下伸直,术者站在其侧面用双手托起健肢至外展位,然后让其主动全范围的抗阻内收髋,或站立位做全范围的抗阻内收髋。

8. 增强髋外展肌群肌力

(1)患者取仰卧位,两腿伸直,然后让其主动全范围外展髋。

(2)患者取侧卧位,患腿在上伸直,然后让其主动全范围外展髋,或站立位做全范围外展髋。

9. 增强髋后伸肌群肌力

(1)取侧卧位,患腿在上,健腿在下,术者站在患者身后,用两手托起患腿至水平位,然后让患者做主动的全范围伸髋动作。

(2)患者取俯卧位,下肢伸直然后让其做全范围伸髋动作。

10. 增强髋内、外旋肌群肌力

(1)取仰卧位,健肢伸直。术者站在患者患肢侧将患肢屈膝、屈髋90°,让小腿置于水平位,然后让其全范围内旋、外旋髋关节。

(2)取仰卧位,健肢伸直,用吊带将患肢屈膝、屈髋90°,让小腿置于水平位,然后让其全范围内旋、外旋髋关节。

(3)患者取坐位,在其踝部放一沙袋,让其做主动的内、外旋髋关节。

11. 增强膝部肌群肌力

(1)取侧卧位,双下肢伸直,患侧在上,做主动外展运动。

(2)患者取侧卧位,双下肢伸直,患侧在上,用一滑板将患侧小腿托起至水平位,然后让其在滑板上主动全范围屈膝。

12. 增强伸膝肌群的肌力

(1)取侧卧位,健侧下肢伸直,患侧在上,术者面向患者站立,并用双手将患侧小腿托起至水平屈曲位,然后让其主动全范围伸膝。

(2)取坐位,做全范围的伸膝动作,可将沙袋放置于小腿远端,进行抗阻训练。

13. 增强屈膝肌群肌力

(1)膝部屈曲主动运动:患者取俯卧位,双下肢伸直。让其主动全范围屈膝,或站立位做全范围伸膝动作。

(2)俯卧位,双下肢伸直,在其小腿的远端放一沙袋,然后让其做全范围屈膝抗阻训练,或将弹力带或弹簧的一端固定在床头,一端固定在小腿的远端,做全范围屈膝。

14. 增强踝内、外翻肌群肌力

(1)患者仰卧,双下肢伸直,做全范围的踝内、外翻动作。

(2)坐位或站立位,让患者主动做全范围的踝内、外翻动作。

(3)仰卧,双足分开,将弹力带绕在双足上并绷紧,训练时一足固定,另一足做外翻或双足同时外翻。

15. 增强踝跖屈肌群肌力

(1)取侧卧,患肢在上,患肢置于水平位,做全范围的踝跖屈动作。
(2)用弹力带做抗阻力全范围踝跖屈。

16. 增强踝部背伸肌群的肌力

(1)患者取卧位或坐位,做全范围的踝背伸动作。
(2)将弹力带放在足背,两端固定在远端,做全范围背伸踝的动作。

## 二、关节活动度训练

(一)关节活动度训练的原则

(1)训练的形式要在功能评定的基础上进行决定,如主动训练、被动训练、主动—辅助训练等。
(2)患者要采用舒适体体位,同时确保患者处于正常的身体列线;在必要的情况下,要将影响活动的衣服、夹板等固定物去除。
(3)治疗师选择能较好发挥治疗作用的功能位。
(4)对于将被治疗关节,要扶握其附近的肢体部位,以更好地控制运动。
(5)对过度活动的关节、近期骨折的部位或麻痹的肢体等结构完整性较差的部位予以支持。
(6)在施加力量时,不能超过有明显疼痛范围的极限。
(7)关节活动度训练可在:①解剖平面(额面、矢状面、冠状面);②肌肉可拉长的范围;③组合模式(数个平面运动的合并);④功能模式等情况下进行。
(8)在进行训练中和完成后,要对患者的总体状况进行观察,并注意其生命特征、活动部分的皮温和颜色的改变,以及关节的疼痛和活动度等的变化。

(二)关节活动度训练的基本方法

1. 被动训练

这种训练方式比较适用于肌力在3级以下的患者。在训练过程中,患者完全不需要用力,全依靠外力来进行运动或动作。外力的主要来源,有康复治疗师、各种康复训练器械、患者健肢。这种训练方法的主要目的是促使瘫痪肢体增强本体感觉、放松痉挛肌肉、刺激屈伸反射、促发主动运动;同时牵张挛缩或粘连的韧带和肌腱,对关节活动的范围进行维持或恢复,从而为主动运动做好准备。

(1)患者要采用放松、舒适的体位,使肢体充分放松。
(2)根据病情来确定运动顺序。对于促进瘫痪肌的恢复,可以按照从近端到远端(如肩到肘、髋到膝)的顺序进行训练;而促进肢体血液和淋巴回流,可以采用从远端到近端(如手到肘、足到膝)的顺序。

(3)固定肢体近端,托住肢体远端,避免替代运动。

(4)动作要柔和、缓慢、有节律、平稳,避免冲击性运动和暴力。

(5)在无痛范围内进行操作,逐渐增加活动范围,以避免损伤。

(6)用于增大关节活动范围的被动运动可出现酸痛或轻微的疼痛,但可耐受;不应引起肌肉明显的反射性痉挛或训练后持续疼痛。

(7)有单关节逐步向多关节过渡,既要有单方向的,同时还要有多方向的被动活动。

(8)患者感觉功能不正常时,应在有经验的康复治疗师指导下完成被动运动。

(9)每一个动作要重复10~30次,每日2或3次。

2. 主动—辅助关节活动度训练

主动—辅助关节活动度训练是指患者主动收缩肌肉在外力的辅助下完成的运动或动作。主力的主要来源有患者健肢、治疗师、水的浮力、引力等。这种运动常是由被动运动向主动运动过渡的形式。这种训练方式的主要目的是促使肌力逐步增强,并构建协调动作模式。

(1)由治疗师或患者健侧肢体通过徒手或通过棍棒、绳索和滑轮等装置帮助患肢主动运动,兼有主动运动和被动运动的特点。

(2)训练时,助力可提供平滑的运动;助力常加于运动的开始和终末,并随病情好转逐渐减少。

(3)训练中应以患者主动用力为主,并做最大努力;任何时间均只给予完成动作的最小助力,以免助力替代主动用力。

(4)关节的各方向依次进行运动。

(5)每一动作重复10~30次,每日2或3次。

3. 主动关节活动度训练

这种训练方式适用于肌力在3级的患者,主要通过患者进行主动用力收缩来完成相应的训练。这既不需要助力,同时也不需要克服外来阻力。这种训练方式的主要目的是对肌肉功能、神经协调能力和关节功能等进行改善和恢复。

(1)根据患者情况选择进行单关节或多关节、单方向或多方向的运动;根据病情选择体位,如卧位、坐位、跪位、站位和悬挂位等。

(2)在康复医师或治疗师指导下由患者自行完成所需的关节活动;必要时,治疗师的手可置于患者需要辅助或指导的部位。

(3)主动运动时动作宜平稳缓慢,尽可能达到最大幅度,用力到引起轻度疼痛为最大限度。

(4)关节的各方向依次进行运动。

(5)每一动作重复10~30次,每日2或3次。

4. 四肢关节功能牵引法

这种训练方式是通过固定挛缩关节的近端肢体,来重力牵引其远端肢体,从而使关节活动范围得以扩大的一种关节活动度训练方法。这种训练方法主要适用于由于各种原因所造成的关节及其周围组织粘连或挛缩而形成的关节活动度障碍患者。

(1)根据患者关节障碍的不同,选用各关节专用的支架或特制的牵引器。

(2)将所需牵引的关节近端的肢体固定于牵引器上。

(3)在关节的远端肢体施加牵引力量,并使牵引力作用点准确落在被牵拉组织的张力最大点上。

(4)牵引力量应稳定而柔和,患者的局部肌肉有一定紧张或轻度疼痛,但不引起反射性肌痉挛且可耐受。

(5)牵引时间10~20分钟,使挛缩的肌肉和受限的关节缓缓地被牵伸。

(6)不同关节、不同方向的牵引可依次进行,每日2或3次。

5. 连续被动运动(CPM)

连续被动运动是利用专用器械使关节进行持续较长时间的缓慢被动运动的一种训练方法。在开始训练之前,可以根据患者的具体情况来对关节活动范围、持续时间、运动速度等指标进行设定,以使关节能够在一定活动范围之中进行缓慢被动的运动,从而避免关节出现挛缩和粘连。

(1)适应症:四肢骨折,特别是人工关节置换术后,韧带重建术后;关节内或干骺端骨折切开复位内固定术后;关节挛缩、粘连松解术后,关节镜术后;创伤性关节炎、类风湿关节炎滑膜切除术后,化脓性关节炎引流术后等。

(2)禁忌症:连续被动运动,如对正在愈合组织产生过度紧张时应慎用或推迟应用。

(3)仪器设备:在针对各个关节进行连续被动运动训练时,可以选择各个关节所专用的训练器械。训练器械是由活动关节的托架和控制运动的器械组成,包括针对下肢、上肢,甚至手指等外周关节的专门训练设备。

(4)程序:

①开始训练的时间可在术后即刻进行,即便手术部位敷料较厚时,也应在术后3天内开始。

②将要训练的肢体放置在训练器械的托架上,并予以固定。

③开机,选择活动范围、运动速度和训练时间。

④关节活动范围,通常在术后即刻常用20°~30°的短弧范围内训练。

⑤关节活动范围可根据患者的耐受程度每日渐增,直至最大关节活动范围。

⑥确定运动速度,开始时运动速度为每1~2分钟为一个运动周期。

⑦训练时间,根据不同的程序,使用的训练时间不同,每次训练1~2小时,也可连续训练更长时间,根据患者的耐受程度选定,每日1~3次。

⑧训练中密切观察患者的反应及连续被动运动训练器械的运转情况。

⑨训练结束后,关机,去除固定,将肢体从训练器械的托架上放下。

6. 牵张训练

牵张训练是治疗师通过使患者的肌肉和肌腱进行被动牵张,或患者通过改变自身姿势来进行主动牵张训练,从而恢复肌肉、韧带、肌腱的长度,降低肌张力,增加关节活动度的一种训练方法。

(1)适应症:由于各种原因所造成的肌腱、肌肉等软组织萎缩,关节活动的范围受到局限,从而对患者的日常功能活动以及护理造成影响的肌挛缩等。

(2)禁忌症:严重的骨质疏松、骨性关节活动障碍、局部组织有血肿或急性炎症、神经损伤或吻合术后1个月内、新近的骨折又未做内固定等。

(3)牵张训练的原则:

①在开始牵张训练之前进行评定,对功能障碍的情况进行明确,并选择合适的训练方式。

②患者要采用舒适体位,在必要的情况下,在开始牵张训练之前进行放松技术、热身和热疗训练。

③牵张训练时,牵张力量应轻柔、缓慢、持续,达到一定力量,持续一定时间,逐渐放松力量,休息片刻后再重复。

④在结束牵张训练之后,可以进行冷敷或冷疗,从而减少由于牵张所造成的肌肉酸痛,在进行冷疗时要将关节处于牵张位。

⑤在获得进展的活动范围内进行主动训练,可增加肌肉功能;同时加强肌肉之间的平衡能力训练。

(4)牵张训练的训练方式:

①被动牵张:是由治疗师用力被动牵引患者肢体的一种牵张方法。在开始训练之前,要先做一些强度较低的运动或热疗,促使关节组织具有一定的适应性;先对关节进行活动,再对肌肉进行牵张;在对关节进行牵张时,要使关节处于放松的状态;治疗师要采用轻柔、缓慢的动作,来循序渐进地进行牵张;每次牵张持续时间10~20秒,休息10秒,再牵张10~20秒,每个关节牵张数次,要使关节向着各个方向进行牵张,每天进行2次或3次;在牵张训练的过程中以避免使用冲击力或暴力;以避免对组织造成损伤。

②自我牵张:由患者依靠自身重量为牵拉力来被动牵张其挛缩的组织。常用的训练方法如下:

A. 肩关节牵张训练面向墙面,患侧上肢前屈靠墙,手指尽力向上爬墙。如有墙梯,手指可通过墙梯尽力向上。身体尽量向前靠拢,即可牵张患侧的肩关节前屈肌;身体侧向墙面,患侧上肢的手指侧向尽力向上爬墙,即可牵张患侧的肩关节外展肌。每次持续时间5~10秒,重复10~20次,每日2或3次;开始训练时肩关节有疼痛,牵张角度应小,时间应短,以后逐渐缩短身体与墙的距离,增加牵张角度与时间。

B. 髂胫束牵张训练患侧侧身向墙,离墙站立,一手撑墙,一手叉腰,做侧向推墙动作,使患侧髋部尽量接触墙壁,即可牵张患侧的髂胫束;每次持续5~10秒,重复10~20次,每日2或3次;训练中应注意两脚平放于地面而不应离地,离墙壁距离可逐渐增加。

C. 股内收肌群牵张训练两足分开站立,两手叉腰,重心移向健侧,同时稍屈健膝,患侧股内收肌群即被牵张;每次持续5~10秒,重复10~20次,每日2或3次;如两侧均需牵张,即可左右训练。两足分开站立,距离可根据需要增加或缩小。

7. 其他治疗

除了上述治疗方法之外,对于关节活动障碍患者还可以配合其他的治疗方法,如推拿、按摩、关节松动术等手法治疗,以及各种理疗方法等,在具体操作过程中,可以根据患者的功能障碍情况来进行选用。

(三)注意事项

(1)患者要采用舒适体位,做到尽量放松,在有必要的情况下可以将妨碍治疗的固定物或衣物去掉。

(2)训练也控制在无痛或轻微疼痛、患者能够忍受的范围之内,避免使用暴力而产生组织损伤。

(3)如感觉功能障碍者需进行关节活动度训练时,应在有经验的治疗师指导下进行。

(4)当同一肢体需要进行多关节活动度训练时,可以按照从远端向近端的顺序进行多个关节一起或各个关节依次进行训练。

(5)在进行增加关节活动度训练中,可以通过配合药物和理疗等镇痛或热疗措施,来提高治疗的效果。

## 三、心肺功能训练

良好的心肺能力是健康体魄的关键,运动实践证明,通过进行体育运动锻炼能够增强人体的心肺功能。

(一)运动锻炼的基本原则

1. 超负荷原则

所谓超负荷原则是指为了获得一定的锻炼效果,运动者所参与的运动必须要达到某一个基本阈值,也就是说,运动量的最低要求要超出运动者平时所习惯的负荷。体育运动可以促使人的生理功能得以增强和提高,如果降低运动负荷,甚至中断锻炼,会造成已经提高的生理功能无法得到保持,并且生理功能也会出现下降。

2. 特殊性原则

运动锻炼的特殊性原则是指所获得的运动效果与参与运动的组织器官形态机能变化之间的对应性。

(二)实施心肺功能训练计划的步骤

(1)筛选参与对象:要求想参与的人先填写健康状况表。

(2)鼓励长期参与运动锻炼:在人们生活方式方面,运动必须要成为其中具有价值的重要组成部分。如果减少或终止锻炼会导致运动锻炼效果很快消失,只有将运动作为一种生活方式,才能从运动中获得长期效益。故偶尔的运动或短期的运动是不可能建立一种健康储备的。

(3)提供不同类型的活动:在运动健身计划的初始阶段,要采用一些容易量化的活动方式,如骑自行车、步行等,这样能够对运动强度进行较好的掌握。在达到一定健身水平之后,可以适当增加一些人们感兴趣的活动。

(4)循序渐进:在运动开始阶段要以参与者较易完成作为依据,然后再在运动锻炼中鼓励他们逐渐增加运动负荷。

(5)善始善终:健身运动主要是由一定的运动强度和运动时间的大肌肉群活动组成。一次健身运动还包括运动之前的准备活动和运动结束后的调整活动,这些活动主要是帮助参与者能够更好地进入和结束运动状态,能够对腰背功能进行改善,并且在生理、心理和安全方面都有着非常重要的意义。准备活动和整理活动主要是一些小型的牵拉活动和耐力性运动。若想将运动时间缩减,应该缩减主体运动时间,而不是缩减准备活动和整理活动的时间。

(三)定期测试

针对体质进行定期测试能够很好地对运动健身计划的进展情况进行评价,并能够根据目标的实际完成情况来对锻炼计划做出及时调整。

(四)制定提高心肺功能的运动处方

心肺功能的训练效果主要取决于心肺功能系统所能承受的负荷,也就是说,运动强度、运动时间和运动频度共同决定了心肺功能的训练效果。通常以 50%~85% $VO_2$ max 的运动强度进行运动,每次运动持续时间达 20~60 分钟,每周锻炼 3~5 天,就可以明显改善锻炼者的心肺功能。其中每次锻炼的运动强度和持续时间的总工作量大约消耗 83.7~1 255.65 千焦的热量。

1. 运动负荷的基本要求

(1)运动强度

在健身运动中,50%~85% $VO_2$ max 为能够达到提高心肺功能水平的运动强度。通常这个强度阈值范围的下限是用于那些经常处于静坐状态的人群,而它的上限则是用于体质较好的人。一般情况下,大多数人以 60%~80% $VO_2$ max 作为最佳的运动强度。同时,还要做到使锻炼时间与运动强度相对应,只有如此才能更好地保证每次运动的工作量达到 837~1 256 千焦的总目标。如果采用过高的运动强度,那么就无法保持足够的持续运动时间,也就无法达到运动总工作量的需求。

(2)运动持续时间

运动强度决定了最佳运动持续时间。当达到最小强度阈值时,决定心肺功能效应的重要因素就是运动的总工作量。如果运动强度为每分钟消耗热量 41.855 千焦,耗氧量为 2 升/分钟,要达到 1 255.65 千焦/分钟的总工作量,运动的持续时间则是 30 分钟。如果运动强度减半,那么运动的持续时间也应该随着延长。当以较大的强度(75% $VO_2$ max)运动时,若持续时间超过 30 分钟时可能会产生一些不利因素,如发生疲劳和受伤等,对提高心肺功能反而不利。

(3)运动频度

一般情况下,运动频度增加,心肺功能也会随之提高,但是如果每周的运动频度超过 4 次,那么心肺功能的提高会维持在平稳的状态。在运动健身计划的开始阶段,以每周 3~4 次的运动频度最为适宜,在之后的长期运动中,按照隔天运动的频度进行锻炼能够使心肺功能得到改善,并且能够有效减少损伤,维持体重。如果每周运动的频度少于 3 次,也能够对心肺功能进行改善,这要求采用较大的运动强度,并且不能起到减轻体重的效果。对于长期处于静坐的人的来说,如果每周进行超过 4 次的运动锻炼,可能会产生一些不良的效果,并且也会降低他们适应运动的能力。

2. 运动强度的测定

(1)代谢负荷

测定运动强度最直接的方法是以运动中耗氧量占最大吸氧量的百分比来衡量。提高心肺功能的最佳运动强度范围是 60%~80% $VO_2$ max,这种测定方法的优越性在于它采用了心肺功能的评定标准,即最大吸氧量。但局限性在于,测定个体最大吸氧量的仪器较昂贵,而且测定个体在运动中的耗氧量也较困难。因此,用与60%～80%VO₂max相对应的心率来评定运动强度,相对较为简便实用。

(2)靶心率直接测定法

心率随代谢负荷的增加成线形增加。因此,可以通过心率来直接测定运动强度。在运动中所应达到的心率称为靶心率,靶心率可以通过分级运动试验(GXT)而直接测得。例如,60%～80%VO₂max所对应的心率为132～156次/分钟,这就是运动强度的靶心率范围值。

(3)靶心率间接测定法

①心率储备测定法:心率储备(HRR)是指最大心率与静息心率之间的差额。心率储备的百分比与VO₂max的百分比是相当的,如60%的心率储备就相当于60%的VO₂max。

用心率储备测定运动强度的具体方法如下:

A. 用最大心率减去静息心率得到心率储备值。

B. 计算60%和80%的心率储备值。

C. 用此计算结果加上静息心率就是靶心率范围值。

②最大心率百分比测定法:最大心率百分比测定法是另一种间接测定运动靶心率的方法。由于最大心率百分比与最大吸氧量百分比成线性关系,因此可以用最大心率百分比来估算运动中的代谢负荷。此方法的优点就是方便简单,而且经过验证也比较可靠。

(4)最大心率

在利用最大心率HRmax间接测定运动强度中,如有条件可通过分级运动试验(GXT)直接测定个体的最高心率。如没有条件,则可通过年龄来推算其最高心率,即HRmax=220-年龄。

(5)运动自觉量表

1962年,Borg创造出了运动自觉量表,它主要是以自己的感觉来对运动强度进行评估的方法。通常用6～20的数字来代表运动中的自觉强度,其中12～14表示有些吃力,它相当于60%～80% VO₂max,一般运动最适当范围是在11～15之间。在不了解最高心率以及感觉靶心率太高或太低时,便可以使用运动自觉量表来对运动强度进行设定。此外,在运动中,当人们对靶心率强度的运动感觉习惯之后,就不需要在运动的过程中通过进行频繁的脉搏测量来对自己的运动强度进行确定。

## 四、平衡及协调能力训练

(一)平衡及协调能力概述

1. 平衡能力概述

所谓平衡是指在静止或者受到外力作用时,人体能够通过自动调整来维持身体姿势的能力。也就是说,通过自动调整姿势来维持平衡状态。人体的平衡功能包括三种状态的功能,分别是坐、立、走等,也就是说,静态的稳定性、动态的协调性、抗干扰能力。

平衡训练是指对平衡功能的维持和发展所采取的锻炼方法。平衡练习主要包括静态平衡练习和动态平衡练习。健康人群具有良好的维持平衡的能力,并处于下意识维持状态,所以平衡练习除了对患者进行有意识地、随意地控制平衡训练之外,还要进行下意识的平衡训练。平衡练习既适用于有神经疾患的患者,同时也适用于软组织损伤、下肢骨折或手术后的患者。

2. 协调能力概述

协调功能是指个体产生准确、平稳、有控制的运动能力。要求完成运动的质量应包括按照一定的方向和节奏,采用适当的速度、距离和肌力,达到准确的目标等。

协调能力训练的目的是对主动运动的控制能力进行改善,使动作的精确性和协调性进行恢复,并促使动作质量提高。协调训练的基础就是利用残存部门的感觉系统以及利用听觉、视觉、触觉来对随意运动进行管理,其本质就是使注意力集中,并进行反复正确的练习。

(二)平衡及协调能力训练方法

1. 平衡能力训练方法

缺少视觉信息输入、前庭功能紊乱、缺乏本体感觉、肢体缺失、瘫痪、小脑功能失调等均可引起平衡障碍。平衡训练前应首先要求病人学会放松,减少紧张或恐惧心理,如果有肌肉痉挛,要设法缓解。其次要决定是否需要一面镜子以及以何种体位开始训练为最好。平衡训练基本原则是从易到难,注意安全,即从最稳定的体位开始训练逐步进展到最不稳定的体位,从静态平衡进展到动态平衡,以逐步加大平衡难度。其方法要领是逐渐缩减人体支撑面积和提高身体重心,在保持稳定的前提下逐步增加头颈、躯干和四肢运动,从睁眼下活动逐步过渡到闭眼下活动。

(1)静态平衡法

静态平衡主要依靠肌肉相互协调的等长收缩,以维持身体的平衡,其方法基于本体促进技术,可以在任何一个体位进行并采用负荷以刺激姿势反射。在平衡练习中应遵循下述规律:

①平衡是逐步发展的,练习应从稳定的体位开始逐步转变至稍不稳定体位、最终至最不稳定的体位。例如,经过若干阶段的平衡练习患者可逐步实现从前臂支撑的俯卧位至用手杖支撑的站立位的转变。其练习的顺序依次为前臂支撑俯卧位;前臂支撑俯卧跪位;前倾跪位;跪坐位;半跪位;坐位;站立位(可以先扶平行杠站立,然后靠墙站立、单腿站立)。站立位时也可先睁眼、后闭眼进行。

②扩散规律即在平衡练习中,必须首先保持头于稳定的位置。头的稳定需要有强有力的颈肌来维持,而强有力的颈肌又可强化任何其他部位的肌肉收缩。

(2)动态平衡法

为了维持除仰卧位或俯卧位以外的其他任何体位,肌肉或肌群都必须不断地进行协调收缩。这就要求:调整肌张力以保持平衡;需要改变姿势或体位以保持平衡。动态平衡练习即从支撑面由大到小、重心由低到高的练习过程中,逐步在各种体位施加外力来提高维持动态平衡能力。外力可由他人施加,注意不应施加过强的力,只要能诱发姿势反射即可。也可利用各种设施,进行不同体位的平衡练习。常用设施有:平衡板(开始用表面较粗糙的板,以后用光滑的板)、圆棍及大小不同的充气球。动态平衡练习实际上也就是训练下意识平衡的维持。任何动态平衡练习均应注意保护。

2. 协调能力训练方法

协调能力训练的顺序要考虑患者的现有功能水平,从个别原动肌或肌群的控制训练开始,逐步发展到多组肌群的协调训练。

(1)协调性练习的种类

协调性练习的种类包括上肢协调性训练、下肢协调性训练和躯干的协调性训练,可在卧位、坐位、站立位、步行位和增加负荷的步行中训练。

(2)协调性练习的要点

①系统、有顺序地进行,无论是轻症或重症患者,都应从卧位练习开始,在熟练掌握要领后再在坐位、站位、步行中进行训练。

②从简单的单侧动作开始,逐步进行比较复杂的动作,如单双侧同时、上下肢同时、上下肢交替,以至两侧同时但做互不相关的动作。

③在运动的范围和速度上,活动范围大的动作比窄范围的运动容易,与缓慢运动相比快速的动作更容易完成。故应先做大范围和快速的动作,熟练后再做活动范围小的、缓慢动作练习。

④有残疾者进行协调性练习时,如两侧轻重不等,应先从轻的一侧开始;如两侧相同程度残疾,则原则上先从右侧开始。

⑤先睁眼后闭眼。最初睁眼运动,熟练后交替睁眼和闭眼运动,最后闭眼做运动。

以上练习,每个动作要重复 3~4 次。练习完成后休息的时间不短于完成运动所花费的时间。所有练习要在正常可动范围内进行,并应注意保护。

(3)协调训练时的注意事项

协调训练是通过正确动作的反复练习进行的,重复训练是提高平衡与协调功能的法宝,如病人能力达不到,无法正确完成动作,应暂时不做,以免形成错误的动作模式。

训练过程中应注意以下几点:

①最重要的是切忌用力过分,避免兴奋扩散。

②要确保运动在正常活动范围内进行。

③注意安全,对下肢失调的患者要注意防止跌倒,负重训练时要尽量应用关节紧缚带,以减轻运动失调。

## 五、娱乐性体育训练

国际上将娱乐性体育治疗称之为"适应性体育""娱乐疗法""体育运动治疗"等,我国将娱乐体育治疗称为"文体疗法""康复体育""娱乐疗法"等。文体疗法作为一种治疗方法,它是采用体育运动项目和娱乐项目来对患者进行治疗。

(一)文体疗法的特点

文体疗法有其自身的特点,它与物理治疗、职业治疗既有相同点,同时也存在不同之处,具体如表 7-20 所示。

表 7-20　文体疗法与物理治疗、职业治疗的相同点和不同点

|  | 文体疗法 | 物理治疗、职业治疗 |
|---|---|---|
| 相同点 | 康复医学基础；身体功能的恢复、保持和提高；进行身体活动的训练；提高体力、增进健康 ||
| 部位 | 全身的 | 部分的 |
| 整体性 | 综合的 | 局部的 |
| 性质 | 应用的 | 基本的 |
| 参与性 | 主动的 | 部分被动的 |
| 交流 | 相对集体的 | 相对个体的 |
| 手段 | 体育学 | 物理治疗、职业治疗学 |
| 评价方法 | 整体评价 | 部分评价 |

(二)运动训练方法

1. 持续训练法

这种方法是指在相对较长的时间内，以较为稳定的运动强度，进行无间歇连续进行训练的方法。如较长时间按一定强度的连续跑和游泳等。这类项目的持续训练可以按照一定距离或一定时间，采用相对稳定的运动强度进行练习。也可以通过对速度进行调整来练习。

2. 重复训练法

重复训练法是指按照一定的要求，在相对固定的条件下，对某一动作进行反复的练习，并且每次或每组练习之间的间歇要有助于机体获得基本恢复的一种方法。如采用固定的距离和速度，根据正确的技术要求，进行一定组数和次数的联系，每重复一次或一组，中间的间歇时间也有助于机体获得基本的恢复。

重复训练法主要由四个要素构成，分别是每次练习的负荷强度、每次重复练习的时间或距离、每次练习之间的间歇时间、重复练习的组数和次数。

在各个运动项目练习中，重复训练法都是比较适用的，它是进行身体、技术和战术训练的一种常用的基本训练方法。

3. 间歇训练法

所谓间歇训练法是指在完成一次或一组练习之后，对间歇时间进行严格控制，在机体尚未完全恢复的情况下，进行下一次练习的训练方法。

从形式上来看，间歇训练法与重复训练法相类似，这两种方法都要在经过一定的休息时间之后开始下一次练习，但对于每次重复练习之间的间歇时间，间歇训练法都有着非常严格的规定，必须要在机体尚未完全恢复的状态下开始进行下一次练习。而重复训练法要求机体要在间歇时间内获得基本恢复之后才能进行下一次练习。间歇训练法在每次重复练习的负荷量或距离方面

还可以进行一定的变化,但不能太大,而重复训练法则是相对比较固定的。

4. 变换训练法

所谓变换训练法是指在具体的练习过程中,对练习条件进行有目的变化的情况下所进行的训练的方法。该方法的变化练习条件主要有练习的环境、运动负荷(速度、负重量、距离和时间)、动作组合等。例如,在周期性项目练习过程中,运动负荷的变化常通过变速跑、变速游等实现;在非周期性项目中,通过对练习的动作组织进行变化,也是变化训练法。

5. 游戏和比赛训练法

游戏和比赛训练法是指通过采用游戏和比赛的形式来进行训练的一种方法。对于很多运动项目来说,其正式比赛大都是从最初的游戏发展而来,受到一定规则的限制。这里所说的比赛除了包括那些在严格规则限制下的正式比赛之外,还包括对某些规则进行简化或附加,或对原有场地条件进行改变的非正式比赛。

(三)运动训练中对错误动作的预防和纠正

在体育训练和娱乐活动中,为了对身体练习的技术进行正确的掌握,必须要对可能出现的某些错误进行预防和纠正。如果不能及时地纠正错误动作,那么就会造成出现错误的动力定型,这就会对技术的掌握和提高造成影响,同时也非常容易导致伤害事故的出现。这就要求对于容易出现的错误动作,要做好以下几点:

1. 预防为主

应以预防为主,不论预防还是纠正错误,首先要对错误产生的原因进行分析,根据得出的原因来采用预防的措施,这样才能获得事半功倍的效果。错误动作出现的原因主要有以下几个方面:

(1)没有明确的身体训练目的,缺乏积极性;或在思想上存在害怕、怕累等顾虑,导致练习过程中出现错误动作。
(2)没有明确的身体练习概念以及完成身体练习的技术要领,或者受到错、旧动作的干扰。
(3)在身体素质、一般身体训练水平和技术基础方面比较差。

2. 分析原因、对症纠错

如果错误动作已经产生,应及时分析研究,找出错误的原因,抓住主要错误,分别采取以下的预防和纠正错误的方法。

(1)由于目的性不明确而产生的错误,应加强练习目的性的教育,使练习者认识到训练治疗对于提高身体素质和掌握实用性动作对于回归社会的意义。如果练习者有胆小、信心不足等思想上的原因,治疗师应一方面使练习者对训练有正确理解,另一方面则要加强在训练时的保护和帮助,加强安全措施。
(2)对于由于训练中技术要领不明确所产生的错误动作,治疗师要对各种直观形式进行充分利用,来提高直观效果,采用正确的训练动作对比和诱导性训练的方法,来使练习者更好地明确技术的要点和关键以及动作要领。

(3)对于由于身体素质较差而对技术动作的正确掌握产生影响,这时要提高练习者的身体素质和机体的反应能力。

(4)在对错误动作进行预防和纠正时,治疗师要耐心细致、循循善诱、热情帮助,促使练习者进行自觉练习,并使他们积极开动脑筋,来对错误动作进行改正。

(四)文体疗法评价

1. 文体疗法评价流程

评价流程主要包括以下几个部分:
(1)早期评价

早期评价是为了对患者的运动功能、残疾状况、心态、体力以及其他与疾病相关的信息进行了解,来制定出有针对性的治疗计划,从而开出相应的运动处方。

(2)效果评价

患者经过一段时间的训练后,为全面了解该训练计划对患者的作用,进行效果评价是非常必要的。在评价中肯定一些疗效,提出一些问题,发现一些不足,改变一些计划,调整一些内容,使患者看到自己的训练效果,提高他们对训练的兴趣和自信心,完善训练处方。

(3)出院评价

在患者出院之前进行的最后一次评价,即为出院评价,也是最为全面的一次评价。在出院评价中要重点指出训练过程中的具体注意事项,提醒患者坚持训练,并为患者的长期训练制定出相应的标准。在这些内容方面必须要将患者的具体实际、在家中的训练条件等因素兼顾其中。

文体疗法的流程见图 7-1。

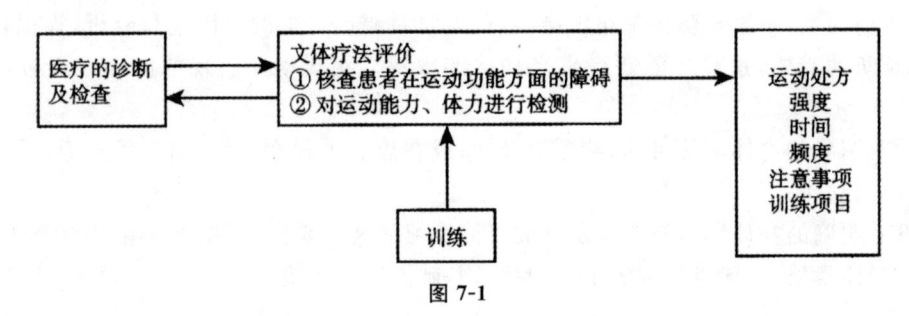

图 7-1

2. 文体疗法评价内容

文体疗法评价的内容主要包括以下几个方面:
(1)身体运动功能障碍和疾病的情况

首先对患者的运动功能障碍程度进行检查,如脊髓损伤者躯干、肌肉残存的肌肉力量,偏瘫、脑瘫者患侧的运动功能障碍程度,截肢者的情况以及其他残疾和疾病的情况。

(2)肌肉最大力量

肌肉最大力量可采用握力器、拉力器、哑铃、掷实心球以及短距离轮椅竞速等方法测得。

①握力器:主要测试前臂及手部肌肉的力量。

测试方法:将握力器指针调至"0"位,受试者手持握力器,转动握力器的调节柄,调至适宜的握距。测试时,受试者两脚自然分开,约一脚距离(或坐位进行测试),身体直立,两臂自然下垂,分别用左右手以最大的力量紧握握力器的手柄。每只手测试两次,取最大值,记录以千克为单位,精确到1位小数。用力时禁止摆臂或接触身体。

②拉力器:主要评价受试者背部肌肉的力量。

测试方法:根据受试者的力量选择用几根弹簧的拉力器。受试者取站位或坐位,身体不能依靠其他物体,测试时两臂向前伸直,两肩关节屈曲呈90°角,两手握住拉力器的把手向后伸展,将拉力器拉开至两肩关节成屈曲、外展90°姿势结束。

③投掷实心球:目的是检查受试者上肢、腹背肌的力量。

场地器材:一块长15米,宽5米的平坦场地、卷尺和1千克(女)、2千克(男)的实心球,设投掷线一条,每隔0.5米划一条横线。

测试方法:

A. 受试者坐位或站位位于投掷线后,将球持于胸前,然后双臂同时用力,将球向前推出。

B. 受试者坐位或站位位于投掷线后,将球举于头上,身体面向投掷方向,然后用力将球向前方掷出。记录投掷线至球着地点后沿之间的距离,以厘米为单位,测试两次,取最好成绩。

④短距离轮椅竞速:评价受试者的速度和速度耐力。

测试可以在训练专用的轮椅跑台上进行,也可以在田径场跑道或平坦的柏油路上进行。距离可采用50米或100米,测试时用秒表计时,成绩取小数点后的两位数,第三位数四舍五入。起跑时轮椅的前脚轮不可越过起跑线,达到终点时以轮椅的前轮触线为准。

(3)肌肉耐力和心肺功能

采用长距离跑(如12分钟跑或1 000米以上距离跑等),长距离轮椅竞速和5分钟以上连续传接球练习测试。

①12分钟跑:作为动态的心肺系统健康检测,12分钟跑有三项指标:时间、距离和脉搏数。具体办法是按照不同的年龄和性别进行分组,规定在12分钟应跑出的距离,然后根据相应的健身标准评判跑者的心肺功能属于哪个档次。评价分为优秀、良好、及格、不及格、差等共5个等级。另外还有一个最重要的指标,即12分钟内尽力跑或跑出最大距离以后30秒内的脉搏数,这个脉搏数应少于180-年龄数。只有脉搏数合格,跑出的距离才有效。12分钟跑控制的脉搏数为科学地掌握训练的量、负荷的度提供了监控的内容,这样就不会发生训练过量的问题。

②快速步行的测试:男子快速步行1 500米、女子快速步行1 000米距离所需要的时间、标准值。

③400~1 000米或者12分钟轮椅竞速:该测试是评价受试者的肌肉耐力和心肺功能,测试可以在训练专用的轮椅跑台上进行,也可以在田径场的跑道或平坦的柏油路上进行。可以根据受试者的身体情况选择跑的距离,但不要短于400米,计时与100米竞速相同。

(4)坐位、立位平衡能力

对于乘坐轮椅的患者进行坐位平衡能力的测试,可以观察患者身体的腰背部是否可离开轮椅的靠背完成坐位平衡。如果可不需靠背完成坐位平衡时,可进一步观察其躯干水平面、矢状面和额状面的运动,还有采用各种坐姿的传接球进行测试。

坐位平衡能力分为坐位平衡差、可轻度维持坐位平衡、坐位平衡尚可、坐位平衡好4个级别,根据脊髓损伤患者损伤平面判断其是否达到应具有的平衡能力。

对于立位患者的平衡能力测试可以采用传接球,单腿站立和左右方向、前后方向跨越障碍物等方法进行测试。

（5）轮椅技能

轮椅技能可以采用下面的内容进行测试：

①抬前轮技术：这是乘坐轮椅者必须掌握的一项技术，如未掌握则不能越过沟、坎、台等路面障碍。如受试者已经掌握抬前轮的技术，可以测试其抬前轮S形行走，如已经掌握，再测试其能否抬前轮向左右连续旋转。

②上下台的技术：这项测试需要受试者在掌握了抬前轮技术的前提下方可进行，台的高度从5厘米开始。

③上下坡道的技术：这项测试是为了检验受试者是否掌握了上下坡道的技术要领，坡道的角度从6°开始。

④2柱10米计时跑：这项测试是为了检验受试者操纵轮椅转弯的灵活性和启动的速度。将两个木柱相隔4米（木柱外缘），成"8"进行10个往返跑。

⑤绕障碍物计时跑：这项测试是为了检验受试者对于自己所使用的轮椅宽度和长度的熟悉程度和操作轮椅的灵活性。将红、白两色的柱子（直径5厘米）摆放成8个门，两柱内缘相距80厘米，遇白色门为正向进门，遇红色门为背向进门。总长度630厘米，进行往返跑。

⑥倒退接向前往返跑：这是检验受试者驱动轮椅向后倒退跑紧接向前跑时，身体重心是否能够及时地向前移动，轮椅不向后翻倒。将两个木柱相隔4米（木柱内侧缘），进行5个往返跑。

⑦1.15米正方形范围内调整方向：这项测试是为了检验受试者能否在这个较小的范围内使自己操纵轮椅完成各种方向的位置调整。在正方形内进行90°、180°、360°的调整方向练习，轮椅的4个轮子均不能超出范围。

由于患者在残疾程度、年龄、性别、职业及轮椅性能的差异，所以轮椅技能的测试成绩和能力会有较大差距，因此评价时应对比患者在轮椅技能训练前后的成绩。

（6）立位移动能力

立位移动能力的测试可以采用各种形式的走或跑测试（如侧向移动、交叉步的走或跑）。

侧向移动测试：在地面上画两条线，间距1.5米，受试者脚踩在一条线上与线平行站立。当听到开始的口令时，受试者进行侧向移动，当一只脚触到另一条线时，就可以马上侧向移动向另一条线，踩到线后再向另一条线侧向移动，如此反复进行。测试时间为30秒或1分钟，看其在规定的时间内可以完成多少个往返。

（7）关节活动度

关节活动度的检查同物理治疗、职业治疗的关节活动度检查。

（8）心理状况

心理状况分为以下三个水平：

①心理状况好：对事物乐观、愿意与他人交往、对今后生活有信心。

②心理状况一般：介于好与差之间。

③心理状况差：忧郁、孤独、烦躁和对未来失望。

心理状况的评价由治疗师与患者的交谈和患者在训练时的精神状态进行观察给予记录。

对于一些比较难用数字表示的内容，如理解能力、学习掌握动作能力、判断能力、灵活性和协调性等，可以在训练中进行观察。

# 第八章 体育运动保健康复的方法与运动处方

## 第一节 医疗体育

### 一、医疗体操

医疗体操是运动康复的一个重要方法,其不同于一般的竞技体操,具有特殊性,这主要体现在其是以疾病防治和身体康复需要为依据编制而成的。常见的医疗体操形式有降压保健操、预防感冒操、内脏下垂操、肺气肿呼吸操等。在治疗运动性损伤、内科疾病以及促进手术后及瘫痪部位的功能恢复等方面,医疗体操都具有积极的作用。在运用医疗体操的过程中,不同的患者可按照自己的伤病情况和治疗目来进行具体的训练,运动方向、运动速度、动作幅度等都可按照实际需要来调整。通常情况下,每种体操最少有五六节,部分体操有二十多节。

(一)医疗体操的方法

1. 主动运动

主动运动是医疗体操的一个主要方法,具体是指患者自己主动进行的,通过收缩一定肌群而完成的运动。患者可以结合自身的实际需求,可以是单关节运动,也可以是多关节联合运动,可以是单方向运动,也可以是朝着多个方面采取不同速度和不同幅度完成运动,主动运动的常见形式如下:

(1)等长收缩运动

等长收缩运动是一种静力性肌肉收缩运动,其不会引起关节活动,但可以促进肌力的增长,采取这一运动形式可以促进被固定的伤肢的康复。例如,肢体骨折后一般都会被固定,采取等长收缩运动的方法来锻炼伤肢,可以避免骨折错位现象的发生。因肌肉力量小而无法进行关节活动的人也可以采取等长收缩运动来增加肌力。

(2)等张收缩运动

等张收缩运动是肌肉收缩运动的典型形式,在运动康复中得到了广泛的运用,该运动能够引起关节活动。

(3)等动练习

等动练习是上述两种主动运动形式的结合,采取这一练习方法能够促进肌肉力量的增长。

(4)传递神经冲动练习

患者通过意想从大脑向肌肉有节律地主动传递神经冲动的过程就是传递神经冲动练习。对于受累肌肉的肌力完全丧失(偏瘫、截瘫、周围神经损伤)的患者来说,采取这一练习形式能够取得良好的恢复效果。一般来说,将这种主动运动形式与被动运动结合起来,效果会更好。

2. 被动运动

患者伤肢的肌肉不主动收缩,完全借助外部力量(如器械、患者健肢、他人等)来帮助患肢肌肉和关节运动,以促进患肢肌肉和关节功能恢复的运动形式就是所谓的被动运动。韧带黏连、关节囊萎缩、肌肉痉挛等肢体运动功能障碍者采取这一运动形式能够达到一定的治疗效果。

患者在进行被动运动时,患肢不用力,完全通过外力来帮助患肢完成运动。在具体的运动过程中,伤肢的肌肉放松,通过外力将伤肢关节的近侧端,活动关节的远侧端固定好。以病情需要为依据,尽可能向各个方向活动关节,运动幅度为全幅度。需要注意的是,要有节律地运动,动作速度应缓慢且柔和,被动活动范围应逐渐增大,避免突然增大活动范围而造成冲击,具体的用力程度以患者能承受为宜。注意避免过于激烈的运动。被动运动的常见形式包括增大关节活动范围的被动运动和牵拉性被动运动。

在增大关节活动范围的被动运动中,患者患肢的肌肉完全放松,将外力逐渐增大,使患肢关节进行从小范围到大范围的被动活动。由痉挛性麻痹而引起的关节活动障碍者和外伤性关节活动障碍者比较适合采取这一运动形式。

牵拉性被动运动指的是在患者伤肢的远端悬挂一定重量的器械(如哑铃),借助器械的重量来牵拉患肢,使患肢关节做被动活动。也可以在患肢的关节上长时间地放置一定重量的沙袋,使患肢关节做渐进性的被动活动。对于关节伸直运动障碍者来说,这一运动形式的康复效果更好。

3. 助力运动

助力运动是由被动运动和主动运动结合而成的一种运动形式,因此其同时具有主动运动和被动运动的功能。当患者的患肢无法进行主动运动时,利用器械力量、患者的健肢以及医务人员的帮助来使患肢做被动运动。身体虚弱的患者、创伤性骨关节病患者(膝关节损伤、肩周损伤、踝关节扭伤、肘关节内外侧副韧带损伤等)、由创伤导致的肌无力或部分肌肉瘫痪的患者都适宜采取助力运动的方式。在采取助力运动的方法时,患者应以主动运动为主,将被动运动视为一种辅助性的手段,这样效果更好。

通常而言,要想通过助力运动来促进肌力的增强,就要尽量使主动力量大一些,被动力量小一些;如果进行助力运动是为了对关节活动度进行改善,那么要注意调整助力的大小,一般以引起关节适度紧张或使关节轻微疼痛为宜。

需要格外注意的是,助力是不可以替代主动用力的,这两者应当协调配合。当患者完成一段时间的训练后,倘若肌肉力量得到了一定程度的增加,则应当增加主动运动的次数。

4. 矫正运动

矫正身体畸形的运动就是矫正运动。针对畸形而编排的医疗体操有腿、足畸形矫正操、脊柱畸形矫正操等。脊柱、胸廓畸形患者、扁平足患者等都适合进行矫正运动。患者在进行矫正运动的过程中,所做的准备姿势要有利于畸形的矫正,要有选择性地采取有效的肌力练习形式。通过矫正运动,能够增强被畸形牵拉而削弱的肌肉力量,同时可以使所有能促进畸形矫正的肌肉群力量的增强。除此之外,正确采用矫正方法还能够使受畸形影响而缩短的肌肉和韧带的功能得到恢复。

5. 协调运动

协调运动的目的是恢复和加强动作的协调性。中枢神经系统和周围神经有疾病和创伤的患者(如偏瘫、脑挫伤、脑震荡及周围神经损伤等)适宜采取协调运动这一康复方法。协调运动具体可以分为上下肢协调运动、躯干协调运动;左右肢体对称协调运动与不对称运动协调等多种类型。在具体的运动过程中,一般应先进行简单的协调运动,然后逐渐过渡到复杂的协调运动,先进行单个肢体的运动,然后逐渐进行多个肢体的协调运动。

在进行上肢的协调运动时,需要对动作的精确性、反应速度以及动作的节奏性等给予高度的重视。进行下肢的协调运动时,应注意训练正确的步态,同时上下肢的动作要协调配合好。

6. 呼吸运动

呼吸运动有利于促进呼吸功能的改善,呼吸系统疾病患者科学进行呼吸运动,有助于疾病的治疗。呼吸运动一般包括以下几种形式:

(1)一般呼吸运动

一般呼吸运动分为两种类型:一种是单纯的呼吸运动,另一种是配合肢体或躯干的呼吸运动。这一运动形式对于呼吸功能的改善,血液循环的通畅,心脏负担的缓解具有积极的作用。在康复练习中,患者也可以通过呼吸运动来对运动量进行调节。

(2)专门呼吸运动

有意将呼气或吸气时间延长的呼吸运动就是专门呼吸运动。此外,呼气时配合发音或用手压迫胸廓来使排气量不断增加的呼吸也属于专门呼吸。在临床上,对于呼吸系统疾病患者(如支气管哮喘、慢性支气管炎、胸膜炎、肺气肿等)而言,进行专门呼吸运动能够取得良好的康复效果。

(3)局部呼吸运动

重点作用到左肺或右肺,或某部分肺叶的呼吸活动就是局部呼吸运动。局部呼吸运动又可以分为两种形式,即腹式呼吸和胸式呼吸。前者主要作用于肺的底部和肺下叶,后者主要作用于肺尖和肺上叶。局部呼吸运动在临床上的运用与专门呼吸运动相同。

7. 平衡运动

锻炼身体平衡功能的运动形式就是平衡运动。该运动方法直接作用于前庭器官,可促进其稳定性的增强,从而能够使身体的平衡功能得到改善。因神经系统或前庭器官病变而引发的平衡功能失调患者(脑震荡后遗症、内耳性眩晕)适宜进行平衡运动。

在练习过程中,需要着重注意的要点是:第一,按照由大到小,从单方向到多方向的规律来调整身体的支持面;第二,要由低到高地调整身体重心;第三,首先在视觉监督下练习,然后逐步向闭目练习过渡。

8. 放松运动

身体在稳定舒适的姿位下,通过意念、暗示或某些特殊动作,使肌肉完全放松,有节律、柔和而不用力的运动就是所谓的放松运动。放松运动具体可以分为两种类型,即主动意识性放松、肢体的摆动性放松。痉挛性麻痹患者、高血压病患者、血栓闭塞性脉管炎患者、腰背肌紧张性腰痛患者和呼吸肌紧张性哮喘患者等适宜采取这一康复练习方法。此外,不管进行何种形式的医疗体操运动,在运动结束后,都可以做放松活动,以此来促进肌肉疲劳的恢复。

(二)医疗体操的编排原则

医疗体操的编排原则主要包括以下几个方面:

第一项原则是因人、因病而异,具体是指对医疗体操进行编排时,要以患者的年龄、性别、病情以及平时锻炼的情况等为依据来对练习内容和运动量进行有针对性的安排,不同患者在练习时的准备姿势、活动部位、运动速度、运动幅度、运动方向等都是有差异的。

第二项原则是循序渐进原则,具体是指编排医疗体操的动作时,应遵循动作由简单到复杂,运动量由小到大的规律。

第三项原则是局部与整体相结合,具体是指有机结合局部作用的练习活动和全身性的健身运动能够取得良好的康复效果。

第四项原则是分阶段,具体是指参与医疗体操练习需要依次按照以下三个阶段来进行,分别为准备阶段、基本部分、结束部分。准备阶段通常需要安排一些比较简单的、运动小的呼吸运动和健身运动;基本部分主要以疾病特点为依据来安排专门性的运动练习,运动量需根据需要而逐渐增加;结束部分一般应安排必要的整理活动、放松活动,运动量需逐渐减轻,以使肌肉疲劳逐渐得到缓解。第五项原则是灵活调节。医疗体操的内容不是不可以改变的,可以结合患者病情来修改与调整各项内容。

(三)医疗体操的适应症和禁忌症

医疗体操的适应症和禁忌症具体见表8-1。

表8-1 医疗体操的适应症和禁忌症

| 医疗体操 ||
| --- | --- |
| 适应症 | 禁忌症 |
| 内科疾病患者,如高血压病、冠心病、肌萎缩、慢性心力衰竭、心肌梗死恢复期、慢性支气管炎、支气管哮喘、肺不张、肺气肿、肺结核病等 | 病情严重,医生建议卧床休息的患者 |
| 外科疾病患者,如断肢及断指再植术后、胸腹腔手术后、肌腱移植术后等 | 恶性肿瘤及手术后有转移倾向的患者 |
| 运动系统疾病患者,如关节运动功能障碍、膝半月板切除术后、颈椎病、肩周炎、创伤、腰椎间盘突出等 | 传染病急性期患者;心脑血管系统疾病急性期患者;有出血倾向的患者;剧烈疼痛患者等 |
| 其他疾病患者,如肥胖病、胃下垂、糖尿病、周围神经损伤、偏瘫、神经衰弱、产后等 | |

(四)医疗体操练习的注意事项

(1)患者需在医生的指导下进行医疗体操练习。在整个练习过程中,包括练习前后,医生都要做好医务监督工作,在患者开始练习前,对患者的一般情况进行检查,必要时需对患者的体温、血压、脉搏及肺活量等进行检测。在患者练习的过程中,医生随时对患者的反应进行观察。如果是呼吸系统疾病患者、心脑血管疾病患者、老年人以及久病体弱者参与医疗体操运动,医生更应该加强对他们的医务监督。

(2)在具体练习过程中,需以体操的预备姿势、节数、持续时间、动作重复次数、动作复杂性、间歇休息时间的长短等为依据来确定运动量。

(3)饭后不要立即进行医疗体操运动,至少要等1个小时。每次练习时间控制在10~30分钟之间,每日练习1次,也可两天练习1次,视具体情况来确定疗程。

(4)针对第一次做医疗体操的患者,医生需要对其做耐心指导,同时保证患者的安全。此外,医生应当向患者详细介绍医疗体操的治疗作用、注意事项等,从而增加患者的自信心。

## 二、医疗运动

医疗运动是一种防治疾病和促进身体康复的运动方法。与医疗体操相比,医疗运动的活动量较大,患者参与医疗运动,有利于体质的增强和心肺功能的改善。体力较好的慢性病患者参与医疗运动能够取得良好的康复效果。医疗运动具有以下两种形式:

(一)有氧运动

有氧运动指的是摄氧量达最大摄氧量的40%~60%的运动。有氧运动是一种非常重要的健身训练方法,其能够有效促进机体有氧代谢能力和心肺功能的增强。机体呼吸系统吸取氧气和血液循环系统负载与运输氧气的能力都能够从有氧代谢能力中反映出来。

1. 常见的有氧运动项目

(1)医疗步行

医疗步行是一种全身性的医疗运动项目,其也被称为"医疗行走",具体指的是在平地或坡度适当的道路上步行。步行时,患者需抬头挺胸,双臂弯曲成直角,随脚步的移动而前后摆动双臂。略向前倾躯干,脊柱挺直并左右扭动,患者可根据自己的情况来调整步幅的大小及步频的快慢。行走距离、行走速度、坡度、行走次数、中途休息时间与休息次数等都是影响医疗步行运动量的决定性因素。患者在步行练习中,需逐渐增加运动量,以取得良好的康复效果。一般来说,心血管系统疾病患者、呼吸系统疾病患者、代谢障碍患者、急性病康复期患者等都比较适合采取医疗步行的运动方法。此外,在老年人保健中,医疗步行也是非常有效的手段之一。

医疗步行具有较强的针对性,运动量也容易调整,患者按医生的建议来练习就可以了。在练习初期,患者每分钟步行的距离大约为60~80米,步行时间为20分钟,共走1 200~1 600米的距离。待练习一段时间后,步行时间可逐渐增加,但尽量不要超过1个小时,以锻炼后感觉精神好,身体舒适为宜。

(2)自行车

骑自行车是一种有节律的交替性运动,固定自行车或功率自行车运动更是如此。自行车运动中,骑行者下肢肌肉做主动运动,因而该运动能够有效锻炼下肢肌肉力量。此外,自行车运动还有利于促进呼吸系统、心血管系统、运动系统等机体系统功能的增强。在骑车锻炼中,骑行者要对正确的骑车姿势进行掌握,蹬车时要蹬出节奏,不能溜坡滑行,每分钟的蹬速一般为90次。骑行者可以通过调整阻力的方法来对运动量进行调整。

长距离的自行车运动属于耐力性项目,高血压病患者、慢性隐性冠心病患者比较适宜参与该项运动。

(3)慢跑

与医疗步行相比而言,慢跑的运动强度要大一些。通常,青少年心血管功能较好,心电图检测正常,有一定锻炼基础的慢性病患者;身体健康且有一定锻炼基础的中老年人都比较适宜采取慢跑的方式来增强体质。慢跑时,跑步者全身要保持放松,手臂弯曲前后放松摆动,躯体正直,先以足跟着地,然后过渡到全脚掌着地。跑步时要调整好呼吸,呼吸与步子要保持协调,闭口或大张口呼吸都是不科学的。一般来说,初步进行慢跑练习时,一次慢跑的时间控制在5~15分钟,跑步者也可根据自己的实际情况增加跑步时间,但刚开始最好不要超过半小时。慢跑运动的强度比较大,跑步者在参与该项练习时,先要进行体格检查,以预防不测情况的发生。

(4)走跑交替

患者从医疗步行练习到慢跑练习的过程中,可以将走跑交替当成一种过渡练习方法。在走跑练习中,患者可以先走一分钟,然后再跑一分钟,交替进行练习。在具体的练习过程中,需将走和跑的运动量掌握好,跑的时候速度可比持续跑时快一些,这不仅能够取得良好的效果,还能够保障安全。

2. 有氧运动的特点

强度低、有节奏、不中断、持续时间长等是有氧运动的主要特点,在参与有氧运动练习后,人们一般都会感觉到心情舒畅,神清气爽。有氧运动有利于促进血液循环的改善、机体新陈代谢的加强、多脏器功能的增强以及体质水平的提高。

3. 注意事项

第一,按照热身、运动、整理三个阶段来进行练习。练习过程中要合理调整运动量,以免引起过度疲劳的现象。如果运动后感觉呼吸急促、心跳加快,且连续5~10分钟都是如此,说明之前的运动量过大,这时就要适当减少运动量了。

第二,练习过程中要保持愉快的心情,要坚持不懈地练习,这样才能取得良好的效果。

第三,空腹与饱腹都不适合运动,运动前和运动后应当补充适量的水。

第四,以自身实际情况为依据,合理调整运动频率、运动时间、运动强度。

(二)器械运动

借助器械进行的主动、助力、抗阻或被动运动就是所谓的器械运动。器械运动中,需要将器械的重量、惯性力量、杠杆作用充分利用起来,以此来加强动作的局部作用,促进个别肌肉群力量的增强。利用器械可以使运动强度增强,运动幅度扩大,这样更有利于良好锻炼效果的获取。例如,用固定自行车、自行车架对下肢肌力进行训练时,效果更好。哑铃、沙袋、球类、滑轮装置、扩胸器、体操棒、单双杠功率自行车、活动平板、划船器等都是器械运动中常用的器械。器械运动具有较强的操作性,不但可以丰富体操动作内容,还能够促进患者锻炼兴趣的提高。

## 三、传统体育康复疗法

我国传统体育康复疗法具有突出的民族特色和丰富的运动形式,采用传统体育康复疗法进行康复训练时,要求患者有机结合意(意识)、气(呼吸锻炼)、体(体操动作),以取得良好的康复功效。

# 第二节 牵 引

通过牵引椅、牵引床、牵引架、双杠牵引等牵引器械来牵拉人体的某一部位,使关节和软组织得到牵伸,以此来达到治疗目的的运动就是牵引疗法。在对骨伤科疾病进行治疗时,经常会采用牵引疗法,康复医学中对牵引疗法的运用也比较多。牵引疗法的功能主要体现在关节复位、解除肌肉痉挛与挛缩、使神经压迫减轻、对关节畸形进行矫正。在对骨折、由运动损伤引起的腰部或颈部疼痛、由肌肉痉挛与挛缩引起的功能障碍或畸形等进行治疗时,采用牵引疗法能够起到良好的效果。

## 一、常用的牵引疗法

(一)手法牵引

手法牵引包括徒手牵引和悬吊牵引。具体来说,徒手牵引的治疗方法能够使骨折伤筋复位;悬吊牵引指的是用带绳等进行牵引的方法,徒手牵引的力量较弱,悬吊牵引能够弥补这一不足,在腰部损伤的康复性治疗中适宜采取这一牵引方法。

(二)持续牵引

持续牵引指的是通过滑车装置,用重量在肢体的远端施加持续牵拉力,以对抗患部肌肉的牵拉力,从而达到复位、防止骨再移位等目的的牵引疗法。常见的持续牵引方法有骨牵引、皮肤牵引、布托牵引等几种。

1. 骨牵引

将不锈钢针或钢钉穿入骨骼所需的部位,可在钢钉或钢针上系上较大的重量来维持较长时间的牵引。这种牵引疗法对技术与设备条件的要求比较高。

2. 皮肤牵引

重量≤5千克,不宜持续过长时间的牵引,对皮肤破损者不能采用这一牵引疗法。

3. 布托牵引

布托牵引分连续牵引和间歇性牵引两种情况。

(1)连续牵引的重量在 2~3 千克之间。

(2)间歇性牵引的重量一般为 5~10 千克,每天可进行 1~2 次,每次牵引的时间为 30~60 分钟。

## 二、牵引疗法的适应症

(一)矫形病例

(1)因为关节病变肌肉挛缩而导致的关节畸形可通过牵引疗法得到矫正。

(2)因为软组织挛缩而导致的关节畸形可通过牵引疗法得到矫正。

(3)用于急性化脓性关节炎患者的肢体固定休息。

(二)损伤病例

一般来说,牵引疗法主要适用于治疗运动损伤,尤其是骨折损伤,具体包括长骨、颈椎、骨盆等部位的骨折。除此之外,牵引疗法也可以用于治疗颈椎病、腰椎骨质增生等。

# 第三节 推拿按摩

## 一、按摩概述

按摩又被称作是"推拿",主要是通过手、足或器械在人体某部位进行各种手法操作,以达到刺激机体表面部位或穴位,促进人体生理功能提高与改善,缓解疲劳及防治疾病的目的。

我国中原地带最早出现推拿按摩,且最初按摩是针对气血不畅、筋骨不力而创立的,这在《素问·异法方宜论》中有相关记载:"中央者,其地平以湿,天地所生万物也众,其民食杂而不劳,故其病多痿厥寒热,其治宜导引按跷,故导引按跷者,也从中央出矣。"[1]此外,《素问·血气形志篇》也记载:"形数惊恐,经络不通。病生于不仁,治之以按摩……"这表明疏经通络、活气养血是按摩的主要治疗作用。

《黄帝岐伯按摩十卷》是我国第一部按摩专著,虽然该专著没有流传下来,但从这本专著中可以了解到,在秦汉以前,我国就开始普遍运用按摩疗法了,且按摩疗法在秦汉时期就已经自成体系了。

现代按摩法的应用范围极为广泛,日常生活、体育运动以及医学方面都可以使用。具体来说,在日常生活中,人们通过按摩来缓解疲劳、防治疾病;在体育运动中,运动员通过按摩来对自己的生理机能进行调节,并以此来对运动伤病进行预防与治疗,从而促进自身运动能力的提高;在医学上,患者通过按摩来促进身体局部功能的恢复。

---

[1] 邹克扬,贾敏. 体育康复[M]. 北京:北京师范大学出版社,2011.

## 二、按摩的常见手法

(一)表面抚摩

1. 方法

双手的掌面或指腹轻轻贴在体表,然后双手活动做直线往返或圆形的擦摩动作。

2. 功效

表面抚摩的常见功效是有助于增强皮肤防护功能;能够促进皮肤细胞的新陈代谢,对衰亡的上皮细胞进行清除;促进汗腺、皮脂腺及神经末梢的生理机能的改善。

(二)深部按摩

1. 方法

单手整个手掌(或掌根、指腹)贴压在皮肤上进行环旋摩擦。也可双手重叠进行按摩。

2. 功效

第一,促进血液循环和淋巴循环,使局部皮肤的营养状况得到有效的改善。
第二,使肌肉挛缩症状得以缓解,松解黏连。

(三)推法

推法包括重推与轻推两种手法,这两者在用力上存在很大差异,但按摩方法一样。

1. 方法

拇指以外的四指并拢,全手置于皮肤上,虎口稍抬,掌根用力沿静脉及淋巴流动的方向向前推动。也可以双掌交叉重叠进行按摩,按摩时主要是大鱼际和掌根部向前推动,推动时保持动作的沉稳,覆盖面要大一些。

2. 功效

第一,轻推法对神经系统具有镇静作用。
第二,重推法能够促进淋巴的流动,使静脉血液的循环得到改善。

(四)捏法

1. 方法

拇指外展,并拢其余四指,手保持钳形。拇指和其余四指握持按摩部位,手指间断相对用力,一捏一放。可以固定捏,也可以移动捏,具体根据需要而定。

2. 功效

第一,可以有效缓解肌肉酸、肌肉胀、肌肉痛以及肌肉痉挛。

第二,通气利血,加快血液循环和淋巴循环。
第三,有助于缓解疲劳和恢复肌肉功能。

(五)搓法

1. 方法

双手手掌将按摩的肢体夹住,手掌相对用力、方向相反,来回进行往返搓动。搓动速度要快,但手的移动要慢一些。保持动作的协调与连贯,根据具体需要来调整手法的力度。

2. 功效

第一,使皮肤、肌肉、筋膜等组织得到放松。
第二,使肌肉痉挛的症状得以缓解,消除疲劳。
第三,促进新陈代谢,促进肌肉功能的恢复和工作能力的提高。

(六)按法

1. 方法

以一只手或双手(双手重叠、并列或相对)的手掌和掌根按压被按摩的部位,大约停留 30 秒的时间。手法的轻重力度应先由轻到重,再由重到轻,循序渐进地调整。

2. 功效

使肌肉得到放松,缓解疲劳,使酸胀、疼痛感减轻,对关节具有一定的整形作用。

(七)揉法

1. 方法

拇指或四指的指腹(或掌、掌根)与身体某一部位或穴位紧贴,做轻缓柔和的环旋揉动动作,使被按摩部位的皮下组织随手的揉动而缓慢滑动。

2. 功效

第一,有助于缓和刺激,从而减轻疼痛感。
第二,有效加快血液循环,有效改善细胞组织的新陈代谢。

(八)弹拨法

1. 方法

拇指的指尖或食、中、无名指的指尖深压被作用部位,做垂直于肌纤维方向的弹拨运动。

2. 功效

第一,对皮肤、肌肉和肌腱造成刺激,加快血液循环,分离黏连。
第二,对慢性损伤和风湿痛进行有效的治疗。

### （九）运拉法

以身体不同的按摩部位为依据，可以将运拉法分为肩关节运拉、肘关节运拉、腕关节运拉、髋关节运拉、膝关节运拉等几种类型，具体方法如下：

1. 方法

（1）肩关节运拉法

一手将被按摩者的肘关节握住，另一手按在其肩部上方，使其肩关节进行外展、内收、旋匀、旋外以及环转运动。

（2）肘关节运拉法

一手将被按摩者的前臂按住，另一手轻托其肘后，使被按摩者的肘关节进行屈伸、旋转运动。

（3）腕关节运拉法

一手将被按摩者的腕关节上方握住，另一手将其手掌中部握住，使被按摩者的腕关节做屈、伸、内收、外展以及环转的运动。

（4）髋关节运拉法

被按摩者仰卧，按摩者一手将被按摩者的小腿下部握住，一手按在其膝关节上，使其膝关节弯曲，并使其髋关节做屈、伸、展、内收以及环转的运动。

（5）膝关节运拉法

被按摩者仰卧，按摩者一手将被按摩者的踝部握住，另一手按在其膝关节上方，使其膝关节弯曲并做屈、伸、旋内、旋外等运动。

2. 功效

滑利关节，松解黏连，促进关节功能的恢复。

### （十）推压法

1. 方法

手指或手掌紧压皮肤，进行向前、向心的直线形推压。

2. 功效

第一，消肿止痛、行气散瘀。
第二，舒筋活络，促进肌肉组织的兴奋。

## 第四节　功能锻炼

功能锻炼也叫"练功疗法"，在古代被称之为"导引"。自古代开始，医学界一直都把功能锻炼当成一种特殊的、重要的治病手段。功能锻炼在治疗运动性损伤方面能够发挥尤为显著的作用。当人体的骨、关节出现损伤，当肢体的功能出现障碍或丧失时，功能锻炼能够在治疗过程中发挥重要作用，对骨和关节的功能恢复有很大的积极作用。

## 一、功能锻炼的形式

### (一)局部锻炼

患者重点锻炼伤肢,通过伤肢的自主活动来促进功能的恢复,同时对关节僵硬、筋肉萎缩进行预防。例如,如果患者是肩关节受伤,可通过耸肩、握拳、上肢前后摆动等方法来恢复肩关节功能;如果是下肢受伤,可通过踝关节背伸、膝关节屈伸、股四头肌舒缩等练习方法来不断恢复。

### (二)全身锻炼

患者进行全身活动,可促进气血运行的通畅,从而可尽快恢复整体脏腑功能。全身锻炼不仅具有防病治病的功效,还可以使方药疗效的不足得到弥补。

### (三)器械锻炼

采用器械进行锻炼的目的主要是使伤肢的功能尽快恢复,促进伤肢力量的增强。手拉滑车、蹬车、铁球等都是器械锻炼中的常用器械。手拉滑车可以促进肩关节功能的恢复;小铁球可促进手指关节功能的恢复。

练功疗法的体位有卧位与立位之分。患者在损伤初期,一般不可长时间站立,因此可进行卧位锻炼;损伤后期,身体好转时,可采用立位方式来锻炼。以练功的动作为依据,可将练功疗法分为气功呼吸及运动肢体的练功法。针对内伤的功能锻炼以前者为主,后者为辅;针对外伤的功能锻炼以后者为主,前者为辅。针对不同的伤肢进行有针对性的训练,不但可以促进患者的康复,还能够促进体力的增强和体质的改善。

## 二、功能锻炼的方法

### (一)上肢功能锻炼

1. 耸肩

(1)锻炼方法

患者保持站立位姿势,健手将患臂的肘后扶托住,然后肩臂向上移动,主动做耸肩动作,可逐渐增加动作弧度,反复练习 25 次左右。

(2)适用范围

肩周炎患者、肩部骨折患者、脱位的中后期患者适宜采用耸肩疗法。

2. 摸壁压肩

(1)锻炼方法

患者面向墙,患肢手掌扶在墙上并慢慢向上移动,然后再做压肩动作,持续 30~60 秒的时间,连续练习次数为 4~8 次左右。

(2)适用范围

肩部损伤患者,肩周炎患者等适宜采用摸臂压肩的练习方法。

3. 肩屈伸、外展

(1)锻炼方法

患者保持立位或坐位的体位姿势,患肢肘部屈曲,健手将患肢肘后部托住,然后尽可能地完成前屈、后伸和外展的动作,反复练习10～20次左右。

(2)适用范围

肩屈伸、外展这一锻炼方法的适用范围与耸肩的适用范围相同。

4. 仰卧击掌

(1)锻炼方法

患者仰卧,伸直双臂并向外展大约80°,掌心保持向上,双臂逐渐向上抬,抬到头部前上方时击掌,然后还原,反复进行10～20次的练习。

(2)适用范围

骨盆、脊柱、下肢等部位骨折的患者适宜采用仰卧击掌的锻炼方法。

5. 前屈后伸

(1)锻炼方法

患者保持立位姿势,两脚分开,双脚间的距离同肩宽,两手自然垂于体侧,肩关节最大限度地做前屈、上举的动作,然后还原并用力向后伸展。

(2)适用范围

前屈后伸这一锻炼方法的适用范围与摸壁压肩的适用范围相同。

6. 冲拳

(1)锻炼方法

患者保持立位姿势,两脚分开,双脚间的距离同肩宽(或取马步半蹲位),双手握拳置于腰部两侧,向前用力做冲拳动作,然后还原,左冲拳和右冲拳交替进行。连续练习20～30次(左右为一次)。脊柱损伤患者、下肢骨折患者可在床上进行冲拳练习。

(2)适用范围

肩、肘损伤患者,下肢、肘、脊柱、前臂等部位骨折患者适宜采取冲拳锻炼方法。

7. 后划臂

(1)锻炼方法

患者保持立位姿势,两脚分开,双脚间的距离稍比肩宽,双手自然垂于体侧,向前适当弯腰,双手向后模拟划水动作,反复做20次左右。

(2)适用范围

肩周炎患者、肩部损伤患者、肘关节脱位患者、骨折患者等适宜采用后划臂的方法来锻炼。

8. 拉锯式练习

(1)锻炼方法

患者做弓箭步动作,健肢托患肢前臂屈肘,向前伸臂、伸肘,然后用力回抽屈肘,从小到大来调整动作幅度。连续进行25次左右。

(2)适用范围

前臂骨折后期患者、肘部损伤患者适宜采用拉锯式练习方法。

9. 牵拉滑车

(1)锻炼方法

患者在滑车装置下保持立位或坐位姿势,双手分别将绳两端抓住,以健肢带动患肢慢慢用力来回牵拉绳子。

(2)适用范围

肩周炎患者;肱骨髁上骨折后期患者及肩部、肘部损伤后期患者适宜采用这一练习方法。

10. 空手握拳

(1)锻炼方法

患者保持坐位或立位姿势,肘部弯曲90°,两手手心保持相对,用力握拳,然后双手十指放松地伸开,重复该动作25次左右。

(2)适用范围

腕舟骨骨折患者、桡骨远端骨折患者适宜采用空手握拳的方法来进行练习。

11. 前臂旋转

(1)锻炼方法

患者保持立位姿势,两脚分开,两手各握一根短棒,肘部弯曲置于腰间,前臂进行旋前和旋后运动,双臂交替进行练习。

(2)适用范围

肘、腕关节损伤患者、前臂及桡骨远端骨折后期患者适宜采用这一锻炼方法。

(二)脊柱功能锻炼

1. 俯卧位体后起练习

(1)锻炼方法

抬头挺胸:俯卧,双手向后伸,挺胸抬头,胸离开床面,再还原,连续进行8~10次。

向后举腿:俯卧,双腿向后举,再还原,连续进行8~10次。

抬头挺胸并举腿:俯卧,挺胸抬腿同时向上举腿,再还原,连续进行8~10次。

(2)适用范围

俯卧位体后起练习适用于腰椎间盘突出患者、腰肌劳损患者及脊柱损伤后期患者等。

2. 拱桥练习

(1)锻炼方法

三点支撑:仰卧,以头和双脚为支撑点,胸部与腹部尽量向上挺,再还原,连续进行8~10次。

五点支撑:仰卧,以头、双肘和双脚为支撑点,胸部与腹部尽量向上挺,再还原,连续进行8~10次。

拱桥:仰卧,以双手、双脚为支撑点,胸部与腹部尽量向上挺,再还原。

(2)适用范围

拱桥练习的适用范围与俯卧位体后起练习的适用范围相同。

3. 颈部活动

(1)锻炼方法

患者保持站位或坐位姿势,双手自然垂于体侧或叉在腰间,头尽可能地做前屈、后伸动作,然后再进行左右侧屈、旋转,分别做5~10次。

(2)适用范围

颈椎病患者、颈部损伤患者等通过颈部活动练习能够取得良好的效果。

4. 腰部屈伸、侧弯

(1)锻炼方法

患者自然站立,两脚分开,双脚间的距离同肩宽,双腿伸直,双手叉在腰间,腰部做前屈、后伸和左右侧弯的动作,分别做15次左右,逐渐增加动作幅度。

(2)适用范围

腰背损伤中后期患者适宜采用腰部屈伸、侧弯的练习方法。

(三)下肢功能锻炼

1. 足踝屈伸

(1)锻炼方法

患者仰卧,两脚分开,双脚间的距离同肩宽,足踝用力背伸、跖屈,反复进行15次左右。

(2)适用范围

髋、膝关节损伤早期患者;股骨、胫腓骨、脊柱等部位骨折患者等适宜采取足踝屈伸的方法来进行锻炼。

2. 股四头肌静力性练习

(1)锻炼方法

患者的患肢关节不活动,股四头肌用力收缩、舒张,反复进行25次左右。

(2)适用范围

股四头肌静力性练习适用于软组织损伤早期患者、关节脱位患者及下肢骨折患者等。

3. 下肢旋转

(1)锻炼方法

患者仰卧,双腿分开并伸直,沿下肢纵轴做内旋和外旋练习,连续进行15次左右。

(2)适用范围

下肢旋转活动适用于脊柱脱位与骨折患者、骨盆骨折伴神经损伤患者等。

4. 髋膝屈伸

(1)锻炼方法

患者仰卧,双腿伸直,脚不离床,单腿尽可能地屈膝屈髋,然后伸直,双腿交替进行练习,左右各做 15 次左右。

(2)适用范围

髋膝屈伸的练习方法适用于脱位损伤早期患者、膝关节损伤后期患者及脊柱骨折患者等。

5. 下蹲

(1)锻炼方法

患者保持立位姿势,面向床,两脚分开,双脚间的距离同肩宽,双手将床缘抓住,慢慢向下蹲,然后起立,连续进行 15 次左右。

(2)适用范围

下蹲运动适用于脊柱损伤后期患者、下肢骨关节损伤患者等。

6. 直腿抬高

(1)锻炼方法

患者仰卧,双脚分开,慢慢向上抬起,然后患肢还原,连续进行 15 次左右。

(2)适用范围

直腿抬高适用于腰肌劳损患者;下肢骨折后期患者;脊柱骨折、脱位患者等。

7. 弓箭步压腿

(1)锻炼方法

患者保持立位姿势,患足在前,健足在后,上身向前倾,双手扶在膝盖上慢慢用力下压大腿,连续进行 15 次左右。

(2)适用范围

弓箭步压腿练习适用于下肢骨、关节损伤后期患者等。

## 三、功能锻炼的要点

(一)辨证施功,分类指导

进行功能锻炼时,患者要以自己的伤病情况(部位、性质、程度)为依据来科学选择有效的练习方法,而且需在医务人员的监督与指导下进行锻炼。在锻炼尚未开始之前,应当制定出各个阶段的康复计划,采取分阶段锻炼的方式,如此才能保证取得理想效果。

(二)循序渐进

在功能锻炼初期,可结合理筋手法来进行练习,并逐渐增加练功次数和练功时间,由小到大调整运动幅度,先练习简单动作,再练习复杂的动作。练习强度以不加剧疼痛或有轻微反应但还能忍受为宜。患者不宜采用粗暴的、被动的活动方法来进行锻炼。一般每天需锻炼2~3次,后期可根据需要适当增加每天的练习次数。

在具体的锻炼过程中,患者的持续练习时间、运动量、运动方式等都不是固定不变的,可具体以损伤的恢复情况、治疗效果及患者自我感觉为依据而进行适当调整。在刚开始练功时,肢体可能会感到轻度疼痛,但之后这种疼痛感会慢慢减轻,且活动功能会逐步增强,如是骨折部位疼痛没有缓解,反而更加剧烈,则应对练功方法进行检查,调整练功形式、运动量或运动时间。下肢骨折患者初步进行功能锻炼时,先从不负重开始,然后逐步负重扶拐进行步行锻炼,最后进行负重不扶拐步行锻炼,总之是要有一个过渡阶段。如果患肢在练习过程中出现肿胀的现象,可将患肢抬高,待消肿后再继续进行负重练习,如此反复多次就能够慢慢适应了。

(三)兼顾全身与局部,动静有机结合

患者进行功能锻炼应以主动活动为主,被动活动为辅,尽可能以健肢带动患肢来进行练功,且注意将局部与整体结合起来。医生应向患者提供指导,将练功的目的、意义及必要性向患者讲清楚,与患者保持良好的互动关系,并引导患者主观能动性的充分发挥,促进患者练功时信心和耐心的增加。

上肢锻炼旨在恢复手的功能。上肢损伤患者在练功时应注意活动手部各指间关节、指掌关节,从而促进各关节活动的灵活性的增加。恢复负重和行走功能、提高下肢关节的稳定性是下肢功能锻炼的主要目的。针对下肢损伤的患者,练功过程中应当着重锻炼臀大肌、股四头肌和小腿三头肌。

(四)合理搭配辅助治疗方法

患者在进行功能锻炼的过程中,可适当地配合一些辅助疗法,以增加治疗效果,尽快恢复受伤部位的功能。常见的辅助疗法有热敷、熏洗、擦药酒或药油等。

(五)注意防寒保暖

在练功时,患者应当密切关注季节变化和气温变化,气温下降时应当做好防寒保暖工作,从而有效防止感冒对伤病治疗产生负面影响。

(六)不做对骨折愈合不利的活动,避免产生新损伤

骨折患者在进行功能锻炼时,要注意避免做不利于骨折愈合的练习动作,否则会引发新的损伤,影响治疗进程。一般来说,做与骨折原来移位方向一致的活动就会造成骨折再移位,这有损于骨折愈合。胫腓骨骨折患者过早进行直腿抬高练习、尺桡骨骨折患者过早进行旋转活动练习等,都容易引发新的损伤。所以,骨折患者在具体的练习过程中,要详细了解每个锻炼方法的功效与适用范围,并虚心听取医生的指导与建议。

# 第五节　保健康复运动处方

运动处方是指导人们参加体锻炼的保障,它不仅提供了体育锻炼的方法,同时还指导体育锻炼者在锻炼过程中应如何避免运动损伤。这对于人们参加体育锻炼是非常有利的。本节着重对

保健康复运动处方的概念、分类、内容、特点、功能、制定程序进行阐析。

## 一、运动处方的概念

运动处方是对运动锻炼者或康复患者,根据医学资料,按其健康、体力以及心血管功能状况,用处方的形式对运动种类、运动强度、运动时间及运动频率作出规定,将运动中的注意事项提出,以对人们科学参加体育锻炼或进行身体康复活动进行指导的一种方法。[①] 一个合理的运动处方对体育锻炼者身体素质的发展具有重要的作用及意义。这主要表现在以下几个方面:

(1)良好的运动处方能有效改善体育锻炼者的身体状态,提高体育锻炼者的身体素质,同时还能预防各种疾病,如肥胖症、高血脂、冠心病等。

(2)体育锻炼者按照运动处方的内容进行身体锻炼能有效提高综合运动能力,为掌握各种运动技能打下良好的基础。

(3)体育锻炼者按照事先制定好的运动进行体育锻炼,能有效避免运动损伤,提高身体锻炼的安全性。

## 二、运动处方的分类

在持续完善运动处方的过程中,始终强调的一点是身体状况不同的人区别选择锻炼方法,当锻炼目标不尽相同时,同样应当区别选择锻炼方法,尤其是患有疾病的体育锻炼者更应该以运动处方为依据进行科学的锻炼与治疗。保健康复运动处方的常见分类如下:

(一)以构成体质的要素为分类依据

1. 调节人类心理状态的运动处方

人的心理是否健康直接影响人的身体健康,因此维持心理健康十分重要。心理健康的人往往情绪比较稳定、正常,其生理功能能够得到正常的发挥,并能够对各种刺激(来自内环境与外环境)进行良好的适应。对健心运动处方的制定很有必要,它能够对体育锻炼者的心理健康进行指导与促进。

2. 有助于提高身体机能的运动处方

人身体的各个器官、各个系统以及人整体等多方面呈现出来的生命活动现象就是所谓的身体机能。[②] 针对人体的身体机能对运动处方进行相应的制定有利于促进人体各器官与系统功能的大幅增强与充分发挥。

3. 有助于改善身体形态的运动处方

身高、体重、三围、坐高等指标都能够对人的身体形态进行反映。针对人的身体形态对相应

---

① 董晓红. 运动健身学[M]. 杭州:浙江大学出版社,2006.
② 同上.

运动处方进行合理的制定有利于指导锻炼者改善自身的身体形态。

4. 有助于增强适应能力的运动处方

当人们所处的周边环境有所改变时,其会或主动或被动地调整自己的状态,使自己与改变了的环境相适应。针对体育锻炼者适应能力而制定的运动处方能够促进人们适应能力的不断提高,使人们在环境发生变化后及时调整状态,尽快适应新环境,以起到保护自己的积极作用。

5. 有助于发展身体素质的运动处方

身体素质具体是指力量、耐力、速度、灵敏、柔韧等人体肌肉活动所呈现出来的能力。人体需要不断对新的环境进行适应,而适应新环境就需要人体具备一定的身体能力,身体能力的重要因素就是各项身体素质。针对身体素质所指定的运动处方能够促进体育锻炼者身体素质的全面发展。

(二)以锻炼的器官系统为分类依据

1. 心血管系统的运动处方

心血管系统的运动处方能够促进运动锻炼者心血管系统功能的提高,同样有利于对高血压、冠心病等疾病的防治。

2. 神经系统的运动处方

神经系统的运动处方能够有力地促进神经系统功能的提高与改善,使一些神经系统疾病得以防治。

3. 呼吸系统的运动处方

呼吸系统的运动处方能够促进健身锻炼者呼吸系统功能的不断提高与改善,使一些呼吸性疾病(气管炎、哮喘等)得以有效地预防与治疗。

4. 运动系统的运动处方

运动系统的运动处方能够促进体育锻炼者运动系统功能的提高与发挥,使关节炎、颈椎病等疾病得以有效的防治。

5. 消化系统的运动处方

消化系统的运动处方有利于体育锻炼者消化功能的提高与改善,使消化不良的症状得到有效的预治。

(三)以实施运动处方的环境为分类依据

1. 学校锻炼运动处方

学校锻炼属于区域性的体育活动之一,它开展的物质基础就是学校的体育设施。参与这项活动的主体是全校的学生。学校锻炼运动处方指的是以学校环境与锻炼条件为基础而确定的运动处方。具体在安排运动处方的内容时,要对学生的性别、年龄及身心特点进行充分的考虑,此外还要以学校所处的周边环境、软硬件设施与物质条件为具体依据。

2. 家庭锻炼运动处方

家庭锻炼指的是主动体育锻炼者——家庭成员在其所居住的环境中进行身体锻炼的活动。家庭健身运动处方顾名思义就是针对家庭锻炼而制定的运动处方。[①] 家庭条件、家庭成员的性别、年龄、身心特征等是对家庭健身运动处方进行制定的主要依据。

3. 健身俱乐部锻炼运动处方

健身俱乐部锻炼运动处方指的是通过对俱乐部的条件加以利用而制定的运动处方。在健身俱乐部依据运动处方所进行的练习主要包括器械练习与舞蹈练习。

## 三、运动处方的内容

(一)运动项目

1. 体育锻炼项目的类型及功能

大体上,我们将体育锻炼项目分为三类,即伸展柔韧性运动、抗阻力量性运动和有氧耐力性运动。[②]

(1)伸展柔韧性运动

伸展柔韧性运动主要功能是对呼吸的节奏与频率进行调整。常见的这类运动有医疗体操、健美操(慢节奏)和养生气功(八段锦、导引术、六字诀、五禽戏等)。

(2)抗阻力量性运动

抗阻力量性运动的主要功能是促进体育运动参与者力量的增强,塑形美体。这类运动常见的练习有阻抗法力量练习(利用橡皮筋与弹簧的阻力)和负重法力量练习(利用杠铃、哑铃等的力量)。

(3)有氧耐力性运动

有氧耐力性运动的主要功能在于促进体育锻炼者有氧工作能力的不断提高与改善。这类运动中常见的运动形式有:有氧舞蹈、自行车、走(慢走、快走与竞走)、跑(慢跑、健身跑、跑步机上跑)、走跑交替等。

2. 选择体育锻炼项目的原则

体育锻炼项目多种多样,然而却没有一个十全十美、完全没有瑕疵的完美运动项目,可以说任何一项体育锻炼项目都是有不足与缺点的,都是长处与劣势并存的。

---

① 陈文鹤. 健身运动处方[M]. 北京:高等教育出版社,2014.
② 同上.

例如，如果年轻人身体状况良好，就可以通过参与稍大强度的跑步运动来提高自身的心血管机能，然而参加强度大的跑步运动持续较长的时间后，就会损害机体的免疫机能。再如，太极拳运动的动作柔和缓慢，没有较大的运动负荷，人们参与其中能够促进免疫机能的良好发展，然而，因为太极拳运动没有较大的运动强度，因此对改善心血管机能的作用却不大。

体育锻炼者在对锻炼项目做出选择时，需要以个人的体育爱好、身体情况、运动能力、周边环境、经济实力、家庭条件等因素为依据进行具体的选择。通常选择的锻炼项目不要过多，两三个即可。所选的运动项目最后属于不同类别的，以便他们之间能够相互补充对方的不足与缺点，并促进身体素质的全面发展。例如，体育锻炼者可以在完成跑步运动后做太极拳运动的练习，这样不但可以促进心血管机能的改善，同时也可以促进免疫机能的发展。

从上述可知，选择体育锻炼项目的主要原则就是以运动目的、身体水平及运动能力为依据和参照进行选择，在体育锻炼项目的三种类型中各选一种进行参与。如果受一些因素的影响而无法选择三种不同的锻炼项目时，就要以有氧耐力性运动项目为主，以此来促进身体健康水平的不断提高和身体素质的不断发展。

此外，体育锻炼者要注重身体中大肌群对运动的参与，在选择运动项目时，要充分结合动力性和静力性两种运动，结合局部和全身两种运动，主要参与的是全身动力性运动，同时以局部静力性运动为辅助运动。[①]

有些人没有任何参加体育锻炼的经验，或者参加运动锻炼的经验很少，这些人在选择锻炼项目时应该主要选择周期性运动，这类运动没有复杂的动作，而且其能够控制运动强度；当然，个人的体育爱好和能力习惯也是需要考虑的因素。在一定时间段内，体育锻炼者选择的运动项目应当处于稳定状态，有效防止因过度更换造成的身体不适，同时多次更换会改善锻炼效果有负面作用，同时不可以长时间不更换运动项目，原因在于锻炼者在长时间内参与一种运动往往会出现疲劳。

(二)运动时间

1. 适宜的运动时间

体育锻炼者参与锻炼的效果会受到运动持续时间的直接影响。通过体育锻炼，能够将一种良性的刺激作用于人体，如果这种刺激作用于人的时间较长，就会使人体在多方面都对其产生适应性，如生物化学和机能方面、形态结构方面等，这就会相应地改善人体的身体健康状况和提高人体的运动能力。所以说，只有持续一定时间的体育锻炼，才能获得明显的锻炼效果。

运动生理学方面的专家认为，体育锻炼的效果不仅与运动强度有着十分明显的关联，而且也会受到运动持续时间长短的影响，持续时间甚至在一定程度上会对锻炼效果产生决定作用。专家认为，体育锻炼者要想取得良好的锻炼效果，每天通过运动锻炼消耗的热能不能低于200千卡。现在，我国提倡人们每天利用一小时时间来参与体育锻炼运动，每天一小时的运动时间与运动生理学理论是相符的，有利于锻炼效果的取得。有些锻炼者每天只进行十几分钟的运动，这就会因为运动时间太短而无法取得良好锻炼效果。

有一点需要强调，虽然倡导锻炼者要持续一定时间的运动，但并非持续时间越长，就能取得

---

① 陈文鹤. 健身运动处方[M]. 北京：高等教育出版社，2014.

越好的锻炼效果,时间过长就会在锻炼中感觉到疲劳,甚至会对身体造成损害。有些锻炼者对某项体育运动特别沉迷,所以就会花费很长时间来参与其中,但他并不一定能获得良好的锻炼效果,甚至会造成相反的结果。无论参与哪种类型的运动,持续时间过长都会对身体机能产生损害,对参与者的身体健康带来不利影响。

2. 每天一次持续时间较长的运动

每天参与一次持续时间较长的体育锻炼运动是最为合理的选择,这主要是从两个角度出发考虑的,即时间成本和锻炼效果。如果一个人每天进行两次体育锻炼运动,而每次持续的时间是半小时,而另一个人每天进行一次体育锻炼运动,而每次持续一个小时的时间,那么,前者所获得的锻炼效果一定不如后者。

体育锻炼者每天在进行持续时间较长的运动锻炼时,首先要将准备活动做好,而且在结束长时间的运动锻炼后,也要进行一些放松性的小活动。然而,有些年轻人每天忙于家庭与工作,没有充足的时间参与健身运动,更没有时间进行持续较长时间的体育锻炼,所以,他们只能在下班后的空余时间进行体育锻炼,其实,他们也可以通过步行、跑步上班来代替坐车,这样也可以锻炼身体。然而一天进行几次短时间的运动是无法取得良好健身效果的,而且还会浪费不必要的时间,因此说每天进行一次长时间运动能够减少时间成本,并且能够获得良好的锻炼效果。

除此之外,人们通常会将体育锻炼的时间安排在清晨、傍晚和夜间,其实在这三个时间段进行锻炼所取得的体育锻炼效果是不会有很大差别的。如果所居住的城市环境良好,早晚没有很明显的空气质量差,就几乎不会对运动锻炼效果造成影响。有些人在夜间锻炼之后就会影响睡眠质量,造成失眠现象,这类人就不要选择在夜间锻炼,但有些人不会影响到睡眠,所以夜间运动也是可取的。

(三)运动强度

健身运动者在进行健身运动过程中,安全性与健身的效果都会受到运动强度的直接影响。体育锻炼的效果与安全这两个方面是一个矛盾的双方,二者是对立统一的关系。通常而言,健身效果是与运动强度成正比的,即后者越大,前者越好。这是当运动强度在一定范围内时成立的。但是,如果体育锻炼者以过大的运动强度进行体育锻炼,就会对安全造成一定的影响与威胁。因此体育锻炼者需要以自己的身体状况与运动能力为根据来对运动强度进行确定,保证体育锻炼中运动强度的适应性,这样不仅能够使安全得到保障,而且能够促进良好健身运动效果的获得。

1. 选择适宜的运动强度

有很多方法都能够对运动的强度做出判定,下面作简单阐述。
(1)通过最大吸氧量的百分比衡量
通常而言,身体处于健康状态的人的运动强度大约占最大吸氧量的60%～70%,如果是老年人或者患有疾病的人,其运动强度大约占最大吸氧量的40%～60%。
(2)通过无氧阈表示
运动强度通过无氧阈来表示的优点是:运动强度在达到无氧阈之前乳酸还没有在体内堆积,

所以，机体不容易出现疲劳，能够将运动的时间进行适度的延长；呼吸不通畅或难以正常呼吸的情况不容易在运动中出现；不需要进行最大运动量就能够对运动中的氧代谢能力进行测定，具有客观性及安全性的特点；能够在结束运动一段时间后再对无氧阈进行测定，比较运动前后反映出的变化，以对运动效果做出判定。

(3) 通过自我感觉衡量

伯格是提出运用自我感觉对运动强度做出判定的第一人，因此这一方法又称为"伯格指数"。这一方法的使用需要对主观劳累程度进行等级划分。最大吸氧量的60%在伯格指数中对应的是13分。

(4) 通过靶心率判定

一般来说，最大运动强度时的心率就是最大心率。运动强度达到最大时，心脏已经将自身的功能发挥到了最大限度。靶心率指的是人体完成最大做功的60%～70%时的心率，运动适宜心率是靶心率的又一说法。据研究表明，人体运动的心率控制在靶心率范围内时，运动健身的效果较好，而且能够使身体的安全得到有力的保障。特别对老年人的身体健康更有利。60岁以上同时患有慢性病的老年人，通常适宜的靶心率为170减去年龄的值，即靶心率＝170－年龄。

(5) 通过卡沃内公式表示

卡沃内公式也是对运动强度进行判断的主要方法。适宜的运动强度是人体运动中的心率等于下列计算结果的时候。

$$最大心率=(220-年龄)\pm10(次/分)$$

(6) 通过代谢当量表示

"梅脱"是代谢当量的值，人体处于静止状态时，1梅脱相当于每千克体重在每分钟吸3.5毫升的氧量。通常可以通过梅脱值来对机体的运动耐受能力进行判断。代谢当量的梅脱值能够通过运动负荷试验中所测得的最大吸氧量进行折算，人体的最大运动能力能够通过代谢当量的梅脱值反映出来。倘若一个从事体育锻炼的人最高代谢当量值（最大运动能力）小于5梅脱，就表明他的运动耐受能力处于很低的水平；如果最高代谢当量值等于5梅脱，那么他在日常生活中所进行的活动会受到一定的限制；如果最高代谢当量值等于10梅脱，就说明其身体较为健康；如果最高代谢当量值等于13梅脱，身体健康水平高；如果最高代谢当量值等于18梅脱，就是有氧运动水平；如果最高代谢当量值等于22梅脱，其运动水平与优秀的运动员相当（表8-2）。

表8-2　最高代谢当量值与身体健康水平的关系

| 代谢当量的梅脱值 | 机体的运动耐受能力 |
| --- | --- |
| ＜5 | 身体健康水平最差 |
| ＝5 | 日常活动会受到限制 |
| ＝10 | 身体较为健康 |
| ＝13 | 身体健康水平高 |
| ＝18 | 有氧运动水平 |
| ＝22 | 身体水平相当于优秀的运动员 |

人体的心功能及其能够进行的运动水平也能够通过最高代谢当量进行评价。运动强度同时也可以用代谢当量的梅脱值表示,以梅脱值为依据对运动处方进行制定。因为人体处于运动阶段时难以对心率进行准确测量,而且一些体育锻炼者事先服用了心血管药物,所以,心率测试结果难以对运动的情况进行直接反映,因此可以用梅脱值来对运动强度进行表示。

2. 不要随便改动运动强度

一旦确定运动强度,就不建议对其做随意改动。在运动过程中,体育锻炼者同样不可以随意改动运动强度。如果体育锻炼者的运动方面的系统存在缺陷,或者心血管机能有问题,就更不能改动运动负荷了,要对运动处方中规定的运动强度严格加以遵守,以此为依据来参与体育锻炼。优秀体育锻炼项目的运动强度富于变化,起伏不定,稳定性较差,所以患有身体疾病尤其是慢性疾病的体育锻炼者是不适合参与竞争十分激烈的体育运动的。

有些学校、单位或俱乐部会组织与举行一些运动项目的比赛,如长跑,在比赛中获得胜利或者前几名的参与者会获得奖品。虽然这一比赛较为随意,不够正式,而且奖品也是很普通,没有特别丰厚的奖品。但是这仍是带有竞争性质的一项比赛,参与者为了获得荣誉与奖品而全身心投入其中,可能会以超过自身所能承载的范围的运动强度来进行比赛,这就有可能导致安全事故的发生。

为了避免发生安全事故,学校、单位与俱乐部在举行长跑比赛时,可以用健步活动代替长跑比赛,不管参与者是将这段规定的路程走完还是跑完,都会获得同样的奖品,这样就把活动的竞争性给弱化了,不管运动能力高低,不管身体素质好坏,参与者都可以自己的实际情况为依据来确定运动强度,并依此来参与其中。

学校或单位在对需要群体参与的体育活动进行组织与举办时,需要事先评估参与者在运动过程中可能会出现的风险,要对制约运动正常举办的因素进行确定,如此,每一个参与者都会充分考虑自己的身体情况,考虑自己的运动能力,在对这两方面进行考虑的基础上来完成活动规定的任务,这样安全问题便有了保障。

(四)运动密度

1. 每天和每周的运动密度

人们应该尽可能地每天都参加体育锻炼,将它作为一种习惯长久地坚持下去。人们应该将体育运动当作生活中的一个重要部分,要学会对其进行享受,而不是将其当作一种压力与负担被动地参与其中。运动密度由每天的运动密度和每周的运动密度组成。

(1)每天的运动密度

确定每天的运动密度时,要以体育锻炼者自身的体育爱好和生活与工作情况为依据。很多人都会忙于工作,锻炼的时间很少,每天抽出一个小时持续进行运动是比较困难的,这时他们可以分开来锻炼,但是分开的时间总和要比一小时多,这样才能保证良好锻炼效果的取得。

(2)每周的运动密度

对于每周的运动密度,通常而言,体育锻炼者每天至少要有五天时间参与运动,这样才能使身体健康状况得到改善。

## 2. 周末运动不可过猛

一些年轻人在工作日没有时间参加体育锻炼,所以只能利用星期天来运动,而且他们往往会在星期天从事一些特别激烈的运动,这样的锻炼安排是不科学的。虽然这些人周末进行了长时间、大强度的体育锻炼,然而仅靠周末的运动是无法达到每周适宜运动量的,这样也就无法取得良好的锻炼效果。此外,这些人工作日没有时间运动,而星期天大强度运动,这会导致其机体与生理的失衡,而且很可能会发生运动损伤的现象。他们在过完周末后,机体因为承受了过多的负荷而处于疲劳状态,恢复就要花费很长时间,因此就会影响工作效率。

## 3. 合理安排运动间歇时间

人们在进行体育锻炼的过程中,一定会在中途休息,这一部分休息的时间就是间歇时间。体育锻炼者要以自己的健康情况和所参与的体育运动的特点为依据来对间歇时间的长短和间歇次数做出安排。如果从事的是大负荷力量性的练习,就要按规定确定间歇时间和次数。要合理安排运动间歇时间,严禁对下一组的练习质量产生消极作用。

### (五)注意事项

## 1. 准备活动要充分

进行体育锻炼之前,要做好充分的准备活动,主要原因是准备活动能够促进肌细胞内代谢酶的活性的提高;能够促进内脏器官特别是心血管系统的机能水平的提高;能够使锻炼过程中肌肉收缩的能量供应得到保障;以预防发生肌肉拉伤的现象。

## 2. 不宜空腹晨练

一些锻炼者通常在早上不吃早餐的情况下就去锻炼身体,这一锻炼习惯是不利于身体健康的。人体在前一天吸收的营养物质在经过一整晚的消化吸收后,机体处于低代谢状态,如果在次日进行锻炼之前,机体不补充食物,心脑血管疾病就很容易产生。所以,锻炼者在早晨参加体育锻炼之前,尽量不要空腹运动。特别是一些得了慢性病的锻炼者更不适宜空腹锻炼。但是饱腹运动也不科学,吃得过饱健身,就会使机体各部位得不到充足的供血,影响机体功能的正常发挥。如果锻炼者患有高血压及心脑血管疾病,那么早晨锻炼之前需要先吃一些降血压的药物。

## 3. 不宜饭后立即锻炼

人的胃在吃饭后会十分充盈,人在自己的胃处于这一状态下步行时,容易导致消化道缺血现象的发生,胃肠得不到顺利消化,功能性消化不良疾病可能由此产生。倘若吃的食物过多,胃肠负担有所加重,胃下垂等疾病发生的概率就会上升。如果锻炼者患有心脑血管疾病,饭后锻炼更是万万不可的,这是由于吃饭后脑部血流不足,如果马上进行锻炼会更加减少心脑的血液供应量,这会使心脑血管疾病不断加重。有关专家建议,饭后40分钟是最适合锻炼的时间,如果要进行大强度持续时间长的锻炼,就需要在2~3个小时后进行锻炼。

4. 注意科学补液

(1) 补液原则

补液原则的要点是重预防、少量多次、补大于失。具体来说,重预防是指补水可以使脱水和运动能力下降的现象得到避免;少量多次是指补水时要少量多次,不要一次喝大量的水,这会引起肠胃不适,而且不利于心血管系统功能的正常发挥;补大于失是指水的补充量要大于消耗量,这样才能使体育锻炼者的运动能力得到保障,并有利于体力的恢复。

(2) 补液的方法

① 运动前补液

在进行锻炼之前,锻炼者可以饮用含有部分糖和电解质的饮料,要以具体情况为依据对补充的量进行确定,锻炼前两小时补充含电解质和糖的运动饮料的量为400～600毫升。每次补充100～200毫升的饮料。

② 运动中补液

运动过程中锻炼者会大量出汗,运动中补水主要是为了防止脱水。运动中补水也要遵循少量多次的原则,每隔15～20分钟补充一次,每次补充150～300毫升含糖和电解质的饮料。每小时补水的总量要少于800毫升。

③ 运动后补液

运动后补水也称"复水"。运动过程中,锻炼者补充的液体通常要比流失的少,所以要在运动后及时将流失的液体补充回来。运动后补水也不能毫无克制地大量补充,含有糖和电解质的运动饮料是比较适宜的液体。

5. 冬天锻炼要注意保暖

在冬天进行锻炼时,如果体育锻炼者选择小强度的项目进行锻炼,着重需要保暖的部位是肢体末端;如果选择大强度运动项目进行锻炼,在锻炼中就会有很多热量产生,出更多的汗,这时要注意不要穿戴过多,以便汗能够蒸发。但是结束锻炼后,要注意保暖,避免感冒。

6. 慢性病患者要保证自身安全

体育锻炼者在进行一定时间的锻炼之后,就会在呼吸系统与心血管机能中出现一些不适,主要表现为呼吸不通畅、肌肉酸疼等。当他们身体上出现这种现象后,如果没有停止运动,继续按照先前的强度进行锻炼,这些不适感就会不断地消失不见,这时体育锻炼者处于重新振奋的状态,与初始振奋状态相似。

患有心血管系统慢性疾病的体育锻炼者,他们在锻炼过程中会感到呼吸不通畅、胸闷等,这主要是由于他们所安排的运动强度超出了心脏能够承受的范围,导致不能提供充足的心肌供氧量。当出现这些症状时,应该停止锻炼,将运动强度降低后继续锻炼,如果严重的话,需要及时送医。

7. 把讲究卫生贯彻在各个环节

当人体处于运动状态时,会加快体内物质代谢的速度与进程,这离不开环境对其造成的影响。所以,环境卫生在运动锻炼中需要特别强调。例如,运动场所的空气是否浑浊、地面是否平整、游泳时水质是否有污染等。如果空气中含有大量的污染物,这会对人体健康造成不利的影响,所以在污染严重的环境中锻炼不可取。如果室外是雾霾天气,也不适合锻炼,最好在室内锻炼。

8. 在锻炼过程中,应保证身心健康和社会适应处于和谐状态

现代健康的概念具有全面、广泛与多元的特点,涵盖了生理、心理及社会三个主要方面。在健康的三个主要内涵中,一个人生理与心理的健康状况对其社会适应性具有决定性影响。身体健康以心理健康为精神支柱,心理健康又以身体健康为物质基础。一个体育锻炼者如果其在心理方面具有良好的情绪,那么就有利于促使自身的生理功能同样处于良好状态,反之,如果情绪状态较差,那么就会影响到生理功能的发挥,从而导致疾病的产生。有些心理问题也是由于身体状况不稳定而导致的,生理有缺陷、疾病的人通常会表现出一些不良的情绪,如焦虑、烦恼甚至是抑郁等。人的身心是统一的,身体健康与心理健康是互为影响的,紧密连接的,因此在体育锻炼过程中要注意身心的和谐与健康,从而促进社会适应性的增强。

## 四、运动处方的特点

(一)科学性

在制定运动处方的过程中,一定要严格按照运动医学、临床医学与运动科学的知识与原理进行,要保证运动处方的科学性、可操作性和实效性。大量的实践与事实证明,体育锻炼者按照运动处方进行运动锻炼,能很好地增强自己的身体素质,防治疾病,提高社会适应性。

(二)目的性

截至当前,体育锻炼者可以选择的运动锻炼项目包括很多种,但任何一种运动项目的运动处方都具备尤为明确的目标。例如,旨在实现健康促进目标的运动处方,往往以强身健体与娱乐为主要目标。

(三)计划性

由于运动处方是按照一定的目标而制定的,因此具有较强的计划性。体育锻炼者依据运动处方进行运动锻炼,可使运动负荷量安排得当,锻炼得法,做到心中有数,同时也能提高运动兴趣,并逐渐养成终身运动的习惯。

(四)针对性

运动处方不是随意和任意指定的,其制定一定要有针对性。在制定运动处方的过程中,要针对运动者个人的健康状况、体能水平、兴趣爱好等实际情况进行,制定的运动处方要有一定的针对性和个性化。这样的运动处方才具有良好的适应性与健康促进的作用。

(五)安全性

体育锻炼者按照针对性和实用性较强的运动处方进行锻炼,所花费时间不多,但能收到明显的成效。体育锻炼者在参加运动锻炼后,还要对运动负荷量和运动效果进行及时的评价,以积累运动的经验和避免运动损伤的发生。

## 五、运动处方的功能

运动处方是健身者进行身体活动的指导性条款,它主要根据运动者的体能水平和健康状况以处方形式确定其活动强度、时间、频率和活动方式。与一般的治疗方法相比,运动处方的效果更为明显,其功能及作用主要表现在以下几个方面:

### (一)提升人体免疫力

人体有一套免疫系统,通过免疫系统,人们能够保持机体的相对平衡,进而为参加各种活动提供保障。但是如果免疫功能出现异常情况,就会导致机体的生理失衡,进而影响到整个机体的正常生理状态,人的抵抗力就会大大降低,容易导致各种疾病。

体育锻炼者根据已制定好的运动处方参加运动锻炼,能有效增强人体的免疫力,有效避免运动损伤。合理适宜的运动负荷可以对机体中枢神经、呼吸、心血管、内分泌等系统产生刺激,从而使这些系统产生形态和功能上的适应性变化,进而使人体的免疫系统得到增强。

### (二)改善心肺功能

从整体来说,绝大多数保健康复运动处方都会选择中等强度的有氧运动。有氧运动的作用反映在两个方面:一方面,可以降低安静时的心率;另一方面,可以增强心脏的收缩力量,增加每搏输出量,提高心血管功能。

体育锻炼者按照运动处方参加运动锻炼,可以有效增强肺部组织的弹性、提高肺活量和增加机体的摄氧量,全面改善呼吸系统的功能状况。相关研究表明,经常参加运动锻炼的人其肺活量比不经常锻炼人的肺活量要高出 500~1 000 毫升。

### (三)预防和治疗现代文明病

人类在享受现代文明带给我们便利和实惠的同时,也受到现代文明病的侵蚀。在如今强烈的竞争条件下,人们长时间的紧张导致了抑郁、焦虑、恐惧等心理疾病,现代工作条件的改善和生活水平的提高使人们肢体因缺少锻炼而导致颈椎病、肩周炎、肥胖症、冠心病、高血压、高血脂等各类疾病接踵而至,威胁着人类的健康。在这样的背景下,参加运动锻炼就成为治疗现代文明病的最为有效的方式,但是如果没有一定原则与方法的盲目的运动锻炼则会对机体产生较大的伤害,得不偿失。而制定符合自身实际情况的运动处方恰好能够满足人们的这种需求,这也是保健康复运动处方的主要价值。

## 六、运动处方制定的程序

### (一)运动处方制定的原则

1. 安全性原则

运动处方的制定要结合体育锻炼者的具体实际情况而定,最主要的是要保证体育锻炼者的安全。在制定运动处方时,首先要对体育锻炼者进行全面的健康诊断和体力测试,保证运动锻炼的安全,这样可有效避免运动损伤的发生。另外,还要严格遵循运动处方的各项规定和要求,合理选择运动负荷,保证运动锻炼的科学性和安全性。

2. 针对性原则

由于每名体育锻炼者的具体情况都是不同的,在这样的情况下,不同年龄、不同体质、不同疾病的人群需要不同的运动处方,否则不但达不到锻炼的效果,甚至还会出现运动损伤。因此,制定运动处方时,必须因人而异,要有一定的针对性。如老年人和年轻人如果用同一种运动处方,老年人很可能完成不了,而年轻人则达不到应有的锻炼效果,对双方来说都是不利的。况且,每个人的身体状况都是不断变化的,任何人不可能永远都按照同一个运动处方进行锻炼。由此可知,制定运动处方应当密切联系个人的实际情况,达到量身定制、区别对待的要求。这就是运动处方的针对性原则。

3. 渐进性原则

渐进性原则是指运动处方要根据体育锻炼者体质增强的规律而定,在实施运动处方时要求根据个人的体质状况由小到大逐步增加运动负荷,遵循循序渐进的原则。渐进时间和每次渐进的量应按照负荷和有效价值阈所规定的时间合理确定渐进的指标,并且按照每个指标安排渐进的幅度和阶段时间。

运动处方的渐进性原则主要是指按照循序渐进的性质、遵循超量恢复的法则来逐步提高运动负荷量。如果在锻炼的过程中仅按照一个运动处方进行锻炼,是不可能有效达到运动锻炼的目的的。而突然进行一次大强度、长时间和多次重复的锻炼,则会违背循序渐进的宗旨,不仅达不到应有的锻炼效果,有时甚至还会造成运动损伤,影响下一步的锻炼计划。

4. 全面锻炼性原则

人体是大脑皮层统一调节下的有机体,其中包括多个系统,并且每个系统之间都是互相联系和互相促进的,各个系统都有自己的功能,不可互相替代。因此,在进行运动锻炼时,必须要按照运动处方进行,本着全面锻炼的原则,对身体各个部位进行锻炼,从而获得身心的全面发展。在锻炼的过程中,体育锻炼者还要结合运动锻炼的目标合理选配饮食结构,以保证营养物质与运动目标的有机结合,促使机体与运动目标协同发展。

5. 可操作性原则

制定运动处方时需要对锻炼者所处环境与实际的锻炼条件进行充分考虑,对体育资源加以充分利用,对可操作性强的运动处方进行制定,保证运动锻炼的科学性和有效性。制定出的运动处方必须要有一定的可操作性,否则体育锻炼者就无法按照运动处方开展运动锻炼活动,就更谈不上运动锻炼的效果了。

(二)运动处方制定的程序

制定运动处方时,需要掌握四个步骤,即健康调查与评价、运动试验、体质测试及处方制定。各个步骤的具体内容一定要考虑清楚,要结合自身的具体实际进行。

1. 健康调查与评价

健康调查与评价的主要目的就是为了了解锻炼者的基本健康状况和运动情况。需要了解和掌握的基本情况如下所述：

(1)询问病史及健康状况

既往病史、现有疾病、家族史、身高、体重、目前的健康状况、疾病的诊断和治疗情况等。

(2)了解运动史

体育锻炼者的运动经历、运动爱好和特长、过往运动锻炼中是否发生过运动损伤等。

(3)了解运动目的

了解体育锻炼者的运动目的和动机，对通过运动来改善健康状况的期望等。

(4)了解社会环境条件

体育锻炼者的生活条件、学习及工作环境、可利用的运动设施和条件、有无健身和康复指导等。

2. 运动试验

运动试验往往需要密切联系检查目标和被检查者的实际情况。运动试验的应用范围具体如下：

(1)为制定运动处方提供必要的依据，提高运动处方的安全有效性。

(2)评定体育锻炼者体能素质。

(3)评定体育锻炼者心脏的功能状况。

(4)用于冠心病的早期诊断，及评定冠心病的严重程度及心瓣膜疾病的功能。

(5)运动试验可用于发现运动诱发的心律失常，其检出率比安静时的检查高16倍。

(6)运动试验可用来作为康复治疗效果的评定指标。

在时代持续发展的大背景下，运动试验的应用范围同样在不断拓展。在现阶段，逐级递增运动负荷的方法在运动试验中开始得到采用。测定时需要对跑台和功率自行车进行借助。递增负荷运动试验指的是，在试验的过程中，将负荷强度逐渐增加，同时对某些生理指标进行测定，直到受试者达到一定运动强度的一种运动耐量试验。[①]

3. 体质测试

在保健康复运动处方中，体质测试是选择运动项目、安排运动强度、安排运动密度、制定运动处方的关键性依据。体质测试的常见内容如下：

(1)运动系统测试

运动系统的测试主要是肌肉力量的测试，主要包括手法肌力测试和围度测试两种。

①手法肌力测试

让受测试者在适当的位置，肌肉作最大的收缩，使关节远端作自下向上的运动，同时由测试者施加阻力或助力，以此来观察受试者对抗地心引力或阻力的情况。

②围度测试

围度测试方法是根据肌肉力量的大小与肌肉的生理横断面有关的生理常识来测试肌肉力量

---

① 董晓红. 运动健身学[M]. 杭州：浙江大学出版社，2006.

的方法。这种测试的指标主要有：上臂围度、前臂围度、大腿围度、小腿围度、髌骨上5厘米的围度、髌骨上10厘米的围度等。

(2)心血管系统测试

心血管系统测试主要包括静态检查和动态检查两种。测试的指标主要有：心率、血压、心电图等。通过心血管系统测试，可以有效测试出受试者的心脏功能，帮助其制定出科学的运动处方。

(3)呼吸系统测试

呼吸系统测试的内容有很多，主要包括：肺活量测定、通气功能检查、呼出气体分析、屏气试验、日常生活能力评定等。

呼吸系统测试能很好地测试出人体的运动能力，对于一些有氧运动项目来说，呼吸系统的功能非常重要，因此进行呼吸系统测试是非常有必要的。

(4)有氧耐力测验

有氧耐力测验的内容主要包括走、跑、游泳三种方式。目前，常采用的测试方式有定运动时间的耐力跑和定运动距离的耐力跑。

科学完成以上四个步骤的测试，往往能够大体掌握受试者的健康情况、体力水平、运动能力等，只有密切联系锻炼者实际情况才能够制定出科学、有针对性地保健康复处方，最终对有序开展运动锻炼活动提供保障。

4. 制定处方

通常以上述测试结果为依据可以对体育锻炼者的身体健康状况进行了解，同时也可以对锻炼者的体力水平及运动能力的限度等进行掌握，然后以这些实际情况为依据对运动处方进行制定，运动处方中的内容见本章第三节。

制定保健康复运动处方的注意事项具体如下：

(1)事先将身体检查和准备活动做好

在对运动处方进行制定之前，要检查锻炼者的身体，测定其体力情况，以此来对锻炼者的身体基本情况和其能够承受的运动负荷进行把握，这有利于使体育锻炼的安全性得到保证。准备活动也是必须要做到位的，不要过于追求锻炼效果而忽视了准备活动的重要性。

(2)科学确定处方的运动负荷

科学确定处方的运动负荷的注意事项是：体育锻炼计划的制定要充分运用运动医学及运动生理学的相关知识；要综合判断体育锻炼者的体力能力、生活及工作状态等情况，以此来科学合理地制定运动负荷。

(3)督促锻炼者执行规定的要求

督促锻炼者执行规定的要求是：第一，要向锻炼者指明哪些运动项目有危险，或者不适合参加；第二，要使锻炼者明确自我观察与监督运动负荷的指标，并将指标发生变化时锻炼停止的事项告知锻炼者；第三，将有关生理卫生的常识传授给锻炼者。

(4)指导锻炼者定期复查身体和测定体力

通常情况下，锻炼者坚持一季度到半年的体育锻炼之后，就要对自己的身体状况进行复查，并对自己的体力进行测定，以此来对身体状况的变化进行了解与评价，同时也可以对体育锻炼的效果进行评价，将反馈信息提供给锻炼者，以便其对运动处方进行调整或重新制定。

（5）全面兼顾身体素质

对运动处方进行制定时，要特别注意锻炼者的体力状况，这要比考虑锻炼者的年龄和性别更重要。由此可知，制定保健康复运动处方不仅要以性别为依据，还要兼顾体育锻炼者的身体情况。

（6）充分考虑环境因素

运动产生的生理反应会受到环境的影响，寒冷或高温的环境、高原气候或空气污染严重的环境等都会对生理反应产生影响。运动处方要随着运动环境的改变而进行调整，以使锻炼者的生理能够适应不同的环境。在炎热的环境中锻炼时，应该对运动进行适当的限制，在运动过程中要注意补液的重要性。在寒冷的冬天锻炼时，要注意防止冻伤现象的发生，要多穿衣服，将头部和四肢保护好。患有疾病的人最好在温暖的天气中进行健身锻炼。

# 第九章　常见运动伤病的保健康复

## 第一节　运动伤病的基本知识与处理

### 一、运动伤病的基本知识

(一)运动损伤的基本知识

1. 运动损伤的概念

在体育运动过程中所发生的各种损伤统称为运动损伤。

与日常生活中人们所发生的一般损伤有所不同,运动损伤的发生与运动项目、运动环境、运动者的身体素质等有着非常密切的关系。如果在发生运动损伤后,不给予必要的治疗和处理,就会给运动员带来极大的身体伤害。

2. 运动损伤的分类

运动损伤有多种分类,按照划分标准的不同,可以划分为以下几种:
(1)按照运动损伤组织的种类进行划分,主要有肌肉肌腱损伤、滑囊损伤、关节囊和韧带损伤、骨折、关节脱位、内脏损伤、脑震荡、神经损伤等。
(2)按照运动损伤组织创口界面进行划分,可分为开放性损伤和闭合性损伤两大类。开放性损伤是指损伤组织有裂口与外界空气相通,如擦伤、刺伤、切伤等都属于开放性损伤;闭合性损伤是指损伤的组织无裂口与外界空气相通,如挫伤、肌肉韧带损伤与闭合性骨折等。
(3)按照运动者运动能力丧失的程度进行划分。在发生运动损伤后仍能够进行运动锻炼的为轻伤;发生运动损伤后不能进行运动锻炼,需要减少或停止患部活动的为中等伤;运动损伤后完全不能进行运动锻炼的为重伤。
(4)按照损伤病程进行划分,可分为急性损伤和慢性损伤两种。通常情况下,急性损伤多发生在一些球类运动中,是由于人体在一瞬间遭受直接暴力或间接暴力而发生的损伤;慢性损伤又可以分为劳损和陈旧性损伤两种。劳损主要是因人体局部负荷过重或多次微细损伤积累而成,而陈旧性损伤则是因急性运动损伤处理不当转变而成的。

(二)运动疾病的基本知识

1. 运动疾病的概念

运动疾病是指运动者在进行身体锻炼、运动训练或者比赛时出现的体内紊乱现象或者功能异常的一种症状。运动疾病广泛存在于体育运动当中,其常常出现于运动者身体素质比较差、训练水平较低或者缺乏比赛经验等情况。运动疾病主要是由于运动过量或者运动方法不当而引起,如因过度训练导致的身体疲劳、运动能力下降、失眠、烦躁、食欲不振、消瘦以及运动性的低血糖、贫血、蛋白尿、血尿等;过度紧张所引起的运动性胃肠功能紊乱、肌肉痉挛、腹痛、脑血管痉挛、昏厥等症状。

运动疾病不但会使增强体质、促进健康、提高竞赛能力等运动锻炼的目的难以实现,常常还会给运动者的身体带来很多的负面效果,严重时还会致残致死。

2. 运动疾病的特征

运动疾病的特点已经逐渐形成一种体系,并成为运动医学和体育保健学两门学科进行专门研究的内容。具体来讲,运动性疾病的特征主要表现在以下几个方面:

(1)运动疾病与体育运动密切相关

运动负荷量与运动强度过大,往往是诱发运动性疾病的主要原因。运动性疾病不是由病原体所引发的疾病,因此不具有传染性,如过度疲劳和过度紧张等运动性疾病,多是因为一次或多次使身体承受的运动负荷超出其承受能力所致。

另外,了解体育运动者从事体育运动的情况,包括运动史、运动成绩、训练日记、训练内容以及运动过程中的心理状态等,是诊断体育运动者是否患有运动性疾病的重要方法,只有掌握了这些具体的临床检查资料,才能对体育运动者进行综合分析,了解其运动情况。

体育运动对于预防和治疗运动性疾病具有重要的作用。预防运动性疾病的关键在于科学合理地安排运动负荷量。进行运动性疾病治疗时,也应当从调整运动负荷量与运动强度方面入手,这是因为运动负荷量与运动强度不仅是发病的主要原因,而且还是预防与治疗不可缺少的重要因素。

综上所述,运动性疾病从发病原因到诊断、预防和治疗,都与体育运动有着密切的关系。

(2)运动疾病的临床表现特殊

在生理机能方面,一般人与高水平的专项运动员存在着明显的差异,如高水平耐力项目的运动员,多存在心脏肥大或窦性心律过缓的症状,这多数是由于专项系统科学训练的结果所致。因此,在区分正常的生理机能变化与病理变化方面,对体育卫生工作者和教练员等提出了较高的要求,并要求他们能够根据体育运动者的不同水平进行区别对待。

(3)运动疾病易与一般内科疾病相混淆

例如,在运动过程中,体育运动者常常会发生腹部疼痛,这就要求教练员、教师等先确诊该症状是否是"急腹症",只有待进一步检查确认不是"急腹症"后,才能认定是"运动中腹痛"疾病,否则很易发生误诊。此类情况则要求体育卫生工作者、教练、教师不但要对运动性疾病的相关知识有详细的了解和掌握,同时还需要掌握一般疾病的诊断知识,否则当体育运动者出现运动性疾病时就很难做出正确的判断,也就很难进一步采取正确合理的措施了。

## 二、运动伤病的基本处理方法

一般来说,处理运动伤病会用到的方法主要有以下几种。具体可以根据运动伤病有针对性地加以运用,可以是其中的一种或者几种综合运用。

# 第九章 常见运动伤病的保健康复

## (一)中药治疗

中医历史悠久,文化发展源远流长,中医整体观强调人体是一个统一的整体,认为"肢体损于外,则气血伤于内,营卫有所不贯,脏腑由之不和"。因此,在中医理论指导下的中医运动伤病的治疗特别重视患者整体状态和病情的发展,在运动伤病的中医治疗过程中,强调局部与整体的辩证统一关系。

此外,运动伤病的中医治疗还强调辨证施治,这是中医疗法的重要特点之一,具体来说,中医的辨证施治就是要根据不同的年龄、性别、伤种、病情、病期、体质等,采取不同的治疗方法与方剂,对症下药。

### 1. 伤科常用中药

中医体系庞大,中药种类繁多,常用的治疗运动创伤的有效药物有数十种之多,可以分为五大类,具体如表9-1所示。

表 9-1  运动伤病中医药常用中药及疗效

| 分类 | 常用中药 | 药用疗效 |
| --- | --- | --- |
| 活血药 | 桃仁、红花、血竭、三七、丹参、元胡、当归、乳香、没药等 | 具有活血化瘀的作用 |
| 理气药 | 黄芪、木香、青皮、香附、檀香、丁香、陈皮、厚朴、麝香等 | 调理气血,舒畅气机 |
| 清热药 | 大黄、黄柏、黄连、黄芩、丹皮、生地、金银花、栀子等 | 瘀血凝滞,血瘀化热。若加用寒凉药物,则可化瘀清热 |
| 祛风寒湿药 | 羌活、独活、防风、麻黄、细辛、秦艽、苍术、五加皮等 | 祛风、逐寒、除湿、止痛 |
| 续筋接骨药 | 杜仲、续断、牛膝、龙骨、自然铜、骨碎补、接骨木等 | 续筋接骨或通过补肝肾达到续筋接骨的目的 |

### 2. 中药创伤治疗应用

运动伤病的中药治疗方法是在长期的中医药医疗实践中形成的,针对运动过程中的跌打损伤,中医认为,患者在伤后容易气血凝滞,因此,欲治其痛必然要"行其瘀,消其肿,活其血"。同时又指出"不通则痛,通则不痛"。故而运动伤病的中药治疗过程中,多采用行气活血法,同时重视患者不同疗程和阶段的用药种类和用药剂量调整。

(1)组织损伤及出血期

运动伤病初期,伤后多见皮肉或筋骨撕裂或断裂,血管破裂出血,组织液、淋巴液渗出,主要病症的外在表现可见皮下瘀血、肿胀,形成血肿块,出现疼痛。

适用药剂:宜用活血化瘀生新剂,例如急性闭合性软组织损伤外敷1号新伤药,并根据局部和全身状况注意外敷药的加减和内服药的使用。

(2)炎症反应及肿胀期

运动伤病中期,机体的局部出血已停止,随之可出现反应性炎症,伤部可伴有血管扩张的现象,因伤处组织有损伤性阻塞可导致渗出液不能由淋巴管排出,容易产生血肿、水肿。

适用药剂:宜用清热消炎、活血化瘀、行气通络药,如外敷消肿散等。

(3)肉芽组织机化期和瘢痕期

运动伤病后期,伤部开始吸收血肿,新的组织正在形成,外伤可见瘢痕,或发生瘢痕收缩,机体运动能力方面可能出现运动障碍,也可导致局部组织变弱。

适用药剂:宜用温经通络、活血化瘀。如外敷旧伤药或熏洗药等。

3. 中医治疗常用方剂

运动伤病中医治疗方剂可分内治与外治两大类。在内治法中有各种丸、散、汤、丹、酒剂等,外治法中有各种外敷、外搽、外贴、熏洗药等。这里重点介绍应对常见运动伤病的几种外用中医药方剂。

(1)1号新伤药

适应症:主治急性闭合性软组织损伤早期,伤部有红肿热痛者,具有清热消炎、活血化瘀、消肿止痛的作用。

用药及用量:黄柏40克,延胡索、血通各15克,白芷、木香各12克,羌活、独活各8克,血竭4克。

用药方法:上药研末,使用时取适量药粉加水或蜂蜜调成稠糊状,摊在油纸或塑料纸上外敷于伤部,每日更换一次。

(2)2号新伤药

适应症:主治急性闭合性软组织损伤有红肿热痛者。

用药及用量:红花、血竭、牛膝、木通、檀香、羌活、独活、海桐皮、元胡各9克,大黄、川芎、木香、白芷各15克,黄柏30克。

用药方法:同1号新伤药。

(3)消肿散

适应症:主治急性闭合性软组织损伤早期,伤部有红肿热痛者。

用药及用量:生大黄150克,山枝、血竭、地鳖虫、蒲公英、乳香、没药各30克。

主治和作用及用法同1号新伤药。

(4)活血生新剂

适应症:主治急性闭合性软组织损伤中期,具有逐寒、活血、化瘀、消肿、止痛的作用。

用药及用量:官桂15克,生川乌、生草乌、生南星、乳香、没药、木香、木通、续断各9克,土蟞、红花、刘寄奴各12克。

用药方法:取适量药粉加水、少量酒精和凡士林调成糊状,煮沸后冷却至50℃左右,趁热外敷于伤部(防止烫伤),两日更换一次。

(二)物理疗法

和其他运动伤病治疗方法相比,物理疗法便于操作,而且对患者产生的毒副作用较小或者几乎没有,是运动员训练中的常用方法之一。

一般来说,常见物理疗法主要有以下几种:

1. 沐浴

沐浴可以加速人体新陈代谢,调节机体,使机体兴奋,是消除疲劳的有效方法。常见的沐浴方法有以下几种:

(1)温水浴:温水浴可促进人体血液循环,刺激副交感神经,镇静止痛,有利于促进疲劳肌肉的物质代谢。温水浴的水温以40°左右为宜,温度不宜过高,时间为10分钟左右。也可在训练结束半小时后进行冷、热水浴,冷水温度为15℃,热水温度为40℃,冷浴1分钟,热浴2分钟,交替3次即可。

(2)桑拿浴:桑拿浴的高温、干燥有助于加速机体的血液循环,使人体大量排汗,促进体内代谢排出体外。一般来说,桑拿浴时间不宜过长,且不要在训练结束后即刻进行,以免造成脱水和加重疲劳。桑拿浴每次5分钟左右为宜,最好与温水浴交替进行,浴前补充足够的水和营养物质效果更佳。

(3)涡流浴:又称为水按摩,是一种水流不断搅动、利用明显的水温与水流冲动刺激肌肉的沐浴方法,涡流强度可以调节。

(4)按摩浴:采用脉冲式水力,在澡盆与肢体躯干部位相对应设置多个喷头,充分利用水的压力对需放松的肌肉自动喷射,水压可和按摩部位可以调节。

2. 吸氧

实践证明,在2~2.5个标准大气压下利用高压氧舱吸入高压氧可以使机体的血氧含量增加,使血液中的二氧化碳浓度下降、pH值上升,能有效提高组织氧的储备量,有效缓解和治疗运动引起的肌肉酸痛、肢体僵硬、体内酸碱平衡失调等症状。

3. 空气负离子疗法

实验证明,空气离子进入呼吸道后,可通过神经反射,调节大脑皮层功能,振奋精神,改善睡眠,刺激造血机能,促进血液循环、有效减缓和消除疲劳。

一般来说,空气中负氧离子的含量越高空气越清新,因此,运动者可在旷野空气新鲜的地方进行运动训练,或运动后采用空气负离子疗法。

4. 理疗

目前,常见的理疗方法主要有光疗、电疗、磁疗、蜡疗等,理疗能直接作用于肌体,能有效加快血液循环,消除疲劳、促进机能恢复。

(三)针灸与拔罐治疗

针灸与拔罐是中医传统疗法,对于治疗运动伤病有显著疗效。针灸可通血脉,拔罐则由溶血(罐内形成负压吸力较强引起局部毛细血管充血,甚至使毛细血管破裂而产生瘀血,瘀血消退过程中发生溶血,释出的血红蛋白刺激大脑皮质,从而改善对各器官系统的调节功能)、温热(拔罐时局部皮肤有温热感,温热刺激能促进局部血液循环)的作用。在穴位上针灸,可通过对穴位的刺激,有疏通经络、宣通气血、平衡阴阳、扶正祛邪的作用。

1. 针灸疗法

(1)针刺法

①针前准备

选针:检查针的质量、长短、粗细等。

选体位:常用体位有仰靠坐位、俯伏坐位、屈肘仰掌位、屈肘位、侧卧位、仰卧位等,根据施针需要选择合适的体位。

选穴位:根据病情确定穴位,并做好标记,需要特别注意的是,如果患者的选穴位处有较大瘢痕、皮疹或其他皮肤病的,另选他穴。

消毒:所用针、医者的持针手指、患者的扎针部位,都应经75%的酒精消毒。

②针刺方法

以左手按压穴位局部皮肤,用右手拇、食、中三指夹持针柄,以无名指抵住针身,在进针时帮助着力,防止针身弯曲,使着力点集中在针尖。根据不同的进针方法,具体分为以下三种:

切进针法:操作时以左手拇指或食、中指的指甲压在穴位上,右手持针紧靠指甲缘刺入皮肤。本法多用于短针的进针。

张进针法:以左手拇、食、中指或食、中二指将穴位上的皮肤向两侧撑开,使之紧张,右手持针从二指之间刺入。本法常用于皮肤松弛或皱纹部位的进针。

持进针法:以右手拇、食二指夹持针体下端,露出针尖,对准穴位,快速刺入。

留针:针刺得气后,将针留在穴位内。留针时间可根据病情决定,数分钟至1小时不等。

退针:留针后即可退针。退针时一手用消毒棉球沿针身压住穴位,另一手持针轻轻捻转,徐徐退出。浅刺者可迅速退出。退针后,应清点针数,针眼处如有出血,可用干棉球按压。若因滞针、弯针退针困难或折针等情况,应妥善处理。

(2)艾灸法

①艾灸准备

选艾:中医艾灸中,常用的有艾柱灸、艾条灸、温针灸、隔物灸等。可根据患者的具体情况选择工具。

清洁皮肤:艾灸之前,患者施灸部位应清洁干净,以达到深入肌理的效果。

②艾灸方法

直接灸:将艾柱锥底直接放在应灸的穴位上,用火点燃锥尖,待艾柱燃到剩下2/5时,患者感到灼热,即更换新艾柱再灸。每烧一个艾焙叫一壮,一般一次用3~5壮,每天或隔天一次。此法多用于四肢和躯干穴位。

间接灸:又称隔物灸。在艾柱与穴位之间,隔一层衬垫物施灸。常用的衬垫物有姜片、蒜片、盐、附片、三香饼(三香饼由麝香、丁香、檀香,加面粉调制而成)。施灸时,在衬物中用针穿孔数个,上置艾柱放在穴位上施灸。患者有灼热感时,把衬垫物提起,稍停片刻再灸。患者皮肤潮红,有温热感即可。

温针灸:针灸并用,在针刺得气后留针,将艾绒一小撮(枣核大)捏于针柄上点燃,直到艾绒燃完为止。用硬纸板或姜片遮盖针穴周围皮肤,以防艾灰掉下烧伤皮肤。或用燃着的艾条直接烤针柄至有温热感后移去,使热力通过针身传入体内。

2. 拔罐疗法

拔罐,俗称拔火罐,是以杯罐为工具,利用火的燃烧排除罐内的空气产生负压,使杯罐吸附在皮肤上,作用于皮肤以治疗疾病的方法。

(1)点火法

拔罐,首先应排出罐内气体,常用点火法,主要有三种操作方法,即投火法、闪火法及贴棉法,具体分析如下:

①投火法:用小纸片或酒精棉球点燃后投入罐内,利用火的燃烧排尽灌内空气,然后迅速将罐罩扣在应拔的部位。此法适用于侧面横拔,因火罐的圆肚在下方,可以积聚燃后的灰烬和未燃尽的纸片或酒精棉球,可有效避免皮肤烫伤。

②闪火法:用镊子夹住点燃的酒精棉球在火罐内壁的中段绕一圈后迅速退出,利用火的燃烧排出罐内空气,然后迅速将火罐罩扣于施拔的部位。该方法是临床上最安全、常用的拔罐方法。

③贴棉法:用一小块棉花略蘸酒精后用粘膏将其贴在罐内壁上,用火柴点燃,利用火的燃烧排尽灌内空气,然后迅速将火罐罩扣于施拔的部位上。此法简便易操作,注意棉球蘸酒精不宜过多,以免酒精沿罐壁流下烫伤皮肤。

(2)临床应用

①留罐:也称坐罐,拔上的火罐要留置一段时间。留罐时间应按罐的大小和吸力强弱而定,以 5 至 15 分钟为宜。一般情况下,罐大吸力强的留罐时间可短些,吸力小的则留罐时间可稍长。气候炎热时留罐时间可缩短,以免发生水疱;气候寒冷时留罐时间可稍延长。一般以皮肤颜色变为红紫色为度(用玻璃罐时)。

②闪罐:火罐拔上后又立即起下,再拔,反复多次,直至皮肤潮红为止。

③走罐:也称推罐,一般用于面积较大、肌肉丰厚的部位,如腰背、大腿部等。施术时应选择罐径较大、罐口平滑的玻璃罐,并在罐口上涂一些润滑油。火罐拔上后用手握住罐底部将罐略提起后慢慢向前、向后来回推动,直至皮肤潮红为止。

④刺血拔罐:先用碘酒、酒精棉球对皮肤进行消毒,再用三棱针或皮肤针在病变部位浅刺出血,然后,在针刺部位拔火罐(坐罐)。

(3)适应症

①闭合性软组织损伤,如挫伤、拉伤、扭伤、腰痛、坐骨神经痛等。

②慢性关节炎。

(4)禁忌症

①皮肤过敏、浮肿、出血性疾病的患者。

②皮肤有破损、感染和大血管的部位的患者。

③孕妇的下腹部与下腰部等。

(四)固定、封闭与牵引疗法

1. 固定疗法

(1)布类固定

适应症:多用于对制动要求不高的损伤,如关节扭挫伤、创伤性滑膜炎、关节半脱位整复术后和伤后关节稳定性差等。

固定用具:常用的有绷带、三角巾、弹力绷带和弹力带等。

(2)粘胶固定

适应症:用于伤后关节、韧带松弛以及限制关节、肌肉、肌腱活动范围时,使用保护支持带可促进创伤愈合、防止二次损伤。

固定用具:粘胶,可分为粘膏、粘膏绷带、膏药等。

固定方法:常用的保护支持带的使用方法如下:

①指间关节固定:指间关节扭伤后,将伤指与健指固定在一起(图9-1),两条粘膏应尽量不妨碍关节的屈伸运动。

②第一掌指关节固定:第一掌指关节扭伤后,用粘膏支持带缠绕,缠绕方向应防止第一掌指关节过伸与外展(图9-2)。

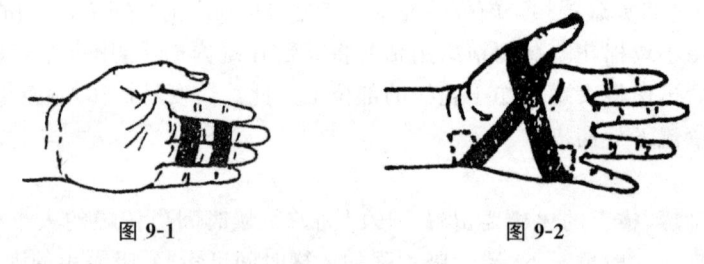

图 9-1　　　　　　　　　图 9-2

③腕部固定:腕部损伤后,用膏药及绷带固定。

④腰椎固定:棘突骨膜炎用软皮围腰固定。

⑤膝关节固定:膝关节前交叉韧带损伤,用两条粘膏由腘窝部交叉绕至膝部前面固定(图9-3),常用于旧伤复发、股四头肌无萎缩者。

⑥胫骨固定:胫骨粗隆骨软骨炎用粘膏将膝固定于伸直位(图9-4)。

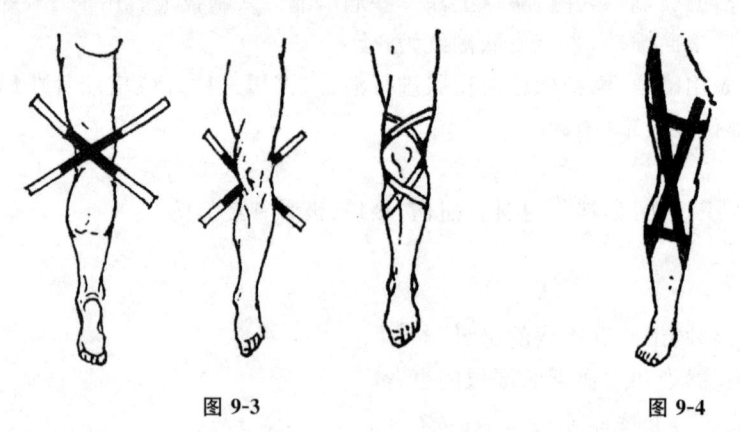

图 9-3　　　　　　　　　图 9-4

⑦大腿固定:大腿肌肉拉伤后再训练时,必须用弹力护腿,以限制肌肉收缩的范围,避免二次损伤(图9-5)。

⑧跟腱固定:用于跟腱腱围炎或挫伤,用粘膏带将踝微背伸位(80°)固定(图9-6)。

⑨踝关节固定:踝关节距腓前韧带损伤时,用数条粘膏将踝关节固定于外翻位,用弹力绷带包扎(图9-7);足球踝固定时,用绷带缠绕足踝关节,以限制踝关节的异常屈伸和内外翻活动(图9-8)。

图 9-5　　　　　　　图 9-6　　　　　　图 9-7

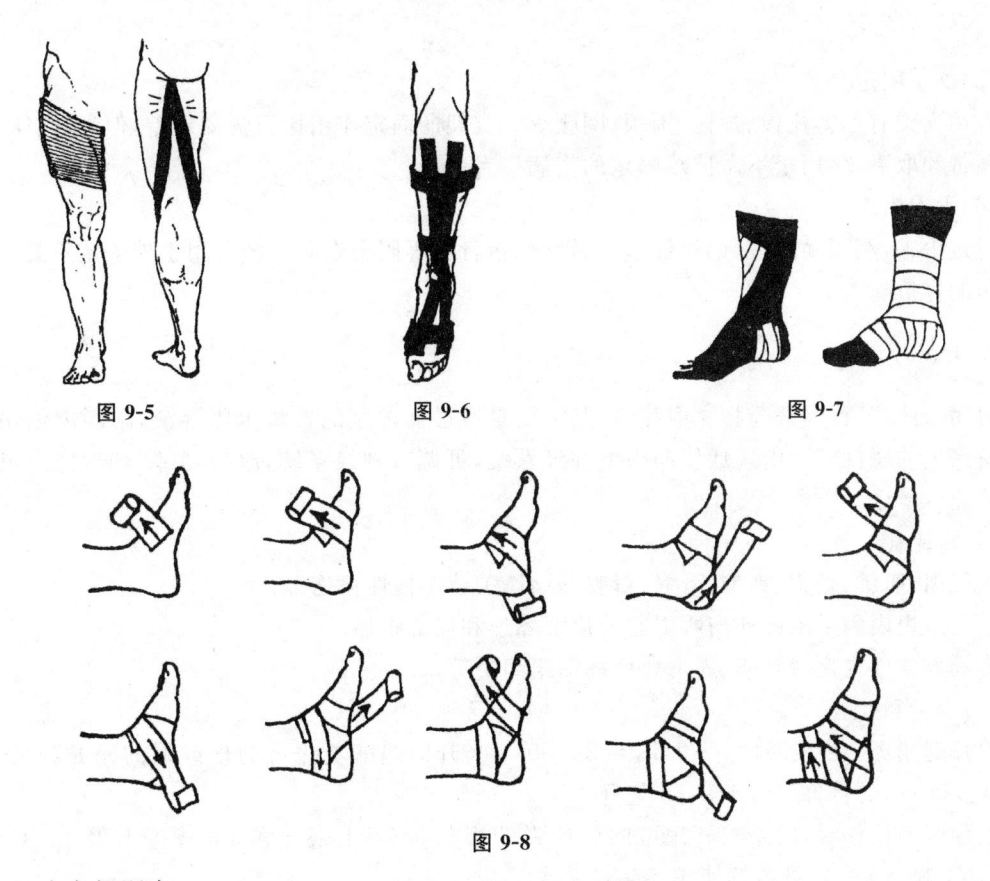

图 9-8

（3）小夹板固定

适应症：骨折。

固定用具：小夹板固定需要用到小夹板、固定垫（棉垫或纸垫）、横带（扁布带）、绷带、棉花、胶布等。选小夹板时，要选用可塑性强，有良好韧性与弹性的小夹板，除关节附近的骨折外，小夹板的长度以不超过上下关节为宜，数块小夹板的宽度总和应略窄于伤肢的周径。固定垫应垫放在小夹板内，防止骨折端再错位，垫的大小、厚度、硬度、数量、位置应根据骨折情况而定。

固定方法：可分为续增包扎法和一次包扎法两种，具体分析如下：

①续增包扎法：先进行骨折复位，然后用绷带自远端向近端缠绕1～2层作为内衬以保护皮肤，再安放小夹板，再用绷带缠绕，再安放小夹板，再用绷带包扎覆盖，反复数层，以保持各层小夹板的位置。最后，由近侧到远侧用3～4条横布带缚扎，每条横布带应绕肢体两周后结扎，横带松紧应适度，以不费力上下活动1厘米为宜。

②一次包扎法：先进行骨折复位，内衬绷带，然后将几块小夹板一次性安放在伤肢四周，最后用3～4条横布带捆扎固定。这种包扎方法简单易移动，应常检查是否有松动。

（4）石膏固定

适应症：骨折、脱位、肌腱或韧带断裂、半月板撕裂或手术后等。

固定用具：石膏。临床上使用的是脱水硫酸钙（$2CaSO_4 \cdot H_2O$），将石膏粉撒在稀孔的纱布带上即成石膏绷带。纱布必须是脱脂纱，一般1厘米有12根纱线。

固定方法：用石膏绷带浸水后缠绕在伤肢上即成石膏管型，或制成石膏托来固定伤肢。进行石膏固定时，把石膏卷平放在温水桶中，待气泡出净后取出，双手握石膏卷两端，挤出多余水分即可使用。

(5)支架固定

常用支架有前臂托板、颈托、围领、围腰等。支架的固定作用比石膏固定差,但轻巧、简便,可定时佩带和取下,多用于不需持续固定的伤病患者。

(6)手术内固定

通过手术,利用髓腔钉、钢板螺丝钉、钢丝、指骨钉等固定伤肢。多适用于外固定不易保持固定作用的骨折病人。

2. 封闭疗法

封闭疗法,又称局部药物注射疗法,其主要是通过低浓度的普鲁卡因溶液,阻断因创伤或炎症等所产生的恶性刺激由病灶传向中枢神经系统,可调节神经系统,改善局部营养,恢复组织器官的功能。[1]

(1)适应症

①肌肉、肌腱、腱鞘、韧带、滑囊、滑膜、软骨、关节等慢性损伤。

②软组织内因手术或外伤所引起的疤痕黏连和局部疼痛。

③局部急性炎症(疖、痈、皮下急性蜂窝组织炎等)。

(2)剂量和疗程

治疗腱鞘炎和滑囊炎时,一般用 0.25~0.5 毫升的醋酸氢化可的松或强的松龙(1 毫升含 25 毫克)和 1% 的普鲁卡因 1~1.5 毫升。

治疗肌肉拉伤时,用醋酸氢化可的松或强的松龙 0.5~1 毫升和 1% 普鲁卡因 3~4 毫升。5~7 天注射一次。每处连续使用不超过 3 次。

3. 牵引疗法

牵引是应用力学上作用力与反作用力的原理对某些骨伤科疾病进行治疗的一种方法。[2] 该方法可复位、固定骨折位,有解除肌肉痉挛与挛缩、减轻神经压迫、促进水肿吸收、纠正关节畸形、缓解疼痛的重要疗效。

(1)皮肤牵引

①剃除汗毛、洗净皮肤。

②涂以复方安息香酊,以增加皮肤的黏着性,保护皮肤,预防感染。

③患处放置纱布加以保护,然后再用绷带包扎,胶布的近端应稍露出绷带外,以便观察胶布有无滑脱。

④胶布的远端经折叠后穿入扩张板两侧的夹头中,在扩张板的中央钻一小孔,穿入牵引绳。

⑤牵引绳按照牵引方向穿入滑车后悬挂一定重量以作牵引,利用身体重量作反牵引,并保持肢体处于适宜位置。

(2)布托牵引

①枕颌牵引:分仰卧位和坐位两种。仰卧位牵引时患者头高脚低将枕颌带套入患者头部并

---

[1] 邹克扬,贾敏. 运动医学[M]. 北京:北京师范大学出版社,2010.
[2] 姚鸿恩. 体育保健学[M]. 北京:人民体育出版社,2000.

缚住。床头置一附有滑车的牵引架将布托系于牵引绳上,通过滑车后挂上重量作牵引。

②坐位牵引:头颈前倾20°,牵引力应作用于颈椎关节和椎体后缘,使颈椎后缘的间隙距离尽量牵开,以减轻神经压力。

③骨盆牵引:分骨盆悬吊牵引和腰部牵引两种。前者适用于耻骨连合分离、对位良好的耻骨骨折、严重的骶髂关节分离、髂骨翼骨折等。后者适用于腰椎间盘突出、腰部肌肉筋膜炎、骶髂关节半脱位、脊椎小关节半脱位等。

(3)骨牵引

骨牵引是指通过在骨骼所需的部位上穿入不锈钢针或钢钉,并系上较大的重量维持较长时间的牵引。骨牵引对医者的技术要求较高,且需要专业的医疗设备。

# 第二节 常见运动损伤的体育保健康复

## 一、关节脱位

体育运动中,较为常见的关节脱位主要有肘关节脱位和肩关节脱位两种。

(一)肘关节脱位

1. 肘关节概述

一般情况下,肘关节脱位多发生于青壮年。肘关节脱位按脱位的方向可分为前脱位、侧方脱位、后脱位三种,以肘关节后脱位多见。在运动损伤中,肘关节脱位多见于体操、球类、摔跤、武术、田径和马术等运动项目。

肘关节是由肱尺关节、肱桡关节和尺桡上关节组成的。它们共同包在一个关节囊内,主要完成屈伸活动,参与前臂的旋转活动。肘部具有显著的生理特征,即肘部的三点骨突标志,指肱骨内、外上髁及尺骨鹰嘴突三点,伸肘时这三点呈一直线;屈肘时,这三点的连线构成一三角形,因此又称"肘三角"。肘关节脱位多由传达暴力及杠杆作用所致。当跌倒时,肘关节伸直,前臂旋后位手掌着地,使肘关节过度后伸,以致鹰嘴尖端猛然撞击肱骨下端的鹰嘴窝,产生一种杠杆作用力,迫使肱骨T端冲破关节囊的前壁而向前移位,尺骨鹰嘴与桡骨头同时滑向后方,形成肘关节后脱位。由于暴力作用方向不同,尺骨鹰嘴与桡骨头除向后移位外,有时还可向内侧或外侧移位,即侧方脱位。

2. 肘关节损伤的预防

(1)运动前做好充分的准备活动,运动后做好必要的整理活动,同时还要合理安排运动负荷,动作技能的学习和掌握要由易到难。

(2)加强肘部肌肉力量训练,增强肘关节的稳定性。

(3)加强医务监督,定期做好身体的检查。

(4)加强运动训练中的保护,防止运动意外事故的发生。如果运动中发生跌倒时,尽量不要用手撑地。

3. 肘关节损伤的康复治疗

(1)基本治疗法

①新鲜肘关节后脱位

拔伸屈肘法：患者取坐位，助手立于患者背后，双手握患者患肢上臂，术者站于患者侧前面，用双手握住腕部，置前臂于旋后位，与助手相对拔伸，然后术者用一手握腕部继续保持牵引，另一手的拇指抵住肱骨下端(脉窝)向后推按，其余四指抵住鹰嘴(骱头)向前端提，并慢慢将肘关节屈曲，若听到入臼声，说明脱位已整复。或卧位，患肢上臂靠床边，术者一手按其下段，另一手握住患肢前臂顺势拔伸，若听到入臼声，说明复位成功，屈曲肘关节即可。

膝顶拔伸法：患者取坐位，术者立于患者侧前面，一手握其前臂，一手握住腕部，同时用脚踏于凳面上，以膝顶在患肢肘窝内，沿着臂纵轴方向用力拔伸，有入臼感后，逐渐屈肘，患肢手指可触及同侧肩部即为复位成功。

②陈旧性肘关节脱位

一般来说，肘关节脱位超过2~3周者，即为陈旧性肘关节脱位。对于部分不合并骨折、血管神经损伤及损伤性骨化的单纯性陈旧性脱位，可试行手法复位。手法复位前，先牵引尺骨鹰嘴一周左右，配合推拿按摩，内服舒筋活血中药，并熏洗局部。通过综合疗法，逐渐松弛关节周围挛缩组织；然后在臂丛麻醉下，做肘关节屈伸、旋转及左右摇摆活动，力量由轻而重，范围由小到大，通过牵引舒筋与活动解凝这两步骤后，肘关节已相当松动，才可进行手法整复。

陈旧性肘关节脱位可采用拔伸屈肘法与膝顶拔伸法进行复位。若复位比较困难，可采用其他整复法：先对患者进行药物熏洗、舒筋解凝后，令患者仰卧，术者立于患侧，用一条宽布带绕过患侧肱骨下端的前面，布带两头系于术者腰间，向后微微弓腰，扯紧布带。两助手分别握着上臂与前臂，徐徐拔伸牵引，术者两手大拇指顶住鹰嘴向前、向下推挤，余指把住肱骨下端向后拉，在协同配合下，助手慢慢地将肘关节屈曲，听到入臼响声，说明脱位已整复。

若手法复位不成功，可改行手术治疗。对于年老、因病不宜手术或肘关节功能要求不高不愿手术者，可作肘关节假性复位。

(2)固定法

复位后用超过肘关节的夹板将肘关节固定于屈曲90°位，掌心向内、向下，再用三角巾悬吊臂2~3周。若用石膏托固定时，固定时间一般不超过2周。解除固定后，在功能锻炼的基础上，可配合按摩、热水浴、理疗和中药熏洗等治疗，以促进恢复。关节积血较多者，可无菌穿刺抽吸，预防关节黏连与损伤性骨化。

(3)中药治疗法

初期：治宜活血化瘀，行气止痛，方用舒筋活血汤，水煎，温服，一日一剂，一日3次。外敷双柏散。

中期：治宜和营生新，续筋接骨，方用壮筋养血汤，水煎，温服，一日一剂，一日3次。外用舒筋活络药膏。

后期：治宜养气血、补肝肾、壮筋骨，方用壮筋养血汤等，水煎，温服，一日一剂，一日3次。外用上肢损伤洗方熏洗。

## (二)肩关节脱位

### 1. 肩关节脱位概述

在全身大关节脱位中,肩关节脱位的发生率仅次于肘关节脱位。在运动损伤中,肩关节脱位多见于篮球、排球、足球、手球和体操等运动项目。

肩关节脱位常发于20~50岁的男性。初次脱位后如处理不当可导致习惯性脱位。根据脱位的时间和复发次数,可分为新鲜、陈旧和习惯性三种;根据脱位后肱骨头的位置又可分为前脱位和后脱位两种,前脱位还分为喙突下、盂下、锁骨下三种。以肩关节前脱位比较多见,其中以喙突下脱位最多见,后脱位极少见。

肩关节脱位的病因分为直接暴力和间接暴力两种。间接暴力可分为传达暴力与杠杆作用力两种。临床多见于间接暴力所致肩关节脱位,受直接暴力的打击或冲撞导致肩关节发生脱位者比较少见。

(1)当上肢处在外展外旋位跌倒时,手掌着地,暴力由掌面沿肱骨纵轴上传达到肱骨头,使肱骨头可能冲破关节囊的下壁或前壁而形成盂下脱位或喙突下脱位,但多数盂下脱位,由于受肌肉的牵拉可使脱位的肱骨头滑至喙突下,所以,临床所见的肩关节脱位,以喙突下脱位最多见。

(2)由于杠杆作用力的原理,当上肢过度高举、外旋、外展向下跌倒时,肱骨颈受到肩峰冲击,成为杠杆支点,使肱骨头向前下部滑脱,先呈盂下脱位,后可滑至肩前成喙突下脱位。前脱位又因肱骨头所在的位置不同,分为喙突下脱位和锁骨下脱位。

(3)肩关节脱位的主要病理变化是关节囊撕裂及肱骨头移位,由于肩关节的损伤,导致出血,在关节腔内、外形成血肿。如果脱位后能够及时复位,常可减少出血,损伤的组织可以尽快地被修复。倘若迟迟未能复位,不但出血多,而且血肿逐渐机化,关节周围组织广泛粘连,而形成陈旧性脱位。

复位后,若处理不当,损伤组织未能很好修复,可发展为习惯性脱位。有时脱位可合并腋神经和血管损伤,引起三角肌麻痹和局部皮肤知觉减退或消失等,一般多在数周或数月内恢复。

### 2. 肩关节脱位的预防

(1)做好充分的准备活动和放松活动,正确掌握技术动作要领,加强运动医务监督,注意运动中的着装。

(2)加强肩部肌肉力量练习,增强肩关节的稳定性。

(3)尽量不要在过度疲劳的情况下训练或比赛,要集中注意力防止意外跌倒,在跌倒时尽量不要用手撑地。

### 3. 肩关节脱位的康复治疗

(1)基本治疗方法

①拔伸足蹬法

拔伸足蹬法又称希波格拉地氏法。患者取仰卧位,用拳头大的软布垫于患侧腋下,以保护软组织。术者立于患者的患侧,用两手握住患肢腕部,同时用一足底抵于患侧腋下,一腿伸直站地,然后双手牵引患肢,利用置于患侧腋下的足底,逐渐增加牵引力量,并逐步内收、内旋,将肱骨头挤入关节盂内,当有肱骨头回纳感觉时,即复位成功。复位时常可感到有一弹跳感,复位后患者肩部疼痛减轻,肩部恢复饱满外形。

②拔伸托入法

患者取坐位,术者站于患肩外侧,用两手拇指压其肩峰,其余四指插入腋窝。第一助手立于患者健侧肩后用双手斜形环抱固定患者。第二助手一手握患侧肘部,一手握腕上部,外展外旋患肢,由轻而重地向前下方做拔伸牵引。在两助手做上下对抗牵引下,术者用两拇指按压患肩肩峰,余指从腋下用力将脱位的肱骨头向外上方提托,此时牵引患肢的助手应将患肢做内收内旋,当听到脱位的肱骨头回纳至关节盂的回复声时,复位已示成功。

③膝顶推拉法

以左侧肩关节脱位为例。患者坐长凳上,术者与患者同一方向立于患侧。术者右足踏在患者坐凳上,使患肢外展80°~90°,并以拦腰状绕过术者身后,术者用左手握住患者的手腕部,紧贴在左胯上,右手推患者肩峰,右膝屈曲小于90°,膝部用力顶住患者的腋窝,用右手推,左手拉的同时,徐缓用力向左转体,然后右膝抵住肱骨头部向上用力一顶,即可使肱骨头复位。畸形消失,肩部变丰满,直尺试验变为阴性。经X线检查,确认已复位。

④拔伸推顶法

患者取仰卧位,一助手位于患者侧肩外上方,并用一布单绕过患肩腋下固定患者上身,另一助手握患者患肢肘、腕部做对抗牵引,并将患肢慢慢外展外旋。位于患肢内侧的术者,用两手拇指用力将脱位的肱骨头向外上方推顶,同时令助手将患肢内收内旋,即可达到复位。

⑤旋转复位法

患者取坐位或仰卧位,术者一手握住患者腕部,另一手握住肘部,首先让患肢屈肘90°沿上臂畸形方向做牵引。沿肱骨长轴持续牵引并将上臂外展、外旋,持续牵引在肩外旋位上内收上臂,使肘关节贴近胸壁并横过胸前,内旋上臂使患肢手掌搭于对侧肩上。

(2)固定方法

①绷带包扎固定法

绷带包扎常用三角巾悬吊法:经检查确认已复位者,即可固定。固定时应在患侧腋窝处放一大棉垫,用胶布和绷带固定,将患肢上臂内收,屈肘60°~80°,前臂依附胸前,先用绷带将上臂固定于胸壁,再用三角巾(或绷带)将患肢前臂悬吊于胸前即可。固定时间2~8周。

肩关节脱位并发肱骨大结节撕脱骨折,整复后骨折对位良好,将上臂置于胸侧壁,用绷带包扎,然后屈肘90°,用三角巾悬吊于胸前,4~6周后解除固定。

②外展支架固定法:此法适用于合并腋神经损伤,冈上肌肌腱断裂,肱骨大结节撕脱骨折需在外展位才能保持对位者。应用支架将肩关节固定在外展90°、前屈30°4~8周。

(3)中药治疗

早期:伤后1~2周内,治宜活血化瘀、消肿止痛,方用桃红四物汤,水煎,温服,一日一剂,一日3次。外用散肿止痛膏。

中期:伤后2~3周,肿痛减轻后,治宜和营生新、续筋接骨,方用壮筋养血汤,水煎,温服,一日一剂,一日3次。外用接骨续筋药膏等。

后期:受伤3周以后,亦即解除固定之后,治宜补益气血、滋补肝肾、强筋壮骨,方用补肾壮筋汤,水煎,温服,一日一剂,一日3次。外用海桐皮汤熏洗。

习惯性脱位应内服滋补肝肾、强筋壮骨药物,如补肾壮筋汤等。

## 二、扭挫伤

体育运动中，较为常见的扭挫伤主要发生在踝关节和腰部，具体如下：

(一)踝关节扭挫伤

1. 踝关节扭挫伤概述

踝关节扭挫伤占关节韧带损伤的80%以上，一般来说，在运动性损伤中，踝关节扭挫伤多见于球类、田径、滑雪、体操和跳伞等运动项目。

踝关节为人体的承重关节，踝关节韧带是维持踝关节稳定的重要结构。踝关节韧带损伤主要分内翻内旋、外翻外旋损伤，其中内翻内旋损伤占绝大多数。

(1)踝关节扭伤常发生在行走不平道路上或在奔跑、跳跃中，或下楼梯不慎踩空、骑车跌倒等，特别是当踝关节处于跖屈位时更易发生扭伤。

(2)在运动训练或比赛中，准备活动不充分，动作不协调，或踝关节周围的力量不足，以及在跳起落地时踩空，人体重心失衡等，都可使踝关节处于不稳定状态，从而导致踝关节损伤。

(3)踝关节扭挫伤轻者，为韧带附着处骨膜撕裂，骨膜下出血；较重者为韧带纤维部分撕裂；重者，韧带完全断裂，并常伴有撕脱骨折或距骨半脱位。距腓前韧带撕裂，多有踝关节囊及关节滑膜的撕裂，关节积血。内侧副韧带深层断裂，断端可嵌入关节间隙内。踝关节的反复扭伤可导致创伤性骨关节病。

2. 踝关节扭挫伤的预防

(1)平时重视踝关节周围肌肉韧带力量练习和关节协调性训练，如负重提踵、跳绳、足尖走路等。

(2)训练前踝关节要裹以保护带，运动前充分活动踝关节，特别是踝关节外侧韧带要充分拉伸。

3. 踝关节扭挫伤的康复治疗

(1)推拿按摩

推拿按摩对治疗单纯性韧带损伤或韧带部分断裂者，疗效较好。

①按压理筋法

患者取平卧位，术者立于患侧。术者一手托住足跟，一手握住足尖，缓缓进行踝关节的背伸、跖屈及内翻、外翻动作，然后用两掌心对握内外踝，轻轻用力按压，可以起到散肿止痛的作用。伤后第二天开始做按摩，肿胀明显者，手法刺激宜轻，在足踝部及小腿做表面抚摩、揉、揉捏、摇晃等，由下而上顺理筋络，反复数遍。再按摩足三里、丘墟、昆仑、商丘、解溪、太溪等穴。如早期瘀肿严重者，则不宜用理筋手法。如合并骨折，则应及时进行手术治疗。

②提拿拍击法

患者取平卧位，术者立于患侧。术者用拇、食、中指指端，提拿腓肠肌，自上而下，用力柔和，酸胀为宜，同时做踝关节抖动和回环运动。再用两手掌心或掌根，紧贴小腿，相对用力，由上而下拍击,20次左右,同时做踝关节抖动和回环运动。

(2)固定

根据损伤程度不同,可选用绷带、胶布、夹板或石膏等,将踝关节固定于中立位。早期敷药后用绷带包扎,保持踝关节于受伤韧带松弛的位置,并暂时限制走路。内翻扭伤采用外翻固定,外翻扭伤采用内翻固定,并抬高患肢,有利于消肿。对严重内翻扭伤或外翻扭伤者,应将患足固定于外翻位或内翻位,一般固定8周左右。固定期间做足趾屈伸活动。若韧带完全断裂者,固定4～6周。患肢用铁丝托板固定,内翻位受伤者,固定在外翻位;外翻位受伤者,固定在内翻位,3～4周后解除固定。

(3)中药治疗

早期:治宜活血祛瘀,消肿止痛,方用舒筋丸,一次6克,一日3次。外敷五黄散。

后期:治宜舒筋活络,温经止痛,方用小活络丹,一次6克,一日3次。外用海桐皮汤熏洗。

(二)腰部扭挫伤

1. 腰部扭挫伤概述

腰部扭挫伤是临床常见病,包括腰部肌肉和腰背筋膜损伤,多发于青壮年。祖国医学将腰部扭挫伤称为"闪腰"。在运动性损伤中,腰部扭挫伤多见于举重、体操和武术等运动项目。此外,也常见于体力劳动者。

腰部是脊柱运动中负重大、活动多的部位,是身体活动的枢纽。因此,腰部易受损伤。腰部扭挫伤可分为扭伤与挫伤两大类,扭伤较多见。腰部扭伤多发生于腰骶、骶髂关节、椎间关节或两侧骶棘肌等部位。一般多为突然遭受间接暴力所致。

(1)搬运重物用力过度,身体负重过大,超过了所能承受的范围,如在举重运动中,当举起杠铃后,若重量太大,运动员腰背部肌力不足,不能保持身体平衡,重心不稳,发生扭闪,导致腰部损伤。

(2)在训练时动作不正确、球场过湿、运动员快速奔跑时,踩滑而使腰部猛烈扭闪,也是致伤的常见原因。亦有在突然扭转上身或偶尔咳嗽、泼水等动作时引起腰部扭伤。

(3)腰部挫伤多为直接暴力所致,如车辆撞击、高处坠跌、重物挫压等,致使肌肉挫伤、血脉破损、筋膜损伤、引起瘀血肿胀、疼痛、活动受限等,严重者还可合并肾脏损伤,可出现血尿等症状。

2. 腰部扭挫伤的预防

(1)运动训练前应充分做好充分的准备活动。认真掌握技术动作要领。注重加强腰背部和腹部肌肉力量练习,增强肌肉韧带的伸展性。

(2)合理安排运动训练的负荷量,身体疲劳的情况下不要进行训练。

(3)加强运动医务监督和自我保护,注意运动环境的选择和运动设施的安全。

3. 腰部扭挫伤的康复治疗

急性腰部扭挫伤患者一般都应卧床休息。用木板床,腰后垫一小褥,使肌肉韧带松弛,以减轻病理反应,避免重复受伤。

(1) 推拿按摩

①揉按拔伸法

患者取俯卧位,术者立于患侧。术者用双手揉按两侧腰肌和腰骶部及两侧臀部3~5分钟,以松解肌肉的紧张,然后将脊柱作拔伸。此时,术者一手按住腰部痛处,另一手托抱患侧大腿,向背侧斜扳或摇晃数次,如腰两侧俱痛者,可扳动两腿。

②掌揉指针法

患者取俯卧位,头偏向一侧,双臂在体侧放松。术者立于患者侧面,在腰骶部外擦舒活酒。术者先做表面抚摩,再用掌根做揉、推、按压等,手法由轻到重;然后用双拇指指针阿是穴、环跳、委中、昆仑、肾俞、八髎和腰眼等穴;最后用表面抚摩手法。一般2~3次,即可痊愈,可每日或隔日1次。

③弯腰膝推法

患者弯腰,术者用膝头顶住患者腰部命门穴处,并将两手放于患者腋窝下方,挟住患者前胸,用力将患者身体略向后倾,两足离地,1~2分钟后放下。让患者直立,弯腰,两手放于膝上,自行挺起,能够缓解腰部酸楚疼痛。

(2) 中药治疗

初期:治宜活血补血,化瘀止痛,方用桃红四物汤,水煎,温服,一日一剂,一日3次。外敷双柏散,或外用黄柏、赤芍、乳香、没药、白芷、泽兰、牛膝、杜仲,水调敷伤部。

后期:治宜补益气血,濡养筋骨,方用生血补髓汤,水煎,温服,一日一剂,一日3次。外用伤湿止痛膏等。亦可配合热熨或熏洗。

## 三、关节及韧带损伤

(一) 肩袖损伤

1. 肩袖损伤概述

肩袖损伤是指肩袖肌腱或合并肩峰下滑囊的损伤性炎症病变。在运动性损伤中,肩袖损伤多见于体操、排球、乒乓球、投掷、游泳、划船和举重等运动项目。

(1) 肩袖位于肩弧与肱骨上端之间狭窄的间隙中,由于解剖位置特殊,容易受到摩擦、挤压、牵拉等,发生创伤性炎症,如体操运动中的单杠、吊环和高低杠的转肩动作,投掷标枪和垒球的出手动作,举重抓举时肩的突然背伸,蝶泳时的转肩划水,排球扣杀和发大力球动作,乒乓球的扣杀和提拉动作等,都是引起肩袖损伤的重要病因。

(2) 另外,肩袖损伤也与肩部准备活动不够,动作要领掌握不好,或专项训练过于集中在肩部等有着密切的关系。肩袖肌腱特别是冈上肌肌腱不断地与肩峰发生摩擦及挤压,当外展至60°~120°时,这种摩擦与挤压最为严重,而外展超过120°以后,因肩胛随之发生回旋,使冈上肌肌腱与肩峰间的距离增大,这种摩擦和挤压现象随之缓解或消失。

(3) 肩袖损伤的病理变化主要表现为冈上肌肌腱纤维的玻璃样变形、断裂或部分断裂,有时肌腱纤维中可出现钙化和骨化,在裂隙中充满坏死组织或瘢痕组织,小血管周围有圆细胞浸润,呈慢性炎症。可分为急性损伤、亚急性损伤、慢性损伤。肌腱长期磨损可导致变形。在肌腱发生变形的基础上再受到外力作用,可发生肌腱断裂。

2. 肩袖损伤的预防

(1)在进行运动训练前,应针对肩部进行必要的准备活动,如进行无负荷的大范围肩关节活动或伸展练习,也可进行肩部按摩,以预防运动损伤。

(2)掌握正确的动作要领,如投掷时不要光用臂力,应配合腿、腰等的力量,并注意动作的协调性和合理性。

(3)注意加强肩部肌肉力量练习和柔韧性练习,避免损伤后的病变,伤愈初期不要立即训练,防止再度发生损伤。

3. 肩袖损伤的康复治疗

(1)基本治疗方法

①固定

在发生运动损伤时疼痛剧烈,应将上臂外展 30°固定,减少上臂活动,防止损伤加重,减轻疼痛。限制肩部活动,凡是肩部活动时疼痛,肩峰下有压痛者,应调整运动量,以减轻肩部负担。如果肩部症状较重,并有肿胀,应当停止肩部训练,用三角巾悬吊伤肢于胸前约1周。

②推拿按摩

揉滚拿揉法:患者取坐位,术者立于患侧。在开始进行推拿按摩时,常用手法为表面抚摩、揉、揉捏、搓等。术者用双手拿揉肩背部肌肉。术者用双手相对揉患者的肩关节前后侧。在肩部做揉、滚、推等手法时,手法力量先可大一些,然后逐渐减轻,使患者有舒适感。待症状好转后,逐步增加按摩强度,并加做抖动、摇晃等手法。

点按经穴法:患者取坐位,术者立于患侧。术者用一手拇指先沿肩井、肩髃、曲池、手三里、外关、中渚、合谷穴进行点按,以疏通经络、活血止痛。每日或隔日按摩一次。若有肩关节活动受限者,可用肩关节运拉法。

(2)针灸治疗

常用穴为阿是穴、肩髃、膈俞、肩内陵、天宗、曲池等,备用穴为臂臑、病侧的外关、阳陵泉穴。用泻法,提插捻转,以肩臂酸麻胀为度,留针20分钟。也可用艾条灸,以局部皮肤红润为度。每日或隔日一次,7~10日为一疗程。

(3)中药治疗

急性期:治宜活血化瘀、消肿止痛,方用活血止痛汤,水煎,温服,一日一剂,一日3次。

慢性期:治宜舒筋活血,方用舒筋活血汤,水煎,温服,一日一剂,一日3次。外用软坚药水湿敷患部,红外线照射,每日1次,每次20分钟。照射后,外贴消炎止痛膏。

恢复期:治宜养血和络、温经止痛,方用补肾壮筋汤,水煎,温服,一日一剂,一日3次。

(二)膝关节半月板损伤

1. 膝关节半月板损伤概述

半月板具有缓冲外力和稳定膝关节功能的作用。在运动性损伤中,半月板损伤多见于足球、篮球、排球、体操、田径和跳伞等运动项目,也常见于矿工、搬运工等。

半月板损伤的病因分为撕裂性外力和研磨性外力。

(1)当膝关节在半屈曲位下旋转活动,可使股骨牵动内侧副韧带,内侧副韧带牵动内侧半月板的边缘部而发生撕裂伤。

(2)研磨性外力导致半月板损伤者,多发生在外侧半月板。因正常膝关节有3°～5°外翻,外侧半月板负重较大,长期受关节面的研磨(如长期下蹲位工作),可引起膝外侧半月板慢性损伤。如篮球运动员抢篮板球落地后,立即转身起动,足球运动员两人对脚,铅球运动员投掷出手,后腿用劲蹬地时膝关节旋转伸直等,都可以造成半月板损伤。

2.膝关节半月板损伤的预防

(1)充分做好运动训练前的准备活动,特别要认真做好膝部准备活动。

(2)加强运动医务监督和运动保护,加强股四头肌和膝部肌肉力量的训练,增强关节稳定性,提高关节的灵活性。

(3)注意保护膝关节。不应在疲劳时做高难度训练或比赛,以免引起损伤。

3.膝关节半月板损伤的康复治疗

(1)固定

早期可用后侧夹板将膝关节固定屈膝10° 3～4周,以限制膝部活动,并禁止下床负重。

(2)推拿按摩

①解除交锁法

急性损伤疼痛或出现"交锁症"时,首先应解除交锁。患者取仰卧位,下肢伸直,放松患肢,术者立于患侧。术者用手按在膝关节疼痛处,然后慢慢摇晃,伸屈膝关节。或一手捏住膝部,另一手握踝关节上方,徐徐屈伸膝关节,并轻轻内收、外旋小腿,直至交锁症状消失,最后用长铁丝托板适当固定膝关节。

②屈曲旋转法

对急性损伤的患者,可做一次被动的伸屈活动。患者取仰卧位,下肢伸直,放松患肢,术者立于患侧。术者左拇指按摩痛点,右手握踝部,徐徐屈曲膝关节并内外旋转小腿,然后伸直患膝,可使局部疼痛减轻。

③按压拿捏法

进入慢性期,每日或隔日做一次局部推拿。患者取仰卧位,下肢伸直,放松患肢,术者立于患侧。术者先用拇指按压关节边缘的痛点,然后在痛点周围做推揉拿捏,可促进局部气血流通,使疼痛减轻。外擦舒活酒,按摩膝部及其上下,常用表面抚摩、揉、揉捏、搓等手法,或用掌根或拇指指腹揉压患部。指针选用足三里、阴陵泉、阳陵泉、血海、风市等穴。

④按揉滚擦法

患者取仰卧位,下肢伸直,术者立于患侧。术者先在股四头肌及膝眼处用滚法、按法治疗。然后,嘱患者取俯卧位,下肢伸直,用滚法在患膝的腘窝部及两侧进行治疗,手法宜深沉而缓和,同时配合膝关节轻度的伸屈活动,最后用擦法沿腘窝处及双膝眼,两侧关节间隙按摩,以透热为度,也可以在患膝局部加用热敷。

⑤外旋过伸法

适用于外侧半月板急性嵌顿性损伤。患者取仰卧位,放松患肢,术者立于患侧。术者左手拇指按摩痛点 1~3 分钟后握住膝部,右手固定踝关节稍上方,在小腿被动外旋姿势下过伸膝关节,继而立即使之过度屈曲,若有明显的弹响声,说明半月板已复位,然后用石膏托将患膝固定在微屈 10°~15°姿势下 3 周,3 周后解除固定,加强股四头肌和膝关节伸屈活动锻炼。

(3)中药治疗

早期:治宜行气活血,方用桃红四物汤,水煎,温服,一日一剂,一日 3 次。局部红肿热痛较明显者,可敷清营退肿膏。

中期:治宜温通经络,祛寒续筋,方用补肾壮筋汤,水煎,温服,一日一剂,一日 3 次。用四肢损伤洗方熏洗患处。

晚期:治宜补。肾强筋,方用六味地黄丸,一次 6 克,一日 2~3 次。将紫河车、土鳖、儿茶、血竭、丹参、骨碎补、乳香、没药、象皮、茯苓、牛膝等研末,用水调和外服。

## 四、髌骨劳损

(一)髌骨劳损概述

髌骨劳损是最为常见的慢性膝关节损伤。在运动性损伤中,髌骨劳损多见于篮球、排球、跳跃、短跑、举重、投掷和登山等运动项目。

(1)髌骨劳损的主要原因是膝关节长期反复过多的屈伸运动,髌骨长期处于直接压迫下活动,髌骨之间反复摩擦、互相撞击,致使软骨面被磨损而发病,也有因局部受到一次冲撞或牵拉致伤。

(2)髌骨劳损还与膝部超负荷的专项训练,超出了人体的合理负担水平,股四头肌力量较弱,运动员急于求成而违反训练原则等因素密切相关。

(3)髌骨软骨面退行性病变是髌骨劳损的主要病理改变,局限性软化、纤维化,甚至软骨床的骨质外露,同时股骨内外髁的对称部位也发生同样改变。与此同时,关节滑膜及髌韧带也有一定程度的充血,渗出增加等变化。

(二)髌骨劳损的预防

(1)训练、比赛前做好充分的准备活动。训练、比赛后进行膝关节周围的自我按摩保健。

(2)遵循循序渐进、个别对待、全面发展的原则进行训练,防止"单打一"训练模式。加强运动技术训练,提高专项技术训练水平,纠正错误动作。

(三)髌骨劳损的康复治疗

1. 推拿按摩

(1)点按穴位法

患者取坐或仰卧位,术者立于患者侧面或前面。患膝呈 90°~150°,屈曲位,术者拇指指腹点按阳关、阳陵泉、膝鹤、血海、阴陵泉、足三里等穴,并用双手拇指点按双侧膝眼穴。

(2)推按髌骨法

患者取坐或仰卧位,术者立于患者侧面或前面。患膝屈曲,术者双手拇指重叠,由下向上推按髌骨下缘及整个髌骨周围。用拇指指端刮髌骨周缘的痛点。

(3)一指禅推法

患者仰卧,窝部垫以枕头,术者坐于患侧。术者先用一指禅推法,用拇指罗纹面从髌上囊周围开始,沿小腿胫前肌群,做紧推慢移的往返推动;再用一指禅指端推法,推两侧膝眼穴及髌腱部位;最后行一指禅偏峰推法,重点施术于髌骨周围,要使拇指偏峰紧紧地吸贴在髌骨周围做推动。要求指力深透有力而不使髌骨滑动,以患者感觉局部透热为度,手法操作时间不得少于10分钟。

(4)按揉滚叩法

患者取仰卧位,屈膝,术者立于患侧。术者按揉血海、梁丘、膝眼、阳陵泉、阴陵泉及太溪等穴,以局部酸胀为度。然后,在膝关节周围及大腿下1/3和小腿上1/3处,用滚法往返施术5分钟,再用小鱼际擦髌骨两侧,以透热为度。接下来用食指、中指、无名指指端轻叩髌骨及其周围。随后用掌压髌骨,一按一松,反复操作5~8遍。一手握住踝部,一手按住髌骨,做屈伸膝关节活动5~10次,最后用指尖着力,相对捏住髌骨周缘,用力摩动反复操作1~3分钟。注意尽量避免髌骨左右滑动而产生疼痛。

(5)推摩点压法

患者取仰卧位,伸膝,术者立于患侧。术者先在小腿的上1/3到大腿的下1/3间,用推摩、捏揉、搓等手法,然后再固定髌骨,用拇指在髌骨边缘疼痛部位,用刮法并点压髌骨周围的穴位。

2. 中药治疗

治宜活血温经,舒筋止痛,方用小活络丹,早晚各服5克。外用熨风散做局部热熨。

## 五、髌骨骨折

(一)髌骨骨折概述

一般来说,在运动性损伤中,髌骨骨折多见于足球、跳高、跳远、体操、自行车、摩托车、滑雪和溜冰等运动项目。

髌骨骨折的病因分为间接暴力和直接暴力,多见于间接暴力。

(1)当膝关节处在半屈位跌倒时,为了避免倒地,股四头肌强力收缩,而髌骨的远端由髌韧带所固定,因此产生了上下强力对抗牵拉的作用。同时,在膝关节屈曲位置下,股骨下端滑车顶点与髌骨后面密切接触而形成一力的交点,在受到肌肉强力牵拉的情况下发生髌骨骨折。此类骨折大多为横断骨折且有明显分离。

(2)直接暴力导致的髌骨骨折,是由于髌骨直接遭受外力打击或碰撞地面而引起的,多呈粉碎性骨折,由于髌骨周围腱膜及关节囊保持完整,故一般无明显移位,对伸膝功能影响较小。髌骨骨折后引起关节积血和滑膜炎,积血吸收消散不好,可发生关节黏连,影响膝关节功能的恢复。

(二)髌骨骨折的预防

(1)在运动训练前做好充分的准备活动。训练后做好整理活动,也可以进行自我按摩保健。
(2)加强股四头肌力量和髌腱周围腱止点的适应性牵拉练习,增强膝关节的稳定性。
(3)运动训练或比赛中的技术动作要准确,运动量的安排要合理。另外还要加强运动医务监督。在机体疲劳时不要做大强度的练习,以防意外发生。

### (三)髌骨骨折的康复治疗

1. 整复方法

无移位骨折:无须复位,在患肢后侧(由臀皱纹至跟部)用一长托板或石膏托板固定膝关节于伸直位即可。

有移位骨折:应尽早手法复位。患者仰卧,患肢膝关节伸直位,如果关节血肿较大,在无菌的情况下,先将积液抽出后再复位。并注入1‰~2%普鲁卡因5毫升,作局部麻醉。术者一手拇指和食、中指夹持固定骨折的远折块,另一手拇指和食、中指夹持近折块,向远端推,使断端对位。再以按法矫正前后移位。复位满意后,用膝圈或棉条绷带包扎固定。腿部后侧用长铁丝托板将膝关节固定在伸直位,4~6周后解除固定,开始膝关节功能锻炼。

2. 固定方法

骨折经手法整复后,将事前准备好的抱膝圈环套在髌骨四周,患肢膝关节伸直位,后侧用一长托板,然后将抱膝圈上的四根扎带固定结扎在托板上,固定时间约4周。

3. 手术治疗

手法复位不成功,或粉碎性骨折难以整复,以及内固定的上下极粉碎性骨折,可做髌骨部分切除术。术后将膝关节固定于160°~170°伸直位4~5周。

在手术中应注意尽量消除关节内积血,对合骨位时,要求髌面平整,修补好撕裂的关节囊和腱性扩张部。术后将膝关节固定于伸直位4~6周,其余按有移位骨折的处理。

4. 中药治疗

早期:治宜活血消肿,祛瘀止痛,方用消肿止痛汤,水煎,温服,一日一剂,一日3次。

中后期:治宜活血止痛,祛瘀生新,方用和营止痛汤,水煎,温服,一日1剂,每日3次。损伤部外用新伤药水熏洗。4周后,解除固定,开始膝关节功能锻炼,配合一号熏洗药熏洗和按摩治疗,有利于功能的恢复。

## 第三节  常见运动疾病的体育保健康复

### 一、过度训练

(一)过度训练概述

过度训练是指运动员由于疲劳的连续积累而导致机体出现功能紊乱或病理状态。过度训练极易造成运动员机体的疲劳,根据运动疲劳的程度,过度训练可分为短期过度训练和过度训练综合征两种。

1. 致病原因

(1)糖原不足:持续大强度训练肌糖原供不应求,刺激支链氨基酸和游离脂肪酸氧化供能,支链氨基酸的减少引起血浆游离色氨酸比值升高,大量色氨酸进入大脑,产生 9-羟色胺(中枢疲劳的神经递质),从而导致机体疲劳。

(2)自由基学说:机体的自由基代谢失衡对细胞膜结构、线粒体功能等有很大损害,并直接影响到细胞氧化还原功能,导致出现运动性疲劳的现象。

(3)负荷运动:训练断断续续,身体素质较差时,机体就会出现不适应的现象。

(4)运动量增加过快:训练超出人体所能承受的范围,导致运动员合并局部肌肉和韧带劳损。

(5)缺乏休息:持续长时间的训练,没有充分的休息,就会造成身体过度疲劳状态,继续训练就会造成过度训练。

(6)训练单一:运动新手缺乏身体全面训练的基础,集中专项的训练容易造成过度训练。

(7)患病后机体尚未完全恢复,训练开始过早或训练量过大,容易过度训练。

(8)生活制度被破坏:训练后休息不当,生活无规律,身体过度劳累,引起过度训练。

2. 征象表现

(1)神经方面:出现睡眠性障碍、头痛、头晕、无训练欲望、心情烦躁、易激怒;反应迟钝,记忆力下降,注意力不集中等症状。

(2)心血管方面:表现为心悸、心慌、胸闷、气短、心前区不适式疼痛,以及心律不齐、血压增高且不稳定、血红蛋白下降、恢复期延长等。一般运动员的血压未见明显变动,力量性项目运动员安静和运动负荷后血压会明显升高。

(3)运动系统方面:肌肉持续酸痛、压痛、肌肉僵硬,易出现肌肉痉挛、肌肉微细损伤等。当出现下肢过度训练时可表现为过度使用症状;出现应激性骨膜炎,小腿间隔综合征、张力性骨折、跟腱、髌腱周围炎等。最大负荷能力和最大乳酸水平下降,动作不灵活、协调能力下降,运动成绩和体力下降。

(4)消化系统方面:食欲下降、恶心、呕吐、肝区疼痛,严重时可出现胃肠道功能紊乱。个别运动员可能出现上消化道和/或下消化道出血症状。

(5)其他系统症状:长时间、大运动量的过度训练常会导致全身乏力、体重下降、腹泻、低热、运动后蛋白尿、运动性血尿、运动性头痛等现象。

(二)过度训练的康复治疗

(1)充分休息,使机体得到及时的恢复。
(2)适当放松,如通过温水浴、桑拿、按摩、听轻音乐、放松性休闲等消除紧张。
(3)补充各种营养物质,包括高能量物质、高糖、蛋白质、维生素及微量元素等。
(4)服用各种营养补剂等。

# 二、肌肉痉挛

(一)肌肉痉挛概述

肌肉痉挛是指肌肉发生不自主地强直性收缩的一种症状。人体的腓肠肌、足底的屈拇肌和屈趾肌最容易发生痉挛。肌肉痉挛常发生于运动时间长、运动强度大的运动中,如中长跑、马拉松、足球、橄榄球、游泳等项目。

1. 致病原因

一般来说,导致肌肉痉挛的原因主要有以下几个方面:

(1)大量排汗:运动员经过长时间、大强度的运动训练或比赛后,身体会出现大量排汗的现象,影响体内水盐代谢,电解质丢失过多,使体内氯化钠含量下降,引起肌肉神经过度兴奋,细胞膜的电位不停地变化,往往会导致肌肉痉挛。

(2)负荷量和强度过大:大运动量或大强度训练后,肌肉连续收缩或长时间处于运动状态,放松时间太短,肌肉收缩舒张失调进而导致肌肉疲劳,引发痉挛。

(3)运动性肌肉损伤:肌肉在自身黏滞性较高时,如收缩过猛,引起局部肌肉纤维及结缔组织的细微损伤以及肌纤维痉挛。

(4)寒冷刺激:运动员在寒冷的环境条件下进行运动训练,肌肉会受到寒冷空气的刺激而发生强直性收缩,容易引起肌肉痉挛的现象。

(5)准备活动不充分,神经系统、各器官和肌肉还未完全进入工作状态,如果此时对肌肉进行连续、大强度刺激就会引发肌肉痉挛。

(6)肌肉过度疲劳,体力不支时也容易出现肌肉痉挛。

(7)机体含致痛物质、发生缺血时,易发生肌肉痉挛。

2. 征象表现

发病急,局部发生不自主肌肉强直收缩,僵硬,疼痛难忍且一时不易缓解,痉挛肌肉所涉及的关节出现运动障碍。

(二)肌肉痉挛的康复治疗

1. 紧急处理

出现肌肉痉挛之后,可以通过紧急处理来缓解症状,具体的处理措施是根据不同的痉挛部位而选择的,具体如下:

(1)大腿后群肌肉、小腿腓肠肌痉挛:患者就地仰卧,两臂自然放于体侧,将伤肢抬起,与躯干约成120°,术者一手扶踝关节跟腱部,一手握住脚前掌,连续突然发力使踝关节屈伸,拉长腓肠肌,直到痉挛消除。

(2)股四头肌痉挛:患者就地俯卧,两臂自然放于体侧,抬起伤肢,屈小腿,术者一手扶胫骨上端,一手做局部按摩。

(3)屈拇、屈趾肌痉挛:用力将足趾背伸。

(4)腰背竖脊肌痉挛:患者坐在地上,两腿伸直。术者两手扶于肩胛处适度发力使上体前屈,待痉挛消除后做局部轻微按摩。

2. 推拿按摩

如果经常出现肌肉痉挛的情况,可以采取推拿按摩的方法来缓解症状,具体方法有以下几种:

(1)点按揉捏法:患者取仰卧位,术者立于患者身旁。术者点按患者委中、承山穴各1分钟,然后按压膝关节上下端一次,再将踝关节屈伸一次,最后用按揉法、揉捏法按摩膝、腓肠肌4分钟左右。

(2)按压叩击法:患者取坐位,术者立于患者身旁。术者将被按摩的小腿放在对侧的大腿上。以拇指自上而下,按而拨动小腿肌肉,握拳叩击小腿肌肉。按摩1~2分钟。

(3)牵拉捏摩法:患者取仰卧位,术者立于患者身旁。术者先将患者踝关节背伸,即向上勾脚,将膝关节伸直,用手向后牵拉脚部,持续到痉挛缓解为止。痉挛解除后,将患者膝部屈起,用手掌推小腿肌肉1~2分钟,然后再用捏法按摩小腿肌肉1~2分钟。

(4)捏拿旋转法:患者取坐位,屈膝,小腿肌肉放松,术者立于患者身旁。术者用手掌自上而下推小腿肌肉,要有一定力度,由表及里。以拇指和余四指的对合力,由上至下捏拿小腿肌肉,以手掌自上而下旋转揉动小腿肌肉。按摩1~2分钟。

(5)重推捏拿法:患者取俯卧位,术者可采用重推、揉捏、叩打、点穴、滚、提拿法,在患侧小腿后侧腓肠肌处,重点在痉挛酸痛处,由上而下往返按摩10次;再用指按揉委中、阳陵泉、昆仑、承山、太溪及阿是穴。按摩1~2分钟。

3. 针灸治疗方法

针灸也是治疗肌肉痉挛的有效方法,其中,比较常见的针灸治疗方法有以下几种:
(1)取双侧足三里、承山、委中、浮郄、合阳、跗阳等穴,用泻法,得气后留针25分钟。一日1次,7次为1疗程。
(2)针刺阳陵泉透阴陵泉、太冲、承山等穴,将艾条插在针柄上实施温针灸,待燃毕留针25~30分钟,一日1次,7次为1疗程。
(3)热敷、电疗等。

## 三、运动中腹痛

(一)运动中腹痛概述

运动中腹痛是指运动员在运动中因生理和病理原因而发生腹部疼痛的一种疾病,常见于中长跑、马拉松、自行车以及球类运动项目中。

1. 致病原因

导致运动中腹痛的原因有很多,可以大致总结为以下几个方面:
(1)日常锻炼不足、训练水平低、准备活动不足、运动时呼吸节奏掌握不好、速度突然过快、运动时腹部受凉、腹部遭受撞击、过度紧张等。
(2)生活习惯不合理。
(3)心血管系统血液动力学障碍。
(4)胃肠道局部血液循环障碍。
(5)腹内外疾病,比如胃炎、肝炎、胆囊炎、阑尾炎、泌尿系统结石、肠道蛔虫、胆道蛔虫等。

2. 征象表现

发生运动性腹痛时，一般伴随其他症状。腹痛的部位常与病变脏器的位置有关；肝胆疾患或瘀血，多表现为右上腹痛；脾瘀血多表现为左上腹痛肠痉挛、蛔虫病多表现为腹中部痛；胃十二指肠溃疡、胃炎，多表现为中上腹痛；呼吸肌痉挛多表现为季肋部和下胸部锐痛；阑尾炎在右下腹疼痛；宿便多表现为左下腹痛。

(二)运动中腹痛的康复治疗

发生运动中腹痛时，首先要将是运动性腹痛还是由疾患而引起的腹痛确定下来，然后再根据实际情况选择相应的治疗方法。通常情况下，可以通过以下几种方法来治疗运动中腹痛，并使其恢复。

1. 一般治疗方法

当发生运动中腹痛现象时，要减慢运动速度，降低运动强度，调整运动节奏与呼吸节奏，用手按压疼痛部位，或弯着腰跑一段距离，疼痛即可减轻或消失。如果没有任何效果，应立即停止运动或就医。

2. 推拿按摩

治疗运动中腹痛，常用到的推拿按摩的方法主要有以下几种，根据需要进行选择。

(1)推摩揉捏法：患者取仰卧位，术者立于患者身旁。术者点按患者人中、足三里、涌泉、内关及阿是穴，然后按摩腹部4分钟左右，再推摩胸腹部，揉捏斜方肌、胸大肌、腰大肌，同时给适量的温开水或吸氧。

(2)推摩点按法：患者取俯卧位，术者立于患者身旁。术者由下而上推按患者两侧足太阳膀胱经，并点压胃俞、脾俞、胆俞等穴。如找到有明显的压痛点和条索状结节时，用双手拇指重压反应点，手指上下滑动，以产生酸胀感为度，可持续2~3分钟。同时，点按足三里穴，并嘱患者做深呼吸以配合。全过程不超过20分钟。

(3)抚摩按揉法：患者取俯卧位或坐位，术者立于患者身旁。术者按摩腹痛部位，按揉双侧合谷、肝俞、脾俞、胃俞穴1分钟。或予以腹部热敷，并适量饮些热饮料，一般可自行缓解。

(4)推摩腹肌法：患者取仰卧位，术者立于患者身旁。术者用两手拇指外展，其余四指并拢由锁骨下开始，向下推摩至小腹处，反复操作10~20遍。缓解腹直肌疼痛。

(5)按揉神阙法：患者取仰卧位，术者立于患者身旁。术者用双掌重叠于神阙穴，以肚脐为中心，做顺时针方向按揉3分钟。消除腹直肌疼痛。

3. 针灸治疗方法

针灸也是治疗运动中腹痛的重要方法之一，常用的针灸方法有两种，一种是体针，一种是耳针。

(1)体针：取足三里、三阴交、内关、合谷、神阙穴等穴，针刺得气后留针15~20分钟，一日1次，7天为1疗程。

(2)耳针：取耳穴肝、肠、胃、膀胱、输尿管、子宫、膈肌等，用王不留行籽直接按压穴位，胶布固定。力度缓和、持续刺激，患者表现出强烈的耳痛反应，直至腹痛缓解。

## 四、运动性哮喘

(一)运动性哮喘概述

运动性哮喘是指在剧烈运动后出现的大、小气道阻塞的严重程度与气管过度反应性直接相关的一种疾病。运动性哮喘多发生于寒冷季节大强度的运动训练,在户外跑步、登山、越野滑冰等运动项目中较为常见。

1. 致病原因

导致运动性哮喘的原因主要体现在两个方面,一个是渗透压学说方面,一个是温度学说。

(1)渗透压学说:运动后随着气道表面液体水分的蒸发,支气管黏膜表面的液体为高渗透压,形成的渗透压使附近细胞出现容量的减少,黏膜的干燥和渗透压增高的刺激,导致炎症介质的释放,支气管平滑肌的收缩,引发运动性哮喘。

(2)温度学说:运动停止后,支气管出现快速的复温,从而引起支气管血管的充血,黏膜的通透性增加和水肿,导致支气管狭窄而引起气流受限。

2. 征象表现

发生运动性哮喘后,会出现咳嗽、气短、胸闷、呼吸困难、喘息等症状,严重者还会出现面色苍白、大汗淋漓、精神紧张、胃部不适、咽痛等症状。

(二)运动性哮喘的康复治疗

能够有效治疗运动性哮喘的方法主要是推拿按摩和针灸,具体如下:

1. 推拿按摩

患者取坐位,术者用拇指指腹按摩双肺俞、膻中穴。每个穴位40~50次,每日治疗1次,7次为1疗程。

2. 针灸治疗

(1)取大椎、灵台、命门、膻中、气海、肺俞、尺泽、足三里、丰隆、合谷、风池、风府等穴,艾柱灸。
(2)取双侧肺俞、定喘、足三里、风门、合谷、丰隆、肾俞等穴,针刺后留针30分钟,每隔10分钟行针1次。每日治疗1次,7次为1疗程。

## 五、运动性中暑

(一)运动性中暑概述

运动性中暑是指肌肉运动时产生的热超过身体能散发的热而造成运动员体内的过热状态。常出现于田径中的中长跑、马拉松以及足球等项目中。

1. 致病原因

运动性中暑有不同的具体形式,且各自的致病原因也有一定的差别,具体如下:

(1)热射病:热射病是发生在高热环境中的一种急性病。运动时,体内产热较多,如果天气温度和湿度较高,且空气不流通,散热就会受到影响,热量在体内大量积累,体内的生理机能以及中枢神经系统的机能活动受影响。

(2)日射病:阳光直接照射头部而引起的机体强烈反应。

(3)热痉挛:运动中机体大量排汗,失水失盐过多以致电解质平衡紊乱。

(4)循环衰竭:运动时机体失水过多,使血容量减少,心脏功能和血管舒张调节不能适应,可导致周围循环衰竭而发生中暑。

2. 征象表现

运动性中暑的程度不同,表现出来的征象也会有一定的差异性,具体如下:

轻症中暑者的征象表现:体温常常在38℃以上,头晕、口渴,面色潮红、大量出汗、皮肤灼热等,或出现四肢湿冷、面色苍白、血压下降、脉搏增快等。

重症中暑者的征象表现:热射病轻者仅呈虚弱状态,重者有高热和虚脱。一般发病急,体温上升,大量冷汗,继而无汗、呼吸浅快、脉搏细速、躁动不安、神志模糊、血压下降,重者可引起昏迷,体温高达41℃以上,脉搏极快,而呼吸短促,最重者可因心力衰竭或呼吸衰竭而致死;热痉挛者,大量出汗,血钠、氯化物降低,血钾亦可降低,肌肉疼痛和痉挛。轻者只是对称性肌肉抽搐,口渴,尿少,但体温正常。重者大肌群也发生痉挛,并呈阵发性;日射病者主要表现为剧烈头痛、头晕、恶心、呕吐、耳鸣、眼花、烦躁不安、神志障碍、脉搏细而频速、血压降低等,重者发生昏迷,体温可轻度增高。

(二)运动性中暑的康复治疗

运动性中暑的治疗方法有很多,可以根据实际需要进行有针对性的选择。

1. 一般治疗方法

迅速将患者转移至阴凉通风处休息。患者平卧,头部抬高,松解衣扣。用电风扇吹风或冰敷的方法及时对患者进行散热处理。中暑者神志清醒,并无恶心、呕吐,则应迅速补充液体,可饮用含盐的清凉饮料、茶水、绿豆汤等,或在额部、颞部涂抹清凉油、风油精,或服用人丹、藿香正气水等中成药。

2. 西医治疗方法

根据不同的病症,要选择相应的西医治疗方法,具体如下:

(1)热射病:物理降温;或选用复方氨基比林,严重者采用盐酸氯丙嗪2毫克与生理盐水300毫升配伍,静脉滴注等。对呼吸困难者应给氧。

(2)热痉挛:静脉注射生理盐水或5%的葡萄糖氯化钠注射液。神志清醒者可口服含氯化钠饮料,神志昏迷者可牵引痉挛肌肉,并用纱布蘸白酒或醋在抽筋处反复擦摩。

(3)日射病:患者取头高足低位,头侧向一边。头部用冰袋或冷水湿敷。

**3. 中医治疗**

针对不同的运动性中暑的征象,要采取不同的中医治疗方法,具体如下:
(1)热射病
中暑热症:宜祛暑清热,可用黄连香薷饮加减,水煎,温服,一日1剂,一日3次。
湿温症:宜清热化湿,豁痰开窍,可用菖蒲郁金汤加减,水煎,温服,一日1剂,一日3次。
(2)热痉挛
暑邪内闭症:宜辟秽解毒、开窍醒神,可用红灵丹,口服,或外用少许吹鼻取嚏。内服作用较好,一般一次0.3～0.6克,温开水送服。
热邪初陷心包症:宜清热解毒,开窍安神,可用万氏牛黄清心丸,口服,一次1丸,一日2次。
(3)日射病
神昏谵语、高热抽搐等,宜清热解毒,镇静开窍,用紫雪丹,口服,一次2克,一日2次。

**4. 推拿按摩**

按摩太阳、推印堂、拿风池、点按合谷等穴。如有抽搐,立即针刺人中、十宣、内关、神门、合谷、涌泉等穴;口噤不开者,可用乌梅肉频擦牙龈,或用开关散搐鼻,或针刺下关、颊车等穴,并给予清热熄风、补充津液;昏迷者可针刺(指针)人中、涌泉等穴。

**5. 针灸治疗方法**

指掐或针刺患者人中、涌泉等急救穴,或给氨水闻嗅,并在四肢做重推摩和揉捏。头痛剧烈者,冷敷头颈部,针刺或掐点太阳、风池、内关、合谷、曲池、足三里等穴。

# 六、运动性冻伤

## (一)运动性冻伤概述

运动性冻伤是指寒冷作用于机体引起的体温调节功能障碍,血液循环和组织代谢不良引起的局部组织损伤以致体温下降。运动性冻伤多发于滑冰、滑雪、登山运动等户外运动项目中。

**1. 致病原因**

导致运动性冻伤的原因主要有以下几个方面:
(1)长时间缺乏运动锻炼;身体抵抗力差;手足多汗易形成冻伤。
(2)在冬季或寒冷、潮湿或鞋袜过紧的情况下运动,影响患部周围血液循环,导致局部血管收缩、痉挛、血流减少,组织缺血、缺氧,出现皮肤苍白,继而血管扩张,毛细血管渗透性增高,局部出现水肿或水泡,而发生冻伤。
(3)机体状况不良、患慢性疾病,常容易发生运动性冻伤。

**2. 征象表现**

由于冻伤的程度不同,所表现出来的征象也会有所不同,具体如下:

(1)轻度冻伤:受冻部位皮肤苍白、开始麻木、发凉,继而红肿充血,发痒,热痛。

(2)中度冻伤:全层皮肤冻伤,局部红肿明显,表面有大小不等的水泡(草黄色),疼痛较重,甚至感觉迟钝,对冷、热、针刺不敏感。

(3)重度冻伤:深达皮下组织,甚至累及肌肉和骨骼,受冻部位颜色苍白,并出现紫褐色或黑褐色坏死状态,局部的感觉也完全消失,极易并发感染。

(4)全身性冻伤:常出现寒战、四肢发凉、苍白或发紫,进而感觉麻木,反应迟钝,神志模糊,甚至昏迷休克。

(二)运动性冻伤的康复治疗

运动性冻伤的治疗方法有很多,但是,不管采用哪一种,都要遵循辨证施治的原则进行治疗。

1. 对症治疗方法

不同程度的病症,其表现出来的征象不同,那么采用的治疗方法也就会有所不同,具体如下:

(1)轻中度冻伤:局部经常用酒精棉球轻轻揉擦,使皮肤微热即可,同时涂冻疮膏,注意患部保暖。应注意冻伤部清洁,温水轻洗或浸泡,不要用热水泡或火烤,也不要用雪擦和冷水浸泡,至冻伤处有湿感消失为止。

(2)出现水泡者,局部消毒后,用针刺破水泡后进行包扎。对已破溃的水泡,可涂抹紫药水或消炎软膏,再包扎好。有硬块者用红灵酒或姜汁、辣椒频擦,使气血畅通。皮肤上有小疤时,可用蜂蜜70%、猪油30%混合成油膏外敷。溃烂后用马勃1块或马勃膏(马勃20克、凡士林80克)、生肌玉红膏外敷,一日1次。有感染者还可用九一丹、红油膏盖贴。腐脱新生,则改用生肌散以利收口。

(3)重度冻伤或全身性冻伤者,应迅速送往医院处理。

2. 推拿按摩

患者取坐位或卧位,术者立于患者侧面,术者取足太阳膀胱经心俞、脾俞、肾俞等穴,先按揉气冲,后按揉心俞、脾俞、肾俞等穴,再按揉涌泉穴,以感觉到热为宜。每晚睡前按摩1次,7日为1疗程。

3. 中药治疗

在采用中医治疗运动性冻伤时,要根据不同的病症有针对性地进行施治,具体如下:

(1)阴寒内盛症(表现为四肢厥逆,恶寒蜷卧,脉微而复自下利,利虽止而余症仍在):宜回阳益气,救逆固脱,可用四逆加人参汤,水煎,温服,一日1剂,一日3次。

(2)血虚寒厥症(表现为手足厥寒,口不渴,舌淡苔白,脉沉细或细而欲绝等):宜温经散寒,养血通脉,可用当归四逆汤,水煎,温服,一日1剂,一日三次。

(3)寒邪直中三阴,真阳衰微症(表现为恶寒蜷卧,四肢厥冷,神疲欲寐,吐泻腹痛,口不渴,舌淡苔白,脉沉微,甚或无脉等):宜回阳救急,益气生脉,可用回阳救急汤,水煎,温服,一日一剂,一日3次。

## 七、运动性昏厥

### (一)运动性昏厥概述

运动性晕厥是指在大强度的运动训练或激烈的比赛中或比赛后,由于大量血液分布于下肢等多种原因而引起的一时性脑供血不足或脑血管痉挛所致的短暂意识丧失状态。运动性昏厥多发生于长跑、滑冰、滑雪、竞走、马拉松和球类运动项目当中。

1. 致病原因

运动性昏厥有很多具体的种类,每种类型的致病原因都有所不同,具体如下:

(1)血管减压性晕厥:运动员情绪不稳定,运动训练时引起动脉压和全身骨骼肌肉的阻力降低,大脑血液灌注量减少出现晕厥。

(2)心源性晕厥:运动时心肌耗氧量增加,由于多种原因引起冠状动脉供血不足发生心肌缺血,导致心脏功能障碍,脑组织供血不足,引起晕厥。先天性心脏病人运动后由于明显的动脉低氧可导致晕厥。

(3)脑源性晕厥:患有脑血管先天性畸形、脑动脉血管粥样硬化、高血压、颈椎病的人,运动时脑部血管可发生一时性广泛缺血而出现晕厥。

(4)体位性低血压晕厥:运动员在大强度的运动训练或比赛后立即停止不动,由于下肢毛细血管和静脉失去了肌肉收缩时对它们的节律性挤压作用,加上血液本身受到的重力影响,导致大量血液积聚在下肢舒张的血管中,造成回心血流量和心输出量的减少,使脑部相对供血不足引起晕厥。

(5)低血糖性晕厥:运动员长时间、大运动量的运动后,体内血糖消耗产生低血糖导致出现晕厥现象。

(6)迷走反射性晕厥:运动员情绪过于紧张,在进行运动训练时通过交感神经反射而诱发短暂的内脏血管扩张,回心血量、心输出量减少,血压下降,导致大脑供血不足而引起晕厥。

(7)运动性中暑晕厥:运动员在高温、高湿环境中进行训练和比赛,其体内产热较多且不能有效散发,人体调节体温的能力下降,体温升高、大量脱水、血容量减少、血压下降、脑供血不足而发生中暑昏厥。

2. 征象表现

由于导致运动性昏厥的原因不同,各类型病症表现出来的征象也会有一定的差异性,具体如下:

(1)血管减压性晕厥:情绪不稳定、疲劳,发作前出汗、流涎、心动徐缓,上述症状持续数十秒至数分钟后意识丧失。意识丧失几秒至几十秒可自行苏醒。

(2)心源性晕厥:情绪不稳定、疲劳等,发作前有出汗、流涎、心动徐缓、出现眼黑、心悸、胸痛、面色苍白合并紫绀、呼吸困难、颈静脉怒张,血压下降,心率、心音和脉搏有改变,心电图多有异常表现等。当心脏恢复搏动,脉搏可触及时,脸色突然转红。

(3)脑源性晕厥:头痛、眩晕、呕吐、抽搐,常有失语、轻偏瘫、患侧视力减退或失明等。

(4)体位性低血压晕厥：意识突然丧失，无前驱症状。

(5)低血糖性晕厥：头晕、无力、饥饿感、震颤、恶心、冷汗、心动过速和行为慌乱等，晕厥历时较长，补充糖后意识可恢复。

(6)迷走反射性晕厥：眩晕、恶心、面色苍白、出汗、肢体发软等，持续数分钟继而突然意识丧失，意识丧失数秒或数分钟后自然苏醒。

(7)运动性中暑晕厥：头昏、头痛、胸闷、大汗、严重口渴、恶心、呕吐、心动过速、肌肉痉挛、面色苍白、皮肤湿冷、脉细弱、血压下降、瞳孔缩小等，体温可高达40℃以上。

(二)运动性昏厥的康复治疗

出现运动性昏厥后，要首先进行急救，然后才能根据情况采取推拿按摩、针灸等其他的治疗方法使其康复。

1. 急救方法

根据不同运动性昏厥的病症，要采取不同的急救方法，具体如下：

(1)血管减压性晕厥和直立低血压性晕厥：给患者嗅有刺激性的氨味，或静脉注射25%～50%的葡萄糖40～60毫升；如有呕吐，应将患者的头偏向一侧；如停止呼吸，应立即进行人工呼吸。意识恢复后，可服热饮料或少量白兰地或威士忌。

(2)心源性晕厥：立即吸氧，心电图示房室传导阻滞时皮下注射阿托品；如为室性心动过速，立即静脉注射利多卡因50～100毫克，1～2分钟注完；急性左心衰竭的处理方法为强心、利尿等；急性心肌梗死给予止痛、镇静、抗心律失常、抗休克或抗心衰处理。心源性晕厥经现场急救后再安全转运。

(3)脑源性晕厥：现场抢救措施有吸氧、保持呼吸道通畅、降压和降低颅内压等。静脉注射50%的葡萄糖40毫升，每4～6小时一次，血压过高者，用利血平1毫克或25%的硫酸镁10毫升，深部肌肉注射。合并抽搐时肌注副醛。

(4)低血糖晕厥：静脉注射50%的葡萄糖60毫升。

(5)中暑晕厥：将患者转移至阴凉通风处迅速降温，用冰水、冷水或酒精擦浴使皮肤发红，头部及大血管分布区放置冰袋，有条件的静脉点滴5%的葡萄糖生理盐水。

2. 推拿按摩

患者取仰卧位，术者立于患者身旁。术者自患者小腿向大腿（向心性）做重推摩和全身揉捏，以促进血液迅速回流心脏。

3. 针灸治疗

针刺人中或点掐（针刺）人中、十宣、百会、涌泉等穴，可以反射性地引起阻力血管和容量血管收缩，帮助血压回升，促使患者苏醒。

# 第十章　不同人群的体育运动保健与康复

## 第一节　不同年龄人群的体育运动保健与康复

### 一、婴幼儿

(一)婴幼儿的身心发展特点

婴幼儿的皮肤比较稚嫩,各方面生理机能发育不健全,尤其是在婴儿时期,三个月以下的小宝宝甚至不会翻身,身体的骨骼还很柔软,需要父母的细心呵护。

(二)婴幼儿的体育运动指导

1. 抚触

婴幼儿抚触需要在父母或专业护理人员的帮助下完成,对婴幼儿的成长发育具有非常好的帮助作用,主要针对 8 个月以下的婴幼儿进行。

皮肤是人体接受外界刺激的最大感觉器官,是神经系统的外在感受器。早期抚触能给予婴幼儿脑细胞和神经系统适宜的刺激,有助于婴幼儿神经系统发育,促进婴幼儿的生长及智能发育。

婴幼儿抚触一般由专业的护理人员来做效果比较好,但是由于母亲与孩子之间具有天然的血亲关系,再加上妈妈的气味可以给宝宝带来很好的安全感,因此母亲给孩子做抚触是最后的选择,可以向专业人士学习简单的抚触手法,在家进行。

2. 自然沐浴

(1)空气浴

小儿全身裸露,以接受大气的抚摸,有利于提高身体素质,改善皮肤营养状态,促进新陈代谢和血液循环。

一般来说,在寒冷的早春和冬季宜在室温 18℃～20℃ 的房间里进行;夏秋季节气温较高,可选户外避风处实施。空气浴的时间每次可由 7～8 分钟渐渐增加到 15～20 分钟。不足 9 个月的婴儿每天以一次为宜,9 个月后可增加到一天 2 次。

(2)日光浴

婴幼儿的日光浴务必选择在阴处进行,或者让柔和的阳光穿透玻璃后再进行日光浴。

进行日光浴时,应选择合适的气温下进行,出生 3～6 个月的婴儿应选择 20℃～30℃ 的气温环境,每次以 2～10 分钟为限,完毕后用 30℃～35℃ 的温水冲洗全身。时间最好安排在上午 9～11 时或下午 2～4 时。

一般来说,出生 6～12 个月的婴儿则应选择 12℃～20℃ 的气温环境,每次以 6～12 分钟为限,完毕后用 32℃～36℃ 的温水冲洗全身。这样可以在避免阳光中紫外线的有害影响的同时增进血红蛋白数量,有利于维生素 D 的转化生成,可以为婴幼儿的成长提供营养。

(3)温水浴

温水浴主要是利用水的物理、化学性质使婴幼儿获得体质上的锻炼。由于婴幼儿出生前一直生活在羊水中,因此,只要水温适宜,他们都愿意水浴。对周岁内的小儿,水浴时水温应以 36℃ 为宜,方式以盆浴为主,辅以轻柔的擦浴,即孩子浸泡在水中,使水温水压作用于机体,然后仔细洗净皮肤。

特别注意的是,婴幼儿浴后应及时用浴巾包裹,擦干身体,穿上衣服,防止着凉。

3. 赤足行走

适合婴幼儿生理发育的运动有很多,如启蒙游戏、走跑和幼儿体操,这里重点介绍最简便的一种健身方式——赤足行走。

实践表明,婴幼儿赤足行走能锻炼踝关节的柔韧性,并且有助于防治扁平足。原因在于,人的脚部皮肤分布着大量血管和神经末梢,经常搀扶婴幼儿赤足行走,能使足底肌肉群受到很好的按摩,有利于防治足癣、鸡眼和软组织炎症,同时也可减少足底出汗,增强机体对外界环境变化的适应能力,并增强皮肤的温度调节功能。

(三)婴幼儿体育运动注意事项

(1)由于婴幼儿缺乏独立锻炼的能力,健身锻炼要在成人的引导下进行。
(2)婴幼儿的身体各器官系统尚未发育成熟,锻炼时持续时间不宜过长,运动节奏要缓和,不要过于激烈。
(3)婴幼儿的自我控制能力差,注意做好安全监护工作。

# 二、儿童少年

(一)儿童少年身心发展特点

儿童少年是体育运动的一个特殊而重要的群体,他们所处的年龄阶段是实施体育运动训练和健身的关键阶段。一般的,可将儿童少年分为儿童期和少年期两个年龄阶段。儿童期指 6—12 岁这个年龄阶段,少年期指 12—17 岁这一年龄阶段。

1. 儿童身心发展特点

(1)儿童身体发展特点

生长发育是儿童身体的主要特点,儿童的骨骼弹性大而硬度小,柔韧性较好,因而不易完全骨折,但易弯曲变形,需要引起关注。

由于关节的灵活性与柔韧性都易发展,因此可适当安排有益关节活动和柔韧性发展的健身活动,但需要注意的是,关节牢固性较差,易脱位。肌肉方面,肌肉中含水量较高,蛋白质、脂肪以及无机盐类较少,肌肉细嫩。相较于成人来说,儿童期的收缩能力较弱,耐力差,易疲劳,但恢复速度相对较快。身高的发育要比体重的发育速度快,多呈现细长型。除此之外,神经系统已基本发育成熟,并且已经基本具备了从事各种复杂运动的身体能力,智力水平通常也较高。

(2)儿童心理发展特点

儿童的形象思维逐步过渡为逻辑思维,并且随着知识的不断丰富,其思考的目的性、独立性和灵活性也有了一定程度的提高。

2. 少年身心发展特点

(1)少年身体发展特点

从儿童期进入少年期,少年的身体形态的各种指标增长速度会突然变快。整体来看,少年期的发育过程中是身体长度发育在前,横向发育在后。从手脚与躯干、四肢的发育状况上来说,是手脚和四肢的发育在前,躯干的发育在后。男女少年的身体发育有一定的差异性。

(2)少年心理发展特点

少年的人际关系较为复杂,抽象思维能力和独立学习能力也有所增强。但同时,他们在心理上也存在着一定的不足之处,主要表现为:独立性与依赖性共存的矛盾、认识水平低,控制自己的能力较弱,容易被暗示等。除此之外,少年的兴趣爱好也会发生一定的改变和转移。

此外,少年身体形态和机能的迅速变化也会对其心理产生一定的影响,从而引发一系列的变化。

(二)儿童少年体育运动指导

1. 儿童科学健身指导

(1)培养儿童的健身兴趣

在组织和设计儿童体育活动时,应有目的、有意识地对其进行引导和教育。在开展相应的活动时,应注重负荷量的安排要适当,并且使其在"玩"的过程中有所受益。通过这种形式不断提高儿童参与体育活动的兴趣,并且形成进行体育锻炼的意识。这对于儿童的全面发展具有重要意义。

(2)重视家庭体育的作用

虽然我国义务教育不断强调减负,但是学习还是占用了儿童的大量时间,儿童在学校体育课堂上进行的体育活动相对有限,对儿童的健身锻炼作用并不明显。因此,家长应注重开展相应的家庭体育活动,这样不仅能够促进儿童与家长之间的情感交流,还能够使得儿童得以更好地锻炼,对于儿童的全面发展具有重要的作用。

更重要的是,将家庭体育与体育课、课外体育活动等形式的体育运动结合起来,将能够与各种体运动形式形成优势互补,从而更好地发挥各项体育活动形式的功能。这对于增强儿童的身体健康,促进儿童的生长发育具有重要的促进作用。

(3)合理组织健身活动

针对小学生的健身活动安排,应确保运动的科学性、安全性。其科学性要求组织相应的活动时以儿童的心理特点为基本依据,以促进儿童的全面发展和发育为目的,促进儿童各方面素质的提高。在活动组织过程中,还应确保运动负荷的科学合理,运动强度不宜过大,各项动作技术应以基本动作技术为主,重点在于培养儿童养成健身锻炼的意识和习惯,而非提高运动技能。

(4)重视健身过程的安全性

由于儿童处于生长发育阶段,身体相对较为脆弱,并且其自身的安全和自我保护意识相对较为薄弱。因此,在体育活动的组织和开展过程中,应注重其安全工作,全方位保证儿童的安全。

2. 少年科学健身指导

(1)增强少年的健身意识

随着年龄的增长,少年对体育活动的态度也会有所变化。这一阶段,人开始自觉地进行身体锻炼,进行体育活动具有较强的目的性,并对竞技体育运动的相应的动作技术有所追求。这一阶段也是其掌握和提高相应的动作技术的重要时期。

针对少年的体育健身活动的指导,满足其相应的体育需求,积极运用学生的闲暇时间,培养其良好的锻炼习惯。在此基础上发展适合其身心特点的体育活动。要使少年期的学生乐于参与相应的体育活动,启发和培养学生的健身意识,为其今后的体育健身或是体育事业奠定基础。

(2)重视学生对正确运动技能和科学健康保健知识的掌握

少年时期,伴随着学生的身体的不断成长,其知识储备也快速增长。这一阶段应注重对学生的体育健身知识的传授,并注重其对运动技能的掌握。掌握相应的知识和技术将会使得学生受益终生。

传统教学中,只注重学生的基础知识和基本技术的传授,忽视了学生群体的差异性,体育方面具有天赋的学生并没有真正地掌握相应的较高水平的动作技术,不利于其今后的发展。另外,学校对健康保健方面的知识传授较少,再加上学生掌握的动作技术相对较为浅显,从而使得其毕业之后便很难再进行相应的体育锻炼。因此,在教学过程中,应使得学生真正在进行相应的体育健身锻炼过程中正确掌握并熟练运用动作技术。另外,还应加强对学生的体育健身知识的教授,使学生能运用所学的知识指导健身活动。

(3)注重培养学生良好的思想品德

少年期是一个特殊的时期,学生会表现得叛逆,因此该时期是学生价值观念、人生态度等形成的重要时期,应注重对其道德观念以及意志品质的塑造和培养。体育教学并不仅仅是对学生的运动技能和知识等方面的培养和提高,也是对其心理、道德、意志品质等方面的发展,其旨在促进学生的全面发展。因此,在教学过程中,应运用和创造各种条件来发展学生这方面的素质,使学生养成积极进取精神、团队合作意识、遵纪守法意识等。另外,通过鼓励学生参与体育健身活动,培养学生乐观、自信的个性特征。

(三)儿童少年体育运动项目

鉴于儿童少年的身心发展特点,结合儿童少年的兴趣爱好等方面,可以得出,适合儿童少年的社区体育健身项目主要包括自由活动、走、跑、攀爬类的活动,跳绳、游泳、垫上运动(滚翻)、体操、足球、篮球、滑板、投掷、垒球、游泳、冰球、摔跤、武术等活动。

## 三、青年人

(一)青壮年的身心发展特点

1. 青壮年生理发展特点

青壮年一般是指年龄在 18—35 岁年龄阶段的人,这是一个人的黄金时期。在这一时期,人各器官组织的生长发育都已基本完成,各方面的身体素质也处于较高的水平。适合青壮年参与的体育运动项目众多,他们可以自由地进行选择。这一阶段,青壮年在进行相应的体育运动健身项目选择时,会依据自身的身体条件、运动兴趣以及生活习惯等做出相应的判断。由于各项身体素质大都处于一生中的巅峰,因此能够承受加大的运动负荷量。

2. 青壮年心理发展特点

青壮年的情感丰富,具有一定的人生理想和抱负,形成了一定的价值观念,对事物有了一定的态度,形成了稳定的个性特征。青壮年的意志力和自控力有了较大程度的提升,但有时也会有易冲动的问题。青壮年往往对自身的健康状况有较高的评估,因此,并不注重体育锻炼,不利于身体健康的长远发展。很多人的在这一阶段过度挥霍健康,当身体出现相应的不良症状时,才会想到进行相应的体育锻炼。

(二)青壮年体育运动指导

青壮年应注重体育健身活动,并养成有规律的体育健身习惯,使体育健身成为日常生活的重要组成部分。组织和安排适合青壮年的体育运动时,应充分考虑其个体的差异性和运动技能的储备情况,并且还要考虑其身心发展的特点,在此基础上有针对性地安排健身活动。

1. 明确体育健身的重要性

当前青壮年对运动健身存在一些认识误区,因此有必要有目的、有意识地对青壮年进行必要的宣传和教育,增强其对体育锻炼的认识和了解,培养其健身观念和健身意识。具体来说,青壮年的运动健身认识误区具体表现如下:

(1)青壮年的各项身体机能处于最佳的水平,认为进行体育健身锻炼是体质状况较差的人要进行的,自身进行体育锻炼可有可无。

(2)当下没有时间也没必要进行体育锻炼,等老了之后再进行相应的体育锻炼、增强自身的身体健康状况也不迟。

受各种因素的影响(如错误健身观念、没有时间健身等),现实生活中,青壮年大多忽视体育健身锻炼,从而使其身体机能出现下降,体质向不健康的方向转变,呈现亚健康状态,并且非常容易疲劳,这一趋势在中年期将更加凸显。很多人感到中年便百病缠身,严重影响其工作和生活,其中很大程度上是因为其在青年时期不注重体育锻炼而造成的。

显然,"青壮年没有必要参与体育健身锻炼"的观念是错误的,它没有认清进行体育锻炼的重要性和必要性,缺乏真正的体育锻炼知识和体育锻炼观念。可以通过宣传教育使其明白健身锻炼的重要性,在人生的不同时期和阶段都应注重体育锻炼对身心健康的重要作用。尤其是青壮年时期,学习、工作和生活的压力大,生活节奏的进一步加快,青壮年更应该加强体育锻炼,进行长效的健康投资,树立科学的健康理念。体育锻炼是保持和增强身体健康的重要手段,而健康则是开展相应的工作、学习和创造美好事业的物质基础。因此,青壮年应增强锻炼的积极性和自觉性,养成终身体育的理念,并付诸在实际行动中。

2. 重视健身知识与技能的掌握

科学的健身锻炼离不开正确健身知识的指导和技能的掌握,加强和注重对青壮年的健身知识和技能的传授,使其储备相应的基本知识和运动技能具有重要意义。在组织相应的体育运动时,应注重其运动的科学性和有效性,提高锻炼的效果。

青壮年体育活动的组织和安排应根据其工作和生活的实际情况,制定合理的锻炼内容和锻炼方法,并使其养成有规律的锻炼习惯。持之以恒地进行身体锻炼,可改善和提高身体的健康水平,也为今后的终身体育锻炼奠定坚实的基础。

3. 建立科学健康的生活方式

面对繁重的学业压力、求职压力、升职压力以及承担家庭经济来源,在激烈的社会竞争之下,青壮年所肩负的负担也越来越大。因此,很多青壮年表现出不健康的生活方式,具体表现为熬夜、睡眠不足、饮食不规律以及吸烟、饮酒等不良生活习惯。在不良的生活方式的侵袭下,青壮年的体质健康状况受到了一定的威胁。因此,应建立科学、健康的生活方式,并在一定程度上提高自己社会适应能力和心理承受能力。

体育健身锻炼是培养良好健康生活方式的重要途径,青壮年通过参加社会体育锻炼还可以扩大其社会交往,融洽人际关系,增进感情交流,在运动锻炼中培养顽强的意志品质和拼搏精神,增强自信心,提高文化素质,丰富业余文化生活。

青壮年在进行相应的体育健身锻炼时,应注重运动项目的多样性,内容和形式要丰富多彩,吸引更多的青壮年参与其中。学校或是工作单位应开展相应的体育健身运动,促进青壮年养成积极向上的良好生活方式。

生活方式的健康、科学能够使得青壮年充满活力和激情,以更加饱满的精神投入工作和学习之中。

(三)青壮年体育运动项目

鉴于以上青壮年群的身心发展特点,适合青壮年群的健身项目主要有散步、慢跑、自行车骑游、爬山、跳操、跳舞、象棋、扑克、麻将、垂钓、拳击、散打、高尔夫球、保龄球、网球、足球、台球、水上运动、登山、赛车、射击、溜索、潜水、冲浪、滑水、赛艇、漂流、飞伞、热气球、卡丁车等。青壮年人群可结合自己的兴趣爱好和经济条件,有选择地进行健身锻炼。

# 四、中老年人

(一)中老年人身心发展特点

1. 中年人身心发展特点

中年人(35—60岁)的身心发展具有显著的年龄段特点,此类人群具有丰富的工作和生活经

## 第十章　不同人群的体育运动保健与康复

验,事业上也取得了相应的成就,并且很多人成为工作单位的重要支撑。人到中年之后,身体的各项机能以及各方面的素质逐渐开始下降。具体表现在以下两个方面:

身体方面,中年人各方面的身体机能出现下滑,在工作和生活的压力下,很多人进入疾病多发的困难时期。物质生活条件的改善也容易造成中年人的营养的过剩,再加上中年人的精力开始减退,很多人开始发胖,体力也明显衰退,进行相应的运动之后产生的运动疲劳也不容易恢复。

心理方面,中年人承受的工作和生活的压力增大,运动量减少,从而造成中年人心理紧张和抑郁。虽然中年人心理成熟,经验丰富,但是在工作和生活的压力下,其承受的心理压力较为沉重,从而可能会出现相应的心理疾病,如抑郁、神经衰弱、失眠等。随着中年人年龄的不断增长,心理疾患和生理疾病的发病率也会有所增加。

2. 老年人身心发展特点

(1)老年人身体发展特点

年龄在60岁以上,即步入老年阶段。随着我国经济的发展,人民物质生活条件的改善,人的平均寿命也有了一定程度的延长。如今,我国逐渐步入老龄化社会,老年体育活动将成为社会体育建设的重要内容。

随着年龄的增大,老年人的各器官、组织表现出明显的衰退变化,人体的适应能力和对疾病的抵抗力减退的程度较大。因此,在这一阶段,人的患病率会逐渐上升,疾病对老年人的健康生活产生极大的破坏。总之,老年人的感官功能、运动能力等都会表现出明显的下降,从而出现反应迟钝、智力下降、运动困难等状况。

(2)老年人心理发展特点

老年人多从其工作岗位上退休,其社会角色会发生极大的变化,从而对其心理方面产生重要的作用。由于子女工作繁忙,自身又无所事事,容易使得老年人表现出一定的孤独感、失落感。对自身身体各项机能的衰退也会表现出一定的紧张和恐惧。另外,由于无所事事,也很容易使其产生一定的无用感。

(二)中老年人体育运动指导

中老年人的体育健身活动应从其身心发展特点出发,并根据其锻炼的目的、需求以及相应的爱好来确定适当的体育锻炼内容和方法。应根据老年人的兴趣爱好以及其身体状况设计相应的运动,并注重负荷量的适当。

1. 树立科学的健康观念

现代的健康观念包括多方面内容,不仅指身体健康,同时也是心理、情感以及社会适应等方面的综合的健康,它是一种多维度的概念。中年人应确立正确的健康观念,进行必要的健康储蓄,保证现在和未来的高质量生活。

对于健康观念淡薄的中老年人,应加强宣传和教育,使其关注自身的多方面的健康状况,并使其明确进行体育锻炼的多方面的作用和功能。中年人应改变以往的错误想法和认识,把参加体育锻炼变成自觉的要求和行动,科学健身。

2. 量力而行

在运动健身过程中,要量力而行,不可争强好胜,运动形式主要是严格控制负荷量的有氧运动,如果负荷量安排不当,则可能对身体造成一定程度的损害,甚至引发意外事故。此外,健身过程中还应进行自我监控,并定期对身体进行健康检查。

由于中年人的各项身体机能和素质都处于逐渐下降阶段,因此,在进行体育锻炼时应按照相应的体育锻炼规律来增强自身的健康,切不可逞强好胜。中年人的体育锻炼应量力而行,并且应是一个循序渐进的过程,要保持一定的规律性。如果断断续续地进行体育锻炼则不能够起到应有的锻炼效果。在进行体育锻炼时,技术动作的难度以及运动的强度应在其可接受范围之内,不可盲目地增加运动负荷,避免造成过度疲劳或身体伤害,保证健身锻炼的安全。

3. 因人制宜

中老年人的运动健身应以群体性体育锻炼为主,这样更加适合老年人的身心发展特点。中老年人在群体活动中相互进行交往,交流各自体育锻炼的心得体会。但是需要注意的是,中老年人的体质状况具有很大的差异性,因此应做到因人而异,科学进行锻炼。

在组织相应的体育活动时,应根据其身体机能状况以及相应的心理需求来制定体育锻炼的内容和方法。老年人在进行体育锻炼时不能够根据其他人的体育锻炼的运动量来确定自身的运动量。老年人体育锻炼应符合自身的身心接受能力,并且锻炼要有针对性和实效性。

此外,在进行运动健身时,应做到有动有静,动静结合,要把动静这一对矛盾很好地统一起来。

4. 防病、治病相结合

中老年人,尤其是老年人具有大量的空闲时间,科学运动健身不仅能够祛病强身、保持健康、延年益寿,还能够丰富和充实其生活,提高生活的质量。老年人进行体育锻炼能够有效提高自身的免疫力,起到防病的目的。而开展一些保健体育和康复体育,能够促进老年人疾病的康复,对于提升其健康状况具有重要的作用。因此,指导老年人进行体育锻炼时一定要与改善健康水平和防病、治病有机地紧密结合起来,使得健康、防病和治病紧密结合,最大限度地满足中老年人对健康的需求。

(三)中老年人体育运动实践

一般而言,适合中老年人参与的体育项目有健身跑、游泳、门球、气功、太极拳、太极剑、体育舞蹈、慢跑、散步、游泳、垂钓、棋牌等。

随着中年人身体机能的下降,一些冒险运动和极限运动项目对于中年人来说,身体条件已无法适应。而健身、娱乐为目的的休闲体育运动与中年人的身体特点相适应,因此负荷适宜的健身类、健美类、娱乐类、保健康复类运动休闲项目,受到广大中年人的喜爱。通常情况下,相比青年人,中年人的经济基础较为雄厚,这使得他们的休闲体育观念也发生了一定程度的改变,中年人的休闲体育一般有着高档消费的特点。

在各种健身项目中,广场舞是现阶段在中老年人当中较为流行的健身项目,在傍晚、晚上,农村、城镇、城市的广场、公园等都有大量的跳广场舞者。广场舞不是具体的舞种,它是一种舞蹈表演形式,是人们为娱乐和锻炼身体而自发参加的一种群体性舞蹈活动。广场舞历史悠久,可追溯到远古时代宗教祭祀活动。如今,广场舞作为一种独特的文化现象,已经成为越来越多的人进行娱乐健身的形式,并且逐渐受到了人们的重视。尤其是对于中老年人而言,广场舞动作节奏相对较为缓慢,能够使得其机体得到有效的锻炼。

当前,我国参加广场舞的作为离退休的中老年人人群,发展广场舞爱好,能够使其打发空闲的时间,形成良好的生活方式。增强老人的幸福感,对于中老年人有很好的健身作用,还能使老年摆脱孤独心理,提高老年人的社会参与感。

广场舞内容丰富、形式多样,不必拘泥于固定的动作练习,具体的舞蹈动作及曲目练习这里不再赘述。需要注意的一点是,进一步规范广场舞的练习,减少广场舞健身的负面影响(如扰民),引导广场舞的规范化发展既需要健身者的自觉,也需要社会各方面的理解和提供场地设施等便利条件。

## 第二节　不同疾病人群的体育运动保健与康复

### 一、呼吸系统疾病人群的运动康复

(一)慢性阻塞性肺疾患的运动康复

1. 慢性阻塞性肺疾患概念

慢性阻塞性肺疾患属于很多肺支气管慢性疾病发展到终末期的共同综合征,属于一组以呼吸性细支气管、肺泡管、肺囊管以及肺泡等的气道弹性降低,出现过度膨胀和充气,同时还出现了气道壁破坏进而形成肺气肿,在呼气时气道萎陷,气流梗阻为特征的疾病总称。

慢性支气管炎、哮喘性支气管炎、囊肿性纤维化以及吸烟、粉尘、大气污染等有害气体的吸入,是导致慢性阻塞性肺疾患的主要原因。调查我国北方得出,成人患慢性阻塞性肺疾患的概率是 3.17%,年龄越大发病率越高。以全世界为分析对象,得出慢性阻塞性肺疾患在致死原因中排行第四,属于全世界各个国家主动防治的一项重大致残疾病。由于很多患者的活动能力受到很大限制或者长时间卧病在床,所以对其生活品质造成了很大的负面作用。

2. 慢性阻塞性肺疾患发病原因与机制

当前,还未明确查出慢性阻塞性肺疾患发病原理,相关专家和学者指出其是很多项因素共同造成的。炎症、痉挛、吸烟、有害气体等使支气管出现炎症,分泌物数量有所增加,管腔面积不断缩减,并且释放出的弹性蛋白酶严重破坏了支气管壁与肺泡,最终在气管和支气管吸气时气体流入,呼气时气道塌陷并萎闭,肺内残留气体,肺泡内出现了很多气体,随着时间推移最终形成了肺气肿,损害了肺的通气功能和换气功能。患有哮喘性支气管时,气道在致病因素的过度作用下,发生了支气管痉挛、单核细胞与和嗜酸性细胞出现浸润和炎症,同时还会随着时间推移出现支气管平滑肌肥厚、黏膜水肿、管腔面积缩减、管壁被严重损坏等问题,阻碍肺部各项功能的有效发挥。

3. 慢性阻塞性肺疾患运动康复方法

(1)呼吸训练

呼吸训练适用症状是浅快呼吸性呼吸困难、呼吸室腔有所扩展、气道狭窄、气道阻力增加、使用胸式呼吸等。呼吸训练能够使呼吸模式发生改变，能够促使人们采用腹式呼吸或者缩唇呼吸。

方法：采用仰卧位姿势，或者坐位姿势且头部微微朝前方倾斜，患者两周手分别放在腹部和身体一侧的上胸部位置，指导患者用鼻深吸气，并且使腹部隆起，让放置在腹部的手感受腹壁凸起运动，但放置于腹部的手需要尽全力降低胸廓运动幅度，之后缩唇用口呼出气体，腹壁朝回收缩，放置于腹壁的手可以对腹壁运动进行辅助。缩唇呼气能够有效减少膈肌用力以及膈肌疲劳，使得胸腹呼吸肌参与其中，使胸廓压力与支气管压力处于平衡状态，有效避免细小支气管萎陷以及气体残留肺内的情况发生。倘若患者已经高效掌握这一呼吸方式，同时身体状况很好，则患者吸气时可利用放置在腹部的手增加阻力，进而使腹肌肌力和腹式呼吸技能得到强化。倘若结束吸气后使声门关闭状态持续5秒，随后缩唇呼出气体，即气体转移技术。气体转移技术旨在推动吸入气均匀分布在肺内，让日常通气偏少的肺部区域得到气体进而处于充盈状态，扩大换气面积，使缺氧状态得到有效改善。每日间歇进行是该呼吸方式的适宜使用方法。

作用：有效改善胸式呼吸造成的呼吸肌过度用力，降低呼吸频率和机体耗能；增加呼吸深度，降低呼吸死腔，促使气体在肺内均匀分布，使通气功能与换气功能得到有效改善。

（2）排痰训练

有慢性支气管炎症且存在大量黏液分泌物的患者，是排痰训练的针对人群。在临床上，推动气道分泌物排除的途径有许多种，体位排痰和胸廓叩击属于运动康复方法。

①体位排痰：是指导患者处在某种体位，进而有效推动特定肺部区域在辅助重力的情况下排除滞留在体内的分泌物。一般患者会采取卧位，痰液大多位于侧在上位置，正常情况下建议每次每个体位保持20分钟。治疗师还可以把手放置在滞留痰液较多的胸壁两侧，在患者咳嗽时稍稍施加压力，同时使患者振颤，进而帮助患者顺利排除痰液。体位排痰法每次维持2分钟效果更好。痰液排出增加以及听诊肺部啰音音减少使评判患者呼吸改善的重要标准。通常情况下，患者对朝下体位的耐受限度相对较小。

②胸廓叩击：施术者把手握拢成杯子的形状，用10～15次/分钟的频率微微用力叩击患者胸壁，进而使支气管壁得以震动，使痰栓得以有效脱落，使痰液排出量有所增加。需要注意的是，严禁对患者脊椎棘突部位进行拍打，防止患者出现不适。拍击时间通常维持3～5分钟，另外也可以结合患者耐受情况来决定。胸廓叩击法在某些情况下可能会出现支气管痉挛，这时需要患者主动吸痰、吸氧，使支气管充分扩张，进而有效改善通气状况。

作用：排出痰液，使通气状况得到有效改善，同时有效避免咳痰费力的现象，减少患者机体耗能。

（3）吸气抗阻训练

在患者主动性较强、营养状态良好的情况下，针对呼吸肌无力、耐力水平较低、容易出现疲劳的患者展开的训练，即吸气抗阻训练。

方法：使用吸气阻力计指导患者参与最大持续通气训练、吸气抗阻负荷训练或者吸气域负荷训练等的任意一种。每次深呼吸次数12～15分钟，重复次数是3～4次，每天总训练时间为45～60分钟，能够使患者的呼吸肌力与耐力得到有效强化，进而使患者慢性阻塞性肺疾患的最大随意通气量得到明显改善。

作用：使患者的吸气肌力量、耐力、整体运动耐受性都得到明显改善。

（4）呼吸肌休息训练

通常情况下，慢性阻塞性肺疾患者都存在呼吸费用、呼吸频率高、咳嗽等呼吸肌疲劳以及衰竭的现象,呼吸肌训练和休息交替进行是治疗慢性阻塞性肺疾患必须遵循的一项基本原则,该原则对严重慢性阻塞性肺疾患低氧血症且同时患有高碳酸血症患者有显著效果,特别是对住院患者十分有益。

方法:呼吸机辅助呼吸,经过口鼻面罩利用非侵入性正压通气如间歇正压通气,或经过气管切开或气管插管进行负压身体通气机辅助呼吸。

作用:能够充分放松膈肌,使呼吸肌得到高质量休息,降低呼气末气道正压,使患者的生活水平、机体耐力、呼吸肌耐力得到大幅度提升。

(5)耐力运动训练

耐力运动训练主要针对呼吸困难、营养状况不佳、酸中毒等导致的全身耐力低下的患者。

方法:通常建议参与中小强度运动,但某些研究指出可以产生乳酸的较大功率运动能够刺激产生相对显著的训练效应。现阶段,下肢较大强度的持续运动,适宜稳定期院外患者,并且效果也极为显著。对于住院患者,最好使用间歇运动方案。由于疲劳、呼吸困难、头晕等因素常常会使患者难以达到预期的运动强度,所以需要参考临床运动实验结果,进而制定出更加适合患者实际情况的运动强度指标。一般来说,运动心率应当比运动前心率增加20%~30%。

运动形式:步型、上下楼梯、体操、骑自行车等是常见运动形式,应当密切联系患者的运动习惯,进而有针对性地选择出患者感兴趣的耐力性运动项目。相关研究证实,步行属于效果最显著、安全性最高、适宜性最强的运动项目。

运动频率:当运动强度小时,则要适当增大运动频率,5~7次/周比较适合,如此能够有效改善患者的焦虑,促使患者逐渐适应相应训练,增加患者的舒适感;患者适应训练之后,符合要求的运动强度时,3~5次/周即可。

持续时间:最理想状态是每次运动达到30分钟/次或以上;对于间歇训练者,可以结合患者实际体力每次运动10分钟,累积到30分钟/天,也能够获得预期训练效果。对于该项训练来说,必须做到持之以恒,坚持10~12周以上才可以达到预期效果。

注意事项:慢性阻塞性肺疾患患者均存在缺氧,只是缺氧程度因人而异,当运动过程中潮气量与呼吸频率加快时,更容易出现缺氧,所以运动过程中及时补氧十分必要。在现阶段,当患者处于静息状态时,通常认为需要对动脉血氧分压($PO_2$)持续低于55~60毫米汞柱的患者实施辅助氧气吸入治疗。对于运动过程中补氧指征为动脉血氧饱和度($SaO_2$)低于90%,没有高碳酸血症。脉冲给氧是氧疗方法,在该时段实验室固定自行车或跑台运动更加适宜。相关研究证实,运动过程中给氧能够使患者运动耐力得到有效提升,但无法缓解运动过程中呼吸困难的感受。针对依赖呼吸机的患者,则应当选择步行,进而使其体力以及呼吸功能指标得到较大改善。

作用:改善组织血液循环以及缺氧状况,有效提升机体耐力,提升日常生活活动能力,改善患者的生活状况。

(6)上肢运动训练

因为参与辅助呼吸活动的包括胸大肌、背阔肌、大圆肌、小圆肌、冈上肌、斜方肌、三角肌等,所以这些肌肉的实际功能对呼吸困难程度有直接性作用。慢性阻塞性肺疾患的患者应当积极强化这些肌肉的实际功能,进而使自身的呼吸功能和缺氧状况得到有效改善,常见方法如下:

功能性手肩臂运动:肩臂肌力量训练如每组30~50分钟,每次1组,每周2~3次;扩胸训练,每组10次,每日3组;手臂上举训练,每分钟40次,结合患者实际耐力来科学安排训练持续时间;体操训练,每次20～30分钟,或每次10分钟,每日2～3次。

实际手臂活动中训练:打字、取物、梳头、洗脸、进餐、清洁等日常生活活动。

作用:提升上肢运动耐力,有效呼吸困难的现象。相关研究证实,患者在手臂活动方面耐受性更好,同时比功能性手臂活动的效果更加理想。

(7) 放松训练

针对呼吸费力、气短、气急等因素,致使精神紧张与肌肉难以放松、机体能耗增加的患者而采取的措施,即放松训练。

方法:选择舒适的卧位、坐位或站位。经常被选择的是坐位,然后身体微微朝前方倾斜,上肢支撑在被子、枕头、小桌子等面前支撑物上,使肌肉处于放松状态。当选择站位时,应当使肩部下降,使颈肩肌肉得到有效牵拉,并且身体稍稍朝前方弯曲,这种体位不仅能减少肌肉耗能,还能对患者腹式呼吸产生积极影响。

(8) 姿势训练

使患者躯干得到充分伸展,并且维持正常直立坐位与站位,每天的训练次数是3次,每次训练时间是5～10分钟,使患者慢慢适应并养成良好习惯。

(9) 全身肌肉力量训练

近些年来,当慢性阻塞性肺疾患患者病情处于稳定状态时,提倡他们积极参与到大肌群肌肉力量训练中。每周参与2次重量较轻的肌肉力量训练,通常可以取得很好的效果。

4. 慢性阻塞性肺疾患运动康复注意事项

在训练过程中,当患者需要对药物进行更换时,应当主动询问医生药物对运动活动的具体影响有哪些,随后对运动训练计划进行合理调整,继续参与训练。判定运动康复训练量是否适宜的重要标准是第二天是否感觉到疲劳,进而对训练量展开有效调整。

对于慢性阻塞性肺疾患情况比较严重的患者,应当主动舍弃相对费力的力量训练,进而使患者心肺负担以及机体耗氧耗能在一定程度上得以降低。对于耐力运动项目来说,游泳并非是慢性阻塞性肺疾患患者的最佳选择,对于中重度患者更是如此。原因在于人体在水中运动时,肺容量有所降低,氧饱和度降低减低程度明显,通气/血流比失调更显著。

患者在运动结束后,不应马上卧床休息,应当坐在椅子上休息,这样对患者的通气功能以及维持运动训练效果都有积极作用;患者应尽量避免在极度寒冷、暑天、湿度较大的天气参与室外运动;运动结束后尽可能不要使用太热或太冷澡水及桑拿洗浴。当患者静息状态下心率超过120～150次/分钟,或者出现心悸、心律不齐、胸疼、无力、头晕、不明原因的体重增加等,需要及时检查、及时处理,同时还需暂时停止运动。

除此之外,患者在参与运动康复的同时,还需要配合药物、教育、营养支持等其他治疗手段,进而让运动康复措施在综合治疗与管理两个环节中起到更大作用。

5. 慢性阻塞性肺疾患运动康复效果

患者参与运动康复治疗的预期目标是:使患者各项功能指标得到改善,使患者运动耐力得以提升,使患者呼吸困难程度得到有效缓解,使患者的良好感觉得以增强,降低疾病复发率。

一项从1999—2004年跟踪5年的门诊康复研究表明,慢性阻塞性肺疾患患者在经历8周门诊康复训练后,6分钟步行距离明显提升(平均值达到57米,标准是和训练前相比大于34米以上,则认定为有效步行距离增加),慢性呼吸疾病患者生活质量量表证实生活水平有了显著提升,同时和非慢性阻塞性肺疾患呼吸疾病患者比较不存在显著区别。另外一项以行走为主要内容的门诊慢性阻塞性肺疾患康复计划研究表明,规律行走能够有效维持患者体力,并且对提升患者生活水平也有积极作用。

(二)支气管哮喘的运动康复

1. 支气管哮喘概念

支气管哮喘是指存在明显哮鸣音的呼气性呼吸困难特征的呼吸道疾病,其属于嗜酸性粒细胞、肥大细胞和T淋巴细胞等多种炎症细胞参与的气道慢性炎症。这种气道慢性炎症让患者对很多种激发因子存在气道高反应性,造成患者气道狭窄以及发作性呼吸困难。通常情况下,支气管哮喘在夜间或清晨会发作加剧,会产生丰富多变的可逆性气流受限,绝大部分患者能够自行减轻或者治疗后减轻。如果没有合理控制,长此以往反复发作则会使患者气道发生不可逆性缩窄,使患者呼吸功能受到永久性损伤,最终致使患者出现慢性阻塞性肺气肿以及肺心病等,对患者学习、生活以及工作产生很大的负面影响。

2. 支气管哮喘发病原因与机制

支气管哮喘发病原因至今依旧没能明确,当前认为造成该疾病的两大因素是遗传因素与环境因素。相关研究已经证实,近亲中有哮喘史的人更容易发病,患者身体内部分和哮喘有关的基因,和气道高反应性、参与过敏反应调节的IgE抗体等因素有密切联系。除此之外,环境中很多种类的粉尘、气体、微生物、部分食物、药物、运动、气候变化等因素均是哮喘发作的重要原因。

截止到现在,哮喘发病机制依旧没能彻底明确,公认人数最多的是很多种不同刺激因素造成变态反应、气道炎症、气道高反应性以及神经因素共同作用下的系列性事件顺序性发生结果。变态反应就是很多种刺激因素充当变应原进入到具备特异性体质的机体后,刺激机体淋巴细胞产生IgE抗体,其和肥大细胞、嗜碱性粒细胞等IgE受体结合,导致组胺以及其他炎症介质释放,使得平滑肌强烈收缩,气管痉挛;引发组织炎症、水肿,黏液分泌增加,血管通透性增高,产生哮喘症状。迷走神经对支气管反射性收缩有增强作用。

3. 支气管哮喘运动康复方法

运动康复措施主要针对对象是非发作期患者,主要解决的问题有精神紧张、呼吸肌疲劳、全身疲劳。原则上来讲,各个年龄阶段的支气管哮喘患者均可以参与与实际年龄相符的体育活动,特别是有利于患者健康的非竞赛型体育活动。但通常情况下,不建议患者参与潜水运动,原因是相关研究表明潜水运动可能会使患者诱发支气管痉挛。

遵循体育锻炼过程中制定运动处方的原则,能够立足于运动目标、运动方式、运动强度、运动频率、运动持续时间、运动注意事项等展开个体化设计。一般情况下,使患者呼吸功能与体力情况朝好的方向转变是支气管哮喘的运动目标。有氧运动、力量训练、柔韧性训练、协调性训练和放松练习是支气管哮喘患者可以选取的运动方式。有氧运动最好采用中等运动强度,提倡采取的强度是65%~75%VO$_2$max;力量训练以12~20 RM更加合适。以一次完整锻炼为分析对象,热身、有氧运动、力量训练、柔韧性练习、放松性练习、整理运动的时间分配为:10∶20~30∶10∶10∶10∶10分钟。由此可知,一次运动持续时间是60~70分钟,每周参与3~5次,大概相当于消耗3 348~4 185千焦的能量。如果支气管哮喘患者能够坚持锻炼,则能使体力得到显著强化。

对于支气管哮喘患者来说,进行腹式呼吸、用鼻吸气、缩唇呼吸等呼吸再训练均能取得显著成效。对于存在呼吸困难较重的支气管哮喘患者来说,在一项参与呼吸训练的随机对照研究证实,呼吸再训练有效降低了支气管扩张剂的使用数量,对病情恶化有缓解作用,可以有效提升患者的生活水平。相关研究证实,哮喘儿童同样可以充分耐受有氧训练与无氧训练相互交替的较高运动强度的训练计划,同时也能使患者的有氧耐力与无氧耐力朝着更好的方向发展,但在呼吸功能指标方面的作用极为有限,提示患者参与训练的过程中需要加入无氧训练成分。

4. 支气管哮喘运动康复效果

相关研究证实,5个月的游泳训练能够对运动性哮喘患者不良姿势发挥改善作用,使患者的身体做功能力、最大摄氧量以及肺泡通气量得到有效增强,同时还能有效降低患者的体脂百分比以及药物使用量。但是,没有发现游泳训练对支气管高敏状态有改善作用。

## 二、神经系统疾病人群的运动康复

(一)脑卒中的运动康复

1. 脑卒中概念

脑卒中就是急性脑血管疾病,又叫脑血管意外、脑中风。脑血管疾病就是很多因素导致脑血管病变,进而造成脑部动静脉出血或者缺血性改变,使得有关区域神经功能缺损的疾患。出血性脑卒中与缺血性脑卒中是脑卒中的两种类型,出血性脑卒中约占15%~20%,缺血性脑卒中约占80%~85%左右。

分析临床数据得出,脑出血、蛛网膜下腔出血、动脉硬化性血栓性脑梗死、脑栓塞及短暂性脑缺血发作最为常见。脑卒中患者的病变性质以及病变大小不同,则临床表现也有着很大差异,轻者可能没有明显症状,重者可能会在很短时间内死亡。脑卒中比较典型的表现是偏瘫、偏身感觉障碍和偏盲,也可能伴随着认知障碍、言语困难、情感障碍等其他脑功能障碍。

2. 脑卒中病因

动脉粥样硬化、高血压、糖尿病、心脏病、脑动脉瘤和动静脉畸形是诱使脑卒中发生的重要原因。增龄、家族遗传史、肥胖、吸烟、酗酒、高盐高脂饮食、口服避孕药等属于引发脑卒中的危险因素。

最佳治疗时机分别是缺血性脑卒中急性期和出血性脑卒中急性期,科学及时的治疗不但对受损细胞功能有挽救作用,而且还能有效降低因神经缺损导致的残疾。

**3. 脑卒中运动康复方法**

(1) 运动康复训练的原则

脑卒中运动康复训练原则是：重视早期介入，强调患者积极参与，运用不同种类感觉刺激，遵循运动规律与训练原理来开展目的性强的功能性训练。

脑卒中运动康复训练的核心内容是：利用不同种类方法矫正与训练患者的躯干、四肢肌力、肌张力、平衡能力、协调能力，诱发患者出现正常姿势反射以及平衡反应，进而使患者产生正常相似的功能性活动。

急性期康复阶段、恢复期康复阶段、恢复后期或后遗症期康复阶段是脑卒中康复的三大阶段。其中，急性期康复阶段是指发病2～4周内，应将被动运动康复训练与低强度运动康复训练作为主要内容；恢复期康复阶段是指发病3月内早期恢复阶段，这一时期是开展不同种类康复措施的时期；恢复后期或后遗症期康复阶段重点是指长期保持性康复阶段。近些年来，相关研究表明强制性诱导运动训练对处在恢复后期或后遗症期康复阶段的患者有很大的改善作用。

急性期康复需要时刻观察患者的病情，倘若出现以下临床状况的患者，则一定要禁忌康复治疗。第一，病情太过严重或者处于进行性加重状态，如出现深度昏迷、颅压过高、严重的精神障碍、血压过高、神经病学症状仍在进行发展中等；第二，伴有严重感染、糖尿病酮症、急性心肌梗死等严重的合并症；第三，出现严重系统性并发症，如失代偿性心功能不全、心绞痛、急性肾功能不全、活动风湿症等并发症。对于患有严重精神病的患者，应当在病情稳定后再参与运动康复治疗。

(2) 运动康复的方法

急性期是脑卒中运动康复的开端。床上活动，床边坐位、站位、移动活动，步行及上肢功能性活动是运动康复的活动顺序。不同种类的仪器、设备、助具、支具等，可供脑卒中患者使用。

**4. 脑卒中运动康复治疗效果**

脑卒中后的开始数周神经功能的恢复速度最快，随后恢复速度会有所减缓。相关统计证实，病后3个月内的恢复情况，前2周大约占据一半；6个月内依旧存在持续稳定的恢复。脑卒中后6～12个月内功能恢复速度显著降低，之后恢复会更少。由此可知，在病后的前期参与正规康复是相当有必要的。然而，近些年的实践成果证实，对于慢性脑卒中中期来说，采用强制性诱导训练等科学有效的康复措施，依旧存在一定程度的恢复空间。康复训练后3个月，54%～80%的病人可以只依靠自身力量步行。但是，上肢功能彻底恢复的慢性脑卒中患者只占15%，功能使用者能够达到40%。有45%～75%的患者最终取得了不同程度的日常生活水平。

(二) 帕金森病的运动康复

**1. 帕金森病概念**

帕金森病属于常见的退行性脑部疾病，至今未能找出明确的发病原因。帕金森病最早是由James Parkinson 发现并命名。肌肉僵直、震颤、运动迟缓是帕金森病的常见表现，各个年龄阶段均有可能发生帕金森病，但老年人是该病的主要群体，大多数人是在60岁后发病。帕金森病的发病率会随着年龄增长不断增加,每年发病人数大约是 50 万人。脑内神经细胞叫神经元,神经元得以联系主要依赖神经纤维释放和/或接受神经化学物质,又被称之为神经递质来联系的。多巴胺与乙酰胆碱是对运动实施控制的关键神经递质。只有多巴胺与乙酰胆碱维持在平衡状态,才能保障各项身体活动正常进行。帕金森病运动功能障碍属于运动控制障碍的范畴,是在中枢神经系统受损的情况下产生的。

2. 帕金森病病因

虽然当前帕金森病的病因还未查明,但是相关研究证实帕金森病和以下因素存在着密切关系:病毒性脑炎、双侧基底节区梗死、应用阻滞多巴胺的精神心理药物、化学毒物(如一氧化碳、二硫化碳、氰化物等)、肝性脑病、脑肿瘤、脑积水以及部分罕见的代谢性疾病等。

3. 帕金森病运动康复治疗

(1) 纠正身体姿势

教育并提醒患者,每时每刻都谨记站直、坐直,尽最大努力避免前屈动作,患者可以使用姿势镜,主动进行自我纠正,另外示范以及语言等方法同样能使用,提醒患者每时每刻都需要保持正确姿势。

(2) 呼吸训练

通过腹式呼吸,能使膈肌功能的训练效果最大化。患者可以采用仰卧位、坐位或者站位,把两手置于腹部,用鼻子吸气,尽可能放慢呼吸节奏,使自己的腹部隆起并维持 1 秒钟,随后放松呼气,气流由口排出。除此之外,还可以在吸气时双臂抬起过头,等到呼气时再放下。每组进行 4~5 次,每天做 4~5 组,每组之间需要留有休息时间。呼吸训练对放松肌肉有积极作用,但是切莫使呼吸节奏过快,不然会出现头晕。

(3) 面部肌肉训练

面部肌肉训练不仅对患者面部表情有改善作用,同时对患者的吞咽功能也有改善作用。患者可以参与练习笑姿、张嘴闭嘴以及叩齿等表情肌训练;也可以参与舌转向运动、咀嚼运动、吞咽运动等对口腔肌与舌肌有增强作用的灵活性训练。参与这两项训练的患者,应当重复练习,每次练习次数应当达到 5~10 次,每天练习两次。

(4) 手臂训练

患者采用坐位或者站位,两手握住体操棒伸直上举过头,随后再将体操棒放下,反复做 10 次,每天做 2 组。两臂尽可能伸直,肩部朝前方弯曲 90°,随后两臂朝两侧画圈。努力扩大画圈范围,然后再朝反方向画圈,每个方向 5 次,总计 10 次,每天 2 组。就现阶段来说,在日常生活活动训练与计算机辅助训练中,手的精细活动训练比较常见。

(5) 下肢训练

下肢训练的训练目标体现在两个方面:一方面,是减小下肢肌张力;另一方面,缓解或防止下肢屈曲畸形。下肢训练有三种常见的训练方法:第一,去除患者的枕头,采用仰卧位,每次 15 分钟,然后指导患者两腿交替朝后侧伸展,每次均维持一定时间,重复次数是 3~5 次;第二,患者采取坐姿,使背部得到充分伸展并靠在椅背上,一条腿膝关节伸直抬起后,朝外侧做移动动作、放下动作以及收回动作,一侧腿完成上述动作后,换另一侧腿再做相同动作;第三,患者采取坐姿,把一只脚放置在前面的小凳上,稍朝下方弯腰并维持几秒钟,每次重复 5 次,然后再换成另外一

# 第十章　不同人群的体育运动保健与康复

条腿做相同动作。患者应当将下肢训练和步态训练结合起来。

(6) 躯干训练

第一,仰卧位练习躯干朝两侧侧屈;第二,侧卧位,尽可能让躯干挺直并放松;第三,患者采取坐位,使体重微微朝一侧移动,使躯干处于平衡状态,随后再使体重朝反方向移动,重复几次后做前后方向的脊柱小幅度活动,把腰骶部运动当成主要内容,当每次活动骨盆感觉到前后倾斜且肌肉充分放松后,再开始做左右躯干肌旋转练习,每个方向练习5次。随后,再次做幅度较大的躯干活动,在最后环节做伸手取物等功能性训练,进而使躯干肌反射活动得到进一步增强,并且使其处于平衡状态。

(7) 平衡和行走训练

第一,患者通过参与平衡板、套圈、太极、水疗、球类等项目,来接受平衡训练。第二,患者积极参与步行训练,患者必须遵循等距离直线间隔行走,患者在步行过程中应当有跨越动作,另外还可以设置障碍,让患者步行绕过去。对于平衡障碍问题严重的患者,可以选择拐杖等助具,进而使患者拖步以及短小步态两方面的问题都得到有效解决。患者进行步态训练时,应当使用抬起脚、跨出去、落地、脚跟着地等语言指令,两脚交替进行,同时要反复练习,此外训练过程中也可以使用姿势镜。

(8) 放松训练

肌肉放松不仅能有效改善不同种类的运动功能,同时也是所有训练的重要前提。让患者身处舒适、温暖、光线较暗、有轻柔音乐的环境中,指导患者采取仰卧位,并且充分配合呼吸,做冥想肌肉放松练习,患者能够独立完成该放松方法。放松训练具体做法是:首先由双脚开始,积极用力让双脚紧张几秒钟,随后让其处于放松状态;逐步扩展到双腿、躯干、上肢、口面,当感觉到肌肉得到放松后,再尝试想象一些愉快的事情,促使肌肉更加放松。倘若患者无法自觉完成,则应当教会照顾者,让照顾者协助患者完成。除此之外,还能让患者依靠自身力量小幅度微微朝两侧旋转身体,将头部作为起点,逐步到躯干。可以通过微微抬腿,来使背部肌肉的紧张状态得到有效缓解。倘若患者无法自主完成,可以辅助患者完成,促使患者慢慢放松下来。对于放松患者肌肉来说,侧卧位旋转胸廓与骨盆同样是有效方法,微微被动体位牵拉的效果也很好,也可以使用生物反馈技术。一般情况下,当患者肌肉得到充分放松后,还可以逐步叮嘱患者做一些相对复杂的协调运动,如头和上肢协调运动、上肢和下肢协调动作等。

(9) 关节活动度和柔韧性练习

参与该项练习的患者需要充分活动四肢与脊柱关节,使有肌腱韧带得有充分牵拉,使机体柔韧性得到充分保持,进而降低肌肉僵硬的发生率。通常先后顺序是由躯干关节到四肢近端关节,再到四肢远端关节。对于关节活动度练习效果来说,早期效果良好。

(10) 日常生活和精细运动训练

系扣、系鞋带、书写、画画、各种日常活动操作练习。

**4. 注意事项**

帕金森患者运动康复训练相对简单,患者将一个动作掌握之后,再教患者学习另一个比较难的动作。相关研究证实,帕金森患者存在学习新事物的能力,但是反应速度比较缓慢,必须重复进行,同时因为帕金森患者通常伴有运动困难,所以不可以在相同时间内执行两个以上的任务,另外,帕金森患者完成复杂活动的能力也明显受损。针对帕金森患者的运动康复,应当从早期开始,并且坚持不懈地参与运动康复训练。

5. 帕金森病运动康复效果

提倡帕金森患者进行早期运动康复的原因是:第一,能够有效缩短帕金森患者的用药时间;第二,能够使患者的生活水平得到显著改善;第三,能够有效降低帕金森患者的残疾率。为了提高实际效果,应当将药物治疗和运动康复结合起来。尽可能使运动训练和功能性活动密切联系,这样不仅能增加患者的参与兴趣,还能增强实际效果。

对于帕金森病来说,不但患者的病情与功能障碍变化极大,而且该病还属于一种退行性脑部病变,发展速度因人而异,因此坚持运动康复有无使患者姿态、步态、手的精细功能、震颤等得到显著改善并不具有普遍意义。但是,已经证实运动康复能够改善帕金森患者的生活品质。

## 三、心血管系统疾病人群的运动康复

(一)心脏病的运动康复

1. 心脏病概论

在西方发达国家,冠状动脉缺血性心脏病属于患病率最高、死亡率最高、致残率最高的心脏病,所以西方发达国家在冠心病康复治疗上的研究时间更早、更充分一些。

在西方文献中,最早记录缺血性心脏病运动康复的是:英国人 Heberden 记载心绞痛患者每天坚持 30 分钟伐木工作,最终该症状基本消失。1975 年,Paffenbarger&Hale 报道,经过对 San Francisco 的码头工人 22 年追踪观察得出,不同工种的工人在工作过程中的能量消耗存在很大区别,高能量消耗者、中能量消耗者、低能量消耗者冠心病发病率的比率是 1∶1.7∶1.8。换句话说就是,与中能量消耗者和高能量消耗者相比,低能量消耗者患冠心病的危险性比前两者高出 70% 和 80%。该结果表明,适当体力活动不仅对降低冠心病发病的危险性有积极影响,同时对冠心病康复也有积极影响。

在现代康复医学概念不断引入的背景下,人们打破了生物医学"治疗"模式,运动疗法、物理疗法、心理疗法等措施已被应用到心肌梗死病人的康复治疗中。伴随着时间的推移,很多相关专家开始投身在心血管疾病预防研究和康复研究中。20 世纪 40 年代,有人开始质疑急性心梗病绝对卧床两个月的传统疗法,同时经过探讨后对他们展开早期步行与分级运动。在那个时期,美国心脏病专家 Wenger 指出的住院期间心脏康复方案,被视作心血管康复医学发展的一个里程碑。20 世纪 50 年代,德国霍尔曼研究所制定了包括心血管疾病运动处方在内的多项疾病运动处方。在此之后,将运动作为核心的心脏康复,在治疗心血管方面的积极影响慢慢被越来越多的人了解。相关研究证实,以患急性心脏病人群为研究对象,有三分之二患者因为抢救及时得当可以存活下来,同时参与恰当活动后还能取得理想的运动康复效果。

从 20 世纪 80 年代开始,我国冠心病康复医学已经在逐步开展。在运动心脏康复的有关研究中,很多专家和学习都获得了较好的成绩。在 2005 年,刘洵等人报道了 12 周运动康复程序对急性期后心梗患者身体机能的影响:PMIP 在康复程序后血胆固醇由 5.9 毫摩尔/升降低到 5.4

毫摩尔/升（P＜0.01）；对应跑台各级负荷时的摄氧量（$VO_2$）、心率（HR）、心率一血压乘积（RPP）和主观用力感觉（RPE）在康复程序后显著下降（P＜0.01 或 P＜0.05）；峰值 HR、峰值％HRmax 和峰值 RPP 分别增长了 7.5％、8.5％和 11.7％。这些结果均清晰表明，PMIP 参加 12 周运动康复程序后，有氧工作能力得到显著强化，同时心血管机能也获得了很大改善。

世界卫生组织强调，二级预防与康复属于 WHO 为对心血管疾病实现有效控制而制定的部分策略，个体生活水平是全社会首先要关注的问题，而强身健体是提升生活水平的关键因素。

2. 心脏病运动康复方法

（1）住院或出院早期病人的适应性练习

①原地轻踏步 30 次一组，3～5 组，每天可进行 6～8 次。

②慢慢缓步行走 30～100 米，以无症状、不气喘为限，每天走 6～8 次。

③快慢交替走：慢走 1 分钟，再快走 30 秒，反复 6～8 组，每天 2～3 次。

④稍大步的走 1 分钟，在原地高抬腿走 20 步，反复 6～8 次，中间穿插徒手操（小幅度）每天 2～3 次。

⑤加大强度行走，并加入浅半蹲 10 次，提踵 10 次，上肢伸展 10 次，以有轻度气喘为宜。

步行时下肢肌肉交替收缩和松弛，能够对血液回流产生积极影响，进而使心衰症状得到有效改善。以上练习都需要有医护人员监护，要在参照心脏病患者实际功能情况的基础上，对运动量进行科学调整或者适量增加。

（2）出院后期的运动康复

运动心脏康复程序的构成，如图 10-1 所示。康复中心、家中、社区都可以作为康复活动的地点。

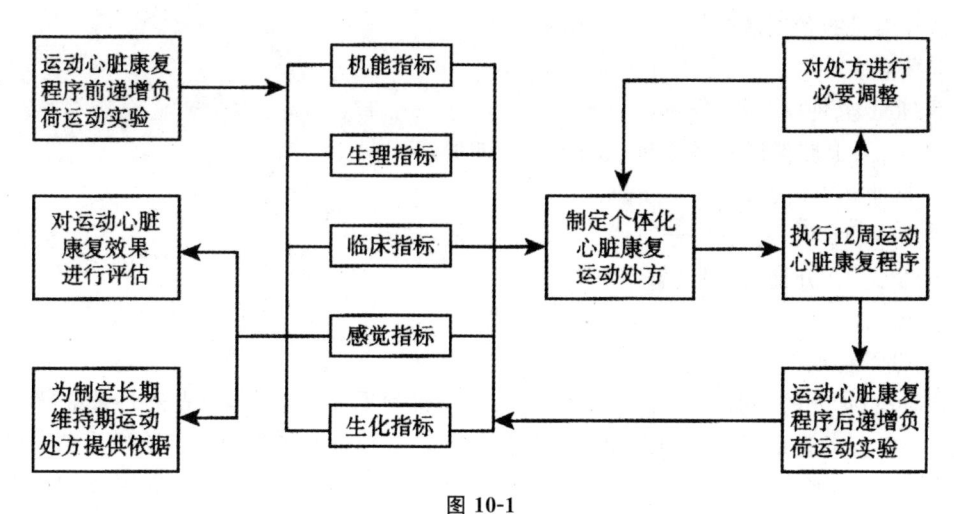

图 10-1

对于递增负荷实验来说，可以运用改良布鲁斯跑台方案（表 10-1），运动实验终止标准根据运动药的指导方针。具体来说，主要包括以下症状：出现不正常的心电图；达到个人最大心率（220－年龄）；出现不正常血压；RPE 达到 17；呼吸商大于 1.15。

在测试过程中，治疗师必须不断询问受试者的具体感受，同时在实验尚未开始时告知受试者就算未出现以上任何迹象，受试者依旧可以在任何时候要求停止运动。

表 10-1　改良布鲁斯跑台方案

| 运动试验阶段 | 每阶段运动时间/分钟 | 运动速度/迈 | 运动坡度/(%) |
| --- | --- | --- | --- |
| 1 | 3 | 1.7 | 0 |
| 2 | 3 | 1.7 | 5 |
| 3 | 3 | 1.7 | 10 |
| 4 | 3 | 2.5 | 12 |
| 5 | 3 | 3.5 | 14 |
| 6 | 3 | 4.2 | 16 |
| 7 | 3 | 5.0 | 18 |
| 8 | 3 | 5.5 | 20 |

①康复中心活动:制定康复运动初始强度应当密切联系机能测定结果,即认真参照患者的摄氧量峰值、心电图变化、心率反应、血压反应、病人体征、病人感觉等信息。在选用康复练习器时,应当认真分析患者的各项情况,通常有自行车测功计、踏步机、活动跑台、划船器、上肢练习器、哑铃等。采用多样化练习,不仅能激发患者参与其中的兴趣,还能从本质上提升康复运动的实际效果,也能有效避免运动损伤的发生。

各种练习器的负荷(速度、坡度、功率)均折合为 METs 值或者靶心率,进而对运动强度进行标定。患者在每种练习器上的活动时间应当超过 5 分钟。通常自第三周开始,之后每周运动强度增加 1MET,每种练习器活动增加 30 秒。需要说明的是,在增加运动时间和运动强度时,还需要密切结合患者的各项情况。

②家庭活动

A. 散步 8 分钟(40 米/分钟)。

B. 徒手操:上肢伸展+弓箭步压腿+躯干伸展,5 分钟。

C. 扶墙半蹲 20 次,两组,3 分钟。

D. 立卧撑 15 次,两组,3 分钟。

E. 大步走 10 分钟(快慢交替走)。

F. 放松活动。

(3)长期维持期的运动康复

在该阶段,坏死的心肌已经瘢痕愈合,心功能也得到了显著改善,患者的各种症状已经几乎不存在。该阶段的运动目的是避免复发,提升生活水平,延长患者生命。该阶段活动安排可以是每周 3 次,隔日开展,每次 20～50 分钟,心率控制在 110～120 次/分钟。一次活动中应当有以下内容:

①准备活动 5～10 分钟:柔软体操、伸展运动。

②太极拳、老年操、骑自行车等 10 分钟。

③走、跑交替。步速为 50 步/分钟,跑速为 100 步/分钟,共 2 000 米。

④整理活动 5 分钟。

### 3. 重返工作的运动康复

通过对心脏疾病后无法重返工作的原因进行分析后得出,机能水平下降、预后效果不佳、自我功效降低、未能准确把握具体工作要求等均是无法重返工作的诱因。适宜运动训练不仅能提升患者机能能力,还能提升患者的自我功效,所以促使患者重返工作的决心更加坚定,同时还能让患者长时间工作。除此之外,运动训练也能够推动患者准确掌握自身参与身体活动的实际水平。在这一方面,对模仿工作时的生理反应展开科学监测,属于有效手段之一。如果心脏病患者重返工作需要和热环境亲密接触,则患者需要认识到其训练场所不可以只局限在设有空调的室内,也需要慢慢增加室外活动的次数。在热环境下,做数天短时间的中、低强度运动,能够使患者的机体热调节水平得到有效增强,进而在应激反应作用下降低心血管工作需求,减少患者的工作负荷。对于心脏病患者重返工作来说,有着极为关键的作用。

### (二)外周动脉病的运动康复

#### 1. 外周动脉病概念

广义的外周血管定义为心脑血管以外的血管。外周动脉病(PAD)或动脉粥样硬化性阻塞是外周动脉树症状性阻塞的最常见原因。PAD的病理生理基础与冠状动脉粥样硬化一致,危险因素也相似,包括高血压、高血脂、吸烟、糖尿病、阳性家族史及衰老。在年龄大于65岁的人群中,PAD的估测患病率为20%。在美国大约有8 000 000至10 000 000人患有PAD。

#### 2. 外周动脉病主要症状

PAD可使患者下肢血流减少,以致不能满足身体活动时氧的传输和代谢的需要。跛行是PAD的初始症状,其特征是由行走引发的单腿或双腿疼痛,致使患者不能继续行进而必须用休息加以缓解。跛行初始于小腿,再到臀部,然后放射到大腿,其症状有灼痛、痉挛等。在PAD患者中,15%~40%有跛行。为了减轻痛苦,病人行走时会减小步幅或缩短行程。与同年龄的健康人相比,他们的日常活动有所减少,最大摄氧量约降低50%。因此,很多严重的患者外出会有不便或需他人照顾。更有甚者在安静时就会出现肢体缺血,以致需要手术治疗,甚至截肢。

#### 3. 外周动脉病运动康复方法

有规律地进行体育运动对于PAD来说非常重要。研究结果表明,规律运动可以使初次跛行出现时的步行距离延长179%,最大步行距离延长至122%。为了能够准确地了解PAD患者身体状况和机能能力以便更好地为他们制订个体化的运动处方,在体育康复开始前一般应先进行运动测定。针对PAD患者,2005年美国运动医学会提供了下列的运动测定和运动训练建议:

(1)运动测定

①PAD患者通常被认为是高危患者,进行运动测定时须有专业医生在场。参照冠状动脉疾病的危险因素,美国运动医学会提供了对病人进行危险分层的方法(表10-2)。

②这类病人是心血管疾病高发病率群体,运动测定中应有心电图监测,以便及时发现心肌缺血及心律失常等症状。

③测定可采用速度为2英里/小时,3分钟增加3.5%坡度或每2分钟增加2%坡度的跑台

程序。记录下出现跛行疼痛的时间或行走距离以及最大行走时间或距离。

④腿部行动不便的患者可利用上肢测功计进行运动以完成对其心血管状况的评价。

⑤问卷调查可被一并用来协同运动测定结果完成对患者活动能力的评估。

表 10-2　美国运动医学会提出的危险分层

| 等级 | 内容 |
| --- | --- |
| 低危 | 男子小于 45 岁,女子小于 55 岁,无症状,达到阈值的危险因素不超过一个 |
| 中危 | 男子大于等于 45 岁,女子大于等于 55 岁或达到阈值的危险因素 |
| 高危 | 大于等于两个具有心血管、肺及代谢性疾病一项或一项以上症状的群体 |

(2)运动处方

①总的要求:运动方式、频率、持续时间和总负荷基本上与心肺适能、力量和柔韧训练的要求相一致(表 10-3)。

表 10-3　运动安排概要

| | 频率 | 强度 | 持续时间 | 活动要求 |
| --- | --- | --- | --- | --- |
| 心肺适能训练 | 3~5 天/周 | 40%/50%~85%心率储备或摄氧量储备,55%/65%~90%最大心率,12~16 RPE | 20~60 分钟 | 腿部肌肉群参与的动力性活动 |
| 抗阻训练 | 2~3 天/周 | 达到主观疲劳(如 RPE19~20)或在主观疲劳之前停止运动(还能重复 2~3 次,RPE 16) | 1 组 3~20 次重复 | 8~10 组,包括全部大肌肉群 |
| 柔韧训练 | 最少:2~3 天/周 理想:5~7 天/周 | 在允许范围内牵拉,但无疼痛 | 15~30 秒,每个肌肉群牵拉 2~4 次 | 静力牵拉全部大肌肉群 |

临床监护的患者或高危群体运动中应有心电图、心率和血压的监测(表 10-4)。

表 10-4　运动程序的监护概要

| | 监护管理层次 ||| 
| --- | --- | --- | --- |
| | 无监护 | 职业监护 | 临床监护 |
| 健康状况 | 低危群体 | 中危或高危群体,但其心血管疾病、肺疾病或糖尿病得到了很好控制处于稳定期 | 高危群体,近期有心血管疾病、肺疾病或糖尿病症状,但经医生处理后得以参加运动 |
| 机能能力 | 大于 7 METs | 大于 7 METs | 小于 7METs |

②训练手段:行走于跑台或陆上是减轻跛行的最为有效的训练手段;抗阻和上肢训练可作为辅助手段,但不能代替行走训练。

③训练强度和密度:利用跑台确定出使患者能在 3~5 分钟内出现跛行的负荷;然后以此负

荷行走直至达到中度跛行(3级);最后进行短时间的站位或坐位休息使其症状消失,之后再运动。这一模式贯穿整个训练时段。

④训练持续时间:准备活动和运动后的整理活动各5~10分钟;训练初始时,上述间断的行走要持续35分钟。之后每次增加5分钟直至间断行走时间达到50分钟。

⑤训练的频度:一般每周应进行3~5次。

⑥运动康复锻炼至少需要3~6个月。最好是有他人看护,终身运动。

## 四、代谢性疾病人群的运动康复

(一)糖尿病的运动康复

1. 糖尿病概述

糖尿病是一组由于遗传和环境因素相互作用而引起的临床综合征。患者因胰岛素分泌绝对或相对不足,以及靶器官组织对胰岛素敏感性下降引起糖、蛋白质、脂肪、水及电解质等一系列代谢紊乱,临床上以高血糖及糖尿为主要标志。有的糖尿病患者可以没有任何症状,但多数患者有口渴、易饥饿、易疲倦、多尿、皮肤或会阴部瘙痒、体重减轻等表现。糖尿病分为胰岛素依赖型和非胰岛素依赖型,两者均有遗传倾向,后者的遗传因素更强。随着年龄增长,糖尿病的发病率也在上升。长期血糖浓度过高可使血液黏滞性增加,引起多种并发症。糖尿病的常见并发症有:血管硬化、肾功能衰竭、糖尿病性白内障、糖尿病昏睡、低血糖昏迷等。此外,糖尿病患者手足常因神经功能退化而麻痹,容易受到损伤或细菌感染,极易导致溃烂。目前,急性或慢性并发症及感染已成为糖尿病患者死亡的主要原因。

糖尿病将成为21世纪世界上威胁健康的最大问题。其发病与不良环境因素和不健康的生活方式有关。糖尿病发病慢,多见于成年人,特别是40岁以后,且多伴有肥胖。由于Ⅱ型糖尿病是以外周组织对胰岛素的抵抗及胰岛素分泌不全为主要特征,而通过合理的体育康复和适当的运动可以控制病情。因此,适宜的运动常常被推荐为一种非药物治疗方式。

运动可以提高胰岛素的敏感性和减少体脂,进而提高身体对葡萄糖的吸收。不管是否合并药物或营养治疗,还是单独采用合理的体育康复都是有效的。运动还有助于预防糖尿病的发生,所以一直被认为是减少世界糖尿病人口的有效方法。近期的大量研究有助于人们更进一步理解运动所产生的短期和长期的生理效果。因此,运动作为控制糖尿病的三大手段之一,已逐渐被广泛接受和应用。但目前在适用性、有效性、安全性等方面,世界上还没有较为统一的运动和方法参考模式。对于确切的运动方式、控制时间和运动强度还未有统一的认识。

2. 糖尿病运动康复方法

由于Ⅱ型糖尿病以外周组织对胰岛素的抵抗及胰岛素分泌不全为主要特征,而适当的运动可提高外周组织对胰岛素的敏感性,纠正糖代谢紊乱。因此,Ⅱ型糖尿病是糖尿病运动疗法的主要适应症,肥胖型Ⅱ型糖尿病则为最佳适应症。

(1)锻炼目的

①减轻外周组织对胰岛素的抵抗,提高肌肉组织对葡萄糖的利用率,调节糖代谢,降低血糖,

减少尿糖。

②促进脂肪组织分解，纠正脂肪代谢紊乱，减少体内脂肪，降低血脂，调节体重而减肥。

③提高体力，促进健康，预防和控制感染及其他并发症的发生。

（2）运动强度控制

由于多食、肥胖、运动不足等是导致身体组织无法正常利用葡萄糖和促使Ⅱ型糖尿病发生、发展的重要因素。因此，为达到锻炼目的，从能量代谢的角度分析，Ⅱ型糖尿病患者运动时的运动强度以采用中等强度较为适宜，这对降低血糖和尿糖有明显作用，即相当于最大摄氧量的40%～60%。以心率表示则是运动时有效心率范围为(220－年龄)×(50%～70%)；而肥胖型糖尿病患者运动时的运动强度以较低强度为好，这样有利于体内脂肪的利用和消耗，即相当于最大摄氧量的40%～50%或(220－年龄)×(50%～60%)。其中，(220－年龄)为最高心率。

运动时运动强度的大小直接关系到Ⅱ型糖尿病和肥胖型糖尿病不同的锻炼效果，应注意区别对待。运动强度较低的运动，能量代谢以利用脂肪为主；运动强度中等的运动，有明显的降低血糖和尿糖的作用。

以心率作为评定和控制运动强度的指标，简便、易行、科学，故已被广泛用于运动实践。运动过程中的心率监测常常采用自测脉率的方法，即1分钟的脉搏数。

为了保证锻炼安全有效，运动时的运动强度必须控制在已确定的有效心率范围之内，开始锻炼时应选择最低运动强度，即心率为(220－年龄)×50%，以后随着体力的改善、病情的好转、运动能力的提高，运动强度可逐步加大，但不可超过最大运动强度，即(220－年龄)×70%或(220－年龄)×60%。若运动中患者出现了诸如血糖波动较大以及出现疲劳感明显且难以恢复等不适应的情况，则应立即减小运动强度或停止运动。值得注意的是，虽然Ⅱ型糖尿病为非胰岛素依赖，病情较轻，但患者多为中老年人，体力较弱，运动水平低。因此，运动中有效心率范围最好是依据运动耐力试验的结果来确定。

（3）运动时间和频度

在初始阶段，运动时间可以稍短，5～10分钟/次，以后随机体对运动的逐步适应，以及患者身体状态的好转可逐渐延长。每次运动应在运动前有5～10分钟的准备活动及运动后至少5分钟的放松活动，运动中有效心率的保持时间必须达到10～30分钟。由于运动时间和运动强度配合，影响运动量的大小，所以当运动强度较大时，运动持续时间应相应缩短；运动强度较小时，运动持续时间则可适当延长。对于年龄小、病情轻、体力好的患者，可采用前一种方式，而年老者或肥胖者则应采用运动强度较小，持续时间较长的运动。

（4）运动频度

一般以每周3～5次为宜，具体视运动量的大小而定。如果每一次的运动量较大，可间隔1～2天，但不要超过3天，如果每次运动量较小且患者身体允许，则每天坚持运动一次最为理想。

特别指出，锻炼的持续时间对Ⅱ型糖尿病，尤其是肥胖型糖尿病是一个非常重要的因素，可以从最初的5～10分钟/次逐渐增至40～60分钟/次为宜。而Ⅰ型糖尿病患者则重在每天锻炼习惯的形成以保持运动的良性循环，每次锻炼的持续时间为10～30分钟。

（5）运动种类

适合于Ⅱ型糖尿病的运动有以下几类。

①中等强度节律性有氧运动,如散步、慢跑、骑自行车、游泳。
②全身肌肉都参与活动的中等强度的有氧体操:如医疗体操、健身操、木兰拳、太极拳等。
③适当的娱乐性球类活动,如门球、保龄球、羽毛球,肥胖Ⅱ型糖尿病患者的体育康复可以选择上述各类活动。但运动强度宜偏低,运动时间宜适当延长。患者可根据自己特点和爱好进行选择。

3. 糖尿病运动康复注意事项

(1)不适宜进行体育康复的糖尿病患者
①病情不稳定,空腹血糖在13.9毫摩尔/升以上者。
②有较严重的并发症者,如心血管疾病、肾病及视网膜病变者。
③有急慢性感染或神经系统的并发症、排尿困难、下肢知觉障碍、缺血等。
④糖尿病妊娠者。

(2)糖尿病患者进行体育康复的注意事项
①应将体育康复与控制饮食和药物治疗结合起来合理安排。通常先实施饮食控制及必要的药物治疗,待血糖和尿糖得到适当控制后,再开始体育康复。
②避免空腹及在注射药物60~90分钟后运动,以免引起低血糖反应。
③糖尿病人进行体育康复要在医务人员指导下进行,不宜鼓励他们盲目运动,并要教会病人密切注意尿糖及症状变化。
④运动量要适当。过度劳累会引起酮症,使病情加重。尤其要避免短时间内较剧烈的运动,或能引起明显兴奋的运动,以免刺激交感—肾上腺素系统反应,使血糖升高。
⑤糖尿病的体育康复应强调循序渐进,从小运动量开始并逐步增加,同时密切注意观察血糖、尿糖及症状的改变,不断调整运动方案。体育康复必须持之以恒,长期坚持才能达到理想的效果。

(二)肥胖症的运动康复

1. 肥胖症概述

随着人们生活水平的不断提高,肥胖已经成为世界各国普遍存在的问题。医学研究已经证实,肥胖不仅仅是体态的改变,而且是一种慢性疾病。目前,肥胖已经成为全球性的公共卫生问题,并且有日益严重的趋势。据估计,全球约有3亿人患有肥胖症,约10亿人超重。据调查,我国目前20岁以上的肥胖病人达2 000万人,超重者多达1.5亿人。在经济发达地区,肥胖的发病率更高。肥胖已经成为现代社会的文明病,与艾滋病、吸毒、酗酒并列为世界性四大医学社会问题。医学界把肥胖所伴有的高血压、冠心病、糖尿病、脑卒中、血脂异常症称为"死亡五重奏"。大量资料表明,肥胖是Ⅱ型糖尿病、心血管疾病、高血压、胆石症和某些癌症的重要危险因素。目前医学普遍认为,肥胖是损害健康的先兆,可引起人体的生理、生化、病理、神经体液调节等一系列变化,严重者甚至会影响生命,已经成为21世纪威胁人类健康与生命安全的杀手之一。肥胖的治疗十分困难,几乎需要终身的时间。但是,肥胖是可以预防的。因此,有效地控制及降低体脂水平,应该成为人们维护、追求健康的重要举措。

肥胖症是体内脂肪积聚过多和分布异常的疾病,是由于遗传和环境因素所致能量摄入多于消耗造成失衡的结果,是一种多因素慢性代谢性疾病,它是由特定的生化因子引起的一系列进食调控和能量代谢紊乱的疾病,发病过程非常复杂。按照世界卫生组织(WHO)的定义,肥胖是一种疾病,它包括了肥胖本身对健康的损害以及肥胖相关疾病(如高血压、糖尿病、高血脂、心脑血管疾病和某些癌症等)对健康的损害两个方面。肥胖症主要表现为体内脂肪含量增多,脂肪细胞的数量增多、体脂的分布失调以及局部脂肪沉积。多数肥胖患者存在严重的脂代谢紊乱,常与Ⅱ型糖尿病、冠心病、高血压等合并存在,并成为重要的致病原因,称为代谢综合征。

肥胖的分类有多种方法,通俗的方法是将其分为单纯性肥胖、继发性肥胖和药物引起的肥胖。单纯性肥胖是各类肥胖中最常见的一种,约占肥胖人群的95%左右。这类病人全身脂肪分布比较均匀,没有内分泌紊乱现象,也无代谢障碍性疾病,其家族往往有肥胖病史。这种肥胖主要是由遗传因素及营养过度引起的。继发性肥胖是由内分泌紊乱或代谢障碍引起的一类疾病,约占肥胖病的2%~5%。肥胖只是这类患者的重要症状之一,同时还会有其他各种各样的临床表现。治疗时主要治疗原发病,运动及控制饮食的减肥方法均不宜采用。有些药物在有效地治疗某种疾病的同时,还有使患者身体肥胖的副作用,这类肥胖患者约占肥胖病的2%左右。一般情况而言,只要停止使用这些药物,肥胖情况可自行改善。但也有些患者因此成为"顽固性肥胖"患者。

肥胖的原因很多,普遍认为,肥胖是多因素作用引起的综合征。肥胖主要受遗传、神经内分泌、饮食因素、运动不足、生活方式等因素的影响。

2. 肥胖症运动康复方法

肥胖症的治疗总目标是减轻体重,长期保持降低的体重,预防体重的进一步增加,减少各种肥胖相关的并发症。肥胖症的治疗原则是强调以个人行为治疗为主导,坚持饮食和运动疗法这两种最主要的治疗措施,必要时辅以药物治疗以及万不得已时的手术疗法。当然防治的重点是全社会重视和预防超重。

(1)合理的运动强度

一般用运动中的脉搏数反映运动的强度,准确测量10秒钟脉搏乘以6即代表运动中的每分钟心率。在体育康复处方中要求达到个人的"最适运动心率",计算公式如下:

$$最大心率(次/分钟)=220-年龄(岁)$$
$$心力储备=最大心率-安静心率$$
$$最适运动心率=心力储备×75\%+安静心率$$

一般认为,运动强度在55%~65%的最大心率强度较为适宜,但要根据受试者的肥胖度及其并发症的程度而做适当调整,一次的运动量不应低于一日所消耗总能量的10%~15%(1 046~1 255千焦)。在以55%~65%的运动强度运动时,糖类和脂肪燃烧供能的比例几乎相同,此时体内环境的变化更适合于参与脂质代谢的各类酶的活化作用。该强度相当于平时没有运动习惯人的无氧阈强度,即使长时间运动一般也不会造成乳酸等物质的堆积,对心脏和下肢运动也不会产生影响,该强度对肥胖者来说是最为适宜的运动强度。

(2)合理的运动项目

运动减肥主要是以中等强度、较长时间的有氧运动为主,辅以力量运动及球类运动等,可以根据肥胖者的体质和个人爱好选择运动项目。目前普遍流行的有节律的动力性有氧运动主要有长距离步行、远足、慢跑、自行车、游泳、跳舞、划船、上下楼梯、骑马、健身操以及水中运动(如水中行走、水中跑、水中跳跃、踢水等)。研究表明,水中运动被认为是最有效的减肥运动。但要摒弃"哪儿肥练哪儿"的观念,这是因为局部减肥几乎是不可能的。在运动中,机体动用的脂肪并不是仅仅来自运动的某个部位,而是来自遍布全身的脂肪组织,即使是减少局部脂肪,也必须在进行全身运动的基础上,再进行局部运动,才会达到良好的效果。另外,可以适当选择一定的力量训练,以增加机体的瘦体重,使体形更加健美。力量性的运动主要是进行躯干和四肢大肌群的运动,主要活动方式有仰卧起坐、下蹲起立、俯卧撑等,也可以利用哑铃或拉力器进行力量练习。科学研究表明,有氧运动可以有效地改善心血管系统、呼吸系统的机能,提高人体的最大吸氧量,但并不提高机体瘦体重的含量,力量练习虽然不能有效改善心肺机能和最大摄氧量,但却可以明显增加体内瘦体重的含量。瘦体重的增加可以提高人体安静状态下的代谢率。也就是说,瘦体重多的人比瘦体重少的人消耗的能量要多。因此,有氧运动结合力量练习是最有效的减肥方法。

(3) 合理的运动时间

运动持续时间与运动强度相互影响,增加运动强度则运动时间会减短。反之,负荷减轻时则可以持续运动更久,持续时间可用距离或能量消耗来表示。美国运动医学会(ACSM)建议每天以中等强度持续练习30~60分钟,每次活动能量消耗为300千卡左右。在以中等强度运动时,机体在开始阶段并不会立即动用脂肪供能,因为脂肪组织中脂肪的水解及脂肪酸经血液转运并进入肌组织中需要一定的时间,至少需要15分钟。因此,要有效地消耗脂肪,运动时间必须长于30分钟。

(4) 合理的运动频率

运动持续时间与运动强度不同,每周的运动频率也不同。例如,日本爱知大学运动医疗中心发现,运动强度为60%~80%,每次运动150分钟,每周至少运动3次才会取得运动减肥的良好效果。

**3. 运动减肥注意事项**

(1) 在制订减肥运动处方时必须确定肥胖的原因以及机体的健康状况,以便对症下药,最好在医生和体育指导员的指导下进行。

(2) 要达到个人化,运动处方要因人而异。大运动量运动、短时间运动、快速爆发力运动是不利于减肥的三种运动方式。

(3) 在实施运动处方的过程中,应遵循循序渐进的原则,不可操之过急,特别是中老年人,更应该加强医务监督,并根据自己身体的实际情况适当调整运动量。肥胖者因不经常运动,肌肉关节都比较僵硬,需要慢慢锻炼,切不可求快而伤害身体,而且肥胖者心肺负荷已经较大,如果在短时间内运动量增加很多,会造成心肺等器官负担过重。

(4) 运动要达到减肥效果不是一两天就可以的,而是要长年累月,持之以恒。为了避免单调,可以变换运动种类。

(5) 在运动减肥期间,要科学地控制饮食,保证均衡膳食,为机体提供全面均衡的营养物质。虽然专家们一致认为,减肥的关键在于运动,但科学的饮食也是不容忽视的。科学饮食与运动相结合,会使减肥取得更佳效果。减肥是应当限制膳食的总能量,而不仅仅是限制脂肪的摄入,减肥期间应适当增加蛋白质、低糖食物和适量脂肪。正常情况下,碳水化合物比例55%~60%,脂肪为20%~25%,蛋白质为15%~20%,重量比为4:1:1,在减肥期间也要保持营养素的摄入比例。

（6）出现下列症状应停止运动：心跳不正常（心跳不规则、心悸、快脉搏突然变慢）；胸部、上臂或咽喉部突然疼痛或沉重，特别眩晕或轻度头痛，意识紊乱，出冷汗，晕厥；严重气短；身体任何一部分突然疼痛或麻木；上腹部疼痛或"烧心"；一时失明或失语。

## 第三节 残疾人群的体育运动保健与康复

### 一、残疾人运动康复的实施

残疾人由于自身身体条件的限制，在从事某些体育运动时可能会较为困难，甚至可能会具有一定的危险性。如果根据残疾人自身的条件进行分析，制定科学的健身锻炼计划，则能够促进残疾人的保健康复。

医院和家庭应对残疾人的体质健康状况进行全面、细致的检测，并分析其身体的各项指标，在此基础上来确定残疾人是否适合参与体育康复运动，并确定相应的运动的强度和运动时间。另外，还需要对残疾人进行心理疏导，帮助其走出阴影。所有这些工作都要求残疾人学校、单位、家庭加强与医院的合作。

残疾人在进行运动康复锻炼时，应注重锻炼的安全性，注重医疗监督工作的开展。具体而言，应注意以下几方面的问题：

（一）定期进行体格检查

残疾人在开展相应的运动康复锻炼活动时，应首先进行全面的体检。体检一般分为两个层次：

第一层次的体表检查由医院进行，检查的内容涵盖较为广泛，包括正常人所要检查的各项内容，有身高、体重、口腔、鼻、耳、眼、心率、脉搏等。对于这些指标的检查要求客观、准确、细致，要反映残疾人的真实情况，不能使用模糊不清、模棱两可的字眼。如果一时弄不清楚的可以延长检查和分析时间，不可主观臆断和编造事实。

第二层次的检查主要是更进一步的检查，包括对呼吸系统、心血管系统、神经系统等的检查。这一部分的检查将直接决定残疾人是否具有参与体育活动的资格，相应的医务人员应认真对待。

医学检查是对残疾人的最初的检查。对于视觉、听觉、肢体等方面的损伤，医学上各有一套科学的检测方法。具体而言，针对不同的残疾症状，应注意以下几方面的问题：

（1）眼科医生除了采集病史和眼科常规检查外，还要使用各种类别的视力表做远近视力的检查，以及一些特殊的屈光检查、对比敏感度检查等。对视觉残障者一般采用的两种主要的检查是视力和视野检查。这两种检查的结果将确定该个体是否为残疾人或者确定该残疾人的残疾级别。

（2）对于听觉障碍者除了常规的耳部检查和采集病史外还要进行例行的听力检查，检查的常用方法有简易声音测验、行为测听、纯音测听、语言听力测查等。对于各个不同年龄段的听觉残疾人采用的医学检查的方法不一。但是客观测听的 ERA（反应测听）对于各个年龄组的人都适用。测听时医生要注意的是,一次性的检查结果有时不能客观反映残疾人的真实情况,还要进行必要的复测和综合分析研究各种材料,以便正确地诊断,得出正确的结论。

(3)对于肢体残疾人外观可以看到的解剖上的缺陷以外,还要做多项功能的检查,如用手法或器械法(如使用握力计、捏力计等测力器)做肌力检查,用传统的量角器法或方盘量角器测量法等各项方法来检查关节活动度,还可以进行步态、肌电图、日常生活能力检查。

(4)对于有智力残障的残疾人来说,所进行的测量方法一般分为两类:一类是测量法,另一类是评分法。测量法是用智力量表,按测得的智商高低进行智力评价;评分法是用评定量表,按适应行为能力高低评价。最好是两种方法一并使用。

(二)根据体检做出医学鉴定

在对残疾人进行各方面的体检之后,还要进行相应的医学鉴定。具体而言,医生要根据其残疾情况,并进行相应的谈话、访谈等基础上,进行多方面的分析和综合,对其残疾状况进行分析。医务人员应用发展的观点研究该儿童的潜在体育能力和优势。就残疾人的情况做出客观的鉴定,为残疾人参加体育活动提供最权威、最科学的依据。这种医学鉴定具有以下几方面的积极意义:

第一,了解健康状况,确定能否参加体育活动。

第二,确定或限制参加的体育活动的范围、种类、级别。

第三,根据身体状况安排该残疾人的合理的运动量。

第四,结合该残疾人身体状况的实际,正确地选择一些锻炼方法和方式。

第五,根据身体状况的变化,调整运动内容、强度和重点。

(三)制定与实施保健康复计划

在进行相应的医学检查和医学鉴定之后,根据其残疾特点来制定相应的个人运动计划。医院应在进行危险因素评价的基础上,根据残疾人的性别、年龄以及个体的危险因素,制定符合他本人的个人运动保健康复计划。残疾人的运动保健康复计划是其在一定的时间内,依据一定的科学依据制定的运动训练计划,能够使得残疾人的运动能力得到一定程度的发展。一般来说,运动保健康复计划应包括:做什么运动、多长时间运动一次、运动的频率、什么时候从事运动等。医院可以根据个人运动计划的一般原理,并结合病人个体状况作相应的变更和修订。医院、家庭以及学校、单位等共同花费时间制定一份仔细规划的个体运动计划便显得十分重要。

残疾人运动保健康复计划的一个重要内容就是根据危险因素的评估以及残疾人的性别、年龄等有关信息,确定干预的措施,包括复查、健康咨询、健康筛查和健康预防等。由于危险因素与健康之间是多因多果的关系,故采取的干预措施也应该是综合的。医生要根据危险因素结合残疾人个体的具体情况,提出有意义的预防、改进意见和措施。医生和指导者就可以根据这些意见,结合残疾人的具体情况,资源的可用性和实施的可行性,选择合适的干预措施。

通过详细的评估来为残疾人群设计合理的运动保健康复项目,这些都需要详细的说明。若医生不能明确所推荐建议的意思或怎样去完成它时,则不要在保健康复计划中包含这些内容。

康复计划制定的流程包括以下几个步骤:

其一,掌握锻炼者的个人资料(包括年龄、性别、残疾类型、残疾程度等方面)。

其二,对残疾人进行全面身体健康、体力诊断。

其三,选定相应的运动项目和设计运动方式。
其四,确定运动强度、运动时间和运动锻炼的频次。
其五,提出针对个人的注意事项和实施的原则。
其六,监控和记录实施过程中的身体反应和主观感受。
其七,总结实施的效果。

在制定和实施计划时,应注意个体性、可调性、安全性、有效性和特异性。个体性就是因人而异,进行个别对待,必须根据个人的具体情况来制定相应的计划,不能制定好适应各种情况的计划。个人的情况也会经常变化,这就要求根据残疾人的具体情况不断进行调整。相应的保健康复计划是为了促进残疾人的保健康复,需要注重其安全有效性,对运动的内容、强度和时间频率等方面进行严格要求。所谓特异性是指应根据目的而选择合适的运动种类,以达到相应的锻炼效果。不同的运动方法,其运动效果是不同的。

## 二、不同残疾群体的保健康复

### (一)视力残疾的保健康复

#### 1. 听觉训练

听觉是人类感知世界的重要途径,听觉器官是人体的重要器官。对于视力残疾人群而言,听觉发挥了更大的作用,通过进行相应的听觉训练,能够使得视力残疾人群的知觉系统得到一定的补偿,从而能够更好地工作和生活。

在进行听觉训练时,训练形式多为进行声音信号引导视力残疾人群进行相应的活动。通过在其身体直线方向进行不断的声音刺激来进行相应的锻炼活动。具体而言,其主要包括以下几种训练形式:

(1)听声音走或跑训练:让视力残疾者跟着正前方引导者发出的声音向前走或跑。
(2)辨别和踢球训练:视力残疾者对地上滚动的球的方向进行辨别,并能够将滚过来的球接住。可进行左、右、前方的球的滚动训练来提升听觉。
(3)水中训练:视力残疾者跟随引导者发出的铃声或其他声音在水中进行行走、游泳等训练。

#### 2. 空间感训练

空间感知觉是人体的重要知觉。其主要是指通过准确判断自身所处的空间位置的能力,应增强视力残疾人群的这方面训练。对于视力正常的人群,其可通过进行观察来确定空间位置。对视力残疾人群而言,空间感知能力相对较弱,应通过参与相应的体育运动锻炼来培养其良好的空间感知觉的形成。其训练方法有如下几种:

(1)走直线练习:视力残疾者进行走直线练习,尽可能少偏离路线,走尽可能长的距离。
(2)原路返回训练:在引导者的陪同下走一段距离,然后沿之前的路线返回。
(3)阳光下的方向感训练:在户外阳光下进行感受东西南北方向感的练习。
(4)转体训练:通过听声音进行转体训练。

### 3. 触觉训练

触觉是视力残疾人群感知和认识世界的重要手段,触觉训练也是其康复训练的重要方面。触觉训练不仅应训练双手的触觉,脚的触觉训练也是重要方面。通过脚部的触觉训练,能够使得视力残疾者更好的走盲道。具体而言,视力残疾在进行触觉训练时,可采用如下几种方法:

(1)视力残疾者用手触摸各种物品,如体育与运动器材,了解相应物品的形状、硬度及用途等方面的内容。

(2)引导者做各种动作,然后视力残疾者用手触摸其各身体部位的变化。

(3)视力残疾者用脚触摸地面,感知地面的硬度和光滑度等的变化,对于对面的凹凸、软硬有更加深刻的认识,便于能够更好地行走和跑动。

### 4. 定向行走训练

定向行走训练是视力残疾者康复训练的重要方面,通过这一训练,能够使其实现独立行走,从而能够更好地融入社会。定向行走训练是训练视力残疾者除视力以外的各方面知觉,如听觉、触觉、嗅觉、平衡觉等。具体而言,定向行走训练的方法如下:

(1)视力残疾者以长绳为引导线,在其引导下进行各种直线走或跑练习。

(2)视力残疾者在引导者的陪同下,在工作和生活的区域内进行各种散步、行走训练。待其熟练了周围的环境之后,独自进行相应的行走练习。

(3)引导者站在某处,拍一下手并发出声响,视力残疾者通过听声音来找到引导者。

(4)引导者滚出带音响的球,视力残疾者在某处听,当球停止之后,视力残疾者去寻找球。

## (二)聋人的保健康复活动

聋人可以参加多种体育活动,但是像强烈旋转、增大头颅内压这类方式的运动应尽量避免。

### 1. 反应性练习

(1)看教师的手势做向各方向移动的动作。
(2)看不同颜色的卡片做出相应的动作。
(3)双人"影人跑",学前面正常人的动作。
(4)看对方手势后,做出相反动作。

### 2. 语言呼吸训练

人在说话时需要吸入足够的气息,在进行呼吸交替的过程中说话,通过气息来控制。聋儿应学会控制气息,发现正确的语言。语言呼吸是聋儿语言康复的基础。

(1)为聋儿树立相应的标准语言呼吸模式,听到标准的有声音语言,并对自己的语言进行矫正。

(2)将语言呼吸训练与发生和说话结合起来,使其在实际生活中得到训练,学会气息的控制。

(3)语言呼吸训练与发音器配合构音,使得其在训练中学会口腔、唇齿、舌等构音系统的正确配合。

(4)及时纠正语言呼吸的错误和偏差,养成良好的语言呼吸习惯。

3. 言语训练

(1)触觉训练

通过触摸感知说话者喉头的震动与腹部起伏情况,再用手按着自己的喉部和腹部进行发音练习。

(2)舌部运动训练

舌尖做上下翻卷、左右摆动和前后伸缩的练习。

(3)模拟发声

佩戴助听器,模拟说话者发出的声音。

(4)声音刺激

利用节奏鲜明的音乐和声响刺激听觉,辨别强、中、低音,感受节奏的快慢,巩固和发展听力。

(5)唇读练习

训练其通过讲话人的表情、口唇动作理解语意。

(三)截肢人群的保健康复活动

乘坐轮椅是下肢截肢人行动的主要方式,截肢人群乘坐轮椅可以参加田径、游泳、篮球、排球、乒乓球、舞蹈等多种体育活动。老年人的轮椅后轮要大些,这样轮椅后倒时,扶手可以支在地上,使乘坐者不致摔伤。

(1)学习驾驶轮椅,应使轮椅与身体紧密地结合为一体。轮椅一般用手驱动前进和制动,就应当学会驱动、变向、转圈、上下坡和急停等技术。

(2)截肢人要学会自己上轮椅。坐10分钟左右可用手支撑"站立"一段时间,一方面防止褥疮,一方面可促进血液循环,提高机体平衡能力。

(3)乘轮椅出发时,轮子要正,不要打横。起动时要推大轮的辐条,移动3~5米时,再推小轮子;手轮处于髋关节水平部位为好。手用力要匀,不要突然发力。出发时,手在身体前边推辐条,否则轮椅前部翘起来。轮椅转弯时外面手的力量要大些,身体向内倾斜。手握推手轮不要太紧,较好的方法是推一压一。

(4)在熟练使用轮椅之后,乘坐轮椅可以参加打篮球、乒乓球以及舞蹈、田径等项活动。

(四)截瘫人群的保健康复活动

截瘫是由于脊髓受伤所致。截瘫可影响肌肉逐渐萎缩、丧失有关的感觉和知觉、某些器官功能受损(如膀胱失控等)或失去某些活动能力等,严重的有生命危险。所以,外伤性截瘫者应积极早期进行抢救与合理治疗,加强护理工作,争取脊椎骨折、脱臼达到复位和脊髓功能早期最大限度地恢复。

截瘫病人体育活动以保持关节正常的结构功能为基本内容,如经常变换体位、穿戴夹板、被动运动和牵引活动等。

(1)在下地活动之前,应在床上做体操(上肢主动性活动、下肢被动性活动)、床上坐起练习以及做"截瘫操"。对于截瘫病人,可做些适当的增强上、下肢和躯干的肌力练习,以恢复体力。

(2)到一定时期,可以做些基本的联合动作,例如扶床站立—靠墙站立—扶双杠站立—扶拐杖站立—自己站立。开始需有人照料,时间由5分钟逐渐延长,由双腿站立过渡到单腿站立。

(3)在站立的基础上,再练习行走,扶双杠站立后,轮换做两腿的提腿、抬腿、摆腿、左右转动骨盆。两手扶住双杠,练习移步行走。

(4)站在行走车内,一边用力移动下肢,一边带动行走车前进。车后边有一座位,可以休息。

(5)架拐杖行走。由"四点步"过渡到"摆动步"。截瘫病人必须做一些一般发展练习,尽力做日常生活中力所能及的活动。

# 第十一章　传统体育运动保健与康复方法研究

## 第一节　健身走跑

### 一、健身走

(一)健身走技术

健身走既不同于竞走运动,也不同于普通的步行,而是一种按照一定的技术原理,以特定动作达到身体某一部位锻炼目的的健身运动。所以,在进行健身走锻炼时,一定要对健身走的技术动作有所了解。

1. 健身走基本技术

健身走的技术指的是最大限度地发挥走的运动和锻炼功能的方法。健身走技术主要体现在步幅、步速、摆臂和身体姿势等方面。

(1)步幅

健身走要求踝关节以上的整个人体稍向前倾,在相对放松的情况下自然地确定步幅。步幅应自然而舒适,步幅过大会降低动作的协调性,并使机体过早地进入疲劳状态。

(2)步速

在健身走中,稳健而又轻快的步伐可以使健身走的健身效果得到充分发挥。对一个普通锻炼者来说,以80～110米/分钟的速度较为理想。如果以步频来推测步行速度,那么120步/分钟是比较合适的基础频率。当然,健身走的速度最终还是由练习者的身体条件和兴趣爱好而定。

(3)摆臂

健身走锻炼中,摆臂时肩关节要充分地放松,肘关节弯曲呈90°左右为宜。如果很好地活动两臂而不是让它在身体两侧随便晃动的话,健身走可以成为名副其实的全身运动。摆臂的主要作用是保持运动中身体平衡,锻炼肩部肌肉群,并促进血液循环,保证人体在运动中各种生理活动的正常进行。此外,摆臂与步频有着密切的关系,摆臂速度越快,步频越快,速度也越快。

(4)身体姿势

健身走锻炼中,身体不能太过僵硬,头部和躯干应保持正直,小腹微收。快速行进时身体略向前倾。良好的身体姿势不但对健身走有益,而且还有助于在日常生活中体现挺拔的身体和自信的形象。

2. 健身走基本动作

(1)头部和躯干保持正直,两眼前视,适当挺胸和收腹。

(2)摆臂以肩关节为轴前后摆动,在快速走步的时候屈肘比较适宜,夹角为80°~100°。适当扭动胯部,有利于增加步幅。

(3)下肢动作主要是以摆动的形式来完成。健身走时,脚跟先落地,然后滚动到全脚掌,使身体重心快速前移。

(4)步幅和步频应根据个人的具体身高和腿长合理搭配,步频较快,动作步幅可达到身高的1/2,最好低一点(一般走路步幅为身高的1/3),因为步幅过大肌肉容易僵硬。

(5)身体重心按先脚后跟,再足外侧小足趾,最后大足趾的顺序移动,整个脚掌均匀受力。

(6)边走边进行腹式深呼吸。

(二)健身走锻炼的注意事项

1. 时间的选择

最好选择在早晨空气清新的时候进行健身走锻炼,下午3点也是最佳的锻炼时间。此外,也有许多人早上没有时间锻炼,就把锻炼的时间定在了晚饭后。能够坚持锻炼是件好事,不过饭后立即进行运动是不利于健康的。这是因为饭后消化系统的血液循环大大增加,而身体其他的部位血液循环就会相对减少,如果马上开始运动,消化的过程就会受阻,胃肠容易生病。一般认为,晚饭后45分钟是进行健身走锻炼的最佳时间,以5千米/小时的速度步行28~30分钟为好。这样,热量消耗最快,十分有利于减肥。

2. 环境的选择

(1)不要在大雾天、大风天及公路上进行健身走锻炼,减少恶劣天气、空气对人体的污染,要选择天气晴朗、空气清新的时候,选择清晨和傍晚的时间进行健身走锻炼。

(2)尽量选择平坦的土地段或沙土地段,不要选择凹凸不平的硬地段,否则容易崴脚、摔倒。如果只能在硬地上健身走,必须穿软底运动鞋。倒退行走时,应选择人稀车少、地面平坦的广场、田径场、公园、车辆少的马路上,要注意方向和控制身体平衡。开始做健身走时,最好结伴而行,这样可以相互提醒,避免摔倒。

(3)有条件的地方,可选择在公园内进行锻炼。因为公园内空气清新,吸入氧气量比平时多8倍以上,空气中阴离子还可以促进人体的新陈代谢过程,改善呼吸功能,增强抵抗力,可预防神经衰弱、贫血等疾病。

3. 注意脚的保健

千里之行,始于足下。在健身走的锻炼过程中要注意脚的保健,以达到舒筋活血、增强关节韧带的灵活性和伸展度,减轻足底酸痛,消除疲劳的目的。脚的保健法一般有足浴和足底穴位按摩两种。足底穴位按摩是利用手力和热刺激脚的经络,加快血液回流,缓解足底的疲劳,达到保健的目的。健身走后最好先足浴,再进行穴位按摩。平时也要勤洗脚勤换鞋袜,有脚病应及时进行医治。

## 二、健身跑

(一)健身跑技术

健身跑是一项以适合自身体力来进行的健身活动,它与走步和竞跑存在着较大的区别。慢跑对心脏造成的负担远大于步行,对脚腕、膝盖、腰的冲击力也比步行大了许多,同时,其技术要求和运动量要求不是很严格,动作做到轻松自如即可,与竞技跑有着较为明显的区别。因此,健身跑时采用正确的跑步姿势是十分必要的,这样做不仅减少了伤害事故,同时能达到良好的锻炼效果。

1. 健身跑的基本技术

(1)基本姿势

在健身跑锻炼时,身体要自然放松,脚落地要柔和,以全脚掌着地并迅速过渡到前脚掌,两臂配合两腿自然摆动,呼吸要均匀充分,呼吸频率与步伐要保持协调,一般以 2~4 步/吸,2~4 步/呼。另外,健身跑时,步幅要小些,步频应慢些,以每分钟 150 步左右为宜。跑的速度不能太快,以不喘粗气、边跑边与同伴说话为宜,每次跑的时间为 25~30 分钟。

(2)呼吸

跑步技术是否合理,在很大程度上取决于正确的呼吸。健身跑时也会产生一定的氧债,为了保证氧气的及时供给,就要有一定的呼吸频率和深度,在适宜的呼吸深度条件下,还要依靠呼吸频率来保持必要的肺通量。这就需要口鼻同时呼吸才能完成。一般是采用两步一呼、两步一吸;也有三步一呼,三步一吸,采用哪种因人而异。无论哪种方法,都要呼吸自然。若出现呼吸节奏被破坏时,应做深呼吸或适当调整跑速。继续跑一段距离后,呼吸就会逐渐均匀正常,跑起来又能比较轻松了,这一过程是人体机能的正常反应。但若出现呼吸急促并且困难,就应停止跑步,特别是中老年人更应注意。

2. 健身跑的基本动作

(1)头部动作

头部的重量大约为 4.5 千克,所以脚要承受的重量相当于头部施加在关节上的压力和由于引力而产生的重力。跑步者经常习惯往下看,这就使关节承受了整个头部的重量而且会使得脊椎骨的排列十分不整齐。这种情况经常发生在下坡跑的时候。所以,健身跑锻炼时,不要低头,也不要用力往后仰头,尽量保持头部的平衡。

(2)脸部动作

脸部尽量放松,而且要保持微笑。如果下巴得到了放松,那么它会向全身其他部分发送正确的信号来保持全身的放松。眼睛应该盯住前方 10~20 米的位置,而不是看着双脚。

(3)肩部动作

肩膀紧张地绷着在跑步者中是非常普遍的现象。关键的原因之一就是跑步时拳头紧握的缘故,这是非常容易矫正的。但是,疲劳甚至是肌肉的不平衡也是造成肩膀紧张的原因,这会使肩膀牵缩肌变得脆弱,让肩膀牵引肌变短而且过分紧张。所以,在跑步中,尽量保持肩膀的放松姿势,如有紧张的感觉,要重新调整肩膀牵缩肌和牵引肌之间的平衡。

(4)上肢动作

正确的上体姿势是身体稍前倾5°或几乎正直,上坡时需前倾大些,下坡时有一定的后仰,躯干不要左右摇摆,头部与上体成一条直线,面部和颈部的肌肉要放松,眼平视前方。如身体前倾过大就会影响步子长度和增加背部肌肉的负担,若上体后仰就会产生制动影响后蹬的效果,使腹部肌肉过于紧张,跑起来显得十分困难和吃力。保持正确的跑步姿势,对于体型的塑造以及自信力的培养,都有积极的作用。

(5)臂部动作

在跑步时,两臂摆动起维持身体平衡的作用。如果摆臂动作不正确或不协调,就会造成不必要的能量消耗,还会导致过早疲劳和破坏动作的节奏感。跑步时,两臂自然地做前后摆动,以肩为轴在向前摆动时,应稍向内,向后摆动时稍向外。摆动幅度随跑的速度变化而变化,速度快时则幅度大些。肘部自然向前弯曲接近90°。但是不要太过用力,只有当向后摆动胳膊时才需要用力,然后随着跑动自然地前后摆动。摆动手臂的速度越快就会让大腿迈动的速度越快,所以当快速跑步而不是慢跑时,会更多地利用来自胳膊的力量。

(6)背部动作

躯干应该与地面保持垂直,挺直背部。尽力保持不要向后抑或是向前倾,否则会使身体不在一条直线上,而且会抑制呼吸。

(7)手部动作

在健身跑时,双手紧握对于放松的锻炼是没有任何益处的。正确的手部动作是双手半握拳。

(8)膝部动作

膝关节是跑步动作完成的重要保证。在健身跑中,每迈动一步时,尽力把膝盖抬到合适的高度,只要双脚不要有任何擦地动作就可以了。

(9)腿部动作

健身跑的腿部动作应当做得舒展。在正常锻炼时,髋、膝、踝三关节要充分伸直,以大腿发力向前抬来带动小腿的迈进。小腿前伸时,支撑腿的各个关节要迅速伸直。大腿前摆的过程中,小腿要保持放松和自然下垂。大腿在向前抬起时,不要拖得时间太长,应该快速地下压,小腿应该做前摆动作。

(10)踝部动作

在健身跑的锻炼中,要放松脚踝的前部。有意识地释放踝关节前部的肌肉,使人迈动步伐时感觉到更加放松和平稳。进行健身跑锻炼时,后蹬不用全力进行,步长不要过大,步频不应过快,这样可以节省体力,以防受伤。

(11)着地动作

健身跑时,先是前脚掌着地,然后过渡到全脚着地,这样可以缓冲脚落地时产生的冲击力,而且这样着地富有弹性,并为后蹬创造了条件。如果脚跟距地面较高,就会降低动作的程度和造成不必要的肌肉紧张。注意在脚着地的瞬间要抵制重力作用,这样有利于拖长小腿后的肌肉群。如果脚掌在着地时没有任何对抗就放下脚跟,那就会失去跑的弹性。在跑步中也有用前脚掌外侧着地过渡到全脚掌的。一般来说,健身跑中用全脚掌着地的不在少数,但如果是脚跟先着地,则对人的震动大,容易使脑子、内脏、下肢关节受到震动,发生头晕、肚子疼、膝关节和脚跟疼等现象。

(二)健身跑锻炼的注意事项

1. 准备活动

跑步运动前,活动一下身体,让全身肌肉、关节及内脏器官做好跑的准备。然后轻松有节奏地进行健身锻炼。

健身跑前一般可做如下几种准备活动:
(1)站立,两手叉腰,交替活动距小腿关节(踝关节)。
(2)半蹲,两手扶膝活动膝关节。
(3)两腿交替高抬腿,活动髋关节。
(4)一手扶持,依次前后踢腿,活动髋关节、膝关节。
(5)两手叉腰旋腰,活动腰部。
(6)前后弓箭步压腿;左右压腿,牵扯腿部韧带。
(7)上体前后屈,以及上肢的轻微活动等。

2. 场地的选择

健身跑锻炼时,对场地的要求高于健身走。一般可选择田径场、公路、平坦的土路或公园等场地进行健身跑的锻炼。并可选用路灯、电线杆、特征性强的建筑物、公园的拐弯处、树木、山坡等地形突出部分作为标记,帮助掌握跑的距离和速度。在公园里也可选择长度不同的多条路线,经常变换跑的路线,既能提高锻炼效果,又能增加锻炼兴趣。在场地选择时,首要原则便是安全性原则。

3. 时间的选择

在健身跑锻炼中,每天锻炼的时间因人而异。一般来说,在早晨进行健身跑较为合适,如果由于某些原因,早晨不能锻炼,也可以安排在晚间进行,但要保证锻炼和睡眠之间间隔1.5~2小时。大、中、小学生除早晚外,还可以利用课外活动和放学后的时间进行锻炼。中老年人应在生活规律的前提下,安排锻炼时间。

4. 锻炼后的注意事项

锻炼后进行的整理活动一般称为冷身活动。冷身活动是让身体做好停止运动的准备方法。健身跑的冷身活动,可以慢慢地将跑步速度放慢到慢跑,然后再过渡到走,使呼吸慢慢恢复到正常水平,如果有时间,可以再做几组伸展运动。

# 第二节 太极拳

## 一、太极拳概述

(一)太极拳的起源与发展

关于太极拳的起源有很多传说。根据现代史实相关文献资料的研究发现,明末清初太极拳已经在河南农村流传开展,尤以温县陈家沟和赵堡镇为中心,代表人物是陈王廷和蒋发。这两人对太极拳的最初传习有学者和史料研究证实真实可信。

根据中国武术史学家唐豪对陈氏家谱、拳谱以及陈王廷遗诗研究考证，最早传习太极拳的是明末清初河南温县的陈王廷。陈王廷结合古代的导引养生术和经络学说，研究道家的《黄庭经》，参照戚继光的《拳经》，博采众长，加以继承和创新，创编了陈式太极拳，迄今已有近四百年的历史。

太极拳自产生以来，其在很长的一段时间内仅局限于河南农村开展。1840年，第一次鸦片战争爆发，火器显示出了强大的威力，冷兵器随着火器的广泛应用便渐渐退出军事舞台，武术的军事功能也就逐渐衰退，武术保健、修身养性等功能受到了人们的重视，武术的发展领域客观上得到了拓宽。随后，太极拳得到了空前的发展，技术不断演变，内容不断丰富，并逐渐形成了众多流派。太极拳的快速发展使得越来越多的人开始参与其中，各大流派的太极拳发展势头迅猛。新中国成立后，由于党和国家对传统体育发展的重视，太极拳发展很快，打太极拳的人遍及全国。当前，仅北京市公园、街头和体育场就设有太极拳辅导站数百处，吸引了大批太极拳爱好者。卫生、教育、体育各部门也都把太极拳列为重要项目来推广和开展，并出版了上百万册的太极拳书籍、挂图。很多科研部门对太极拳都进行过深入的研究，通过从医学、生理、生化、解剖、心理、力学等多学科的研究证明，太极拳对防治老年、高血压、心脏病、肺病、肝炎、关节病、胃肠病、神经衰弱等慢性病有很好的疗效。目前，太极拳运动已经走出国门，在国外受到普遍欢迎。欧美、东南亚、日本等国家和地区，都有太极拳活动。

(二)太极拳的基本特点

1. 体松心静、中正安舒

"体松"就是在练习太极拳时，在维持必要动作姿势的基础上，身体肌肉处于一种放松的状态，身体自然而舒展，不用僵劲。即使是该用力的部位，所用之力也仅到刚好完成动作，而避免任何部位的无谓紧张，避免用力过大和动作过快。所谓"心静"就是从准备状态至整个练习过程，思维上尽可能排除一切与练拳无关的杂念，心理上始终保持着宁静状态，把思维集中到动作的完成上，依次把动作的细小环节想得周到细致，并用意识引导动作，不急不躁、不慌不忙、用意不用力地去完成动作。

2. 柔和缓慢、连绵不断

缓慢轻柔是太极拳区别于其他武术运动形式的重要标志，是太极拳运动最为重要的一个特点。太极拳运动的这种缓慢轻柔有着极为严格的外在规格和内在意念的要求，它不仅要求"内宜鼓荡，外示安逸"，而且要求"运劲如抽丝，迈步如猫行"，即动作要柔中寓刚、徐缓不躁而轻灵。正是这些要求所规范的缓慢轻柔的运动方式使太极拳运动兼有了武术和传统养生术的双重特征和效用。太极拳的动作要缓慢、柔和、连贯，各拳式之间要势势相承，不得停顿，同时还体现在手臂姿势要保持弧形，两臂的动作路线走弧线。

3. 动作与呼吸、意念相配合

太极拳练习，要把呼吸与意念配合起来，才能取得最好的锻炼效果。动作与呼吸相配合，一般是起(向上)的动作吸气，落(向下)的动作呼气；开(两臂张开)为吸气，合为呼气。另一种呼吸方式为,凡是一个动作完成时呼气,过渡动作为吸气。但都应该要求顺其自然,不可勉强。动作与意念互相配合,在练拳时,首先要排除杂念,把注意力集中到动作上,下一动作未出现之前,意念要提前想到。所谓"意领身随"就是这个意思。

## 二、简化太极拳健身方法

简化太极拳是汉族传统拳术之一,属于中华人民共和国成立后推行的简易太极拳套路。为了便于在广大群众中推广太极拳,1956年在杨氏太极拳的基础上,删去繁难和重复的动作,选取24式,编成"简化太极拳"。下面主要分析简化太极拳的健身方法。

(一)第一组

1. 起势(图 11-1)

(1)两脚并拢,身体自然直立,头颈正直;两臂自然下垂,两手指尖轻贴大腿侧;眼向前平视。
(2)左脚向左慢慢开步,与肩同宽,脚尖向前。
(3)两臂慢慢向前平举,两手高与肩平,与肩同宽,手心向下。
(4)上体保持正直,两腿屈膝下蹲;同时两掌轻轻下按至腹前,两肘下垂与膝相对;眼平视前方。

图 11-1

2. 左右野马分鬃(图 11-2)

(1)上体微向右转,身体重心移至右腿上;同时右臂收在胸前平屈,手心向下,左手经体前向右下画弧放在右手下,手心向上,两手心相对呈抱球状;左脚随即收到右脚内侧,脚尖点地;眼视右手。
(2)上体微向左转,左脚向左前方迈出,同时左右手随转体慢慢分别向左上、右下错开;眼视左手。
(3)上体继续左转,右脚跟后蹬,右腿自然伸直呈左弓步;左右手随转体继续向左上、右下分开,左手高与眼平,手心斜向上,肘微屈;右手落在右胯旁,肘也微屈,手心向下,指尖向前;眼视左手。
(4)上体慢慢后坐,身体重心移至右腿,左脚尖翘起,微向外撇(45°~60°),同时两手准备抱球。

(5)左脚掌慢慢踏实,左腿慢慢前弓,身体左转,身体重心再移至左腿;同时左手翻转向下,左臂收在胸前平屈,右手向左上画弧放在左手下,两手心相对呈抱球状;右脚随即收到左脚内侧,脚尖点地;眼视左手。

(6)上体微右转,右腿向右前方迈出,同时左右手随转体慢慢分别向左下、右上错开;眼视右手。

(7)左腿自然伸直呈右弓步;同时上体继续右转,左右手继续随转体分别慢慢向左下、右上分开,右手高与眼平,手心斜向上,肘微屈;左手落在左胯旁,肘也微屈,手心向下,指尖向前;眼视右手。

(8)与(4)同,唯左右相反。

(9)与(5)同,唯左右相反。

(10)与(6)同,唯左右相反。

(11)与(7)同,唯左右相反。

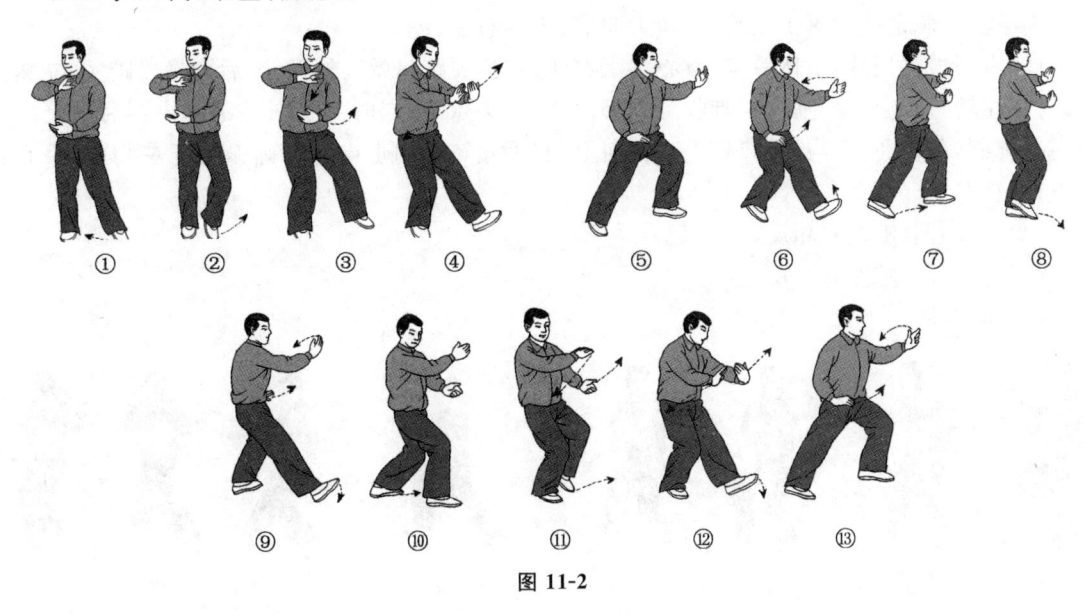

图 11-2

3. 白鹤亮翅(图 11-3)

(1)上体微向左转,左手翻掌向下,左臂平屈胸前,右手向左上画弧,手心转向上,与左手相对呈抱球状;眼视左手。

图 11-3

(2)右脚跟进半步,上体后坐,身体重心移至右腿;上体先向右转,面向右前方,眼视右手;然后左脚稍向前移,脚尖点地,成左虚步;同时上体再微向左转,面向前方,两手随转体慢慢向左下、右上分开,右手上提停于右额前,手心向左后方,左手落于左胯前,手心向下,指尖向前;眼平视前方。

(二)第二组

1. 左右搂膝拗步(图11-4)

(1)右手从体前下落,由下向后上方画弧举至右肩外侧,肘微屈,手与耳同高,手心斜向上;左手由左下向上、向右下方画弧至右胸前,手心斜向下;同时上体先微向左再向右转;左脚收至右脚内侧,脚尖点地;眼视右手。

(2)上体左转,左脚向前(偏左)迈出呈左弓步;同时右手屈回由耳侧向前推出,高与鼻尖平,左手向下由左膝前搂过落于左胯旁,指尖向前;眼视右手。

(3)右腿慢慢屈膝,上体后坐,重心移至右腿,左脚尖跷起微向外撇,随后脚慢慢踏实,左腿前弓,身体左转,重心移至左腿,右脚收到左脚内侧,脚尖点地;同时左手向外翻掌由左后向上画弧至左肩外侧,肘微屈,手与耳同高,手心斜向上;右手随转体向上向左下画弧落于左胸前,手心斜向下;眼视左手。

(4)与(2)同,唯左右相反。
(5)与(3)同,唯左右相反。
(6)与(2)同。

图11-4

2. 手挥琵琶(图11-5)

(1)右脚跟进半步,上体后坐,重心移至右腿上,上体半面向右转。

(2)左脚略提起稍向前移,变成左虚步,脚跟着地,脚尖跷起,膝部微屈;同时左手由左下向上挑举,高与鼻尖平,掌心向右,臂微屈。

(3)右手收回放在左臂肘部里侧,掌心向左;两手成侧立掌合于体前;眼视左手食指。

图 11-5

3. 左右倒卷肱(图 11-6)

(1)上体右转,右手翻掌(手心向上)经腹前由下向后上方画弧平举,臂微屈,左手随即翻掌向上;眼的视线随着向右转体先右视,再转向前方视左手。

(2)右臂屈肘折向前,右手由耳侧向前推出,手心向前,左臂屈肘后撤,手心向上,撤至左肋外侧;同时左腿轻轻提起向后(偏左)退一步,脚掌先着地,然后全脚慢慢踏实,身体重心移到左腿上,呈右虚步,右脚随转体以脚掌为轴扭正;眼视右手。

(3)上体微向左转。同时左手随转体向后上方画弧平举,手心向上,右手随即翻掌,掌心向上;眼随转体先左视,再转向前方视右手。

(4)与(2)同,唯左右相反。

(5)与(3)同,唯左右相反。

(6)与(2)同。

(7)与(3)同。

(8)与(2)同,唯左右相反。

图 11-6

(三)第三组

1. 左揽雀尾(图 11-7)

(1)上体微向左转,同时右手随转体向后上方画弧平举,手心向上,左手放松,手心向下;眼视左手。

(2)身体继续向右转,左手自然下落,逐渐翻掌经腹前画弧至右肋前,手心向上;右臂屈肘,手心转向下,收至右胸前,两手相对呈抱球状;同时身体重心落在右腿上,右脚收至右脚内侧,脚尖点地;眼视右手。

(3)上体微向左转,左脚向左前方迈出,上体继续向左转,右腿自然蹬直,左腿屈膝呈左弓步,同时左臂向左前方掤出(即左臂平屈呈弓形,用前臂外侧和手背向前方推出),高与肩平,手心向后;右手向右下落,放于右胯旁,手心向下,指尖向前;眼视左前臂。

(4)身体微向左转,左手随即前伸翻掌向下,右手翻掌向上,经腹前向上、向前伸至左前臂下方;然后两手下捋,即上体向右转,两手经腹前向右后上方画弧,直至右手心向上,高与肩平,左臂平屈胸前,手心向后;同时身体重心移至右腿;眼视右手。

(5)体微向左转,右臂屈肘折回,右手附于左手腕里侧(相距约 5 厘米),上体继续向左转,双手同时向前慢慢挤出,左手心向后,右手心向前,左前臂要保持半圆;同时身体重心逐渐前移变成左弓步;眼视左手腕部。

(6)左手翻掌,手心向下,右手经左腕上方向前、向右伸出,高与左手齐,手心向下,两手左右分开,宽与肩同;然后右腿屈膝,上体慢慢后坐,身体重心移至右腿上,左脚尖跷起;同时两手屈肘回收至腹前,手心均向前下方;眼向前平视。

(7)上式不停,身体重心慢慢前移,同时两手向前、向上按出,掌心向前;左腿前弓呈左弓步;眼平视前方。

图 11-7

## 2. 右揽雀尾(图 11-8)

(1)上体后坐并向右转,身体重心移至右腿,左脚尖里扣;右手向右平行画弧至右侧然后由右下经腹前向左上画弧至左肋前,手心向上;左臂平屈胸前,左手掌向下与右手呈抱球状;同时身体重心再移到左腿上,右脚收到左脚内侧,脚尖点地;眼视左手。

(2)同"左揽雀尾"(3)解,唯左右相反。

(3)同"左揽雀尾"(4)解,唯左右相反。

(4)同"左揽雀尾"(5)解,唯左右相反。

(5)同"左揽雀尾"(6)解,唯左右相反。

(6)同"左揽雀尾"(7)解,唯左右相反。

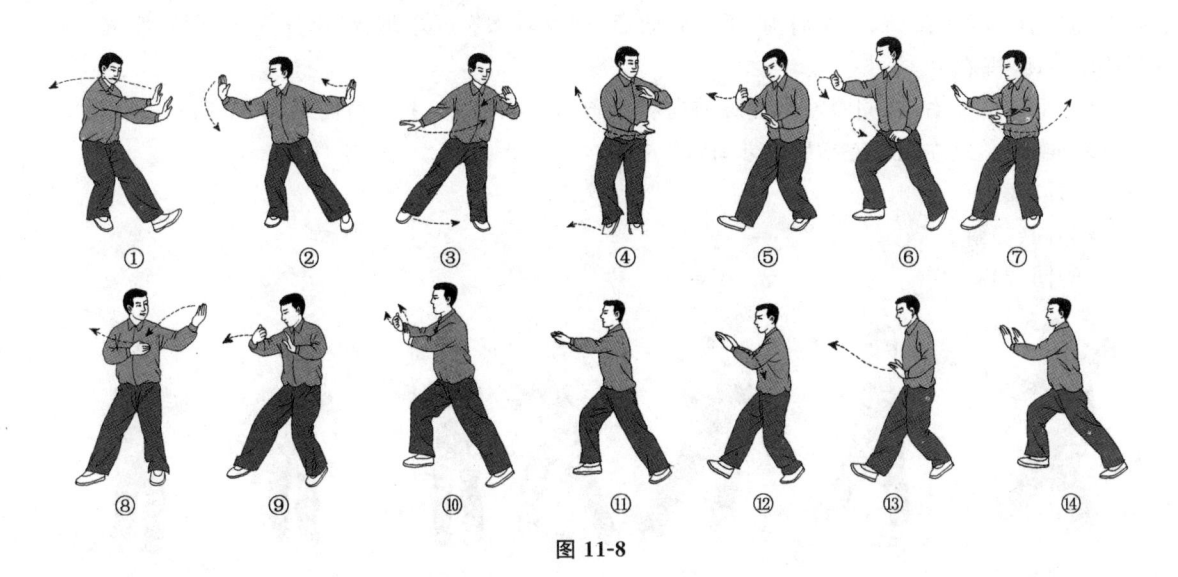

图 11-8

## (四)第四组

### 1. 单鞭(图 11-9)

(1)上体后坐,重心逐渐移至左腿,右脚尖里扣;同时上体左转,两手(左高右低)向左弧形运转,直至右臂平举,伸于身体左侧,手心向左,右手经腹前运至肋前,手心向后上方;眼视左手。

图 11-9

(2)重心再渐渐移至右腿上,上体右转,左脚向右脚靠拢,脚尖点地;同时右手向右上方画弧(手心由里转向外),至右侧方时变勾手,臂与肩平;左手向下经腹前向右上画弧停于右肩前,手心向里;眼视左手。

(3)上体微向左转,左脚向左前侧方迈出,右脚跟后蹬,呈左弓步;在身体重心移向左腿的同时,左掌随上体的左转慢慢翻转向前推出,手心向前,手指与眼齐平,臂微屈;眼视右手。

2. 云手(图 11-10)

(1)重心移至右腿上,身体渐向右转,左脚尖里扣;左手经腹前向右上画弧至右肩前,手心斜向后,同时右手松勾变掌,手心向右前;眼视左手。

(2)上体慢慢左转,重心随之逐渐左移;左手由脸前向左侧运转,手心渐渐转向左方;右手由右下经腹前向左上画弧,至左肩前,手心斜向后;同时右脚靠近左脚,呈小开立步(两脚距离 10~20 厘米);眼视右手。

(3)上体再向右转,同时左手经腹前向右上画弧至右肩前,手心斜向后;右手向右侧运转,手心翻转向右;随之左腿向左横跨一步;眼视左手。

(4)同(2)解。

(5)同(3)解。

(6)同(2)解。

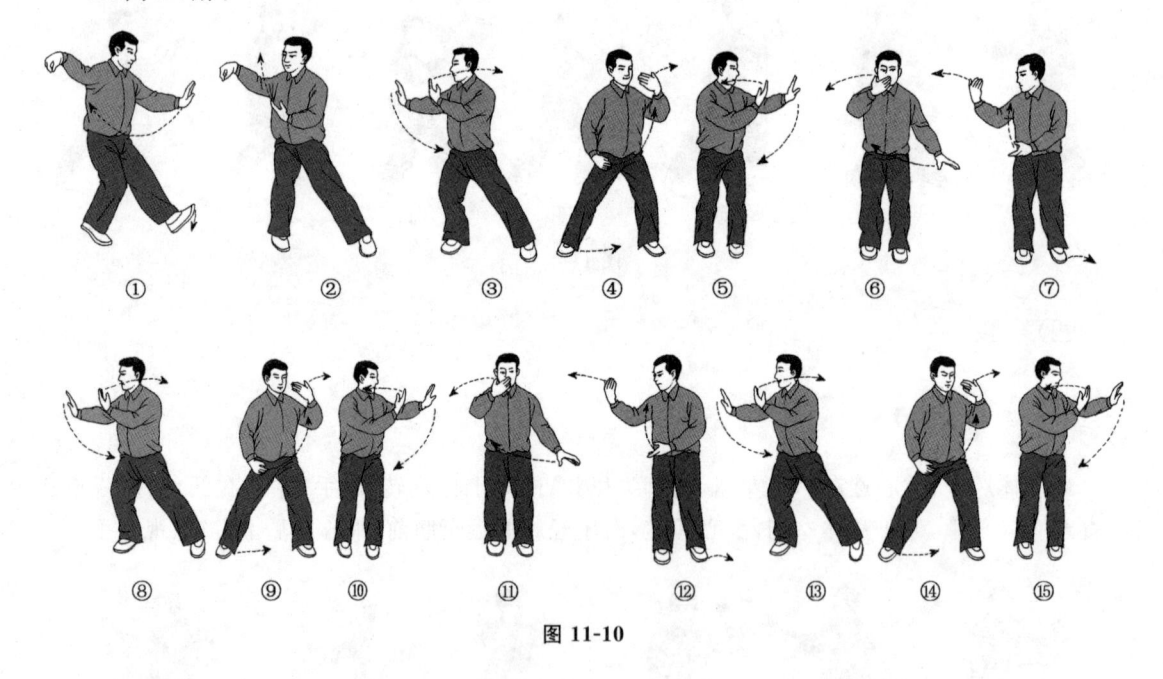

图 11-10

3. 单鞭(图 11-11)

(1)上体向右转,右手随之向右运转,至右侧方时变成勾手;左手经腹前向右画弧至右肩前,手心向内;重心落在右腿上,左脚尖点地;眼视右手。

(2)上体微向左转,左脚向左前侧方迈出,右脚跟后蹬,呈左弓步;在身体重心移向左腿的同时,上体继续左转,左掌慢慢翻转向前推出,呈"单鞭"式。

图 11-11

## (五)第五组

### 1. 高探马(图 11-12)

(1)右脚跟进半步,身体重心逐渐后移至右腿上;右勾手变成掌,两手心翻转向上,两肘微屈;同时身体微向右转,左脚跟渐渐离地;眼视左前方。

(2)上体微向左转,面向左前方,右掌经右身旁向前推出,手心向前,手指与眼同高;左手收至左侧腰前,手心向上;同时左脚微向前移,脚尖点地,呈左虚步;眼视右手。

图 11-12

### 2. 右蹬脚(图 11-13)

(1)左手手心向上,前伸至右手腕背面,两手相互交叉,随即向两侧分开并向下画弧,手心斜向下,同时左脚提起向左前侧方进步(脚尖稍外撇);身体重心前移;右腿自然蹬直,呈左弓步;眼视前方。

(2)两手由外圈向里圈画弧,两手交叉合抱于胸前,右手在外,手心均向后;同时左脚靠拢,脚尖点地;眼平视右前方。

图 11-13

(3)两手臂左右划弧分开平举,肘部微屈,手心均向外;同时右腿屈膝提起,右脚向右前方慢慢蹬出;眼视右手。

3. 双峰贯耳(图 11-14)

(1)右腿收回,屈膝平举;左手由后向上、向前下落至体前,两手心均翻转向上,两手同时向下画弧,分落于右膝盖两侧;眼视前方。

(2)右脚向右前方落下,重心渐渐前移,呈右弓步,面向右前方;同时两手下落,慢慢变拳,分别从两侧向上、向前画弧至面部前方,呈钳形;两拳相对,高与耳齐,拳眼都斜向内下(两拳中间距离为 10~20 厘米);眼视右拳。

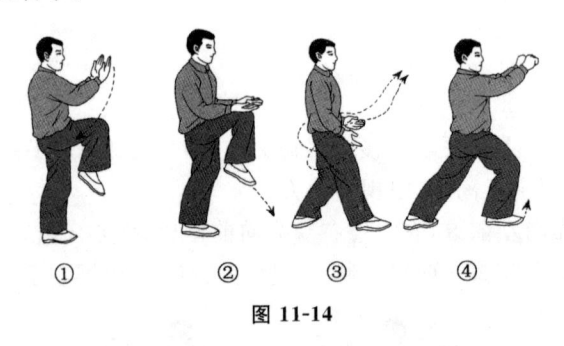

① ② ③ ④

图 11-14

4. 转身左蹬脚(图 11-15)

(1)左腿屈膝后坐,身体重心移至左腿,上体左转,右脚尖里扣;同时两拳变掌,由上向左右画弧分开平举,手心向前;眼视左手。

(2)身体重心再移至右腿,左脚收到右脚内侧,脚尖点地;同时两手由外圈向里圈画弧合抱于胸前,左手在外,手心均向后;眼平视左方。

(3)两手臂左右画弧分开平举,肘部微屈,手心均向外;同时左腿屈膝提起,左脚向左前方慢慢蹬出;眼视右手。

① ② ③ ④ ⑤ ⑥

图 11-15

(六)第六组

1. 左下势独立(图 11-16)

(1)左腿收回平屈,上体右转;右掌变成勾手,左掌向上、向右画弧下落,立于右肩前,掌心斜向后;眼视右手。

第十一章 传统体育运动保健与康复方法研究

(2)右腿慢慢屈膝下蹲,左腿由内向左侧(偏后)伸出,呈左仆步;左手下落(掌心向外)向左下顺左腿内侧向前穿出;眼视左手。

(3)身体重心前移,左脚跟为轴,脚尖尽量向外撇,左腿前弓,右腿后蹬,右脚尖里扣,上体微向左转并向前起身;同时左臂继续向前伸出(立掌),掌心向右,右勾手下落,勾尖向后;眼视左手。

(4)右腿慢慢提起、平屈,呈左独立式;同时右勾手变掌,并由后下方顺右腿外侧向前弧形上挑,屈臂立于右腿上方,肘与膝相对,手心向左;左手落于左胯旁,手心向下,指尖向前;眼视右手。

图 11-16

2. 右下势独立(图 11-17)

(1)右脚下落于左脚前,脚尖着地,然后以左脚前掌为轴,脚跟转动,身体随之左转,同时左手向后平举变成勾手,右掌随着转体向左侧画弧,立于左肩前,掌心斜向后;眼视左手。

(2)同"左下势独立"(2)解,唯左右相反。

(3)同"左下势独立"(3)解,唯左右相反。

(4)同"左下势独立"(4)解,唯左右相反。

图 11-17

(七)第七组

1. 左右穿梭(图 11-18)

(1)身体微向左转,左腿向前落地,脚尖外撇,右脚跟离地,两腿屈膝呈半坐盘式;同时两手在左胸前呈抱球状(左上右下);然后右脚收到左脚内侧,脚尖点地;眼视左前臂。

(2)身体右转,右脚向右前方迈出,屈膝弓腿呈右弓步;右手由脸前向上举并翻掌停架在右额前,手心斜向下;左手向左下,再经体前向前推出,高与鼻尖平,手心向前;眼视左手。

(3)身体重心略向后移,右脚尖稍向外撇,随即身体重心再移到右腿,左脚跟进,停于挪内侧,脚尖点地;同时两手在胸前呈抱球状(右上左下);眼视右前臂。

(4)同(2)解,唯左右相反。

· 333 ·

① ② ③ ④ ⑤ ⑥

⑦ ⑧ ⑨ ⑩ ⑪

图 11-18

2. 海底针(图 11-19)

(1)右脚向前跟进,身体重心移至右腿,右脚稍向前移举步;右手下落经体前向后、向上提抽至肩上耳旁,左手下落至体前侧。

(2)左脚尖点地呈左虚点;同时身体稍向右转;右手再随身体左转,由右耳旁斜向前下方插出,掌心向左,指尖斜向下;与此同时,左手向前、向下画弧落于左胯旁,手心向下,指尖向前;眼视前下方。

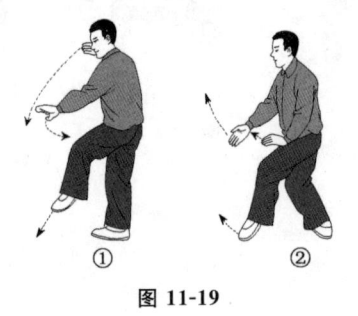

① ②

图 11-19

3. 闪通臂(图 11-20)

(1)上体稍向右转,左脚微回收举步,同时两手上提;眼视前方。

(2)左脚向前迈出,脚跟着地;左右两手分别向左前、右后分开;左手心向前,右手心向外;眼视前方。

(3)重心前移,左腿屈膝弓呈左弓步;同时右手屈臂上举,停于右额前上方,掌心翻转斜向上,拇指朝下;左手由胸前随重心前移慢慢向前推出,高与鼻尖平,手心向前;眼视左手。

图 11-20

## (八)第八组

### 1. 转身搬拦捶(图 11-21)

(1)上体后坐,身体重心移至右腿上,左脚尖里扣;身体向右后转,然后身体重心再移至左腿上;与此同时,右手随着转体向右、向下(变拳)经腹前画弧至左肋旁,拳心向下;左掌上举于头前,掌心斜向上;眼视前方。

(2)向右转体,右拳经胸前向前翻转撇出,拳心向上;左手落于左胯旁,掌心向下,指尖向前;同时右脚收回后(不要停顿或脚尖点地)即向前迈出,脚尖外撇;眼视右拳。

(3)身体重心移至右腿上,左腿向前迈出一步;左手上起经左侧向前上画弧拦出,掌心向前上方;同时右拳向右画弧收到右腰旁,拳心向上;眼视左手。

(4)左腿前弓呈左弓步,同时右拳向前打出,拳眼向上,高与胸平,左手附于右前臂里侧;眼视右拳。

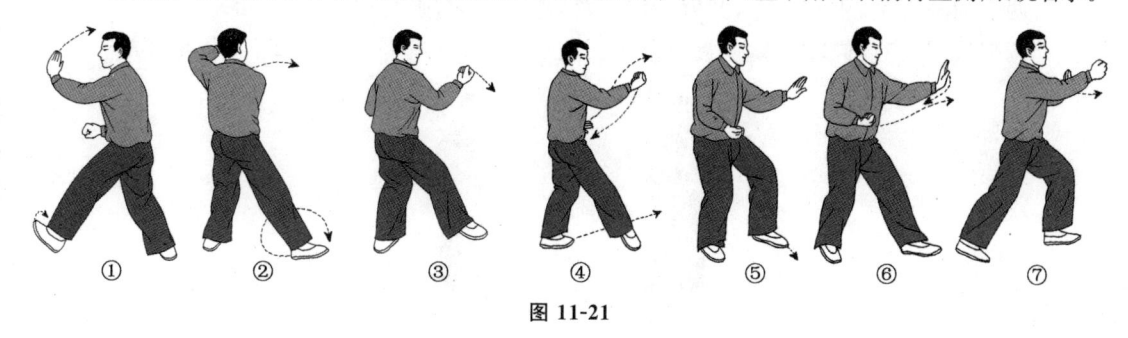

图 11-21

### 2. 如封似闭(图 11-22)

(1)左手由右腕下向前伸出,右拳变掌,两手手心逐渐翻转向上并慢慢分开回收;同时身体后坐,左脚尖跷起,身体重心移至右腿;眼视前方。

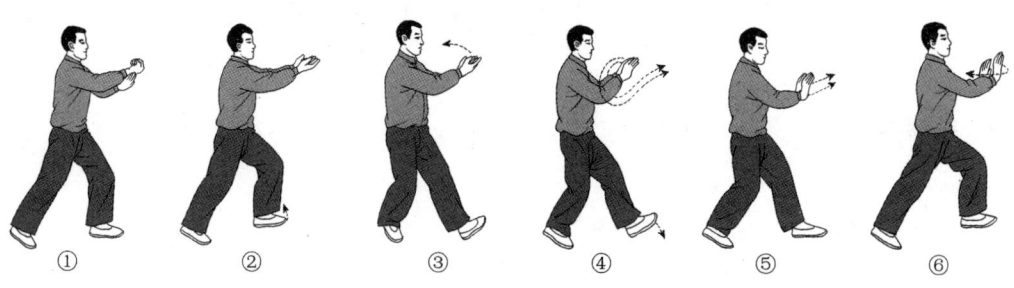

图 11-22

(2)两手在胸前翻掌,向下经腹前再向上、向前推出;腕部与肩平,手心向前;同时左腿前弓呈左弓步;眼视前方。

3. 十字手(图 11-23)

(1)屈膝后坐,身体重心移向右腿,左脚尖里扣,向右转体;右手随着转体动作向右平摆画弧,与左手成两臂侧平举,掌心向前,肘部微屈;同时右脚尖随着转体稍向外撇,呈右侧弓步;眼视右手。

(2)身体重心慢慢移至左腿,右脚尖里扣,随即向左收回,两脚距离与肩同宽,两腿逐渐蹬直,呈开立步;同时两手向下经腹前向上画弧交叉合抱于胸前,两臂撑圆,腕高与肩平,右手在外,呈十字手,手心均向后;眼视前方。

图 11-23

4. 收势(图 11-24)

(1)两手向外翻掌,手心向下,两臂慢慢下落,停于腹前;眼视前方。
(2)两腿缓缓蹬直,同时两掌慢慢下落至大腿侧,然后收左脚呈并步直立;眼视前方。

图 11-24

## 第三节 养生气功

### 一、五禽戏

(一)五禽戏运动概述

五禽戏是我国一种非常重要的传统养生项目,有着悠久的历史。五禽戏是以五种动物的形态和姿势为主要依据来演变形成的一种武术运动。最早关于五禽戏的记载,是说华佗编创的五禽戏,在西晋时陈寿的《三国志·华佗传》中这样描述:"吾有一术,名五禽之戏,一曰虎,二曰鹿,三曰熊,四曰猨(猿),五曰鸟。亦以除疾,并利蹏(蹄)足,以当导引。"

从现有文献资料看,南北朝时名医陶弘景所著的《养性延命录》最早对五禽戏的具体动作进行了详细的描述。由于南北朝距东汉末年不过300年,因此,可以认为该套五禽戏动作与华佗创编的五禽戏动作较为接近。此后,明代周履靖的《夷门广牍·赤凤髓》、清代曹无极的《万寿仙书·导引篇》等著作中,都对五禽戏的习练方法进行了详细的描述,并大都以图文并茂的形式呈现。但是,这些五禽戏功法与《养性延命录》所载是有一些差异性的。"五禽"动作均为单式,排序也变为"虎、熊、鹿、猿、鸟"。但其文字说明不仅描述了"五禽"的动作,而且还有神态的要求。尽管目前对于五禽戏起源和发展还没有形成统一的观点,但这些文献资料为后人研究五禽戏提供了非常重要的资料与依据。

在五禽戏的发展和流传的过程中,不同历史时期不同的时代特点使得五禽戏的发展也呈现出不同的特色,由此形成了今天五禽戏的不同风格。总的来看,尽管风格不同,但这些五禽戏都是以"五禽"的动作为主要依据编创出来的,并与自身练功的体验所编的"仿生式"导引法相结合,在人体筋骨的活动、气血的疏通、疾病的防治等方面都有非常积极的促进作用。

(二)五禽戏运动方法

1. 虎戏(图11-25)

(1)自然站式,俯身,两手按地,用力使身躯前耸并配合吸气。当前耸至极后稍停,然后身躯后缩并呼气,如此3次。
(2)然后两手先左后右向前挪动,同时两脚向后退移,以极力拉伸腰身。
(3)接着抬头面朝天,再低头向前平视。
(4)最后,再像虎行一般用四肢前爬七步,后退七步。

**图 11-25**

2. 鹿戏(图11-26)

(1)四肢着地式,吸气,头颈向左转、双目向右侧后视,当左转至极后稍停,呼气,头颈回转,当转至朝地时再吸气,并继续向右转,如前法。如此左转3次,右转两次,最后还原如起式。

(2)然后,抬左腿向后挺伸,稍停后放下左腿,抬右腿如法挺伸。如此左腿后伸3次,右腿两次。

图 11-26

3. 熊戏(图 11-27)

(1)仰卧式,两腿屈膝拱起,两脚离床面,两手抱膝下,头颈用力向上,使肩背离开床面,略停,先以左肩侧滚落床面,当左肩一触床面立即复头颈用力向上,肩离床面,略停后再以右肩侧滚落,复起。如此左右交替各7次。

(2)然后起身,两脚着床面成蹲式,两手分按同侧脚旁。

(3)接着如熊行走般,抬左脚和右手掌离床面。当左脚、右手掌回落后即抬起右脚和左手掌。如此左右交替,身躯亦随之左右摆动,片刻停止。

图 11-27

4. 猿戏(图 11-28)

(1)选择牢固横竿一根,比自身略高,站立手指可触及高度,如猿攀物般以双手抓握横竿,使两脚悬空,做引体向上7次。

(2)接着先以左脚背勾住横竿放下两手,头身随之向下倒悬,略停后换右脚如法勾竿倒悬,如此左右交替各7次。

图 11-28

## 第十一章　传统体育运动保健与康复方法研究

5. 鸟戏（图 11-29）

（1）自然站式。吸气时跷起左腿，两臂侧平举，扬起眉毛，鼓足气力，如鸟展翅欲飞状。

（2）呼气时，左腿回落地面，两臂回落腿侧。接着跷右腿如法操作。如此左右交替各 7 次，然后坐下。

（3）屈右腿，两手抱膝下，拉腿膝近胸，稍停后两手换抱左膝下如法操作，如此左右也交替 7 次。

（4）最后，两臂如鸟理翅般伸缩各 7 次。

**图 11-29**

## 二、八段锦

（一）八段锦运动概述

对于八段锦的创始人与创始时间，到目前为止还没有确切的说法。通过对在湖南长沙马王堆三号墓出土的《导引图》研究中发现，其中至少有 4 幅图势与八段锦图势中的"调理脾胃须单举""双手攀足固肾腰""左右开弓似射雕""背后七颠百病消"相似。另外，最早出现"八段锦"的是在南宋洪迈所著的《夷坚志》中："政和七年，李似矩为起居郎……尝以夜半时起坐，嘘吸按摩，行所谓八段锦者。"最早体现了"八段锦"。由此可以看出，在北宋时期，就已经出现八段锦了。

南宋时期，曾慥著《道枢·众妙篇》中就出现了对立式八段锦的描述"仰掌上举以治三焦者也；左肝右肺如射雕焉；东西独托，所以安其脾胃矣；返复而顾，所以理其伤劳矣；大小朝天，所以通其五脏矣；咽津补气，左右挑其手；摆鳝之尾，所以祛心之疾矣；左右手以攀其足，所以治其腰矣"。陈元靓所编的《事林广记·修真秘旨》中为八段锦定名："昂首仰托顺三焦，左肝右肺如射雕；东脾单托兼西胃，五劳回顾七伤调；鳝鱼摆尾通心气，两手搬脚定于腰；大小朝天安五脏，漱津咽纳指双挑。"传统八段锦在民间广泛流传，是在清末时期。这一时期，清末的《新出保身图说·八段锦》中首次以"八段锦"为名，并绘有图像，形成了较完整的动作套路。

八段锦以其显著的健身特征为广大群众所喜欢,同时,在高校中,八段锦也得到了一定程度的发展,并且还将在各种政策的支持下,在健身热潮的推动下,向更远的方向继续发展。

(二)八段锦运动方法

1. 预备式

身体直立,两臂下垂,全身放松,舌抵上腭,目光平视。

2. 两手托天理三焦

随着吸气,两臂从体侧缓缓上举至头顶,掌心朝上;两手指交叉,内旋翻掌向上撑起,肘关节伸直,如托天状;同时两脚跟尽量上提,抬头,眼看手背。随着呼气,两臂经体侧缓缓下落;脚跟轻轻着地,还原呈预备式(图11-30)。

图 11-30

3. 左右开弓似射雕

左脚向左横开一步,屈膝下蹲呈马步,同时两管屈肘抬起,右外左内在胸前交叉。左手拇指和食指撑开呈八字,其余三指扣住,缓缓用力向左侧平推。同时右拳松握屈肘向右平拉,似拉弓状,眼看左手,此为"左开弓"。两臂下落,经腹前向上抬起,在胸前交叉,右手在内,左手握拳在外。然后做右开弓(图11-31)。

图 11-31

4. 调整脾胃须单举

并步直立,两臂屈肘上抬至胸前,掌心向下。左手内旋上举至头顶,同时右手下按至右胯旁,此为"左举"。左手向下,右手向上至胸前;"右举"与左举动作相同,唯左右相反(图 11-32)。

图 11-32

5. 五劳七伤往后瞧

两脚并步,头缓缓向左、向后转,眼看后方。上动稍停片刻,头慢慢转回原位。头缓缓向右、向后转,眼看后方(图 11-33)。

图 11-33

6. 摇头摆尾去心火

左脚向左横跨一步呈马步,两手扶按在膝上,虎口朝里。随着吸气,头向左下摆,臀部向右上摆,上体左倾。随着呼气,头向右下摆,臀部向左上摆,上体右倾。上体前俯,头和躯干和向左、向后、向右、向前绕环一周(图 11-34)。

图 11-34

## 7. 双手攀足固肾腰

两脚并步,上体后仰,两手由体侧移至身后。上体缓缓前俯深屈,两膝挺直,两臂随屈体向前、向下,用手攀握脚尖,(或手触地)保持片刻(图 11-35)。

图 11-35

## 8. 攒拳怒目增力气

左脚向左平跨一步呈马步,两手握拳抱于腰间,眼看前方。左拳向前用劲缓缓冲出,小臂内旋拳心向下。左拳变掌,再抓握成拳收抱腰间。右拳向前用劲缓缓冲出,小臂内旋拳心向下。左、右侧冲拳的方法与左、右前冲拳动作相同,方向由前变为侧(图 11-36)。

图 11-36

## 9. 背后七颠百病消

两手左里右外交叠于身后;脚跟尽量上提,头上顶,同时吸气。足跟轻轻落下,接近地面,但不着地,同时呼气(图 11-37)。

图 11-37

## 三、易筋经

(一)易筋经运动概述

"易筋经"是我国古代流传下来的一种健身养生方法,它能够通过活动肌肉、筋骨让人体经络、气血通畅,从而达到增进健康、祛病延年的目的。易筋经历史悠久,其是从我国古代的导引术中逐渐演变、发展而来的。在《庄子·刻意篇》中有这样的记载:"吹呴呼吸,吐故纳新,熊经鸟申(伸),为寿而已矣。此导引之士,养形之人,彭祖寿考者之所好也。"目前,也有一些关于易筋经由来的说法,但都缺乏一定的考证。

《易筋经》是我国一部很重要的关于传统武术的书籍,由于其流传基本上是在民间,因此,被广泛地篡改。在清代咸丰八年潘蔚辑录的《内功图说》中就对流传至今的易筋经十二势版本进行了相关的记载,这一版本是较为广泛地得到认可的。总的来看,传统易筋经从中医、宗教、阴阳五行学说等视角详细阐述了功理、功法,并逐渐形成了具有不同特点的各种流派。

总而言之,易筋经将传统易筋经十二势的精要继承了下来,并且将融普及性和科学性集于一身,具有格调古朴、蕴含新意的显著特征。易筋经的特点主要表现为:第一,各势动作是连贯的有机整体,动作注重伸筋拔骨,刚柔相济;第二,呼吸要求自然,动息相融;第三,以形导气,意随形走;第四,易学易练,经常练习对于练习者的身体健康非常有利。

(二)易筋经运动方法

预备:两脚并拢站立,两手自然垂于体侧;下颏微收,百会。虚领,唇齿合拢,舌自然平贴于上腭;目视前方。

1. 韦驮献杵第一势

(1)左脚向左侧开半步,约与肩同宽,两膝微屈,呈开立姿势;两手自然垂于体侧。
(2)两臂自体侧向前抬至前平举,掌心相对,指尖向前。
(3)两臂屈肘,自然回收,指尖向斜前上方约30°,两掌合于胸前,掌根与膻中穴同高,虚腋;目视前下方。动作稍停(图11-38)。

**图 11-38**

2. 韦驮献杵第二势

(1)接上势。两肘抬起,两掌伸平,手指相对,掌心向下,掌臂约与肩呈水平。

(2)两掌向前伸展,掌心向下,指尖向前。
(3)两臂向左右分开至侧平举,掌心向下,指尖向外。
(4)五指自然并拢,坐腕立掌;目视前下方(图 11-39)。

图 11-39

3. 韦驮献杵第三势

(1)接上式。松腕,同时两臂向前平举内收至胸前平屈,掌心向下,掌与胸相距约一拳;目视前下方。
(2)两掌同时内旋,翻掌至耳垂下,掌心向上,虎口相对,两肘外展,约与肩平。
(3)身体重心前移至前脚掌支撑,提踵;同时,两掌上托至头顶,掌心向上,展肩伸肘;微收下颏,舌抵上腭,咬紧牙关。
(4)静立片刻(图 11-40)。

图 11-40

4. 摘星换斗式

(1)右足稍向右前方移步,与左足呈斜八字形(右足跟与左足弓相对,相距约一拳),随式身向左微侧。
(2)屈膝,提右足跟,身向下沉呈右虚步;两上肢同时动作,左手握空拳置于腰后,右手指掌握如钩状下垂于裆前。
(3)右钩手上提,使肘略高于肩,前臂与上臂近乎直角钩手置于头之右前方。
(4)松肩,屈腕,肘向胸,钩尖向右;头微偏,目视右掌心,舌抵上腭;含胸拔背,直腰收臀,少腹含蓄,紧吸慢呼,使气下沉;两腿前虚后实,前腿虚中带实,后腿实中求虚。左右两侧交替锻炼,姿势及要求相同(图 11-41)。

图 11-41

5. 倒拽九牛尾式

(1)左腿向左平跨一步(其距较两肩为宽),两足尖内扣,屈膝下蹲呈马裆式;两手握拳由身后画弧线形向裆前,拳背相对,拳面近地;上身略前俯,松肩,直肘;昂头,目前视。

(2)两拳上提至胸前,由拳化掌,呈抱球式,随式直腰;肩松肘曲,肘略低于肩;头端平,目前视。

(3)旋动两前臂,使掌心各向左右(四指并拢朝天,拇指外分,呈八字掌,掌应挺紧),随式运劲徐徐向左右平(分)推至肘直;松肩,直肘,腕背屈,腕、肘、肩相平。

(4)身体向右转侧,呈右弓左箭式(面向左方)。两上肢同时动作,右上肢外旋,屈肘约呈半圆状,拳心对面,双目观拳,拳高约与肩平,肘不过膝,膝不过足尖;左上肢内旋向后伸,拳背离臀,肩松,肘微屈,两上肢—前(外旋)—后(内旋)作螺旋劲,上身正直,塌腰收臀,鼻息调匀。左右两侧交替锻炼,姿势相同(图 11-42)。

图 11-42

6. 出爪亮翅式

(1)两手仰掌沿胸前徐徐上提过顶,旋腕翻掌,掌心朝天,十指用力分开,虎口相对,中、食指(左与右)相接;仰头,目观中指、食指交接之处,随式足跟提起,离地约 10~13 厘米,以两足尖支持体重。肘微曲,腰直,膝不得屈。

(2)两掌缓缓分开向左右而下,上肢呈一字并举(掌心向下),随式足跟落地;翻掌,使掌心朝天,十指仍用力分开,目向前平视,肩、肘、腕相平,直腰,膝勿屈(图 11-43)。

图 11-43

7. 九鬼拔马刀式

(1)足尖相衔,足跟分离呈八字形,腰实腿坚,膝直足霸。同时两臂向前成叉掌立于胸前。

(2)运动两臂,左臂经上往后,呈钩手置于身后(松肩,直肘,钩尖向上);右臂向上经右往胸前(松肩,肘略屈,掌心向左,微向内凹,虎口朝下),掌根着实,蓄劲于指。

(3)右臂上举过头,由头之右侧屈肘俯掌下覆,使手抱于颈项。左手钩手化掌,使左掌心贴于背,并在许可范围内尽可能上移。

(4)头用力上抬,使头后仰;上肢着力,掌用劲下按,使头前俯,手、项争力。挺胸直腰,腿坚脚实,使劲由上贯下至踵。鼻息均匀,目微左视。

(5)运动两臂,左掌由后经下往前,右上肢向前回环,左右两掌相叉立于胸前。左右交换,要领相同(图 11-44)。

图 11-44

8. 三盘落地式

(1)左腿向左平跨一步,两足之距较肩为宽,足尖内扣,屈膝下蹲呈马裆式,两手叉腰,腰直胸挺,后背如弓,头端平,目前视。

(2)两手由后向前抄抱,十指相互交叉而握,掌背向前,虎口朝上,肘微屈曲,肩松;两上肢似一网盘处于上胸。

(3)由上式,旋腕转掌,两掌心朝前。运动上肢,使两掌向左右(划弧线)而下,由下呈仰掌沿腹胸之前徐徐运劲上托,高不过眉,掌距不大于两肩之距。

(4)旋腕翻掌,掌心朝地,两掌(虎口朝内)运劲下按(沿胸腹之前)呈虚掌置于膝盖上部。两肩松开,肘微屈曲,两臂略向内旋;前胸微挺,后背如弓,头如顶物,双目前视(图 11-45)。

图 11-45

9. 青龙探爪式

(1)左腿向左平跨一步,两足之距约当肩宽,两手呈仰拳护腰式。身立正直,头端平,目前视。

(2)左上肢仰掌向右前上方伸探,掌高过顶,随式身略向右转侧,面向右前方,目视手掌,松肩直肘,腕勿屈曲。右掌仍作仰拳护腰式。两足踏实勿移。

(3)由上式,左手大拇指向掌心屈曲,双目视大拇指。

(4)左臂内旋,掌心向下,俯身探腰,随式推掌至地。膝直,足跟不离地,昂首,目前视。

(5)左掌离地,围左膝上收至腰,呈两仰掌护腰式,如本第一式。左右手交替前探,要领相同(图 11-46)。

图 11-46

10. 卧虎扑食式

(1)右腿向右跨出一大步,屈右膝下蹲,呈左仆腿式(左腿伸直,足底不离地,足尖内扣)。两掌相叠,扶于右膝上。直腰挺胸,两目微向左视。

(2)身体向左转侧,右腿挺直,屈左膝,呈左弓右箭式,扶于膝上之两掌分向身体两侧,屈肘上举于耳后之两旁,然后运劲使两掌徐徐前推,至肘直。松肩,腕背屈,目注前方。

(3)由上式,俯腰,两掌下按,掌或指着地,按于左足前方之两侧(指端向前,两掌之距约当肩宽),掌实,肘直,两足底勿离地,昂首,目前视。

(4)右足跟提起,足尖着地,同时在前之左腿离地后伸,使左足背放于右足跟上,以两掌及右足尖支撑身体。再蜢膝(膝不可接触地面),身体缓缓向后收,重心后移,蓄劲待发。足尖发劲,屈曲之膝缓缓伸直。两掌使劲,使身体徐徐向前,身应尽量前探,重心前移;最后直肘,昂起头胸,两掌撑实。如此三者连贯进行,后收前探,波浪形地往返进行,犹如饿虎扑食。左右交换,要领同左侧(图 11-47)。

347

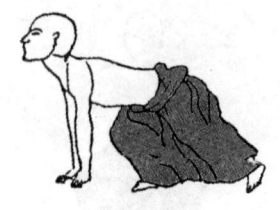

图 11-47

11. 打躬式

（1）左腿向左平跨一步，两足之距比肩宽，足尖内扣。两手仰掌徐徐向左右而上，成左右平举式。头如顶物，目向前视，松肩直肘，腕勿屈曲，立身正直，腕、肘、肩相平。

（2）由上式屈肘，十指交叉相握，以掌心抱持后脑。勿挺胸凸臀。

（3）由上式，屈膝下蹲呈马裆式。

（4）直膝弯腰前俯，两手用力使头尽向胯下，两膝不得屈曲，足跟勿离地。

12. 工尾式（掉尾式）

（1）两手仰掌由胸前徐徐上举过顶，双目视掌，随掌上举而渐移；身立正直，勿挺胸凸腹。

（2）由上式，十指交叉而握，旋腕反掌上托，掌心朝天，两肘欲直，目向前平视。

（3）由上式，仰身，腰向后弯，上肢随之而往，目上视。

（4）由上式俯身向前，推掌至地。昂首瞪目，膝直，足跟再离地。

# 第十二章　其他体育运动保健与康复方法研究

## 第一节　球类运动

### 一、高尔夫球运动

(一)高尔夫球运动概述

高尔夫是一项古老的贵族运动,起源于15世纪初的苏格兰,距今有500多年的历史。从1457年开始,高尔夫运动被欧洲人带到世界各地。19世纪20年代,这项运动传入亚洲。早期的高尔夫球,因受场地、器材等因素的限制,多在王公贵族中进行。随着社会的进步和经济的发展,人们对精神生活的追求越来越高,高尔夫运动的参与者越来越多。高尔夫的英文全称恰好是由绿色、氧气、阳光、步履四个英文单词的首字母组成。它代表着一种新的运动方式:在充满新鲜空气和阳光的绿草地上,徐徐地漫步,挥动球杆,完成融技术、力量、智慧于一体的完善一击。

到了20世纪,高尔夫球运动迎来了新的纪元,高尔夫球具的革新、比赛规则与制度的建立、国际性赛事的开展以及高尔夫球场管理水平的提高,都极大地促进了高尔夫球运动的发展,也为这项古老的运动注入了新鲜的血液和活力。同时,高尔夫球同拳击和网球一样,是当代体育个人比赛中奖金数额很高的项目之一。目前世界各地高尔夫球竞赛繁多,其中的主要赛事有:美国职业高尔夫球锦标赛、美国高尔夫球公开赛、名人赛、英国高尔夫球公开赛、英国业余高尔夫球锦标赛及世界杯高尔夫球赛等。

高尔夫球目前已成为风靡世界的体育运动项目,随着生活水平的不断提高,高尔夫球运动越来越受人们的喜爱。

(二)高尔夫球运动技术

1. 握杆技术

(1)重叠式握法(图12-1)

将左手掌贴于球杆握柄处,手背正对目标,使球杆握柄从食指的第二关节起斜向通过掌心。以小指、无名指和中指将球杆握在小鱼际和小拇指指根间,食指自然收拢握住球杆。拇指沿球杆握柄纵长自然伸出,压按在握柄正中稍偏右侧,拇指与食指指根形呈V形,其尖端指向颈部右侧与右肩之间。右手掌张开,掌心正面朝向目标方向,紧贴在球杆握柄的右侧方,使握杆的纵长从食指第二关节开始通过中指与无名指指根,小指勾搭在左手的食指与中指间隙上,手指收拢,握住球杆,食指呈钩状弯曲,大鱼际包在左手拇指上,拇指与食指指根形成 V 形,其尖端指向颈部右侧。这种握法被普遍使用。

(2)十指式握法(图 12-2)

左右两手分开,用十指握住球杆,右手的小指与左手的食指相贴。这种握法较适合于力量差者、高龄者及女性,其优点在于能够更好地利用右手手臂的力量。

(3)连锁式握法(图 12-3)

在连锁式握法中,右手的小指不是迭搭在左手食指与中指之间的缝隙上方,而是插入左手食指与中指之间,钩锁住食指。这种握法主要用于手小指短的人及力量较差的女性。

图 12-1　　　　　　　图 12-2　　　　　　　图 12-3

2. 击球姿势

(1)脚位

脚位,指球手准备击球时两脚的站立位置,具体有以下三种:

正脚位:指球手两脚尖连线与准备击球路线平行的站位方式(图 12-4)。全力击球时,无论使用哪一种球杆,均可采用正脚位。采用此脚位,球手的腰、肩、手均与目标线呈平行状态,它适用于任何一种球杆。

开脚位:指球手左脚略后于右脚的站位方式(图 12-5),适用于短铁杆击高球或有意打右曲球。采用这种站位而球杆杆面正对击球方向进行挥杆时,由于引杆时左肩不易向内扭转,而在下挥杆和顺摆动作时身体容易打开形成由外向内的挥杆轨迹,导致右曲球。

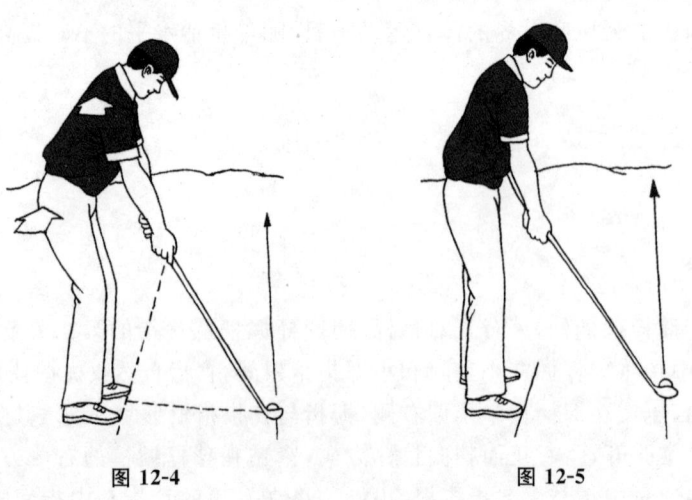

图 12-4　　　　　　　图 12-5

## 第十二章　其他体育运动保健与康复方法研究

闭脚位：指球手右脚略后于左脚的站位方式（图 12-6），适用于木杆开球、在球道上击远球或有意打左曲球。采用这种站位时，两脚脚尖的连线朝向目标的右侧，引杆时左肩能够充分向内回旋，但容易造成由外向内的挥杆轨迹，产生左曲球。同时，对下挥杆击球时身体的回旋也不利。

图 12-6

**（2）球位**

球位，球位指球手在做好准备击球姿势时，高尔夫球被击出前所处的位置。脚位与球杆、球位的关系：球手握好球杆站在击球位置上，左脚固定不动，球位放在靠近左脚的位置，球杆越短，双脚之间的距离越窄，离球也越近。

**（3）身体姿势**

球手握好球杆后，双手自然前伸，球杆底部轻轻着地，两脚分开约同肩宽，身体重心落在两脚上。身体从髋部前倾，背部挺直。头自然略向下俯视，以恰好看到杆头为好。双膝关节稍弯曲，稍屈髋，身体做侧朝向目标方向。

### 3. 击球动作

**（1）瞄球**

杆面要正对目标，然后根据杆面的位置调整身体、站位以及其他各部分的位置。瞄球中最常见的一个问题是两脚尖的连线指向目标，而不是杆面正对目标，这样就造成站位过于封闭。两脚尖的连线要与球和目标的连线保持平行。球手要站在球后，平行地伸出双臂，其中右臂、球在一条直线上。球和目标在一条直线上，这也就是目标方向线。然后把一支球杆放在地上标出目标线的方向，将手中球杆的击球面对准球。

**（2）挥杆击球**

挥杆击球是整个身体围绕一个固定中心点完成的一种既协调又平衡的动作。正确地使用该动作能将球杆上抬、旋转并下挥，使球杆产生加速度，并尽可能以最大的准确（在杆面中心）击球。

①引杆

引杆是指将杆头从击球准备时的状态开始，向身体的后上方摆动的动作。正确的引杆动作应是保持挥杆时身体纵轴的稳定，身体像卷线轴一样，平稳地扭转，手臂动作舒展、缓慢。在引杆动作的最后有一个制动，"制动点"正是引杆结束进入下挥杆的分界线。

引杆包括后引和上挥两个动作部分，具体动作如下：

后引:杆面瞄准球的后方,使左臂与球杆成为一个整体,不要屈腕屈肘,保持两臂与肩构成的三角形,向球正后方引杆 30 厘米左右,自然后引时头和肩都不要动。体重由左向右移动,同时上体向右后充分转动,使身体形成扭转拉紧状态。后引动作结束时,有的球手右腿较直,身体重心略高;有的球手右腿弯曲,身体重心较低,这要根据球手的特点而定。

上挥:后引和上挥之间没有任何停顿。后引是上挥的开始,上挥是后引的延续。上挥时,继续保持肩与两臂构成的三角形,左肩向右转动,以杆头带动两臂;左臂伸直,右上臂基本保持固定,右腋夹住。头颈部与脊柱保持一体,两眼注视球,下颌抬起稍向右倾,左肩最终旋转至下颌的下方。胸部几乎对着目标相反方向,左肘关节微屈,右肘屈曲到最大限度。重心从两脚间移到右脚外侧,右膝伸直,左膝向右屈,左脚跟稍离地面,手腕弯曲,握牢球杆。球杆的杆身基本与地面平行。上挥球杆达到最高点时,背部朝向目标,上身较髋部侧转更大。

②下挥杆

下挥杆是指球杆上挥到顶点时,稍做制动,即开始向下挥杆动作。下挥时,使重心有意识地移到左脚,左膝在下挥动作时基本保持伸直。左腿用力支撑,为右腿的蹬地送髋创造条件。随着手臂向下挥杆,臀部要快节奏地转向上挥前准备击球时的姿势,借助臀部旋转产生的力量带动手臂来增加击球的力量。此时右腿的用力推动了髋部的移动,髋部的移动和领先又拉紧了右大腿的内收肌群和股四头肌,使之更有效地推动了髋部;腰部做向击球准备时的状态复原的扭转;左肩也在下肢及腰部的作用下,自然向左转动,带动在引杆上挥时被拉伸的左臂作为杠杆向下拉引球杆,在身体重心转移到左脚的同时,右肘应到达右髋处。这时杆头仍然被留在后面。

③击球

击球是下挥杆的组成部分,指运用杆头的重量及其运行速度,下挥杆使球向前运行的技术。挥杆击球是球杆杆头通过球,而不是打向球。下挥时,保持手腕弯曲状态,至离球 30 厘米的击球区,才突然甩腕。恰好在两臂位置到达击球准备姿势时,球杆的杆头以最快的速度到达挥杆轨迹的最低点——球的位置,使杆头面触球的瞬间产生极大的冲击力将球击出。击球时尽可能击中甜蜜点。击球过程中注意头部应保持固定不动,眼睛注视球。击球时,必须击在球背的正中部位,球才能向正前方飞去。如果击球顶部,球将被击到地下,出现地滚球;而击到球背侧面,球将飞向球道两侧某一方。

④顺摆

顺摆指击出球后球杆杆头继续向击球方向挥动的过程。顺摆动作是触球动作的延续,由于惯性,触球后球杆必须顺势挥动。触球后,身体重心逐步过渡到完全由左腿支撑,右踵提起,右膝向左膝靠拢,在右脚的推动下,腰部继续向左转动。身体仍绕轴心转动,在杆头的带动下,右臂逐渐伸直,右肩逐渐对准击出球的方向。杆头向目标方向大幅度挥出。在这个过程中头部始终保持不动,两眼注视击球前球的位置。

⑤结束动作

结束动作是整个挥杆击球过程的终点,它并不是刻意做出来的,而是正确、流畅而有节奏地挥杆的自然结果。顺摆充分时,右臂继续带动右肩向下颌下方转动,杆头向左后上方运动;右臂保持伸直,左腋夹住。左臂肘部随着右臂的向上运动而向上弯曲,腰和肩向左转动,身体重量全部由左腿承担,左膝保持固定,左足支撑体重部位由足内侧向足跟部外侧转移。在臂到达右肩平直高度时,头部才随着转动轴转向目标方向,两眼注视飞行中的球。

## 二、台球运动

### (一)台球运动概述

在人们的印象中,台球是一项绅士、高雅的运动,这与其产生与发展的历史具有重要的关系。台球运动最早出现在欧洲,其后传入美国。最早的台球桌出现在 1 400 年前,球桌上并没有袋。在 19 世纪中期和后期(维多利亚时代),台球运动作为一项正式的休闲运动项目而进入英国上流社会。

从 20 世纪初期开始,台球运动逐渐发展成为一项重要的竞技运动项目。1919 年,英国台球联合会成立,这是当时英国最高台球组织机构。在 1940 年,世界性的台球组织——世界台球联盟成立,保证了国际性台球比赛的有序开展和举办。世界台球联盟总部在布鲁塞尔,行政中心则在巴塞罗那。其后,世界上很多国家都开始开展台球活动,各国的台球协会也普遍成立。1992 年,各台球组织经过协商,成立了统一的台球运动管理机构——世界台球运动联盟,促进了台球运动在世界范围内更加广泛地开展。

台球传入中国较晚,距今还不到一百年。直到 20 世纪 80 年代,英式斯诺克和美式台球才得以在中国得到普及。1986 年,我国成立了中国台球协会,各省市也相继成立地方的台球协会。这些机构的成立,促进了台球竞技运动的开展。台球运动在我国非常普及,一些优秀的台球选手涌现出来,在国内外大赛中取得了不错的成绩。

### (二)身体姿势和握杆方法

#### 1. 身体姿势

身体要面向所击的主球与目标球。两脚约齐肩宽站立(左脚稍前),左腿向前微屈,右腿伸直,右脚尖向外侧自然转动 45°~80°。上体前俯,右肘提起,握杆手与肘关节处在同一条与地面相垂直的线上(图 12-7)。两眼水平前视,使面部中线与球杆和右臂处在一个垂直面上(图 12-8)。

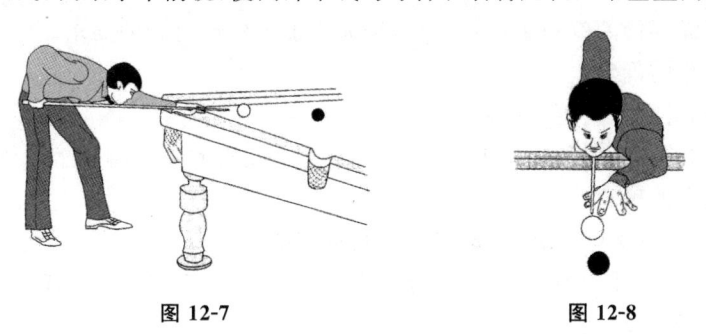

图 12-7　　　　　　图 12-8

击球时要全身放松,只在击球一瞬间才用力,两脚占有宽度与肩齐宽。身体要正面面向球台,击球时弯身向前俯,全身的重量要压在脚上,而绝不能压在手上,这样会影响击球。

#### 2. 握杆方法

握杆时要握牢球杆,不使球杆滑动,但又要使手处于松弛状态,这样击球才有力量,才有弹性。

最佳的握杆位置由球杆的重心位置、击球的力量和被击主球的位置这几个因素所决定。一般球杆的重心位置在杆尾 1/4～1/3 处,凭手感大约可以估计出来。重心的测量方法:伸直左手或右手的食指,将球杆摆在食指上,然后慢慢调整球杆位置,能使球杆平衡的那一点即是球杆的重心位置。找到重心后,握杆的位置就可以确定了,一般是离重心向杆尾一端的 6～9 厘米。击打不同位置的球时,握杆位置也要适当变化。

3. 台球的旋转原理

撞击球的不同部位,球就会产生不同的旋转,一般来说主要有以下几种情况:

(1)撞击主球中上点:球开始沿着球杆方向,直线向前奔走得很快、很远。主要原因是球受正旋力矩的推动,滚动旋转的摩擦又比滑行摩擦少得多,动能损失非常小。

(2)撞击主球中心击点:最初不产生旋转,向前滑动瞬间后,因受台面摩擦阻力的作用,渐渐产生了正旋力矩,使球与台面接触点速度减慢,球的顶点速度不变,于是球便向前旋转起来。球的旋转和滚动距离,因击球力量的大小而有所不同。

(3)撞击主球中下点:球一开始就具有逆旋的力矩,球一边行进一边倒旋,由于台面的摩擦力作用,倒旋减缓直到为零,球经过一段滑行,便过渡到正旋前进,直到减慢停止。

(4)撞击主球左中或右中击点:属于偏杆击球打法,技术难度较大,但对于职业运动员来说必须要掌握。在比赛的过程中,当运动员遇到需要从根本上改变主球或目标球前进路线的时候,便能体会到偏杆击球的好处。

(三)击球技术

任何一种体育运动均有它特定的动作结构,台球运动亦如此,它的运动结构是由瞄准、架杆、运杆、出杆击球和随势跟进构成的。

1. 瞄准

我们提出的瞄准方法,是任何一位台球选手在击球开始前都必须做的。一般来说,在击球前首先要做的事是走到目标球附近,看看目标球的下球行进路线,再看一下目标球的下球击点,并确定瞄准点,最后需要做的就是去击打主球,来完成击目标球落袋的要求。

(1)目标球线路的确定

①确定目标球进哪个袋更为有利。

②确定目标球的中心点和袋口中心呈一条直线,并没有其他影响整个球体顺利进袋。

(2)目标球击点的确定

①在确定了目标球下球线路后,即可确定目标球的击点。

②由目标球所对的球袋中心,经过目标球中心点延长,这条线与目标球球体外缘相交,这个相交点便是目标球的击球点。

③可以先用球杆在目标球的击点上瞄一下,以便在心中留下一个清晰的目标球击点的印象。

(3)瞄准点的确定

①目标球上的击点确定后,接下来便是要确定目标球的瞄准点。

②从目标球的击点向后再量出一段与球体半径相等的长度,这个半径长度的最远点,就是瞄准点。

③主球的位置在目标球中心与袋口中心点直线延长线左、右两侧的90°范围内。只要瞄准点不变,在此范围都能将目标球击入球袋。

2. 架杆

架杆就是用手给球杆一个稳定支撑和对杆头在主球的击球点进行调节的姿势。架杆是打好台球的重要的环节。

(1)基本架杆方法

基本架杆方法有两种:

①"V"形架杆(图12-9):先将整个手掌放在台面上,将拇指以外的四指分开,手背稍微弓起,拇指翘起和食指的根部相贴形成一个"V"形的夹角,球杆放在"V"夹角内。需要注意的是,架杆手的掌根、小拇指、食指以及拇指处大鱼际部位要充分地贴住台面,切勿使架杆向左侧或右侧翻起,以确保架杆的稳定。

②凤眼式架杆(图12-10):左手指张开,指尖微向内弯曲,用拇指和食指扣成一个指环,并与球杆呈直角,掌握和中指、无名指、小指构成稳定支撑。

第一种架杆方法常用在斯诺克台球中,第二种架杆方法多用在开伦台球、美式台球中。根据击打主球点不同,架杆手背可以由平直、稍弓起和弓起去找击球点的下、中、上点。

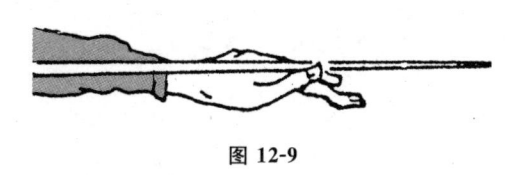

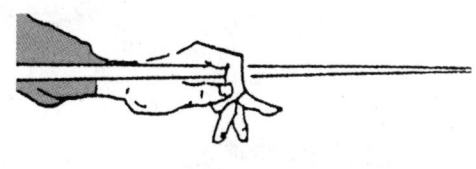

图 12-9　　　　　　　　　图 12-10

(2)特殊架杆方法

台球比赛中,主球的位置是千变万化的。当主球靠近库边以及主球后面有球时,都需要运用特殊的架杆方法。

①当主球靠近台面边时,架杆手需用四指压在台边上。

②当主球和台边有一定距离时,架杆手可以用四指抓住台边。

③当主球后有一其他球时,架杆上手需要将四指立起来,避免球杆碰到球。

3. 运杆

在击主球前,台球选手都会有一个运杆的过程,这个过程可分解为三个部分:运杆、后摆和暂停。

(1)运杆

在确定击打主球的部位后,便开始做运杆动作。运杆时,要求身体保持稳定,持杆手的手臂进行前后运杆,运杆时应尽可能使球杆平直运摆。运杆的目的是为了获得击球的准确性,运杆的次数不宜太多,但运杆的节奏要均匀。

(2)后摆

后摆的幅度大小取决于所需要的击球力量。在肌肉用力相同时,后摆幅度大,球杆击球力量也要大,后摆动作要做到"稳"和"慢"以保证出杆的平直。

(3)暂停

暂停是在出杆前的一个短暂的停顿,略屏呼吸,减少胸廓由于呼吸产生的起伏,以此保证平稳出杆。

4. 出杆击球

正确的握杆、身体姿势、架杆以及运杆是进行有效击球的重要的准备工作，而出杆触击球则是台球击球动作结构中最重要的环节，决定最终击球的效果。

出杆击球是在后摆停顿后所完成的动作。以肘关节为轴，前臂向前送出，触击球瞬间，根据击球的要求，注意对手腕力量使用的控制，避免由于过分抖动手腕造成击球的不准确。出杆时，肩部和身体不要用力，出杆动作要果断、清晰，即便是打一个轻缓的球。

5. 随势跟进

击球后的球杆跟进动作，是为了保证击球的力量充分作用在主球上以及击球动作的协调连贯。适当的跟进动作对击球动作的完成起着重要的作用，如果跟进太多，杆头出得太长，会使肩、肘下沉，破坏击球动作的正确性，影响击球质量；如果跟进太少，则会使击球动作发紧，力量不能有效作用于主球，也不能保持好出杆击球的稳定性。

## 第二节　游泳运动

### 一、游泳运动概述

游泳运动是在古时人们的生产生活实践中逐渐形成的。人类的游泳活动源远流长，追溯历史可以发现，游泳产生于居住在江、河、湖、海一带的原始群落，这里的人们沿着水源聚集居住，他们依山打猎，傍水捕鱼，为了寻觅食物，为了躲避猛兽的侵袭，不得不跋山涉水。当时，生活在这里的人们通过观察和模仿鱼类、青蛙等动物在水中游动的动作，逐渐学会了游泳。无论是为了生存时的逃避猛兽、捕猎，还是必要时的自救，游泳都是一门重要的求生技能。毫无疑问，游泳是人类最古老的生存手段之一。

现代游泳运动起源于英国。17世纪60年代，英国不少地区的游泳活动就开展得相当活跃。18世纪初传到法国，继而成为风靡欧洲的运动。1837年，在英国伦敦成立了第一个游泳组织，同时举办了英国最早的游泳比赛。1869年1月，在伦敦成立了大城市游泳俱乐部联合会（现英国业余游泳协会前身），游泳作为一个专门的运动项目正式固定下来，并随之传入各英殖民地，继而传遍全世界。

自1896年第1届现代奥林匹克运动会设游泳比赛，自此游泳运动进入了竞技游泳运动的发展时期。1908年第4届奥运会时，成立了国际业余游泳联合会（简称国际游联），审定了各项游泳世界纪录，制定了国际游泳比赛规则。在1952年第15届奥运会后，国际游联决定把蛙泳和蝶泳分开，作为两个独立的项目进行比赛。至此，现代竞技游泳的泳式演化基本完成，形成了以爬泳、仰泳、蛙泳、蝶泳4种泳式为基本技术的游泳竞赛项目群。游泳运动的快速发展使得各种游泳赛事应运而生，如奥运会游泳比赛、世界游泳锦标赛、世界短池游泳锦标赛、世界短池游泳系列赛等。这些重大比赛，促进了各国运动员之间的交流，推动着世界竞技游泳运动不断向前发展。

世界泳坛金牌之争愈演愈烈,世界泳坛格局发生了重大变化,出现了多极化趋势。

近年来,我国游泳运动发展迅猛,为了适应现代人的游泳健身需求,我国各级体育部门不仅定期举办了各种层次的游泳指导员培训班,还依托社会力量定期举办各类游泳比赛,有效地激发了广大游泳爱好者的热情。竞技游泳方面,我国运动员表现优秀,可圈可点,在2012年的伦敦奥运会上,中国的游泳健儿们奋勇拼搏,最终获得5金2银3铜,创造了中国游泳队自1984年参加奥运会以来的最好成绩。2013年的巴塞罗那游泳世锦赛中,孙杨连续夺取男子400米、男子800米和男子1 500米自由泳金牌,成为继罗雪娟之后第二位在世锦赛中夺得五金的中国运动员。2014年仁川亚运会上,中国游泳队获得了38枚金牌中的22枚,在男子4×100米自由泳接力赛中,宁泽涛绝地反超夺冠。男子400米自由泳中,孙杨力挽狂澜获得冠军;男子1 500米自由泳决赛中,孙杨以巨大优势夺得冠军。游泳项目女子三个项目的决赛,中国选手表现出色,包揽所有金牌。2015年4月9日至16日在陕西宝鸡举办的全国游泳冠军赛暨世界游泳锦标赛选拔赛上,冠军赛孙杨四金收官,叶诗文400米个人混合泳决赛夺冠,宁泽涛100米自由泳摘得金牌。2015年世界游泳锦标赛中,中国获得15金10银10铜,位列奖牌榜第一。其中,男子100米自由泳决赛,中国选手宁泽涛以47秒84获得冠军,这是亚洲选手第一次在男子100米自由泳上获得世界大赛金牌,这也是新中国在体育领域内取得的最重大突破之一。2016年里约奥运会上,孙杨在200自由泳中获得金牌。

## 二、蛙泳技术

(一)身体姿势

蛙泳是模仿青蛙游泳动作的一种泳姿,它是世界上最早的游泳姿势之一。其整个动作与青蛙游水十分相似,所以取名为蛙泳。蛙泳的特点是省力、持久、易观察、声音较小,头部可以出没水中呼吸,视野广阔,因而是一种实用性较强的游泳技能。

蛙泳在游进时,身体姿势是不断变换起伏的,它是随着臂、腿及呼吸动作的周期性变化而不断变化着的。在一个动作周期中两臂前伸、两腿向后蹬直并拢时,身体是几乎水平地俯卧于水中,头部夹在两臂之间,两眼注视前下方,腹部与大、小腿位于同一水平面上,臀部接近水面,身体纵轴与水平面约呈5°~10°角(图12-11之1)。这种身体姿势,可以减小游进时的水阻力。要做到这一点,要求胸部自然伸展,稍收腹,微塌腰,两腿并拢,脚尖伸直,两臂并拢尽量前伸,全身拉伸呈一直线。而在划水和抬头吸气时,上体会向前上方抬起,肩和背部的一部分上升露出水面,此时躯干与水面的角度较大(图12-11之2)。当两臂前伸、两腿向后蹬夹时,随着低头的动作,肩部又浸入水中,身体恢复比较平直的流线型姿势向前滑行。

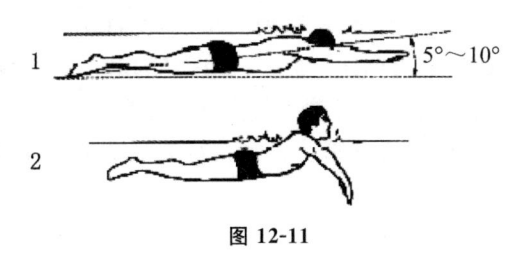

**图12-11**

## (二)腿部技术

在蛙泳的初学阶段,腿部动作发挥着主要的推进作用。通常我们可以将蛙泳的腿部动作分为收腿、翻脚、蹬夹水与滑行四个阶段。

### 1. 收腿

在收腿时,大腿带动小腿向身体的侧下方前收,两腿边收边分,腿部肌肉应自然放松。为了减小收腿时迎面水流的阻力,收腿的速度要相对地缓慢。如果收腿速度太快,就会增大阻力,影响游泳的速度。当收腿结束时,小腿要尽量收在大腿的投影面内,以减小收腿时的阻力。此时大腿与躯干大约呈130°角,膝关节与池底垂直,两膝与肩同宽。

收腿是翻脚、蹬夹的准备动作,是从身体伸直成流线型向前滑行的姿势开始的。收腿时,腿部肌肉略为放松,大腿自然下沉,两膝开始弯曲并逐渐分开,小腿和脚跟在大腿后面向前运动。收腿时,踝关节放松,脚底基本朝上,脚跟向上、向前移动,向臀部靠拢,两腿边收边分开。两小腿和两脚在前收的过程中要落在大腿的投影截面内,以避开迎面水流,减小收腿的阻力。收腿动作应柔和,不宜太用力。在收腿的过程中臀部略下降。收腿结束时,两膝内侧的距离约同肩宽;大腿与躯干约呈130°~140°角,大、小腿折叠紧,小腿接近于与水面垂直,整个收腿就像压缩弹簧一样,为翻脚和蹬夹做好准备(图12-12)。同时,收腿速度要先慢后快,要尽力减少收腿时引起的阻力。

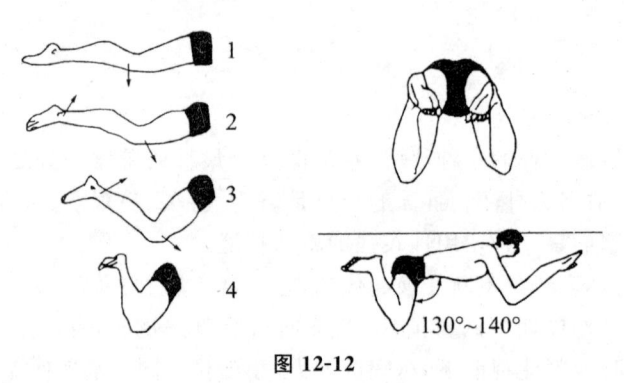

图 12-12

### 2. 翻脚

翻脚实质上是从收腿到蹬水的一个过程,是收腿的继续、蹬水的开始。它的主要目的在于使腿在蹬夹时有一个良好的对水面。在蛙泳技术中,翻脚动作的好坏会直接影响到蹬水的效果,而翻脚动作的好坏则取决于踝关节的灵活性和腿部的柔韧性。

当收腿使脚跟接近臀部时,大腿内旋,两膝稍内扣,小腿向外张开,两脚背屈使脚掌勾紧向外翻开,脚尖转向两侧,使小腿和脚的内侧面向后,形成良好的对水面,为蹬夹动作做好准备。翻脚实际上是收腿的结束动作和蹬夹的开始动作。在收腿接近完成时就开始翻脚,翻脚快完成时就开始蹬夹,在蹬夹的开始阶段继续完成翻脚。收、翻、蹬夹三个动作紧紧相连,一环扣一环,形成一个连贯圆滑的鞭状动作。

3. 蹬夹

蹬夹动作是蛙泳游进中获得推进力的主要阶段。它在翻脚即将完成时就已开始。由于翻脚动作的惯性,脚在后蹬的开始阶段是继续向外运动,完成充分的翻脚。随后,由腰腹和大腿同时发力,依次伸展下肢各关节,两脚转为向后向内运动并稍下压,直至两腿蹬直并拢,完成弧形的鞭状蹬夹。蹬夹动作是"蹬"与"夹"的结合,两腿是边后蹬边内夹,当两腿蹬直时两膝也已并拢了。既不是完全向后蹬,也不是向外蹬直了再内夹并腿(图 12-13)。

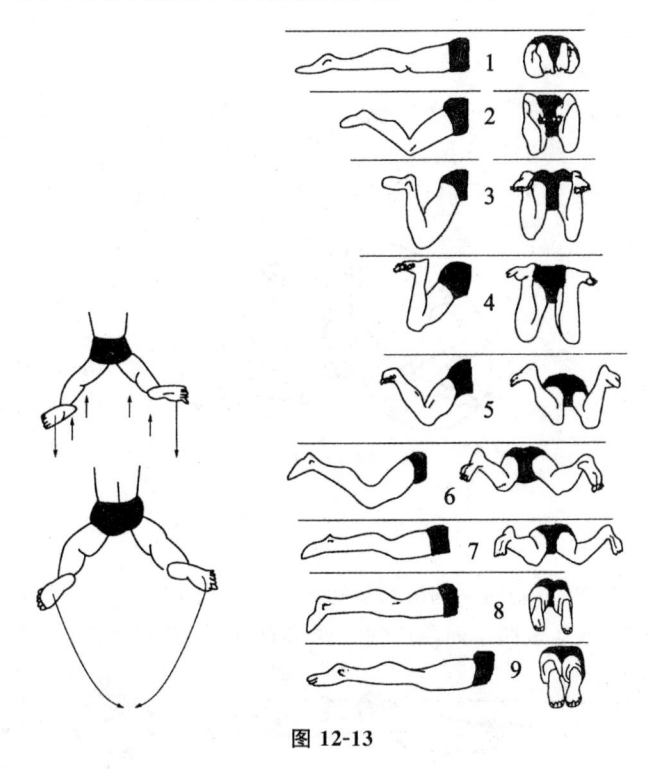

图 12-13

蹬夹时,下肢各关节的伸展顺序是保持最大对水面积的决定因素。正确的顺序是:先伸髋关节,后伸膝关节,最后伸踝关节,直至两腿伸直并拢。蹬夹开始时,主要是大腿向后运动,膝关节不宜过早伸展,以使小腿尽量保持垂直对水的有利姿势,避免出现小腿向下打水的错误。在蹬夹过程中,脚应保持勾脚外翻姿势;在蹬夹将近结束时,脚掌才内旋伸直,完成最后的鞭水动作。如果先伸踝关节,则会破坏翻脚所形成的良好对水面,形成用脚尖蹬水的错误。

在蹬夹过程中,脚相对于静止的水的运动轨迹是一条复杂的三维曲线,既有向后的运动,又有向外、向内、向下的运动,水对腿部动作的反作用力,由蹬腿升力和蹬腿阻力构成。在蹬夹过程中,蹬腿升力起着重要的推进作用。但由于小腿和脚的内侧面是向后对水,且相对于自身来说腿部向后运动的幅度较大,故蹬腿阻力对推进力的贡献更大些。这就要求大腿内收肌群在蹬夹过程中积极工作,限制腿脚过分的外张,以保证蹬夹方向主要向后。

升力和阻力都与速度的平方成正比,蹬夹动作的速度越快,产生的推进力就越大。强有力的蹬夹可以最大限度地提高蛙泳速度。因此,蹬夹时要充分发挥腿部肌肉的力量,逐渐加速。蹬夹开始时,动作应比较柔和,而最后伸直小腿和脚掌的动作则要快速有力。

4. 滑行

当蹬腿结束时,蹬夹结束后,腿处于较低的位置,脚距离水面约为 30～40 厘米。此时,身体在水中获得最大速度,两腿伸直并拢,腰、腹、臀及腿部的肌肉保护适度紧张,使身体呈流线型向前滑行,准备开始下一个腿部动作周期。滑行中,要注意保持两腿较高的位置,减少滑行时的阻力。

在蛙泳动作技术中,腿的动作是掌握蛙泳技术的基础。在腿的一次动作过程中,收、翻、蹬动作要连贯,收腿、翻脚速度应比蹬夹水速度慢一些。

(三)臂部技术

游蛙泳时,整个手臂动作都是在水下完成。对游泳者来说,手的划水路线近似于两个相对的"桃心形"。即两手从"桃心"的尖顶开始,不停顿地划动一周回到尖顶(图 12-14)。为便于分析,把蛙泳的一个划水动作分为外划、下划、内划、前伸等四个紧紧相连的动作阶段。

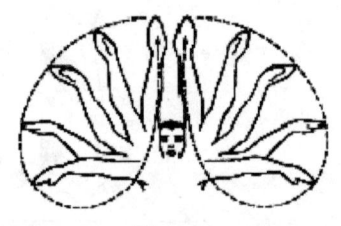

图 12-14

1. 外划

外划是从两臂前伸并拢、掌心向下的滑行姿势开始的。外划时两臂内旋,两手掌心转向外斜下方,略屈腕,两臂向外横向划动至两手间距离约为两倍肩宽处(图 12-15)。外划的动作速度较慢。

图 12-15

2. 下划

手臂在继续外划的同时,前臂稍外旋,肘关节开始弯曲,转腕使掌心转为朝后下方,以肘关节为轴,手和前臂加速向下、向后划动。在下划的过程中,手和前臂的运动速度快,幅度大,而上臂的移动不多,前臂与上臂之间的夹角迅速缩小。下划结束时,肘关节明显高于手和前臂,手和前臂接近垂直于游进方向,肘关节约屈呈 130°(图 12-16)。

图 12-16

## 3. 内划

内划是手臂划水产生推进力的主要阶段。下划结束，掌心迅速转向内后方，手臂加速由外向内并稍向后横向划动，屈肘程度进一步加大，肘关节也同时向下、向后、向内收夹至胸部侧下方。两手划至胸前时几乎靠在一起（图12-17）。

图 12-17

## 4. 前伸

当内划接近完成时，两手在继续向内、向上划动的过程中逐渐转为向上、向前弧形运动至颌下。此时两手靠拢，两掌心逐渐转向下，手指朝前。接着，肘关节不停顿地沿平滑的弧线前移，推动两手贴近水面向前伸出。与此同时迅速低头，将头夹于两臂之间。伸臂动作完成时，两臂伸直并拢，充分伸肩，两手掌心向下，成良好的流线型向前滑行（图12-18）。

图 12-18

蛙泳手相对于静止的水的运动轨迹实际上是一条复杂的三维曲线。手在划水时并没有大幅度的向后的运动，而主要表现为明显的横向和上下方向的运动，就好像是手握着一个固定的把手将身体拉引向前。蛙泳划水阻力朝内，两臂上的划水阻力互相抵消。但由于屈腕动作，手掌平面与划动方向约呈40°的迎角，所产生的划水升力起着推动身体前进的作用。手臂向下、向后的划动不仅为强有力的内划做好了准备，还可以产生升、阻力并重的推进力推动身体前进。内划阶段手臂的对水面大，手掌平面与手的划动方向约呈30°～40°的迎角，水的反作用力以划水升力为主。此时胸背部和肩带的肌群亦处于收缩发力的最有利部位，两臂的向内划动可以有很大的加速度。所以内划阶段是蛙泳手臂划水产生推进力推动身体前进的主要阶段。蛙泳臂划水动作的各个阶段是紧密地连接在一起的，整个动作要连贯圆滑，由慢到快，加速进行。初学者要尤其应注意在内划结束转前伸时，手臂不能停顿。

### (四)完整配合技术

蛙泳一般采用呼吸、手臂和腿 1∶1∶1 的配合技术,即在一个完整动作周期中,蹬夹一次,划臂一次,呼吸一次。配合游时应在充分发挥臂、腿力量的基础上,努力做到协调、连贯、有节奏,尽量保持匀速前进。

#### 1. 臂与腿的配合

蛙泳臂和腿的配合是一种交替进行稍有重叠的技术。两臂外划和下划时,两腿保持稍紧张的伸直姿势;两臂内划时,两腿放松,两膝下沉,开始收腿;两臂开始前伸时,迅速完成收腿并做好翻脚动作;两臂接近伸直时,开始向后快速蹬夹;蹬夹结束后,全身伸直成良好的流线型向前滑行(图 12-19)。

对于初学者来说,注重蹬夹后的滑行具有十分重要的作用。只有在带滑行的从容游进中,才能掌握配合技术的要领,形成正确的动作节奏。初学者可以经常做长滑行计动作次数的游进训练来检验自己臂、腿动作的效果。

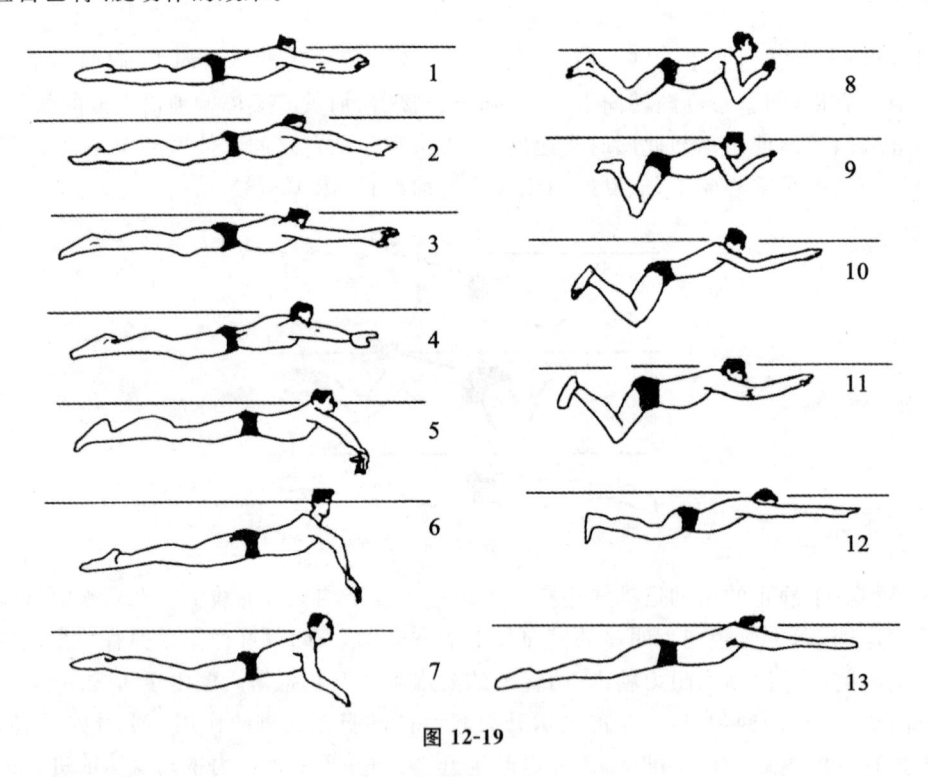

图 12-19

#### 2. 呼吸与臂的配合

蛙泳的呼吸是和手臂的划水动作紧紧结合在一起的,主要有"早吸气"和"晚吸气"两种类型。

(1)早吸气配合技术

两臂开始外划时,颈后肌收缩,开始向上抬头,下颌前伸,使口露出水面将气吐尽;在两臂下划和内划的过程中吸气;两臂前伸时低头闭气;滑行时在水中呼气。这种呼吸方式利用了划水开始阶段手臂向外、向下划动所产生的向上的反作用力,使头部比较容易抬出水面,整个呼和吸气的时间较长,动作比较从容。早吸气配合技术比较适合于初学大学生采用。

(2)晚吸气配合技术

晚吸气配合技术没有明显的抬头和前伸下颌的动作。两臂外划和下划时,身体仍保持较平直的流线型姿势;在两臂内划的过程中,随着头、肩的上升,口露出水面将气吐尽;内划结束头、肩向前上方升至最高位置时快速吸气;两臂前伸时迅速低头闭气;滑行时向水中呼气。这种呼吸方式有利于减小水的阻力,同时有利于更好地发挥手臂划水的力量,动作紧凑连贯,前进速度均匀。

## 三、爬泳技术

爬泳也称自由泳,即自由的不受姿势限制的游泳,是四种竞技游泳中速度最快的一种泳姿,按规则要求,自由泳比赛中,可采用任何一种姿势游进。但由于游爬泳时,身体俯卧在水中,身体几乎与水面平行,有较好的流线型;两腿不停地做上下打水,两臂依次轮流向后划水,因此推进力均匀,动作结构简单,效果好;动作配合协调,既省力又能发挥最大的速度。所以在自由泳比赛中,人们都采用爬泳技术。

(一)身体姿势

游爬泳时,身体平直地俯卧在水中,身体的纵轴与水平面保持3°~5°角(图12-20)。头微微抬起,这种平直的姿势能缩小前进时的截面,有助于减少阻力,颈部自然后屈与水平面呈20°~30°角,两眼注视前下方。两臂轮换前伸向后划水,两腿上下交替打水。身体保持平直,既不要收腹提臀,也不要挺胸塌腰,但在游进中身体可以有节奏地转动,这种转动一般为35°~45°角(图12-21)。

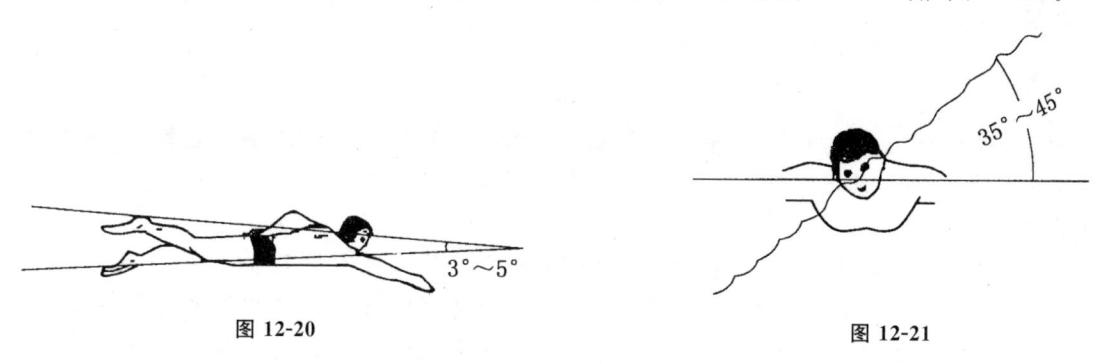

图12-20

图12-21

(二)腿部动作

爬泳腿的动作,主要起维持身体平衡的作用,使下肢抬高,保持身体流线型,以及协调两臂有力的划水动作,并能起一定的推进作用。

爬泳打水的技术要领:向下打腿时,腿自然伸直,由髋关节发力,大腿带动小腿。打水时,一般两腿间差距为30~45厘米。向下打水时,动作要快而有力,向上提腿时应放松一些。在向下打水时,由于惯性的作用,小腿和脚仍继续向上移动,而使膝关节有些弯曲,弯曲程度一般为140°~160°角。打水时脚尖自然伸直,向下打水时两腿应自然向里转一些。

打腿过程中,应以髋为轴,在向上直腿和向下屈腿时,大腿一直都处于领先,连续不断地做动作,所谓鞭状打水,即向上动作快要结束时就开始向下打水,向下打水快要结束时又开始向上打水,大腿领先,与膝关节和踝关节不停顿地形成时间差。向下打水要用较大的力量和较快的速度来完成,以便产生较大的推进力和浮力。

(三)臂部动作

爬泳的手臂动作是产生推进力的主要动力。整个手臂动作可分为入水、抱水、划水、出水和空中移臂五个不可分割的部分。它们之间并没有明显的界限,是一个完整的动作。

1. 入水

在完成空中移臂后,手应向前,自然放松地入水,臂入水时,肘关节略屈并高于手,手指自然伸直并拢,约与水面呈45°角,拇指领先斜插入水,动作要自然放松。臂的入水点应在肩的延长线上或在身体中线和肩的延长线之间,入水顺序是手—前臂—上臂(图12-22)。

图 12-22

2. 抱水

臂入水后,手掌从向斜外下方转向斜内后方,屈腕、屈肘,并保持高抬肘姿势。抱水时,上臂和水平面约为30°角,前臂与水平面约为60°角,手掌接近垂直对水,肘关节屈成约150°角,整个手臂像抱个球似的。

3. 划水

划水是指手臂与水平面呈45°角起,向后划至与水面呈15°~20°角止的这一过程。是获得推动力的主要阶段,这个阶段又分为两部分,从整个臂部划至肩下方与水平面垂直之前称"拉水",过垂直面后称"推水"。

拉水时前臂的速度快于上臂,继续屈肘,当臂划至肩下方时,手在体下靠近身体中线,屈肘约为90°~120°角(图12-23)。整个拉水过程应保持高肘姿势,使手和前臂能更好地向后划水。在推水过程中,为了使手掌始终与水平面垂直,推水时要逐渐放松腕关节,使手伸展开与前臂构成一个约为200°~220°角。向后推水是通过屈臂到伸臂来完成的,为了使前臂、手掌能以最大面积对水,在推水中肘关节要向上,向体侧靠近。

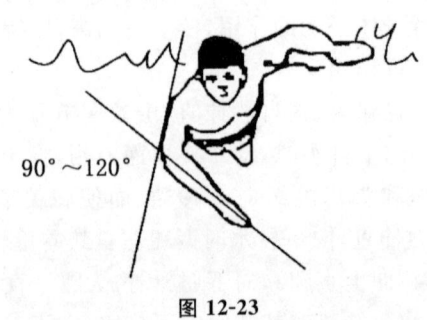

图 12-23

从拉水到推水,应是连贯地加速完成,中间没有停顿。整个划水动作,手的轨迹是向下一向后一向上,划水路线呈"S"形。

4. 出水

划水结束后,借助推水后的速度惯性,利用肩三角肌、肩带肌的收缩及身体沿纵轴的转动,将肘部向上方提起,并迅速将臂部提出水面,这时臂部和手腕应柔和放松。

5. 空中移臂

臂出水后,在肩的转动下,带动整个手臂向前移动,移臂时仍保持高肘屈臂的姿势。整个移臂的前半部分肘关节领先,前臂和手的动作较慢,移臂完成一半时,手和前臂赶上肘部,并逐渐向前伸出,掌心也从后上方转向前下方,做入水准备动作。

臂在空中前移的动作是手臂出水的继续,不能停顿,移臂时动作应放松自如,尽量不破坏身体的流线型,要和另一臂的划水动作协调一致。

在爬泳划臂的整个周期中,动作是不停顿的,划水动作内部循环是有节奏的,随着阶段的不同,各部分所用的力量也不同,动作速度也有所区别。

(四)完整配合技术

1. 两臂配合

爬泳两臂是否协调配合,是前进速度均匀性的重要条件。两臂配合,通常有以下三种方法:
(1)前交叉:是指一臂入水时,另一臂处在滑下阶段(图 12-24①)。
(2)中交叉:是指一臂入水时,另一臂已经进入划水阶段的中间部分(图 12-24②)。
(3)后交叉:是指一臂入水时,另一臂已经进入划水阶段的后半部分(图 12-24③)。

图 12-24

以上三种配合形式都有其各自的特点,一般第一种形式多被初学者采用,以便其掌握正确的爬泳动作和呼吸方法。采用第二种和第三种形式,有利于发挥两臂力量和提高动作频率,加快速度,保持连续的推进力。

2. 呼吸与臂部动作的配合

爬泳的呼吸是利用头向左侧或右侧的转动,用嘴进行呼吸。如以向右呼吸为例:右手入水以后,嘴和鼻开始慢慢地呼气;右臂划至肩下向右侧转头,呼气量开始增加;当右臂划水即将结束,呼气量进一步加大;右臂出水时,马上张嘴吸气;移臂到一半时,吸气结束,闭气,继续转头和移臂,脸部转向前下方。头部姿势稳定时,右臂又入水开始下一次呼吸。如此反复循环进行呼吸。

初学者呼吸与臂的配合尚未熟练,常常可以多划几次臂吸一次气。而具有一定水平的大学生游泳运动员则可以视游距长短和练习水平而定,长距离多为两划一吸或三划一吸,短距离可多划几次臂吸一次气。

3. 呼吸和完整动作的配合

完整的配合技术,是大学生匀速地、不间断地向前游进的保证。爬泳腿、臂、呼吸的配合动作,一般采用两臂各划水一次、呼吸一次和打腿六次的配合方法。为了充分发挥手臂作用,提高游进速度,也有采用两臂各划水一次、呼吸一次和打腿四次的配合方法。

## 四、仰泳技术

仰泳又称为背泳,是人体仰卧水中进行游泳的一种姿势,同爬泳一样属于交替性动作。人们在蛙泳或踩水的过程中,发现只要将身体仰卧过来,臂腿稍微做动作就可以游动,脸部还能露出水面。最后发展为两腿上下交替踢水,两臂在体侧轮流向后划水的爬式仰泳技术。仰泳的最大优点就是游泳者的脸一直露在水面上,不存在呼吸和换气的问题,并且动作非常容易掌握,因此多数人都很喜欢这种游泳的姿势。但仰泳在掌握游泳方向上有较大难度。

(一)身体姿势

当游仰泳时,身体要自然伸展,接近水平地仰卧于水面,头和肩部略高于臀,水齐耳际,脸部露在水面上,身体尽可能处于高的位置,腹部和两腿大约在水面下5~10厘米,游进时身体应随划水和打腿动作绕纵轴自然且有节奏地转动,转动的角度在45°左右,但头部要保持不动(图12-25)。

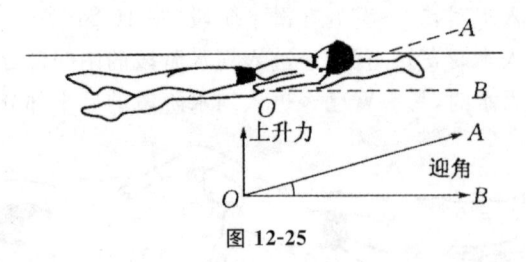

图 12-25

在进行仰泳运动时,头起到了"舵"的作用,并且它还可以控制身体左右转动。头应保持相对稳定,不要上下、左右晃动,但颈部肌肉不要过分紧张,后脑处在水中,水位在耳际附近,两眼看腿部的上方。腰部肌肉要保持适度的紧张,以不至于使身体过分平直和屈髋成坐卧姿势为前提。肋上提,不要含胸。快速游进时,身体的迎角能使体位升高,一些水平较高的大学生运动员不仅可以使肩和胸部露出水面,而且还可以使腹部也经常露出水面。身体的纵轴应随着两臂划水动作而自然滚动,滚动的角度根据个人的情况不同而稍有差别,肩关节灵活性较好的人滚动小,反之则大,一般为45°左右。

(二)腿部技术

在仰泳技术中,腿部动作是保持身体处于较好角度、水平姿势的因素之一,并且踢水动作不但可以控制身体的摆动,而且能产生一定的推进力。

仰泳腿的作用是保持身体处于较高的水平位置,控制好身体平衡,并产生一定的推进力。仰泳的腿部动作是以下压动作和上踢动作组成,即直腿下压,屈腿上踢。腿向下压的动作是借助于臀部肌群的收缩来完成的。在整个腿下压动作中,前 2/3 由于水的阻力,使膝关节充分展开,腿部肌肉放松。当大腿下压到一定程度时,由于腹肌和腰肌的控制,停止向下而过渡到向上移动,由于惯性的作用,小腿仍然继续向下,造成膝关节弯曲,所以在腿下压的后 1/3 是屈腿的。

随着惯性的逐渐减弱和大腿的带动,小腿也开始向上移动,但此时脚仍然继续向下,直到惯性消失,大腿、小腿和脚一次结束向下的动作,构成向下"鞭打"的动作。由于下压的动作不产生推进力,因此相对的要求速度不要太快,腿部各关节自然放松。当下压动作结束时,由于水对小腿的阻力和大腿肌肉的牵制,大腿与小腿约呈 135°～140°角,小腿与水平面约呈 40°～45°角,此时大小腿弯曲到最大限度,小腿和脚对水的面积较大。

上踢动作的开始,就需要用较大的力量和速度来进行,并且逐渐加大到最大力量和速度。当大腿向上移动超过水平面时就结束向上的动作,此时膝关节接近水面。随后小腿和脚也依次结束向上,使膝关节充分伸展,构成向上"鞭打"的动作。上踢动作是以大腿带动小腿、小腿带动脚来完成的,并且在任何情况下,尽量不要使膝关节或脚尖露出水面。上踢时,脚尖应内旋以加大对水面积。

(三)臂部技术

仰泳臂的划水动作是前进的主要动力。和爬泳的摆臂一样,仰泳臂的划水也是由入水、抱水、划水、出水和空中移臂五部分组成,两臂的屈臂划水也是相互交替地进行;不同的是仰泳划臂在人的体侧进行,如同划船时交替划水的桨。

1. 入水

入水时,手臂伸直,掌心朝外,小拇指领先入水,手稍内收,与小臂约呈 150°～160°角。入水点一般在肩的延长线与身体纵轴之间,臂入水应展胸伸肩(图 12-26)。

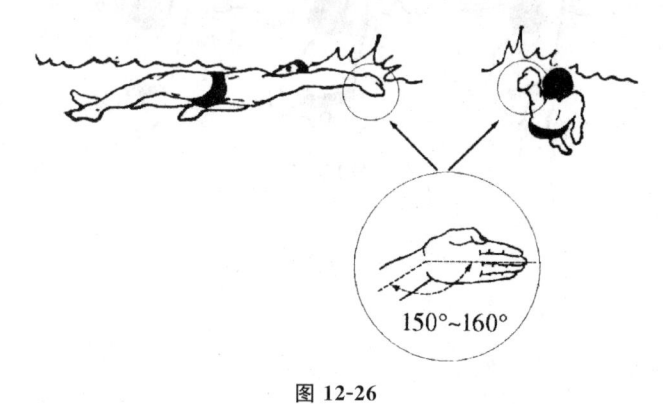

图 12-26

2. 抱水

抱水是为划推水创造有利条件的。手臂入水后,要利用移臂时所产生的动量积极下滑到一定的深度,手掌向下,向侧移动,通过伸肩、屈肘、上臂内旋和屈腕的动作,配合身体的滚动,使手掌和前臂对准水并有压力的感觉。当完成抱水动作时,肘部微屈约呈 150°～160°角,手掌距水面约 30～40 厘米,肩保持较高的位置。

3. 划水

划水动作是推动身体前进的主要动力。整个动作是由屈臂抱水开始,以肩为中心,划至大腿外侧下方为止。划水动作包含拉水和推水两个阶段。

拉水是在臂前伸抱水的基础上进行的。开始时前臂内旋,手掌上移,肘部下降,使屈肘程度加大,手掌和水必要保持与前进方向垂直。当手掌划至肩侧时,屈臂程度最大,约为 70°～110°角,手掌接近水面。

推水是在手臂划过肩侧时开始的,这时肘关节和大臂应逐渐向身体靠近,同时用力向脚的方向推水。当推水即将结束时,小臂内旋做加速转腕下压的动作,掌心由向后转向向下。推水结束时,手臂要伸直,手掌在大腿侧下方,借助于手掌压水的反弹力迅速提臂出水。

4. 出水

出水时手形有多种:其一,手背先出水;其二,大拇指先出水;其三,小拇指先出水。这三种手形各有利弊,相对来说最后一种较好。无论采用哪种手形出水,都要注意使手臂自然、放松和迅速,并且要先压水后提肩,肩部露出水面后,由肩带动大臂、小臂和手依次出水。

5. 空中移臂

提臂出水后,手应迅速从大腿外侧垂直于水面移至肩前。当手臂移至肩上方时,手掌内旋,使掌心向外翻转。空中移臂时,臂伸直放松。移臂的后阶段要注意肩关节充分伸展,为入水和划水做好准备(图 12-27)。

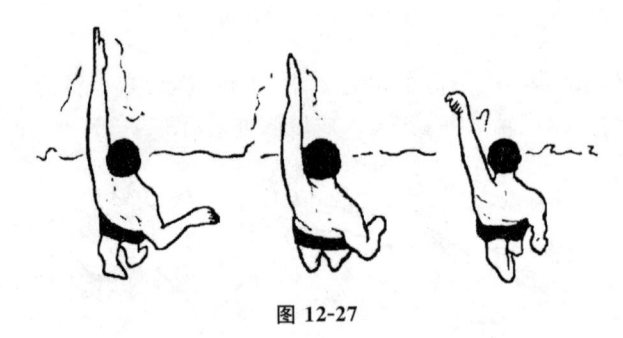

图 12-27

(四)完整配合技术

1. 两臂配合

仰泳两臂的配合是"连接式"的,即当一臂划水结束时,另一臂已入水并开始划水;一臂处于划水的一半,另一臂正处于移臂的一半。在整个臂的动作过程中,两臂几乎处在完全相反的位置。

2. 臂和呼吸的配合

相对来说,仰泳的呼吸比较简单,一般是 2 次划水 1 次呼吸,即一臂移臂时开始吸气,然后做短暂的憋气,当另一臂移臂时进行呼气。在高速游进时也可以 1 次划水 1 次呼吸,但是呼吸不能过于频繁,否则会使得呼吸不充分,造成动作紊乱。

### 3. 臂、腿配合

臂、腿配合是否合理，影响到整个动作是否平衡和协调自然。臂在划水过程中，要避免腿的上踢、下压动作造成身体的过分转动，以保持身体的平衡、协调为原则。现代仰泳技术中一般都采用 6 次打腿 2 次划水的配合技术，也有少数人采用 4 次打腿的技术。

## 五、蝶泳技术

蝶泳是从蛙泳中演变而来的一种游泳姿势，最初腿部动作模仿蛙泳的蹬夹水，两臂对称由前往后划出水面经空中前摆，动作近似蝴蝶飞行，故称蝶泳。由于它腿部的游泳动作酷似海豚，所以又称为"海豚泳"。蝶泳技术是所有游泳姿势中最复杂的，而且对游泳者的身体素质要求很高。

### （一）身体姿势

与其他泳式不同，蝶泳没有一个固定的身体姿势，头和躯干各部分的相对位置在一个动作周期中不断地发生着变化，形成上下起伏的波浪状摆动。这种波浪状的身体姿势，是由于蝶泳臂、腿及呼吸的特殊技术而自然形成的，其主要表现是头、肩、臀及腿部在水中有节奏地上下波动。

在两臂入水时，由于移臂动作的惯性，头、肩随之下潜；两臂外划抓水、两腿完成第一次向下打水时，由于水对腿的反作用力的作用，臀部向前、向上升至水面；两臂拉水、两腿上摆、开始抬头吸气时，头、肩升出水面而臀部略下沉；当两臂推水结束开始出水、两腿完成第二次向下打水时，臀部略为升高，身体保持着一个相对水平的姿势；当两臂经空中前移，两腿再次上摆时，臀部又略为下沉（图 12-28）。可见，在蝶泳的一个动作周期中，随着臂的划水和呼吸动作，头、肩有一次上下波动；而随着腿部的两次打水动作，臀部有两次上下波动，一次大，一次小。

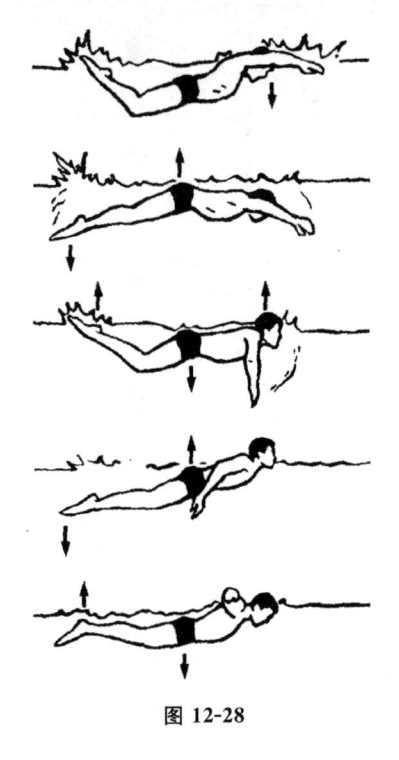

图 12-28

## (二)腿部技术

蝶泳在打腿时,两腿自然并拢,两脚跟稍分开,脚掌稍内旋使两脚拇指靠拢,踝关节放松。脚的这种"内八字"姿势有利于增大脚掌打水时的对水面,提高打水效果。

在蝶泳打腿技术的一个动作周期中,我们可以将其分为向上打水和向下打水两个阶段。

### 1. 向上打水

向上打水时,两腿伸直,两脚处于最低点,臀部上升至水面。此时,臀大肌收缩使髋关节展开,两腿上抬。在向上抬腿的过程中,膝关节和踝关节放松,水的阻力使两腿保持自然伸直的状态。向上抬腿的动作使臀部开始下沉。当两腿上抬到脚稍高于臀部水平时,大腿停止上移并转而向下运动,髋关节开始弯曲,小腿和脚则由于运动惯性而继续上抬,膝关节逐渐弯曲。向上打水阶段结束时,臀部下降到最低点,脚抬得接近水面,膝关节屈呈 110°～130°角(图 12-29 之 1—4)。

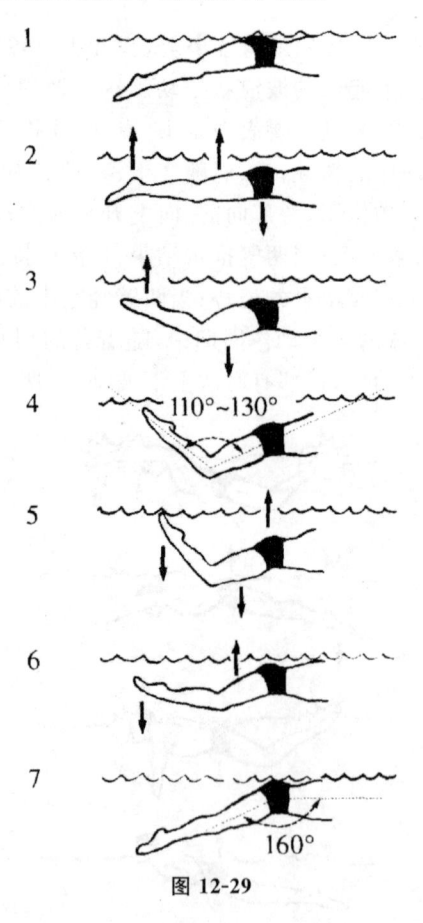

图 12-29

### 2. 向下打水

向下打水时,踝关节放松,两脚在水的阻力作用下充分跖屈,使脚背保持良好的对水面状态。此时腰部发力,收腹提臀,髋关节继续弯曲,大腿加速下压,带动小腿和脚向下运动。在向下打水的过程中,膝关节开始伸直。当两腿下打至膝关节接近伸直时,大腿即停止下压并转而向上运动。此时股四头肌做强有力的收缩,促使膝关节迅速伸直,带动小腿和脚加速向下鞭打。当两脚下打至最低点时,膝关节完全伸直。向下打水的动作使臀部上升至水面,大腿与躯干约呈160°角(图12-29之5—7)。至此完成一个海豚式打腿的完整动作,紧接着开始下一个打腿动作周期。

(三)臂部技术

蝶泳两臂的划水是推动身体前进的主要因素,所产生的推进力大于其他泳式,躯干和腿的波浪动作均服从于手臂的动作。在蝶泳中,我们可以将臂部动作的一个完整动作周期划分为入水、划水、出水和空中移臂四个紧紧相连的动作阶段。

1. 入水

入水动作应借助空中移臂的惯性顺势完成。两臂入水时,手指自然伸直并拢,臂稍内旋,肘关节稍屈并高于手,掌心朝外下方,手掌与水平面约呈45°角,以拇指领先在肩的延长线(通过肩关节与纵轴平行的直线)前端切入水中。入水时两手的距离同肩宽,手臂是按手—前臂—上臂的顺序依次入水(图12-30)。

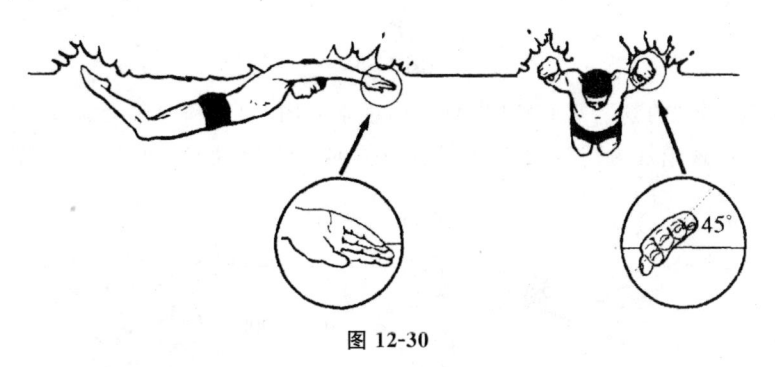

图 12-30

2. 划水

大学生进行蝶泳划水时,手从入水到出水这一段的划水路线在水平面上很像两个相对的"S"形(图12-31),所以人们就把这种划水路线称为"双S"型,也有将其称为"钥匙洞"型或"漏斗"型的。我们可以将其大体划分为抓水、拉水、推水三个阶段。

图 12-31

(1)抓水:两手入水后,首先借助空中移臂的动作惯性伸直肘关节,两臂稍内旋并稍屈腕,掌心转向外后方,手掌接近垂直于水面,并与游进方向呈 40°～50°角,以指尖领先向外划至约两倍肩宽处。此时肘关节开始弯曲,掌心转向外下后方(图 12-32)。

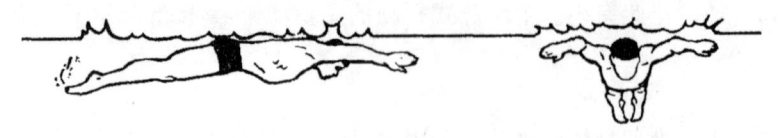

图 12-32

(2)拉水:拉水是指手臂从抓水结束处划至肩的横切面这一阶段,应紧接着抓水动作进行。根据拉水时手臂的主要运动方向,又可以把拉水分为"下划"和"内划"两个环节。

"下划"时,手臂向下并稍向外沿弧线划动,肘关节继续弯曲形成高肘姿势,掌心朝外下后方,直至手接近划水路线的最深处(图 12-33)。此时应注意不要使掌心完全朝下直接向下压水,否则,产生的反作用力将主要使头和躯干向上举起,而不是使身体向前运动。

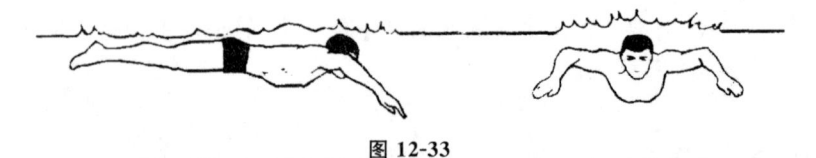

图 12-33

紧接着,手臂开始"内划",掌心转向内后方,手掌向内、向上和向后沿弧线划至肩下方靠近身体中线处,屈肘程度逐渐加大。当两手划至肩下方时,屈肘程度达到最大,前臂与上臂呈 90°～100°角,两手接近靠拢(图 12-34)。

图 12-34

(3)推水:当两臂拉水至肩下时,即转入推水。此时上臂内收,肘部向体侧靠拢,掌心转为朝着外后方,两臂保持屈臂高肘姿势划至腹下,两手之间仍保持很近的距离。接着,肘关节用力伸展,使手继续加速向后、向外、向上划至大腿前外侧。由于水的压力,此时手掌应往掌背的方向伸展。推水结束时,肘关节并未完全伸直,前臂与上臂保持 150°～160°角(图 12-35)。

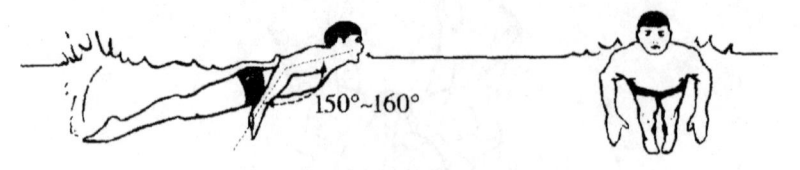

图 12-35

3. 出水

在推水动作的最后阶段手划至大腿的前外侧时,肘关节已提出水面。推水一结束,手腕即放松使掌心转向内朝着大腿。此时,借助手臂向上、向外弧形划动的惯性,略屈肘,按上臂—前臂—手掌的顺序将手臂向上、向外提出水面(图 12-36)。整个提肘出水的动作应迅速、干脆,紧紧接

# 第十二章　其他体育运动保健与康复方法研究

着推水动作进行,中间不能有丝毫的停顿,否则动作难以完成。手出水时小指侧领先可减小出水阻力。

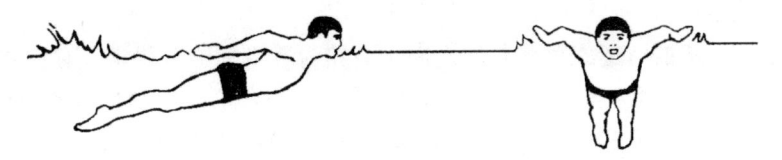

图 12-36

4. 空中移臂

两臂提出水面后,即沿身体两侧低平的抛物线向外、向前抡摆。受出水动作的影响,移臂开始时肘关节仍呈微屈状态。两臂在向外、向前抡摆的过程中自然伸直,并始终保持拇指朝下的姿势。当两臂摆过肩的横切面时,转为向内、向前移动。此时肘关节微屈并略高于手,掌心转朝外斜下方,准备入水(图 12-37)。

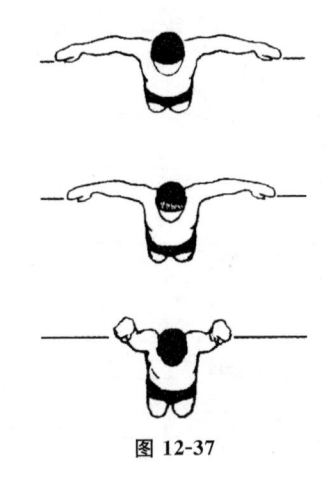

图 12-37

(四)完整配合技术

大学生在进行蝶泳运动时,做到臂、腿动作及与呼吸之间的协调配合是他们学会蝶泳的关键。正常的蝶泳,一般采用 2∶1∶1 的配合技术,即在一个完整动作周期中,做海豚式鞭状打水 2 次,两臂同时划水 1 次,呼吸 1 次。

1. 呼吸与臂的配合

大学生在游蝶泳时,对于呼吸时机的掌握是非常关键的。它是随着两臂的划水及身体的波浪起伏而有节奏地抬头吸气。呼吸必须与两臂的划水动作严格合拍,才能保持身体的流线型姿势,保持两臂划水的持续,并保证完整配合动作的协调连贯。

正确的呼吸方法是,两臂外划抓水时,头开始上抬;在两臂下划和内划的过程中继续抬头;内划结束两臂划至肩下时头抬出水面,下颌前伸;在两臂推水及空中移臂的前半段张口吸气;两臂前摆准备入水时迅速低头,稍闭气后开始呼气。头应在手臂入水之前浸入水中,但不宜过于下潜。这种呼吸方法动作协调自然,在两臂推水使身体位置上升至最高点时吸气,有利于保持身体相对水平的姿势,减小水的阻力。头部领先于手臂入水,可以使头迅速得到水的浮力作用,从而避免了由于抬头吸气和空中移臂而造成的身体下沉。

2. 臂与腿的配合

蝶泳臂的划水与腿的海豚式鞭状打水之间也有较为严格的配合要求。它们之间的精确关系若被破坏,会对动作的连续性和协调性产生直接的影响,失去正确的动作节奏,造成推进效果的下降。臂与腿的正确配合方法是,两臂入水时双腿开始做第一次向下打水,在屈腕抓水时完成腿的下鞭;两臂拉水的过程中双腿上抬;在两臂推水的过程中双腿开始做第二次向下打水,臂出水时完成腿的下鞭;两臂空中前移的过程中双腿上抬。

蝶泳的完整配合技术如图 12-38 所示。在一个完整动作周期中的两次打腿,用力程度应当一致或接近一致。但由于身体位置的不同,会造成第一次打腿的幅度稍大于第 2 次打腿的差别。第一次向下打水时,头、肩浸在水中,腿可以做较长时间较大幅度地下鞭,使臀部向前向上升至水面;在接下来的拉水阶段中,由于头和肩仍然没于水中,使双腿有可能上抬至较高位置。第一次下打是在空中移臂引起身体下沉和游速减慢的情况下进行的。做好第一次向下打水动作,有利于及时调整身体位置,形成流线型身体姿势,保证游进速度的均匀性。

**图 12-38**

## 第三节 形体运动

### 一、健美操

(一)健美操概述

健美操是在音乐的伴奏下,以身体练习为基本手段,以有氧运动为基础,以健、力、美为特征,融体操、音乐、舞蹈为一体,达到增进健康、塑造形体和娱乐为目的的一项新兴体育运动。

健美操起源于两千多年前,当时的健美操雏形只是通过一些身体的练习来实现的。古希腊人非常崇尚人体的健与美,他们认为人体是万物中最和谐、最匀称、最完美的构造,因此,古希腊人热衷通过运动(如跑、跳、投、搏击、加入节拍节奏的体操等)进行身体锻炼,古希腊人酷爱运动,这也是古代奥运会在希腊得以诞生的重要原因。古印度流行一种古老的身体练习术(后发展为瑜伽),它把姿势、呼吸和意念紧密结合起来,通过调节人体的姿态、气息和心境,再运用意识对肌体进行自我调节,达到益寿延年的功效。这种运动方式一直流传到现代,传统瑜伽动作中的站立、跪、坐、卧、拉伸等姿势与现代流行健美操的一些常用基本姿势是一致的。我国古时也有重视身体和形体练习的、与健美操相似的运动。中国古代的导引图上,就发现彩绘有 44 个不同年龄和性别、栩栩如生地做着各种不同姿势的人物,他们做着几乎和现代的健美操相仿的动作,包括站、立、蹲、坐等基本姿势,还有跳跃、转体、臂屈伸、方步等各种动作。这些动作与当今的健美操动作十分相似。

现代健美操形成与发展的基础是古代人对健身健美的追求以及提倡体操与节拍、音乐相结合的主张。现代健美操是由美国太空总署医生库帕博士为太空人设计的体能训练项目。1969年,杰姬·索伦森创编了健美操,这种操综合了体操和现代舞元素,带有明显的娱乐性,且简单易学,深受人们欢迎,随后在美国迅速流行开来。简·方达为健美操在世界的推广做出了杰出的贡献,她是 20 世纪 70 年代的著名好莱坞电影明星,因为了获得修长的身材,一度运用药物减肥,身体健康饱受药物的威胁,之后,简·方达意识到"健康的美才是真正的美,持久的美",开始通过运动方法瘦身,从此走上了体育锻炼的道路,简·方达通过健美操运动来保持好身材,最终获得了成功,她撰写了一本倡议人们参加健美操运动的书——《简·方达健身术》,在简·方达的宣传和影响下,健美操在世界各地迅速兴起。

现代健美操于 20 世纪 70 年代传入我国。1982 年,中国青年出版社出版了《美·怎样才算美》一书,书中选登了陈德星编制的"女青年健美操"和牛乾元编制的"男青年哑铃操"。从此"健美操"一词迅速被大众认可,也为广大体育工作者采用。1992 年,中国健美操协会在北京成立,从此我国健美操运动朝着国际化、科学化、规范化的方向发展。经过一系列的有力管理和发展措施,我国的竞技健美操水平获得了突飞猛进的提高,并逐渐接近国际先进水平。2005 年 7 月,在德国杜伊斯堡举行的第 7 届世界运动会竞技健美操比赛中取得的六人操项目冠军,实现了我国健美操运动史上参与世界大赛金牌零的突破。

健美操运动具有"健""力""美"的特点,它将人体语言艺术和体育美学融为一体,健美操运动不仅是有氧运动的一种运动形式,它的健身功效已经得到了证实。有氧运动最能发展人的心肺功能,而健美操不仅具有有氧运动的功效,同时还能促进练习者身体柔韧性和灵敏性的发展。因此,健美操是促进个体身体健康的理想的运动之一。健美操运动还是塑造良好形体的一项有益运动。练习者通过长期的健美操练习可改善不良的身体状态,形成优美的体态,从而在日常生活中表现出一种良好的气质与修养,给人以朝气蓬勃、健康向上的感觉。这是因为,一方面,健美操运动可以对身体比例的形成产生积极影响,通过健美操练习尤其是力量练习,可使骨骼粗壮、肌肉围度增大,从而弥补先天的形体缺陷,使人变得匀称。另一方面,健美操练习还可以消除体内和体表多余的脂肪,降低体重,维持人体吸收与消耗的平衡,塑造健美体型。

(二)健美操基本动作

1. 基本手型

健美操手型动作要求不是很严格,配合肢体动作做到美观大方即可,常见健美操动作主要有以下几种:

(1)合掌。五指并拢伸直。
(2)分掌。五指用力分开,手腕保持一定的紧张程度。
(3)拳。五指弯曲紧握,大拇指压在食指弯曲部位。
(4)推掌。手掌用力上翘,五指自然弯曲。
(5)西班牙舞手势。五指用力,小指、无名指、中指自掌指关节处依次弯曲,拇指稍内扣。
(6)芭蕾手势。五指微屈,后三指并拢,稍内收,拇指内扣。
(7)一指式。握拳,食指伸直或拇指伸直。
(8)响指。拇指与中指摩擦与食指打响,无名指、小指弯曲至握(图 12-39)。

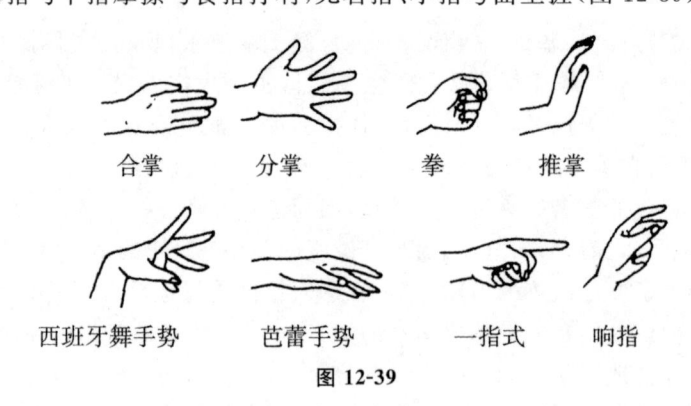

图 12-39

2. 头、颈部动作

(1)屈
练习指导:头部向前、后、左、右四个方向分别做颈部关节弯曲的运动(图 12-40)。
动作要点:身体正直,做动作时应缓慢,充分伸展颈部肌肉。
动作变化:有前屈、后屈、左侧屈、右侧屈。
(2)转
练习指导:头保持正直,然后头颈部沿身体垂直轴向左、右转动 90°(图 12-41)。

动作要点:注意下颌平稳地左右转动。

动作变化:左转、右转。

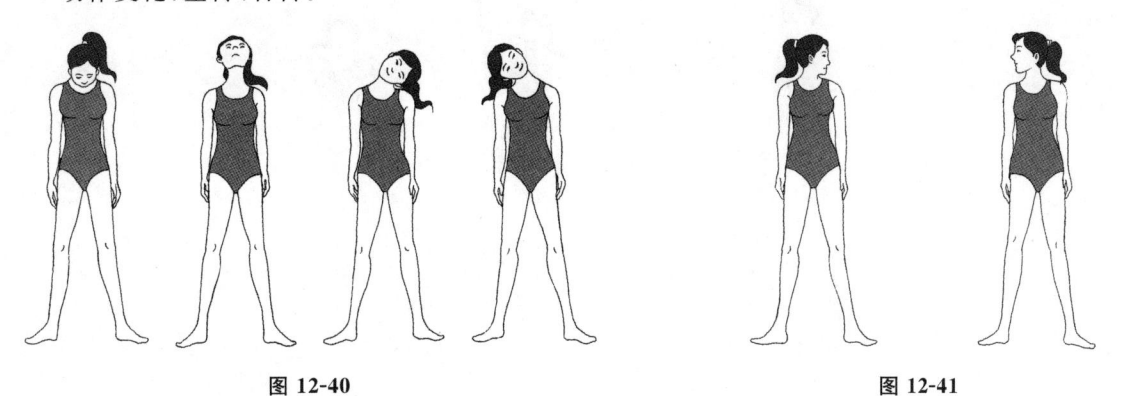

图 12-40　　　　　　　　　　图 12-41

(3)环绕

练习指导:头保持正直,然后头颈部沿身体垂直轴向左或右转动360°(图12-42)。

动作要点:转动时,头部要匀速缓慢,不要过快。动作要到位,向后转时头要后仰。

动作变化:左或右环绕,两动作一致,方向相反。

3. 肩部动作

(1)提肩

练习指导:脚开立,身体保持正直,然后肩部沿身体垂直轴向上提起(图12-43)。

动作要点:尽可能向上提起,提肩时,身体不能摆动。

动作变化:单提肩、双提肩。

图 12-42　　　　　　图 12-43

(2)沉肩

练习指导:脚开立,身体保持正直,然后肩部沿身体垂直轴向下沉落(图12-44)。

动作要点:尽可能向下沉落,沉肩时,身体不能摆动,头尽量往上伸展。

动作变化:双肩下沉。

(3)绕肩

练习指导:脚开立,身体保持正直,然后肩部沿身体前、后、上、下四个方向进行绕动。

动作要点:绕肩时,身体不要摆动,动作尽量地大,要舒展开。

动作变化:单肩环绕、双肩环绕(图 12-45)。

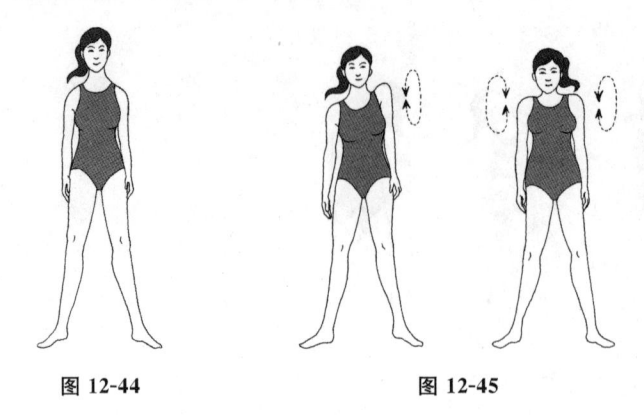

图 12-44　　　　　　图 12-45

4. 上肢动作

(1)举

练习指导:以肩关节为中心,手臂进行活动。

动作要点:注意动作到位,有力度。

动作变化:前举、后举、侧举、侧上举、侧下举、上举(图 12-46)。

图 12-46

(2)屈

练习指导:肘关节由弯曲到伸直或由伸直到弯曲的动作。

动作要点:关节做有弹性的屈伸。

动作变化:胸前平屈、肩侧屈、肩侧上屈、肩侧下屈、胸前上屈、头后屈(图12-47)。

图 12-47

(3)绕、环绕

练习指导:两臂或单臂以肩为轴做弧线运动。

动作要点:路线清晰,起始和结束动作位置明确。

动作变化:两臂或单臂向内、外、前、后绕或环绕(图12-48)。

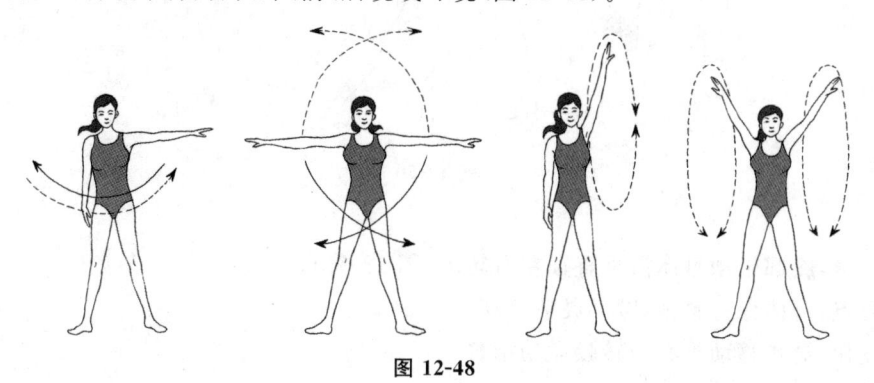

图 12-48

5. 胸部动作

(1)移胸

练习指导:髋部位置固定,腰腹随胸部左右移动。

动作要点:注意移胸时,腰腹带动胸部移动;动作要尽量地大。

动作变化:左右移胸。

(2)含胸、挺胸

含胸时低头收腹,收肩,形成背弓,呼气;挺胸时,抬头挺胸,展肩,吸气(图12-49)。

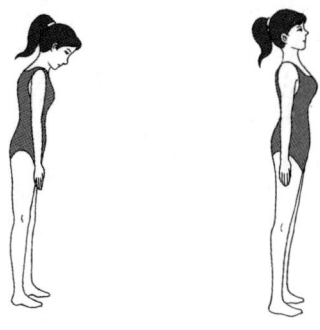

图 12-49

动作要点:注意含胸时身体放松,但不松懈;挺胸时,身体紧张但不僵硬。
动作变化:手臂胸前平屈含胸,手臂侧平举展胸。

6. 腰部动作

(1)屈

练习指导:腰部向前或向侧做拉伸运动。
动作要点:充分伸展,运动速度不宜过快。
动作变化:前屈、后屈、侧屈(图12-50)。

图 12-50

(2)转

练习指导:腰部带动身体沿垂直轴左右转动(图12-51)。
动作要点:身体保持紧张,腰部灵活转动。
动作变化:迈步移动重心与转腰运动结合。

(3)绕和环绕

练习指导:腰部做弧线或圆周运动。
动作要点:路线清晰、动作圆滑。
动作变化:与手臂动作相结合进行腰部绕和环绕(图12-52)。

图 12-51　　　　　图 12-52

7. 髋部动作

(1)顶髋

练习指导:两腿开立,一腿伸直支撑、另一腿屈膝内扣,上体保持正直,用力将髋顶出。

## 第十二章　其他体育运动保健与康复方法研究

动作要点:动作用力且有节奏感。
动作变化:双手叉腰顶髋,左顶、右顶、后顶、前顶(图 12-53)。

图 12-53

(2)提髋
练习指导:髋向上提。
动作要点:髋与腿部协调向上。
动作变化:左提、右提(图 12-54)。

(3)绕和环绕
练习指导:髋做弧线或圆周运动。
动作要点:运动轨迹要圆滑。
动作变化:左、右方向进行绕和环绕动作(图 12-55)。

图 12-54　　　　　　　　图 12-55

8. 下肢动作

(1)立
①直立、开立
练习指导:身体直立,再双腿打开,做开立动作。
动作要点:直立时身体要抬头挺胸;开立时,脚的间距约与肩相等(图 12-56)。
动作变化:结合手臂动作的直立、开立。
②点立
练习指导:先直立,再伸出一条腿做点立或双腿提起做提踵立。
动作要点:动作要舒展。

动作变化：侧点立、前点立、后点立、提踵立（图12-57）。

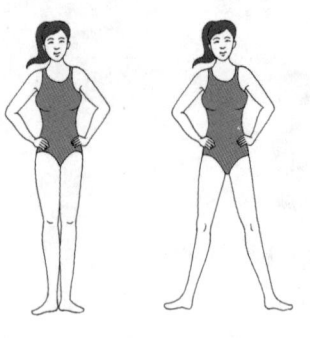

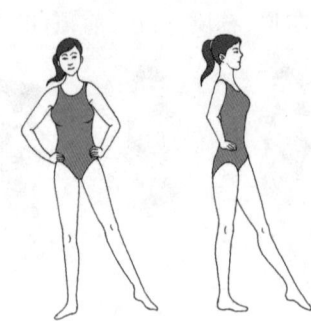

图 12-56　　　　　　　　　　　　图 12-57

（2）弓步

练习指导：直立后，大步迈出一腿，做屈动作。

动作要点：步子迈出不能太小，当然也不能太大。

动作变化：前弓步、侧弓步、后弓步（图12-58）。

图 12-58

（3）踢

练习指导：双腿交换做踢腿动作。

动作要点：动作干净利落。

动作变化：前踢、侧踢、后踢（图12-59）。

图 12-59

（4）弹

练习指导：双腿进行弹动动作。

动作要点:双腿弹动要有弹性。
动作变化:正弹腿、侧弹腿(图 12-60)。

图 12-60

(5)跳
练习指导:做各种姿势进行腿部练习。
动作要点:跳的时候要有力度和弹性。
动作变化:并腿跳、开并腿跳、踢腿跳(图 12-61)。

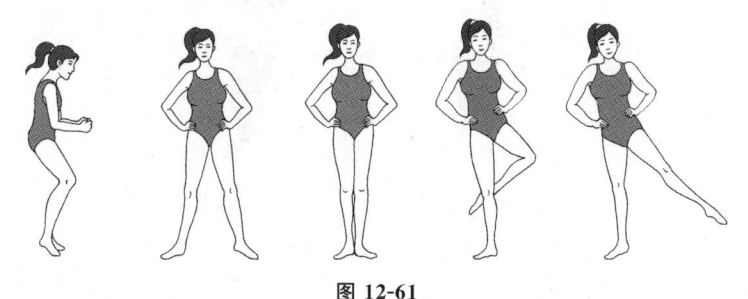

图 12-61

(三)健美操动作组合

1. 髋部动作组合

健美操的髋部动作主要是躯干和上肢运动,它包括左右顶髋、臂屈伸及挥摆等。可通过以下组合(共 3×8 拍)方式进行练习。
动作特点:短小,便于记忆,学习后可有充分时间反复练习。可通过变换方向重复练习。
音乐选择:旋律清晰、节奏感强的迪斯科音乐,速度为 24 拍/10 秒。
动作要点:原地顶髋是健美操髋部动作中最基本的一种。开立后左(右)腿屈膝内扣,同时向右(左)顶髋,上体保持正直。此外,髋部动作幅度大,节奏感强;上肢动作到位,有力度,与髋部动作配合协调。
预备阶段:
预备姿势:开立,两手叉腰。
第 1~4 拍保持预备姿势。
第 5 拍左腿屈膝内扣,同时向右顶髋。
第 6 拍右腿屈膝内扣,同时向左顶髋。
7、8 拍和 5、6 拍相同(图 12-62)。

图 12-62

第一个 8 拍：
第 1 拍左腿屈膝内扣，同时向右顶髋，两臂胸前平屈。
第 2 拍右腿屈膝内扣，同时向左顶髋，两臂下伸。
3、4 拍同 1、2 拍（图 12-63）。

图 12-63

第 5 拍腿和髋同第 1 拍，同时两臂经侧至头上交叉 1 次后成上举，抬头。
第 6 拍腿和髋同第 2 拍，同时两臂头上交叉 1 次后成上举。
第 7 拍腿和髋同第 1 拍，同时两臂肩侧屈，头向右转。
第 8 拍腿和髋同第 2 拍，同时两臂还原至体侧，头还原（图 12-64）。

图 12-64

第二个 8 拍：
第 1 拍腿和髋同第一个 8 拍的第 1 拍，同时左臂胸前屈。

第 2 拍腿和髋同第一个 8 拍的第 2 拍,同时右臂胸前屈。

第 3 拍腿和髋同第 1 拍,同时左臂前伸。

第 4 拍腿和髋同第 2 拍,同时右臂前伸(图 12-65)。

图 12-65

5、6 拍自左脚起踏步走 2 步,同时两手胸前击掌 2 次。

第 7 拍双脚起跳呈开立,同时两手叉腰。

第 8 拍不动(图 12-66)。

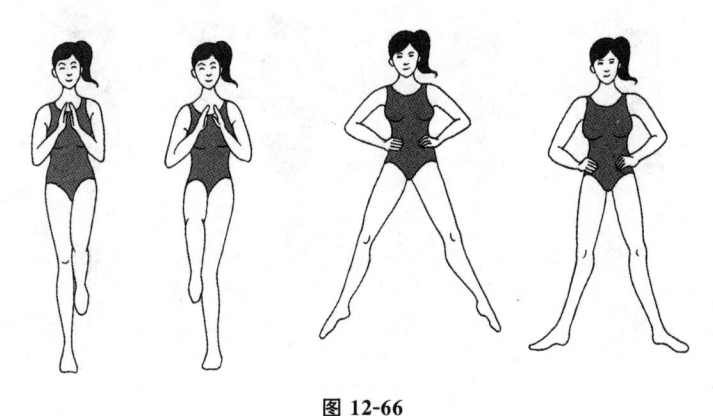

图 12-66

2. 跳步动作组合

跳跃动作具有丰富多彩、富有弹性的特点。可通过以下跳步动作组合(6 个 8 拍)练习。

音乐选择:节奏感强的音乐,速度为 26 拍/10 秒。

动作要点:跳跃轻快,富有弹性;上肢动作到位,有力度;整套动作连贯,节奏准确,富有表现力。

预备姿势:开立,两手叉腰。

第一个 8 拍:

1、2 拍不动。

3、4 拍两脚弹动 2 次(图 12-67)。

5、6 拍跳成并立,同时两脚弹动 2 次。

第 7 拍跳成开立。

第 8 拍跳成并立,同时两臂落至体侧(图 12-68)。

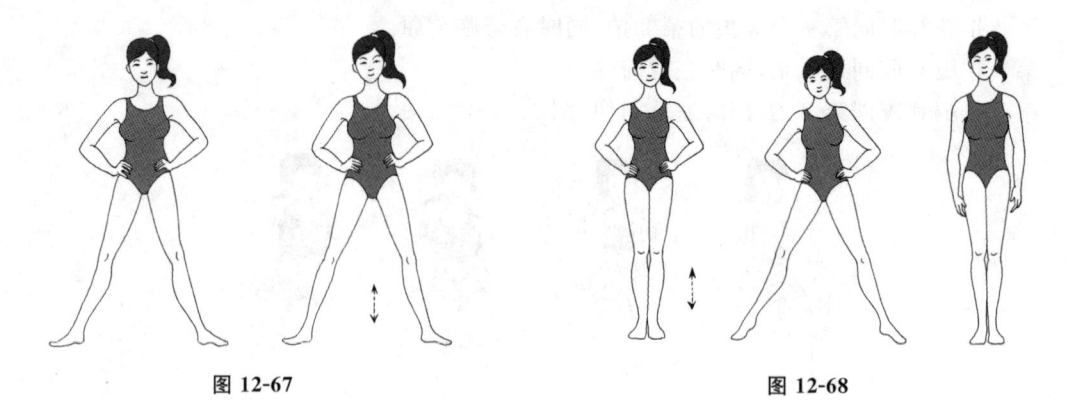

图 12-67　　　　　　　　　　　　图 12-68

第二个 8 拍：
第 1 拍右腿后踢跑，同时两臂胸前屈。
第 2 拍左腿后踢跑，同时两手胸前击掌。
第 3 拍右腿后踢跑，同时两臂肩侧上屈。
第 4 拍并腿，手同第 2 拍（图 12-69）。

图 12-69

第 5 拍双脚向右蹬跳呈右侧弓步，同时左臂侧举，右臂胸前平屈，头稍左转。
第 6 拍还原成并立，同时两手胸前击掌。
7、8 拍同 5、6 拍，方向相反，但第 8 拍两臂还原至体侧（图 12-70）。

图 12-70

第三个 8 拍：
第 1 拍左脚向侧一步，同时左臂上举，右臂前举，目视前方。
第 2 拍提右膝同时向右转体 90°，右臂胸前上屈，左臂胸前平屈。
第 3 拍右腿后伸呈左前弓步，同时左臂侧举，右臂肩侧上屈，头向左转。
第 4 拍右腿还原跳呈并立，同时两臂还原至体侧，头还原（图 12-71）。

图 12-71

第 5 拍左腿提膝跳，同时两臂胸前平屈。
第 6 拍还原呈并立，同时两臂还原至体侧。
第 7 拍右腿高踢跳。
第 8 拍右腿落下呈并立（图 12-72）。

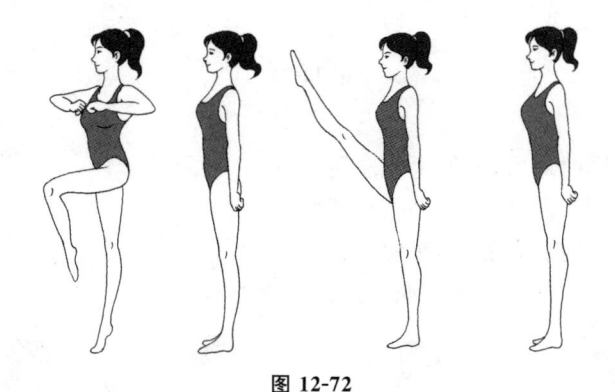

图 12-72

第四个 8 拍：
第 1 拍右脚向侧一步，同时右臂上举，左臂前举，目视前方。
第 2 拍提左膝同时向右转体 90°，左臂胸前上屈，右臂胸前平屈。
第 3 拍左腿后伸呈右前弓步，同时右臂侧举，左臂肩侧上屈，头向右转。
第 4 拍左腿还原跳呈并立，同时两臂还原至体侧，头还原（图 12-73）。
第 5 拍右腿提膝跳，同时两臂胸前平屈。
第 6 拍还原呈并立，同时两臂还原至体侧。
第 7 拍左腿高踢跳。
第 8 拍左腿落下呈并立（图 12-74）。

图 12-73

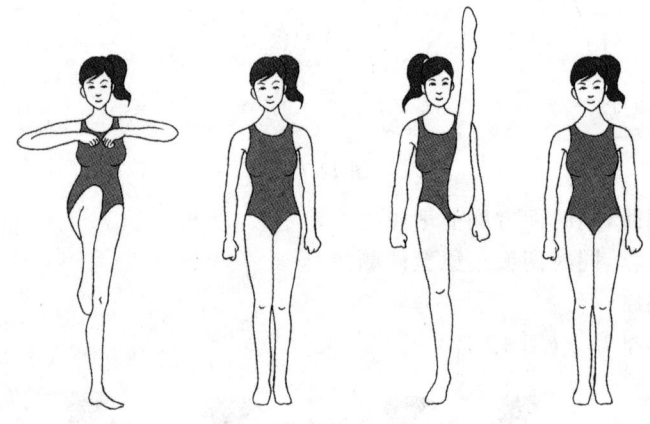

图 12-74

第五个 8 拍：
第 1 拍跳呈开立，同时左臂侧举，头向左转。
第 2 拍跳呈并立，同时左臂肩侧上屈，头还原。
第 3 拍跳呈开立，同时右臂侧举，头向右转。
第 4 拍跳呈并立，同时右臂肩侧上屈，头还原（图 12-75）。

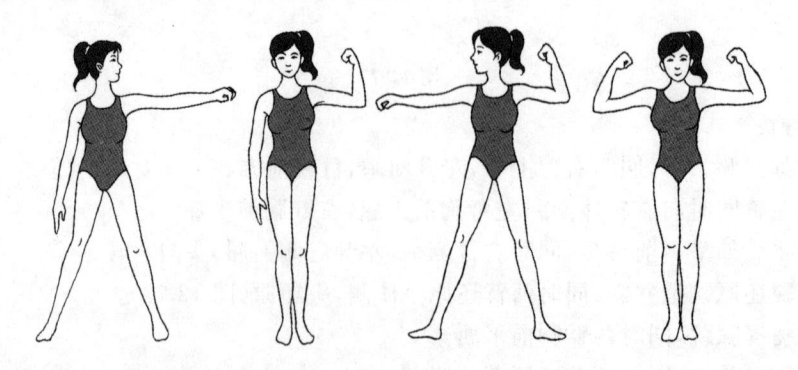

图 12-75

第 5 拍跳呈开立，同时两臂胸前屈。
第 6 拍跳呈并立，同时两臂胸前平屈。

第 7 拍跳呈开立,同时两臂上举。

第 8 拍跳呈并立,同时两臂还原至体侧(图 12-76)。

图 12-76

第六个 8 拍:

1—4 拍跑跳步向左转体 360°,同时两臂体侧屈自然摆动。

5、6 拍原地踏步走,同时两手胸前击掌 2 次。

7、8 拍跳呈开立,两臂向外绕至肩上屈,两手扶头后,挺胸立腰,目视前方(图 12-77)。

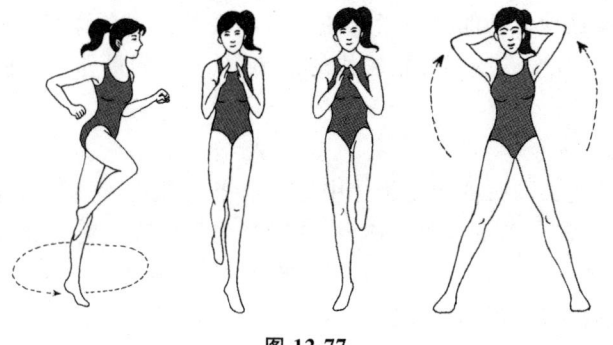

图 12-77

## 二、广场舞

### (一)广场舞概述

广场舞即排舞,是一种人们站成一排一排跳的舞蹈。我国为贯彻落实《全民健身计划纲要》,大力推广排舞运动,于是排舞也叫全民健身排舞,简称全健排舞。它是以一段完整的歌曲或音乐为伴奏,以国际流行的多元化操舞动作为舞码元素,按照一定规律编好的一套完整的动作,是高度兼容各种风格的一项全球化的、时尚的大众健身运动。它以有氧运动为基础,以身体练习和多变的步伐为基本手段,使练习者达到舒缓压力、调节身心状态、塑造形体以及增强身体协调性等,从而提高自身的健康素质。

广场舞非常适合老年人参与,老年人在闲暇之余参加广场舞不仅锻炼了自己的身体,打发了业余时间,同时还加强了彼此间的沟通和交流,能起到重要的健心作用。

(二)广场舞健身功效

1. 增强体质

老年人经常练习广场舞,其心血管和呼吸系统都能得到良好的锻炼,能有效改善心肺功能,加速新陈代谢过程,促进消化,消除大脑疲劳和精神紧张,从而达到增强体质,增进健康,延缓衰老,提高人体的活动能力的作用。坚持广场舞锻炼可加强骨的新陈代谢,改善骨的血液循环,使骨密度增加,骨变得更加粗壮和坚固,在抗折、抗扭转、抗压缩等方面的性能都能得到提高。

2. 提高身体各项素质

经常参加广场舞练习能有效提高身体素质,特别是耐力、力量与灵敏和协调能力方面有很大的作用。广场舞由于运动负荷不大,因此能够持续练习时间较长,对耐力素质有较大的提高;又由于避免动作过于单一,需要动作有些变化,因而通过练习可以对灵敏性,协调性有所提高。

3. 陶冶情操

广场舞配有动感优雅的舞曲音乐吸引了人们的注意力,并调动机体随着音乐的节拍运动起来,将内心情感抒发在舞姿上。由于注意力的转移,就能使身体其他部分的机能得到调整和充分休息。所以参加广场舞这项运动能消除紧张的情绪和缓解压力。练习者在优美动听的音乐、美妙的舞姿中,消除疲劳、陶冶心灵,感受到愉快的情绪,从而达到最佳的心理状态。

4. 塑造形体美的功能

广场舞的练习是在优美动听的音乐旋律中练习有益于肌肉、骨骼、关节的匀称与和谐发展。有利于改善不良的身体姿态,形成优美的体姿,使身材变得匀称健美。经常跳广场舞练习还有很好的减肥功能,由于其强度不大,并可持续较长的时间,能消耗体内多余的脂肪,维持人体吸收与消耗的平衡,降低体重,保持健美的体型。

(三)广场舞基本动作

1. 站立

广场舞站立的基本动作要点是:头正直,两肩下沉,背部挺直,收腹立腰,臀部和两腿肌肉收紧,目视前方。

正确的站立姿势(下肢):并立(正步)、自然立(小八字步)、开立(大八字步)、丁字步和点立等。

(1)并立(正步)——两脚并拢,脚尖向前。

(2)自然立(小八字步)——两脚跟相靠,两脚尖分开,间隔距离约10厘米,向斜前方呈"八"字形。

(3)开立(大八字步)——两脚侧开,相距约同肩宽,脚尖各向斜前方。

(4)丁字步——一脚跟在另一脚弓处呈"丁"字形。

(5)点立——一脚站立,男一脚向前(侧、后)伸出脚尖或脚跟点地。

2. 芭蕾手位

芭蕾舞手臂的基本要求:肩放松,肘、腕自然微屈,手臂呈弧形,手指并拢,自然伸长,拇指与中指稍向里合。

一位:两臂体前自然下垂,离开身体5~10厘米,两手相距5~10厘米,指尖相对,掌心稍向上方。

二位:保持一位不变状态,两手臂向前上方抬举至稍低于肩,掌心向内。

三位:身体保持二位手状态,两手臂向上抬至头顶前方,掌心向内下方,双眼平视。

四位:一只手臂保留在三位,另一只手臂从三位回至二位,即一臂上举,一臂前举。

五位:一只手臂保持在三位,另一只手臂从二位手臂向侧打开。即一臂上举,一臂侧举,掌心向前下方。

六位:在三位的手臂向下落到二位,在侧边的手臂保持不动。即一手臂前举,另一手臂侧举。

七位:在二位的手臂打开至侧旁,在侧边的手臂保持不动。即两臂侧举,掌心向前下方。

3. 基本步伐

(1)踏步(1拍)

两腿原地依次抬起,依次落地。

(2)走步(1拍)

迈步向前走或向后退。

(3)并步(2拍)

一脚迈出,另一脚随之并拢屈膝点地。再向反方向迈步。

(4)移重心(2拍)

一脚向前/侧迈一步,落地时两膝弯曲,随之身体重心移到另一腿上,两膝伸直,另一脚尖/跟点地。

(5)垫步(2拍3个动作)

一脚向前/后/侧迈出,另一脚迅速跟上,接着前一脚再向前/后/侧迈出。

(6)曼波步(2拍)

一脚向前迈出,屈膝,重心随之前移,另一脚稍抬起,然后原地落下;或者向后撤一步,重心后移,另一脚稍抬起,然后原地落下。

(7)交换步(2拍3个动作)

一脚向前/后迈出,另一脚跟上交换重心,随之前脚再向后退一步,或前脚向前进一步。

(8)侧交叉步(4拍)

一脚向侧迈一步,另一脚在其后交叉,随之再向侧迈一步,另一脚并拢,屈膝点地。

(四)广场舞健身注意事项

尽管广场舞简单易学,并且没有危险性,但是老年人在跳舞的过程中也应注意安全,避免发生运动损伤,如跌倒、骨折、心血管疾病发作等。最好偕伴同行,不要单独外出跳舞。

广场舞动作中有一些转身、旋转或弯腰等动作,老年人最好先自我评估,如果柔软度与骨质不足，跳舞时应放慢速度，动作不要做得太大。

随着年龄的增长，许多老年人出现了"三高"问题或心血管疾病，如果有胸闷、胸口紧、喘、脸色发白、呼吸困难等状况发生，应立即停止广场舞练习，待身体恢复后再练习。

对于患有高血压的老人，最好在出门运动前用药，待血压平稳后再进行广场舞练习。另外，在低温天气下进行跳广场舞时，衣物要穿足，以防感冒。

# 参考文献

[1]唐健,刘强辉.大学体育理论与方法教程[M].南京:东南大学出版社,2008.
[2]王旭东.体育健身原理与方法[M].北京:北京体育大学出版社,2008.
[3]杨秀琴.大学生健康教育指南[M].北京:高等教育出版社,2004.
[4]任恩忠.大学体育教程[M].北京:北京体育大学出版社,2005.
[5]刘守燕.体育与健康[M].北京:科学出版社,2005.
[6]夏培玲,王正树.大学生体育锻炼指南[M].大连:大连理工大学出版社,2012.
[7]李开广,田磊.体育与健康[M].北京:北京理工大学出版社,2011.
[8]葛辉,王林.大学体育与健康教程(第2版)[M].北京:中国电力出版社,2011.
[9]林祥芸,王虹.大学体育运动教程[M].北京:科学出版社,2011.
[10]汪可一,王艳红.新编体育与健康[M].南京:南京大学出版社,2011.
[11]易锋,曹红卒.大学体育教程[M].苏州:苏州大学出版社,2011.
[12]李丰祥.新编大学体育教程[M].北京:高等教育出版社,2010.
[13]体育院校成人教育协作组.运动训练学[M].北京:人民体育出版社,1999.
[14]毛振明.体育教学论[M].北京:高等教育出版社,2005.
[15]田麦久.运动训练学[M].北京:人民体育出版社,2000.
[16]邓兴华,谭华.新编体育教学论[M].上海:华东师范大学出版社,2008.
[17]王健,马军,王翔.健康教育学[M].北京:高等教育出版社,2006.
[18]陈文鹤.健身运动处方[M].北京:高等教育出版社,2014.
[19]关辉.体育运动处方及应用[M].北京:北京师范大学出版社,2010.
[20]顾丽燕.运动医务监督[M].北京:北京体育大学出版社,2009.
[21]李捷.运动医学[M].北京:人民体育出版社,2007.
[22]张笃超,李湘奇.运动损伤康复学[M].北京:人民军医出版社,2008.
[23]姚鸿恩,黄叔怀.体育保健学高级教程[M].桂林:广西师范大学出版社,2006.
[24]戴国斌.民族传统体育概论(第2版)[M].北京:高等教育出版社,2015.
[25]张选惠.民族传统体育概论[M].北京:人民体育出版社,2006.
[26]邱丕相.民族传统体育概论[M].北京:高等教育出版社,2008.
[27]曲小锋,罗平等.民族传统体育研究[M].北京:中国商务出版社,2007.
[28]田祖国,郭功兵,杨峰.球类竞技与健身[M].长春:吉林文史出版社,2006.
[29]曹玲.球类运动——足球、篮球、排球[M].大连:大连理工大学出版社,2013.
[30]黄益苏.球类运动[M].北京:高等教育出版社,2007.
[31]尹默林.游泳运动与水中健身[M].上海:上海大学出版社,2013.
[32]梅雪雄.游泳[M].北京:高等教育出版社,2008.

[33]朱晓龙,李立群.健美操[M].杭州:浙江大学出版社,2014.
[34]颜飞卫.大学健美操、体育舞蹈、排舞教程[M].北京:北京师范大学出版社,2012.
[35]赵晓玲,彭波.形体训练(第3版)[M].北京:科学出版社,2012.
[36]宋雯.瑜伽教学与实践[M].北京:北京体育大学出版社,2011.
[37]郑影.瑜伽练习完全手册[M].福州:福建科学技术出版社,2010.